U0104963

古典文獻研究輯刊

三二編

潘美月・杜潔祥 主編

第 10 冊

《史記》校補（下）

蕭　旭　著

國家圖書館出版品預行編目資料

《史記》校補（下）／蕭旭 著 -- 初版 -- 新北市：花木蘭文化
事業有限公司，2021〔民110〕
目 2+296 面；19×26 公分
（古典文獻研究輯刊 三二編；第 10 冊）
ISBN 978-986-518-391-2（精裝）
1. 史記 2. 校勘
011.08   110000576

ISBN-978-986-518-391-2

古典文獻研究輯刊
三二編 第 十 冊   ISBN：978-986-518-391-2

《史記》校補（下）

作　　者	蕭旭	
主　　編	潘美月、杜潔祥	
總 編 輯	杜潔祥	
副總編輯	楊嘉樂	
編　　輯	許郁翎、張雅淋　美術編輯　陳逸婷	
出　　版	花木蘭文化事業有限公司	
發 行 人	高小娟	
聯絡地址	235 新北市中和區中安街七二號十三樓	
	電話：02-2923-1455／傳真：02-2923-1452	
網　　址	http://www.huamulan.tw 信箱 service@huamulans.com	
印　　刷	普羅文化出版廣告事業	
初　　版	2021 年 3 月	
全書字數	737085 字	
定　　價	三二編 47 冊（精裝）台幣 120,000 元	版權所有・請勿翻印

《史記》校補（下）

蕭旭 著

目

次

《史記》校證

　　中華書局 1959 年出版顧頡剛等《史記》點校本，2013 年出版趙生群等《史記》點校本修訂本，二本都以金陵書局本為底本。修訂本在舊版基礎上，改正了舊版中大量的點校錯誤，質量肯定是大有提高。但校書如掃落葉，隨掃隨有。修訂本還存在提升的空間。修訂本出版前，余曾忝列終審專家，審看過其中 15 卷，貢獻微薄。茲依據中華書局 2013 年版修訂本為底本作校正。本稿只涉及文本校訂及句讀，有關《史記》的校勘訓詁，余另有專文。

　　《史記》的版本，余所見者有：北宋景祐監本《史記集解》（簡稱景祐本），南宋紹興刊《史記集解》（簡稱紹興本），南宋慶元建安黃善夫《史記集解索隱正義》合刻本（簡稱黃善夫本），南宋乾道七年蔡夢弼東塾刻本《史記集解索隱》（簡稱乾道本），南宋淳熙八年耿秉刻本《史記集解索隱》（簡稱淳熙本），元至元二十五年彭寅翁《史記集解索隱正義》合刻本（簡稱元刻本），日本慶長古活字本《史記集解索隱正義》（簡稱慶長本），本文取校此上各本以及四庫全書本、光緒二十九年五洲同文書局石印殿本，統稱作宋元各本及慶長本、四庫本、殿本；另有明清各種刊刻本十數種，暫未入校。

　　還見到唐代敦煌寫本殘卷及日本古鈔本，亦取以入校。

　　引用各類書所據版本為：《群書治要》日鈔本、天明刊本（即四部叢刊本），《北堂書鈔》孔廣陶校刻本，《初學記》古香齋本，《藝文類聚》南宋刻本，《白氏六帖事類集》南宋刻本，《太平御覽》景宋本，《事類賦注》南宋刻本，《冊府元龜》四庫本，《記纂淵海》四庫本（最後二書亦有宋刻殘本，如據宋刻，另加標示）。

十二《本紀》校證

《五帝本紀》

（1）官名皆以雲命，為雲師（1／7，數字表示第1冊第7頁，以下均放此。）

《正義》：命，名也。（據瀧川資言《考證》本）

按：當九字作一句讀，或讀作「官名皆以雲，命為雲師」。《御覽》卷79引「官名皆以雲」五字。瀧川資言、池田四郎次郎、王叔岷、韓兆琦亦失其讀〔註1〕。

（2）順天地之紀，幽明之占，死生之說，存亡之難（1／7）

《集解》：徐廣曰：「一云『幽明之數，合死生之說』。」

《正義》：占，數也。言陰陽五行，黃帝占數而知之。此文見《大戴禮》。說謂儀制也。民之生死。此謂作儀制禮則之說。

按：李笠曰：「《大戴禮》、《家語・五帝德篇》『占』並作『故』，『占』疑是『故』之爛文。」瀧川資言從李說〔註2〕。王叔岷曰：「『占』蓋『古』之誤，古猶故也。」〔註3〕施之勉曰：「《元龜》卷58亦作『占』。《路史・後紀五》作『知幽明生死之故』。」〔註4〕李、王說是。佚名《靈寶五符經》卷上引「占」正作「故」字。一本作「數」，亦「故」形訛。《易・繫辭上》：「仰以觀於天文，俯以察於地理，是故知幽明之故。原始反終，故知死生之說。」尤為確證。《後漢書・張衡傳》李賢注、《玉海》卷2、《路史》卷15羅苹注引已誤作「幽明之占」。故，謂變故、事變。《外戚世家》「非通幽明之變，惡能識乎性命哉」，是其誼也。《衛康叔世家》「衛多君子，其國無故」，《左傳・襄公二十九年》、《吳太伯世家》「其國無故」作「未有患也」，「未有患」即是「無故」之誼，指無變故。王叔岷謂「『故』亦有患義」〔註5〕，無據。

〔註1〕瀧川資言《史記會注考證》，北嶽文藝出版社，1999年版，第84頁。池田四郎次郎《史記補注（上編）》（池田英雄增補），日本明德出版社，1975年版，第20頁。王叔岷《史記斠證》，中華書局，2007年版，第29頁。韓兆琦《史記箋證》，江西人民出版社，2009年版，第1頁。

〔註2〕李笠《廣史記訂補》卷1，復旦大學出版社，2001年版，第3頁。瀧川資言《史記會注考證》，北嶽文藝出版社，1999年版，第86頁。

〔註3〕王叔岷《史記斠證》，中華書局，2007年版，第30頁。

〔註4〕施之勉《史記會注考證訂補》，華岡出版有限公司，1976年版，第6頁。

〔註5〕王叔岷《史記斠證》，中華書局，2007年版，第1421頁。

（3）旁羅日月星辰水波土石金玉（1／7）

《集解》：徐廣曰：「波，一作『沃』。」

《索隱》：旁，非一方。羅，廣布也。今案：《大戴禮》作「歷離」。離即羅也。言帝德旁羅日月星辰水波，及至土石金玉。謂日月揚光，海水不波，山不藏珍，皆是帝德廣被也。

《正義》：旁羅，猶遍布也。水波，瀾漪也。

按：「旁羅」一詞只管到「日月星辰」。周尚木、池田、吳國泰並謂當以「旁羅日月星辰」為句，「水波土石金玉」為句〔註6〕，是也。①杭世駿《疏證》、林伯桐謂當取《正義》「旁羅，猶遍布」之解〔註7〕。方苞曰：「羅，列也。旁羅謂紀日月星辰之纏次，辨水波土石金玉之性質，無不該徧也。」〔註8〕吳國泰曰：「旁者，溥也。」施之勉曰：「旁羅，其義當為廣泛察考。」〔註9〕王叔岷曰：「《說文》：『旁，溥也。』《廣雅》：『旁，廣也。』」〔註10〕方苞謂「羅，列也」是，但所解非。王叔岷謂「旁，溥也」亦是。《大戴禮記・五帝德》作「歷離日月星辰，極畋土石金玉」，《家語・五帝德》作「考日月星辰」。「離」古音同「羅」，歷、離一聲之轉，《大戴》作「歷離」，合文作雙音詞耳。羅、離亦音轉作列。《廣雅》：「羅，列也。」此是聲訓，謂次序其行列也。音轉又作蠡，《文選・石闕銘》李善注引《尚書考靈曜》：「冬

〔註6〕周尚木《史記識誤》卷上，收入《二十四史訂補》第1冊，書目文獻出版社，1996年版，第462頁。池田四郎次郎《史記補注（上編）》（池田英雄增補），日本明德出版社，1975年版，第21頁。吳國泰《史記解詁》第1冊，1933年成都居易簃叢著本，本冊第3頁。本條下文引同。

〔註7〕杭世駿《史記疏證》卷2，收入《續修四庫全書》第264冊，上海古籍出版社，2002年版，第22頁。舊題作「佚名《史記疏證》」，舊鈔卷首題記疑是沈欽韓所著，謂「此書既與《漢書疏證》連續合鈔，且行款體例亦復相同，當亦欽韓作也」（第1頁），其說未確。董恩林考證是杭世駿所作（董恩林《佚名〈史記疏證〉、〈漢書疏證〉作者考》，《歷史研究》2010年第3期，第183～188頁），巢彥婷又作補證（巢彥婷《杭世駿作〈史記疏證〉、〈漢書疏證〉補考》，《古典文獻研究》第20輯下卷，2017年版，第252～258頁），都是可信的，其說可為定讞。杭世駿《史記疏證》當是《史記考證》增訂本，以二書覆之，相同條目其說大同，而此書所說尤詳。林伯桐《史記蠡測》，收入《叢書集成三編》第95冊，新文豐出版公司，1997年印行，第75頁。

〔註8〕方苞《史記注補正》，收入《二十五史三編》第1冊，嶽麓書社，1994年版，第56頁。

〔註9〕施之勉《史記會注考證訂補》，華岡出版有限公司，1976年版，第6頁。

〔註10〕王叔岷《史記斠證》，中華書局，2007年版，第30頁。本條下文引同。

至日月，在牽牛一度求昏中者，取六項加三，旁蠡順除之。」又引鄭玄注：「蠡，猶羅也。」王聘珍曰：「離者，別其位次。」孔廣森曰：「離讀如月離之離，謂七政行所次也。」戴禮曰：「離，明也。」〔註11〕孔說是，戴說非也。《文選・新刻漏銘》「於是俯察旁羅，登臺升庫」，李善注引本書「旁羅日月星辰」。「俯察、旁羅、登臺、升庫」都是觀測推度日月星辰運行的方法。楊慎曰：「旁羅乃測天度之器，如今之日晷地羅也。」劉獻廷從其說〔註12〕。羅翽雲曰：「旁羅，疑即今之羅盤，盤、旁雙聲，以其羅列星度曰羅，以其可以旋轉曰蠡（『蠡』、『螺』通）。」〔註13〕皆附會之說。徐復觀曰：「旁羅者，廣及之義，言廣及於天地皆得其所之意。」〔註14〕亦泛而不當。②「水波土石金玉」又是一句。周尚木曰：「『水波』二字實乃傳寫錯誤，致義不可解。『水波』疑『分決』二字之訛，猶言分別也。『沃』與『決』尤為近似。」瀧川資言曰：「『水波』未詳。或云：水，壞字偏旁存者；『波』當從徐氏一本作『沃』。《大戴禮》作『極畋』，阮氏（引者按：當是『孔氏』）《補注》云：『畋，治也。極，言至於四邊。』亦不通。」〔註15〕池田曰：「『水波』二字不知為某字之誤訛。」吳國泰曰：「『水波』句文不成義，疑本作『渴渼』。渴，盡也。渼，溉灌也。畋，平田也。二字義近，引申之，皆有治義。」王叔岷曰：「『水』疑『亟』之壞字，『波』當從一本作『沃』。『亟』借為窮極字，《大戴禮》作『極』，是也。潤澤謂之沃，潤澤之亦謂之沃。亟沃土石金玉，猶言窮潤土石金玉，謂土石金玉無不受其潤澤也。」張家英曰：「『水波』即是『水播』，水中播蕩之謂也。」〔註16〕王說「水」當作「亟」是也。「水波」當據《大戴》作「極畋」，與「旁羅」對文。極猶至也，窮盡也。畋，當讀為陳，亦布列之義。王聘珍曰：「極，致也。畋，取也。」孔廣森曰：「畋，治也。」戴禮曰：「《說文》：『畋，平田也。』」三氏

〔註11〕三說並轉引自方向東《大戴禮記匯校集解》，中華書局，2008 年版，第 702 頁。本條下文引同。

〔註12〕楊慎《丹鉛總錄》卷 1，收入景印文淵閣《四庫全書》第 855 冊，臺灣商務印書館，1986 年初版，第 330 頁。劉獻廷《廣陽雜記》卷 2，收入《叢書集成初編本》第 2958 冊，中華書局，1985 年影印，第 81 頁。

〔註13〕羅翽雲《客方言》卷 7，古亭書屋影本，本卷第 6 頁。

〔註14〕徐復觀《史記札記》，收入《兩漢思想史（三）》，九州出版社，2014 年版，第 500 頁。

〔註15〕瀧川資言《史記會注考證》，北嶽文藝出版社，1999 年版，第 87 頁。

〔註16〕張家英《史記十二本紀疑詁》，黑龍江教育出版社，1997 年版，第 10 頁。

說皆誤。畋訓取指獵取禽獸，訓治指治田（即平田義），皆非《大戴》之誼。佚名《靈寶五符經》卷上引作「網羅日月星辰，水泥土石金玉」，亦誤。

（4）其動也時，其服也士（1／16）

《索隱》：舉動應天時，衣服服士服，言其公且廉也。

按：士，《治要》卷11、《路史》卷18引同，《大戴》亦同，佚名《靈寶五符經》卷上引作「工」，《御覽》卷80引《大戴》作「土」，《家語》作「衷」（嘉靖本作「哀」，何孟春本作「土」），《稽古錄》卷1亦作「衷」。方苞曰：「『服』與《尚書》『有服在大僚』、『罔或耆壽，俊在厥服』同義，上古四民不分，至帝嚳則服用者，皆士人也。」〔註17〕俞樾讀士為事。戴禮訓服為習，解「習士」為「習質樸不侈也」。方向東從俞說，謂「《家語》非」〔註18〕。瀧川資言曰：「服，行也。士，事也。言服事不懈也。」〔註19〕吳國泰曰：「服，用也。士謂有才智者。」〔註20〕諸說皆誤。池田曰：「子潤曰：『《家語》士作衷，適也。可從。《晏子春秋·諫篇下》「聖人之服中」，是也。』胤按：士，事也，為適事之義，亦通。」〔註21〕子潤說是。衷，讀為中，去聲，稱也，當也，適合也。其服也衷，言其衣服得體也。《左傳·僖公二十四年》：「君子曰：『服之不衷，身之災也。』」杜預注：「衷，猶適也。」《後漢書·五行志》：「智者見之，以為服之不中，身之災也。」即用《傳》義，而易作本字。《淮南子·詮言篇》：「聖人無屈奇之服，無瑰異之行。」《文子·符言》同。許慎注：「屈，短。奇，長也。服之不衷，身之災也。」「不衷之服」即屈奇之服也。「士」、「土」、「工」皆「中」形誤。

《夏本紀》

（1）桀不務德而武傷百姓（1／108）

按：池田曰：「以武威傷害百姓。子潤曰：『武，猶暴也。』」〔註22〕王

〔註17〕方苞《史記注補正》，收入《二十五史三編》第1冊，嶽麓書社，1994年版，第56頁。

〔註18〕方向東《大戴禮記匯校集解》，中華書局，2008年版，第712頁。

〔註19〕瀧川資言《史記會注考證》，北嶽文藝出版社，1999年版，第94頁。

〔註20〕吳國泰《史記解詁》第1冊，1933年成都居易簃叢著本，本冊第5頁。

〔註21〕池田四郎次郎《史記補注（上編）》（池田英雄增補），日本明德出版社，1975年版，第23頁。

〔註22〕池田四郎次郎《史記補注（上編）》（池田英雄增補），日本明德出版社，1975年版，第55頁。

叔岷曰：「《御覽》卷82引『武』作『虐』。」〔註23〕韓兆琦曰：「武，猛烈。」〔註24〕武，各本同，《治要》卷11引亦同，《貞觀政要‧政體》注引作「賊」。疑「武」是「務」音誤，《皇王大紀》卷6正作「務」。《晉世家》「齊桓公益驕，不務德而務遠略」，《韓子‧顯學》「故不務德而務法」，文例皆同。作「虐」蓋臆改，「賊」又「武」形誤。

《殷本紀》

（1）殷民咨胥皆怨，不欲徙（1／132）

《集解》：孔安國曰：「胥，相也。民不欲徙，皆咨嗟憂愁，相與怨其上也。」

按：張文虎曰：「毛本『皆』誤『相』。」〔註25〕丁晏曰：「咨胥相怨，王本作『皆怨』，是。」〔註26〕池田曰：「《書》序作『民咨胥怨』。蓋《史》文本以『皆』代『胥』，後人誤又據《書》序加『胥』字耳。」〔註27〕唐鈔本、宋刻本作「皆怨」，池田說是也，「胥皆」辭複，《資治通鑑外紀》卷2用此文無「皆」字，則是據《書‧盤庚》序改。孔安國解《書》，自有「胥」字，後人見《集解》引孔說有「胥」字，因復補「胥」字於「皆」上。吳國泰謂「咨胥」借為「嗞吁」〔註28〕，據誤文而妄說通假，不足信。

（2）盤庚乃告諭諸侯大臣曰：「昔高后成湯與爾之先祖俱定天下，法則可修。捨而弗勉，何以成德！」（1／132）

按：修，日本高山寺藏唐鈔本作「脩」，當是「循」形誤。《荀子‧榮辱》：「循法則度量刑辟圖籍。」「循」與「捨」對舉，作「脩」則不相對矣。上文「不遵湯法」，下文「以其遵成湯之德也」，「遵」字是其誼也。

（3）百姓懷之，多徙而保歸焉（1／147）

按：吳國泰曰：「保，坿之借字。坿，依也。」〔註29〕施之勉曰：「《後

〔註23〕王叔岷《史記斠證》，中華書局，2007年版，第74頁。

〔註24〕韓兆琦《史記箋證》，江西人民出版社，2009年版，第118頁。

〔註25〕張文虎《校刊史記集解索隱正義札記》卷1，中華書局，1977年版，第30頁。

〔註26〕丁晏《史記毛本正誤》，收入《二十五史三編》第1冊，嶽麓書社，1994年版，第989頁。

〔註27〕池田四郎次郎《史記補注（上編）》（池田英雄增補），日本明德出版社，1975年版，第62頁。

〔註28〕吳國泰《史記解詁》第1冊，1933年成都居易簃叢著本，本冊第24頁。

〔註29〕吳國泰《史記解詁》第1冊，1933年成都居易簃叢著本，本冊第26頁。

漢書・延篤傳》注引『徙』作『從』，《御覽》卷 84 引亦作『從』。」〔註 30〕
王叔岷曰：「《詩・緜》疏引作『多從而歸保焉』，《御覽》卷 84 引『徙』亦
作『從』。『徙』蓋『從』之誤。《書・武成》疏引『保歸』亦作『歸保』。」
〔註 31〕王說是也，《鹽鐵論・和親》：「故公劉處戎狄，戎狄化之，大王去
邠，邠民隨之。」隨亦從也。《楚世家》「民從而與之」（與亦歸也），《吳太
伯世家》「荊蠻義之，從而歸之千餘家」，文例並同。各本都誤作「徙」，《書・
武成》孔疏、《資治通鑑外紀》卷 2、《稽古錄》卷 8、《永樂大典》卷 8026
引誤同。保，猶附也，依也〔註 32〕。保當讀為赴，趨附、依附也。《韓子・
十過》：「曹人聞之，率其親戚而保釐負羈之閭者七百餘家。」《列女傳》卷
3「保」作「赴」，此其確證。

《周本紀》

（1）西伯曰文王（1／151）

《正義》：《帝王世紀》云：「文王龍顏虎肩，身長十尺，胸有四乳。」
《雒書靈准聽》云：「蒼帝姬昌，日角鳥鼻，高長八尺二寸，聖智慈理也。」

按：張文虎曰：「肩，原訛『眉』，吳改，與《宋書・符瑞志》引讖書合。」
〔註 33〕水澤利忠曰：「虎肩，金陵同，各本『肩』字作『眉』。」〔註 34〕王叔
岷曰：「《御覽》卷 84 引《春秋元命苞》云：『文王龍顏、柔肩、望羊。』並
有注云：『柔肩，言象龍膺曲起。』《金樓子・與（興）王篇》稱文王『龍顏
虎肩，身長十尺，胸有四乳』，蓋本於《帝王世紀》。」〔註 35〕《正義》所引
《帝王世紀》「虎肩」，黃善夫本、元刻本、慶長本、四庫本作「虎眉」。《類
聚》卷 12、《御覽》卷 84 引《帝王世紀》亦作「龍顏虎肩」，《宋書・符瑞志
上》、《釋氏六帖》卷 13 引隋費長房《歷代三寶紀》、宋刊《冊府元龜》卷 44
同〔註 36〕。《金樓子・興王篇》一本作「龍顏虎眉」〔註 37〕，大正藏本《歷

〔註 30〕施之勉《史記會注考證訂補》，華岡出版有限公司，1976 年版，第 97 頁。
〔註 31〕王叔岷《史記斠證》，中華書局，2007 年版，第 116 頁。
〔註 32〕參見王念孫《漢書雜志》，收入《讀書雜志》卷 3，中國書店，1985 年版，
　　　　本卷第 69 頁。王氏引「徙」作「從」，蓋徑正之耳。
〔註 33〕張文虎《校刊史記集解索隱正義札記》卷 1，中華書局，1977 年版，第 36
　　　　頁。
〔註 34〕水澤利忠《史記會注考證校補》，廣文書局，1972 年版，第 294 頁。
〔註 35〕王叔岷《史記斠證》，中華書局，2007 年版，第 119 頁。
〔註 36〕明刊本、四庫本《冊府元龜》「肩」作「眉」。
〔註 37〕知不足齋叢書本、四庫本作「肩」，龍谿精舍叢書本、子書百家本作「眉」。

代三寶紀》卷 1 同。《御覽》卷 369「肩」條引《春秋元命苞》作「龍顏阜肩」。《書鈔》卷 1、《白氏六帖事類集》卷 9、《御覽》卷 365、《緯略》卷 7 引《帝王世紀》:「文王虎眉。」北齊《韓裔墓誌》:「祉潛鳥鼻,需發虎眉。」「鳥鼻」、「虎眉」都用文王典,而字作「眉」。蘇芃疑作「眉」是〔註38〕。「阜肩」、「柔肩」無考,蓋是誤文。「眉」、「肩」形近,余謂作「肩」字是。《御覽》卷 84 有注云:「柔(虎)肩,言象龍膺曲起。」如是「眉」字,則不應作此注。《御覽》卷 79 引《春秋元命苞》:「黃帝龍顏。」宋均注:「顏有龍像,以(似)軒轅也。」又卷 364 引《河圖》:「黃帝廣顙龍額。」「龍顏」即是「廣顙龍額」,顏者,顙也,指額頭。

(2)遵脩其緒(1 / 173)

《集解》:徐廣曰:「遵,一作『選』。」

按:①瀧川資言曰:「《國語》『遵』作『纂』,古鈔、楓、三、南本『脩』作『循』,愚按『脩』字與下文複,作『循』為長。」〔註39〕水澤利忠曰:「脩,南化、楓、枛、三、梅、尾、中彭、中韓『循』。按高山寺藏古鈔本『脩』字不作『循』,瀧本《考證》非。遵,高山『尊』。」〔註40〕查德基曰:「『纂』、『選』通用,『遵』、『選』通用。」〔註41〕王叔岷曰:「作『循』是也。『遵循』複語,遵亦循也。《爾雅》:『遵,循也。』《說文》同。」王氏又引張以仁曰:「《國語·晉語九》有『纂脩其身』之句,可證作『循』之誤。」〔註42〕王說是也,宋元各本及慶長本作「遵脩」,都誤。《晉語》「纂脩」是脩治義,與《周語》不同,張說非是。《漢書·禮樂志》「咸循厥緒」,字正作「循」。《新序·雜事五》「昔蛛蝥作網,今之人循序」,馬王堆帛書《繆和》作「緣序」,《呂氏春秋·異用》作「學紓」,《賈子·諭誠》作「脩緒」,「循」、「緣」同義,「學」字義近,「紓」、「序」並讀作「緒」;《賈子》作「脩」亦是誤字,盧文弨已據《新序》

〔註38〕蘇芃《南宋黃善夫本〈史記〉校勘研究》,南京師範大學 2010 年博士學位論文,第 50 頁。

〔註39〕瀧川資言《史記會注考證》,北嶽文藝出版社,1999 年版,第 274 頁。

〔註40〕水澤利忠《史記會注考證校補》,廣文書局,1972 年版,第 324 頁。

〔註41〕查德基《學古堂日記·史記》,收入《二十四史訂補》第 1 冊,書目文獻出版社,1996 年版,第 400 頁。

〔註42〕王叔岷《史記斠證》,中華書局,2007 年版,第 137 頁。張以仁說見《讀〈史記會注考證〉札記》,收入《大陸雜志語文叢書》第 2 輯第 3 冊《校詁札記》,1970 年版,第 379 頁。

校正作「循」〔註43〕。《周語上》作「纂修」者，宋元遞修本（公序本）、《四部叢刊》影嘉靖金李本作「纂脩」，《御覽》卷303、《永樂大典》卷8910引同，亦當作「纂循」。纂讀作纘，猶言繼承，與「循」義相因。《詩‧閟宮》「至于文武，纘大王之緒」，《禮記‧中庸》「武王纘大王、王季、文王之緒」，正作「纘」，《禮記釋文》：「纘，徐音纂。」《漢書‧公孫弘傳贊》：「孝宣承統，纂修洪業。」《漢紀》卷20作「繼修」，《御覽》卷445引《漢書》作「纂循」，作「循」是。《隸釋》卷11東漢《趙君碑》殘存「纂（纂）[脩]其緒，溫良恭儉」8字，「[脩]」即「脩」，是其誤甚早。本篇上文「公劉雖在戎狄之閒，復脩后稷之業」、「古公亶父復脩后稷、公劉之業」，下文「脩文王緒業」；又檢上文「遵后稷、公劉之業，則古公、公季之法」，《儒林列傳》「咸遵夫子之業而潤色之」，其字作「遵」，可證三「脩」亦當作「循」，與「遵」一聲之轉，《爾雅》、《說文》是聲訓。《齊太公世家》「（武王）欲修文王業」，《商君列傳》「（秦孝公）將修繆公之業」（宋元各本「修」作「脩」），《國語‧周語上》「今天子欲修先王之緒」，《莊子‧山木》「吾學先王之道，脩先君之業」，四「修（脩）」亦當作「循」。《秦始皇本紀》「常職既定，後嗣循業，長承聖治」，《荀子‧君道》「守職循業，不敢損益」，正作「循」字。需注意者，《秦始皇本紀》「男樂其疇，女修其業，事各有序」，《貨殖列傳》「子孫脩業而息之」，此二文「業」指產業，「修（脩）」字不誤；「修業」指修治產業。②徐廣所見一本「遵」作「選」者，「選」是「纂」、「纘」音轉，一本與《周語》合。查德基說是也，黃丕烈亦指出「纂、遵、選皆聲相近」〔註44〕。《詩‧猗嗟》「舞則選兮」，《文選‧舞賦》李善注引《韓詩》「選」作「纂」，是其比〔註45〕。

（3）猶日怵惕懼怨之來也（1 / 180）

按：當讀作：「猶日怵惕，懼怨之來也。」池田句讀不誤〔註46〕。

〔註43〕盧文弨《賈誼新書》校本，收入《諸子百家叢書》，上海古籍出版社影印浙江書局本1989年版，第54頁。

〔註44〕黃丕烈《校刊明道本韋氏解〈國語〉札記》，收入《叢書集成初編》第3682冊，中華書局，1985年影印，第242頁。

〔註45〕「巽」、「算」相通，「巽」、「尊」相通，參見張儒、劉毓慶《漢字通用聲素研究》，山西古籍出版社，2002年版，第707、951頁。

〔註46〕池田四郎次郎《史記補注（上編）》（池田英雄增補），日本明德出版社，

（4）國人莫敢言，道路以目（1／180）

《集解》：韋昭曰：「以目相眄而已。」

按：王叔岷曰：「相眄，景祐本作『相眄』，黃善夫本作『相眄』，《治要》引同，《周語》注亦作『相眄』。『眄』乃『眄』之俗變（《說文》：『眄，一曰衺視也。』）。眄，誤字。」〔註47〕王說是也，《說文》：「眄，恨視也。」非其誼。古鈔本《治要》卷11引作「眄」，亦「眄」俗譌字。紹興本作「眄」，乾道本、淳熙本作「眄」，皆不誤；元刻本、慶長本、殿本、瀧川資言《考證》本誤作「眄」，《國語》嘉靖金李本、許宗魯本、姜恩本等誤同。渡邊操、張以仁亦謂「眄」當作「眄」〔註48〕。

（5）防民之口，甚於防水。水壅而潰，傷人必多，民亦如之。是故為水者決之使導，為民者宣之使言（1／180）

按：王叔岷曰：「《呂氏春秋‧達鬱》、《周語》、《金樓子‧箴戒篇》『水』皆作『川』，下同。」〔註49〕黃丕烈校《周語》引惠棟曰：「川，《史記》『水』。」〔註50〕皆未定其正誤。據下文「民之有口，猶土之有山川也」，則作「川」字是，《治要》卷11、《御覽》卷367引已誤作「水」。「水」、「川」相近易混〔註51〕。《左傳‧襄公三十一年》子產曰：「我聞忠善以損怨，不聞作威以防怨。豈不遽止？然猶防川，大決所犯，傷人必多。」《新序‧雜事四》同〔註52〕，是子產所聞古語，亦作「川」字也。《漢書‧溝洫志》賈讓奏言：「大川無防，小水得入……夫土之有川，猶人之有口也。治土而防其川，猶止兒啼而塞其口，豈不遽止？然其死可立而待也。故曰善為川者決

1975 年版，第 81 頁。
〔註47〕王叔岷《史記斠證》，中華書局，2007 年版，第 142 頁。
〔註48〕渡邊操《國語解刪補》卷上，日本寶曆十三年，第 2 頁。張以仁《國語斠證》，臺灣商務印書館，1969 年版，第 21 頁。二氏說承郭萬青博士檢示，謹致謝忱！
〔註49〕王叔岷《史記斠證》，中華書局，2007 年版，第 142 頁。
〔註50〕黃丕烈《校刊明道本韋氏解〈國語〉札記》，收入《叢書集成初編》第 3682 冊，中華書局，1985 年影印，第 242 頁。
〔註51〕《老子》第 15 章「豫兮若冬涉川」，郭店楚簡同，帛書甲、乙本及北大本作「水」。馬王堆帛書《二三子問》引《易‧未濟》：「涉川」，《史記‧春申君傳》、《新序‧善謀》引作「水」。《韓詩外傳》卷 3「左洞庭之波，右彭澤之水」，《說苑‧君道》作「川」。又卷 5「水淵深廣，則龍魚生之」，《荀子‧致士》作「川」。《淮南子‧說山篇》「水廣者魚大，山高者木脩」，《文子‧上德》、《鹽鐵論‧刺權》作「川」。皆其相譌之例。
〔註52〕《家語‧正論解》「川」亦誤作「水」。

之使道，善為民者宣之使言。」《初學記》卷 12 漢·崔寔《諫議大夫箴》：「防人之口，譬諸防川。」《御覽》卷 229 引《三國典略》袁聿修《與邢邵書》：「多言可畏，譬之防川。」《晉書·孔嚴傳》：「古人為政，防人之口，甚於防川。」

（6）秦聞之必大怒忿周，即不通周使（1 / 205）

按：王叔岷曰：「『忿』當作『焚』。『即』與『節』通，謂符信也。淺人不明『即』字之義，又因上文言『大怒』，遂妄改『焚』為『忿』耳。《西周策》作『而焚周之節，不通其使』，高注：『節，符信也。』正可證此文之誤。」〔註 53〕李人鑒亦據《策》校「忿周即」作「焚周節」〔註 54〕，是也，《冊府元龜》卷 888 正作「焚周節」。當讀作：「秦聞之必大怒，忿（焚）周即（節），不通周使。」「忿」當作「焚」，古「焚」字。《玄應音義》卷 6、22、24 並云：「焚，古文作焚、燓二形，同。」敦煌寫卷 S.5431《開蒙要訓》：「煎熬焚焴。」「焚」同「焚」。古之道路有符節乃通，《陸賈列傳》「遣臣授君王印，剖符通使」，又《南越尉佗列傳》「遣陸賈因立佗為南越王，與剖符通使」，《張儀列傳》「且臣奉王之節使楚」，可證通使必須有符節。此文「焚周節」，故「不通周使」也。《蘇秦列傳》「使使盟於周室，焚秦符」，馬王堆帛書《戰國縱橫家書·謂燕王章》「焚」作「梦」，燕絕於秦，不與秦通使，故「焚秦符」，與本文「焚周節」相類。《楚世家》「齊王大怒，折楚符而合於秦」，《張儀列傳》「折楚符」作「折節」，與本文亦相類。《通志》卷 4 亦作「忿周即」，是宋人已誤。

《秦本紀》

（1）大費生子二人：一曰大廉，實鳥俗氏；二曰若木，實費氏（1 / 222）

《索隱》：以仲衍鳥身人言，故為鳥俗氏。俗，一作「洛」。

《校勘記》：洛，原作「浴」，據耿本、黃本、彭本、《索隱》本、柯本、殿本改。按：《元和姓纂》卷 7：「鳥俗：伯益仕堯，有養鳥獸之功，賜姓鳥洛氏。支孫又以『路、洛』為氏〔註 55〕。《史記》曰：『大費子太廉，為鳥俗氏。』『俗』誤作『洛』。」（1 / 276）

〔註 53〕王叔岷《史記斠證》，中華書局，2007 年版，第 157 頁。
〔註 54〕李人鑒《太史公書校讀記》，甘肅人民出版社，1998 年版，第 63 頁。
〔註 55〕作「路、洛」則是誤解作二氏，當「路洛」連文。

按：水澤利忠曰：「凌、金陵同，各本『浴』字作『洛』。」〔註 56〕梁
玉繩曰：「《秦詩譜》疏引此作『鳥谷』，《通志‧氏族略》云『鳥浴氏』，又
訛為『路洛氏』，未知誰是？」張森楷從梁說〔註 57〕。李笠曰：「小司馬云：
『俗，一作洛。』『洛』字當依《通志‧氏族略》作『浴』。何以證之？《秦
詩譜》疏引《史記》作『鳥谷』，『谷』與『浴』古字通用。『谷』即『俗』
之省文。若作『洛』，則聲義胥戾矣。」〔註 58〕黃善夫本、乾道本、淳熙本、
元刻本、慶長本作「洛」。李笠說是也，但猶未盡。《路史》卷 16：「大廉事
夏后啟，為鳥俗氏、路俗氏。」羅苹注：「俗，《史》作『浴』，一作『洛』
非。」上文說「大費佐舜調馴鳥獸，鳥獸多馴服，是為柏翳」，下文說其子
孫「中衍鳥身人言」，是其俗與鳥相似，故稱作「鳥俗氏」。「鳥洛」則無義
可說。附帶論及《大戴禮記‧夏小正》：「黑鳥浴。」傳：「黑鳥者何也，鳥
也。浴也者，飛乍高乍下也。」俞樾曰：「按：飛乍高乍下何以謂之浴，義
不可通。浴者，俗之誤字。《說文》：『俗，習也。』黑鳥俗即黑鳥習也。《說
文》：『習，數飛也。』《傳》所謂飛乍高乍下者，正合數飛之義。俗、習雙
聲，故即以『俗』字代『習』字耳。」劉永濟從其說〔註 59〕。俞說非是，《大
戴》「浴」讀如字，且《說文》「俗，習也」，謂習俗、風俗，與「習，數飛
也」之「習」不得轉說，俞氏偷換其概念耳。

（2）銘曰：「帝令處父不與殷亂，賜爾石棺以華氏。」（1／223）

《索隱》：言處父至忠，國滅君死而不忘臣節，故天賜石棺，以光華
其族。

按：沈濤曰：「『殷亂』當作『發亂』。《御覽》卷 551 引作『不與發亂』，
蓋古本如是。發，武王名也。言不與周武之難耳。今本乃淺人所改。《索
隱》云云，夫以處父為忠，是以武王為叛矣，又豈得云『殷亂』哉？」瀧
川資言從沈說〔註 60〕。吳國泰曰：「『華氏』當為地名，《索隱》以為『光

〔註 56〕水澤利忠《史記會注考證校補》，廣文書局，1972 年版，第 424 頁。
〔註 57〕梁玉繩《史記志疑》卷 4，中華書局，1981 年版，第 119 頁。張森楷《史
　　　　記新校注》，中國學典館復館籌備處，1967 年版，第 541 頁。
〔註 58〕李笠《廣史記訂補》卷 2，復旦大學出版社，2001 年版，第 28 頁。
〔註 59〕俞樾《古書疑義舉例》卷 3，中華書局，1956 年版，第 56 頁。劉永濟《中
　　　　國文學通論》，《學衡》第 9 期，1922 年版，第 25 頁。
〔註 60〕沈濤《銅熨斗齋隨筆》卷 3，收入《續修四庫全書》第 1158 冊，第 640 頁。
　　　　瀧川資言《史記會注考證》，北嶽文藝出版社，1999 年版，第 333 頁。

華其族」，非是。」〔註61〕施之勉曰：「以華氏，《汾水注》作『以葬』。楊守敬曰：『《索隱》謂「光華其族」，迂曲不如酈氏所訂。』」〔註62〕李人鑒曰：「《水經・汾水注》云云，疑此『華氏』二字為『葬』字之誤。」〔註63〕《御覽》卷551引作「天令處父與發亂」，無「不」字。《御覽》卷40引仍作「不與殷亂」，《水經注・汾水》、《班馬字類》卷4引同，《通志》卷4作「不與商亂」，沈濤據誤字而生說，瀧川未能訂正。以華氏，《御覽》卷40、551未引。「華」當據《水經注》訂作「葬」字，形近而訛，又衍「氏」字。下文「死，遂葬於霍太山」即承此「葬」而言。小司馬云云，則所據本已誤作「華」字。

（3）得陳寶（1／228）

《正義》：《晉太康地志》云：「秦文公時，陳倉人獵得獸，若彘，不知名，牽以獻之。逢二童子，童子曰：『此名為媦，常在地中，食死人腦。即欲殺之，拍捶其首。』媦亦語曰：『二童子名陳寶，得雄者王，得雌者霸。』」

按：《封禪書》《索隱》引《列異傳》：「此名為媦，在地下，食死人腦。」此乃節引，《類聚》卷90引作「此名為媪……若欲殺之，以栢插其首」，《御覽》卷375引作「此名為蝹述……若欲殺之，以柏燒其頭」，《御覽》卷917、《事文類聚》後集卷44引作「此名為媪……若欲殺之，以栢捶其首」，《御覽》卷954引作「此為媪……若欲殺之，使栢葉插其頭」，《太平廣記》卷461引作「此為媪述……若欲殺之，以柏插其首」。《搜神記》卷8作「此名為媪……若欲殺之，以栢插其首」，《宋書・符瑞志上》「名為猵……若欲殺之，以栢東南枝指之，則死矣」，《述異記》卷下作「此名蝹（舊注：「《史記》作『媦』。」）……若以松柏木穿其首，則死」，《封氏聞見記》卷6作「此名謂蝹……若殺之，以柏東南枝捶其首」，《酉陽雜俎》卷13作「此名弗述……欲殺之，當以栢插其首」，《事類賦注》卷25引《述異記》：「此名媪……若欲殺之，柏葉插其頭」（《本草綱目》卷51引「媪」作「蝹」），《類說》卷8引《述異記》：「此名蝹……若以栢葉穿其首則死」，《續博物志》卷6「此名為蝹……若欲殺之，以柏東南枝捶其首」。綜考各書，「拍」當是

〔註61〕吳國泰《史記解詁》第1冊，1933年成都居易簃叢著本，本冊第36頁。
〔註62〕施之勉《史記會注考證訂補》，華岡出版有限公司，1976年版，第150頁。
〔註63〕李人鑒《太史公書校讀記》，甘肅人民出版社，1998年版，第67頁。

「柏（栢）」之誤。「捶」當是「插」之誤，與《述異記》「穿」字同義。「媚」當是「媼」之誤，是「蠱」借字，「㺉」字同。《御覽》卷 375 舊注：「蠱，音襖。」則必是「蠱」字，《集韻》「蠱」、「媼」、「襖」同音烏浩切。《集韻》：「蠱，蟲名，形若羊若豕，在地中，食屍腦。殺之，以栢葉覆首乃死，陳倉人曾得之。」此物蓋名「蠱」，又名「弗述」，《御覽》卷 375、《太平廣記》作「蠱述」者，有脫文，當作「蠱，又名弗述」。《文選·羽獵賦》李善注引《太康記》：「秦文公時陳倉人獵得獸若彘，而不知其名，道逢二童子曰：『此名為糟弗述。』糟弗述亦語曰：『彼二童子名為寶雞，得雄者王，得雌者霸。』」「糟弗」當衍一字。蠱之言蘊也。「弗述」是「弗鬱」疊韻轉語，又作「怫鬱」、「佛鬱」、「拂鬱」、「沸鬱」、「茀鬱」、「岪（岪）鬱」，音轉又作「勃鬱」，倒言則作「鬱怫」、「鬱拂」、「鬱茀」、「嶱岪」、「鬱岪」、「鬱勃」，言蘊積也，故一名「蠱」，又名「弗述」。

（4）臣常遊困於齊而乞食餒人（1／236）

按：句當讀作：「臣常（嘗）遊，困於齊，而乞食餒人。」

（5）妾兄弟不能相救，以辱君命（1／239）

按：瀧川資言曰：「楓、三、南本『救』作『教』，義長。」〔註 64〕水澤利忠曰：「救，南化、楓、梅、三、狩、東、高『教』。」〔註 65〕吳國泰曰：「救，《說文》：『止也。』」〔註 66〕王叔岷曰：「《列女傳》『救』亦作『教』。」施之勉說同王氏〔註 67〕。李人鑒謂「救」是「教」之誤，並引《韓長孺列傳》等文印證〔註 68〕。李說是也，歐繼芳說同〔註 69〕。高山寺藏唐鈔本作「教」。

（6）聞大國將誅鄭，鄭君謹修守禦備，使臣以牛十二勞軍士（1／241）

按：王叔岷曰：「《金樓子·說蕃篇》無『禦』字，『使』作『令』。『禦』

〔註 64〕瀧川資言《史記會注考證》，北嶽文藝出版社，1999 年版，第 354 頁。
〔註 65〕水澤利忠《史記會注考證校補》，廣文書局，1972 年版，第 441 頁。
〔註 66〕吳國泰《史記解詁》第 1 冊，1933 年成都居易簃叢著本，本冊第 37 頁。
〔註 67〕王叔岷《史記斠證》，中華書局，2007 年版，第 169 頁。施之勉《史記會注考證訂補》，華岡出版有限公司，1976 年版，第 160 頁。
〔註 68〕李人鑒《太史公書校讀記》，甘肅人民出版社，1998 年版，第 75 頁。
〔註 69〕歐繼芳《列女傳校證》，臺灣《文史哲學報》第 18 期，1969 年出版，第 146 頁。

字疑因『守』字聯想而衍。」〔註70〕王說可通，但未能必。余謂「備」上脫「之」字，當作「謹修守禦之備」。《潛夫論·邊議》：「當修守禦之備、必全之計。」正作「修守禦之備」。「守禦之備」是古書成語，馬王堆漢墓帛書《經法·君正》：「能收天下豪桀（傑）票（驃）雄，則守御（禦）之備具矣。」《國語·齊語》：「君有攻伐之器，小國諸侯有守禦之備。」《漢書·趙充國傳》：「內有亡費之利，外有守禦之備。」《新序·善謀》：「守禦之備具，匈奴不敢輕侵也。」又《六韜·龍韜·王翼》「修溝塹，治壁壘，以備守禦」，賈誼《過秦論》「修守戰之備」，亦足資旁證。也稱作「守禦之具」，銀雀山漢簡《守法守令等十三篇·庫法》：「韋鞮之事及它物雖非守禦之具也，然而庫之所為也。」《六韜·龍韜·農器》：「戰攻守禦之具，盡在於人事。」

（7）秦三將軍相謂曰：「將襲鄭，鄭今已覺之，往無及已。」滅滑（1／241）

按：瀧川資言曰：「楓本『滅』上有『遂』字。」〔註71〕水澤利忠曰：「往無及已，天養、英房『往而無及已』。滅滑，英房、南化、楓、棭、三、高、東、中彭、中韓、詳節『遂滅滑』。」〔註72〕高山寺藏唐鈔本「往」下亦有「而」字，「滅」上亦有「遂」字，皆當據補。「及」當是「反」形誤，同「返」。

（8）於是繆公退而問內史廖曰：「孤聞鄰國有聖人，敵國之憂也。今由余賢，寡人之害，將柰之何？」（1／243）

按：王叔岷曰：「《御覽》卷401引『害』作『患』，《韓非子·十過篇》、《說苑·反質篇》並作『寡人患之』。」〔註73〕徐仁甫曰：「『之害』當作『害之』。害，懼也，今俗言害怕，與『患』義相近。《韓子·十過》、《說苑·反質》皆作『寡人患之』，亦可證『之害』誤倒。」〔註74〕張玉春曰：「作『患』更符合文意，作『害』則不可通……《御覽》作『患』存《史記》之舊。」〔註75〕徐氏乙作「害之」是也，《治要》卷11引已誤倒，《御覽》

〔註70〕王叔岷《史記斠證》，中華書局，2007年版，第170頁。
〔註71〕瀧川資言《史記會注考證》，北嶽文藝出版社，1999年版，第359頁。
〔註72〕水澤利忠《史記會注考證校補》，廣文書局，1972年版，第444頁。
〔註73〕王叔岷《史記斠證》，中華書局，2007年版，第173頁。
〔註74〕徐仁甫《史記注解辨正》，四川大學出版社，1993年版，第11～12頁。
〔註75〕張玉春《今本〈史記〉校讀記》，《史學史研究》2004年第2期，第58頁。

引作「之患」亦倒。《韓子・內儲說下》「今荊王之使者甚賢，寡人患之」，
文例亦同。害，患也，一聲之轉〔註76〕，亦憂也。《齊太公世家》：「景公害
孔丘相魯，懼其霸，故從犂鉏之計。」吳國泰曰：「害，借為患。」〔註77〕
《魏世家》：「魏相田需死，楚害張儀、犀首、薛公。」又「昭魚甚憂，曰：
『田需死，吾恐張儀、犀首、薛公有一人相魏者也。』」「害」即憂恐義。
張玉春不通訓詁，如其說，《魏世家》「害」字亦非其舊，不可通邪？

（9）君臣有間，乃可虜也（1／243）

按：瀧川資言曰：「楓、三、南本『虜』作『慮』。」〔註78〕水澤利忠
曰：「虜，東、楓、梅、三、中彭、中韓『慮』。」〔註79〕王叔岷曰：「『虜』
疑『慮』之誤，《韓非子》、《外傳》、《說苑》並作『圖』，慮、圖義同。」
李人鑒說同王氏〔註80〕。高山寺藏唐鈔本亦作「慮」，日鈔本《治要》卷
11、《後漢書・謝該傳》李賢注引同（天明刊本《治要》作「虜」）。《漢書・
刑法志》「君臣有間，上下離心，政謀不良，故可變而詐也」，「變詐」亦
謂圖謀之也。《冊府元龜》卷238、《古史》卷6、《通志》卷4引已誤作
「虜」字。

（10）戎王受而說之，終年不還（1／243）

按：池田曰：「《韓非子》云『終歲不遷，牛馬半死』。徂徠曰：『不逐
水草之利，故牛馬半死也。』」〔註81〕王叔岷曰：「《韓非子》、《說苑》、《長
短經》注『不還』並作『不遷』。」〔註82〕徐仁甫謂「還」當校作「遷」，
徐氏云：「戎夷逐水草而居，數月必遷。不遷則馬牛羊乏食，故《韓非》曰
『牛馬半死』，《說苑》曰『馬牛羊半死』。」李人鑒說同徐氏〔註83〕，其說
是矣，《冊府元龜》卷238、《記纂淵海》卷72、《通志》卷4引亦誤作「還」。

〔註76〕參見王引之《經義述聞》卷11，江蘇古籍出版社，1985年版，第267頁。
〔註77〕吳國泰《史記解詁》第2冊，1933年成都居易簃叢著本，本冊第30頁。
〔註78〕瀧川資言《史記會注考證》，北嶽文藝出版社，1999年版，第364頁。
〔註79〕水澤利忠《史記會注考證校補》，廣文書局，1972年版，第446頁。
〔註80〕王叔岷《史記斠證》，中華書局，2007年版，第173頁。李人鑒《太史公
　　　　書校讀記》，甘肅人民出版社，1998年版，第80頁。
〔註81〕池田四郎次郎《史記補注（上編）》（池田英雄增補），日本明德出版社，1975
　　　　年版，第105頁。
〔註82〕王叔岷《史記斠證》，中華書局，2007年版，第173頁。
〔註83〕徐仁甫《史記注解辨正》，四川大學出版社，1993年版，第12頁。李人鑒
　　　　《太史公書校讀記》，甘肅人民出版社，1998年版，第80頁。

韓兆琦雖從王說校作「不遷」，但解作「沉迷不變」﹝註84﹞，則誤矣。受，高山寺藏唐鈔本同，日鈔本《治要》卷11引作「愛」（天明刊本作「受」）。「愛」是形誤。

《秦始皇本紀》

（1）車裂以徇，滅其宗（1／290）

《正義》：《說苑》云：「秦始皇太后不謹，幸郎嫪毐，始皇取毐四支車裂之，取兩弟撲殺之，取太后遷之咸陽宮……茅焦乃上說曰：『齊客茅焦，願以太后事諫。』皇帝曰：『走告若，不見闕下積死人耶？』……遷母咸陽，有不孝之行……王乃自迎太后歸咸陽，立茅焦為傅，又爵之上卿。」

《校勘記》：咸陽宮，疑當作「棫陽宮」。下「遷母咸陽」同。按：《呂不韋列傳》《索隱》：「《說苑》云遷太后棫陽宮。」（1／366）

按：《說苑》見《正諫篇》，「撲殺」上有「囊」字，三「咸陽」皆作「蒷陽」，「上說」作「上謁」，「走告」作「走往告之」，「歸咸陽」作「蒷陽宮，歸於咸陽」。《說苑》舊校：「蒷陽宮，一本作『棫陽宮』。」盧文弨校「咸陽」作「棫陽」，向宗魯謂《御覽》卷455引下文皆作「棫陽」﹝註85﹞，是也，蘇芃有補證﹝註86﹞。《御覽》卷455引作「遷母棫陽宮」，又卷135引作「皇太后置之棫陽宮」。蘇芃指出「若」屬下讀，亦是也，「若」是第二人稱代詞。「上說」當作「上謁」。

（2）秦王乃迎太后於雍而入咸陽（1／290）

《集解》：《說苑》曰：「太后大喜，曰：『天下亢直，使敗復成，安秦社稷，使姜母子復相見者，茅君之力也。』」

按：張文虎曰：「天下亢直，疑有誤。今本《說苑》作『亢枉令直』，《御覽》卷135引同。」﹝註87﹞「天下亢直，使敗復成」，《說苑·正諫》作「抗枉令直，使敗更成」，《御覽》卷135、455引同，當據校。張文虎引「抗」

﹝註84﹞ 韓兆琦《史記箋證》，江西人民出版社，2009年版，第338頁。

﹝註85﹞ 向宗魯《說苑校證》，中華書局，1987年版，第215頁。

﹝註86﹞ 蘇芃《南宋黃善夫本〈史記〉校勘研究》，南京師範大學2010年博士學位論文，第52頁。又蘇芃《南宋黃善夫本〈史記〉校箋》，《南京師範大學文學院學報》2014年第2期，第29頁。下文引同。

﹝註87﹞ 張文虎《校刊史記集解索隱正義札記》卷1，中華書局，1977年版，第69頁。

誤作「亢」。「復」是「更」形訛，《冊府元龜》卷 212、534 已誤（卷 534
殘存宋刻）。更，轉變。使敗更成，猶言轉敗為功耳。《太平經》卷 109：「舉
士得人，乃危更安，亂更理，敗更成，凶更吉，死更生。」

（3）以秦之彊，諸侯譬如郡縣之君，臣但恐諸侯合從，翕而出不意，此乃智伯、夫差、湣王之所以亡也（1 / 293）

按：張文虎曰：「《御覽》卷 86 引作『以秦之彊視諸侯』，疑今本脫。
翕，《御覽》無。」〔註88〕李笠曰：「『翕』疑即『合』字之複出者，《御覽》
卷 729 引無。或曰：『翕』為『忽』之聲誤。」〔註89〕池田、瀧川資言從
張、李說〔註90〕，水澤利忠、張森楷從張說〔註91〕，韓兆琦從李說〔註92〕。
施之勉曰：「《御覽》卷 86 引《史》無『翕』字，又卷 811 引《春秋後語》
『翕』作『醮』，注：『醮，謂祭，盟誓之義也。』」〔註93〕王叔岷曰：「《御
覽》卷 729 未引此文，《御覽》卷 86 引此無『翕』字，李氏失檢。惟『翕』
字非衍文。『翕』有變動義。翕而出不意，猶言變生於不測耳。《御覽》不
足據。」〔註94〕《御覽》卷 811 引《春秋後語》：「以秦之強，諸侯譬如郡
縣，其君臣俱怨（恐），若或合從，醮而出不意，此智伯、夫差、湣王所以
亡也。」《長短經‧七雄略》：「今諸侯服秦，譬若郡縣，其君臣俱恐，若或
合縱，而出不意，此乃智伯、夫差、湣王所以亡也。」即本《史記》，不當
補「視」字，張文虎說非也。「以秦之彊，諸侯譬如郡縣」為句，《李斯列
傳》「今諸侯服秦，譬若郡縣，夫以秦之彊、大王之賢，由（猶）竈上騷除」，
文義相同。《後語》「怨」當作「恐」，此文「之君臣但恐」為句，當校作「其
君臣俱恐」。池田以「諸侯譬如郡縣之君臣」為句，亦非是。翕而，猶言「翕
然」、「翕如」，和合兒。

〔註88〕張文虎《校刊史記集解索隱正義札記》卷 1，中華書局，1977 年版，第 69
頁。

〔註89〕李笠《廣史記訂補》卷 2，復旦大學出版社，2001 年版，第 33 頁。

〔註90〕池田四郎次郎《史記補注（上編）》（池田英雄增補），日本明德出版社，1975
年版，第 125 頁。本條下文引同。瀧川資言《史記會注考證》，北嶽文藝出
版社，1999 年版，第 426 頁。

〔註91〕水澤利忠《史記會注考證校補》，廣文書局，1972 年版，第 490 頁。張森
楷《史記新校注》，中國學典館復館籌備處，1967 年版，第 639 頁。

〔註92〕韓兆琦《史記箋證》，江西人民出版社，2009 年版，第 425 頁。

〔註93〕施之勉《史記會注考證訂補》，華岡出版有限公司，1976 年版，第 202 頁。

〔註94〕王叔岷《史記斠證》，中華書局，2007 年版，第 196 頁。

（4）摯鳥膺，豺聲（1／293）

《正義》：鷙鳥，鶻。膺突向前，其性悍勇。

《校勘記》：摯鳥膺，疑有脫文。《御覽》卷 729 引《史記》作「鷙喙，鳥膺」，《緯略》卷 7 引《史記》云「始皇鷙喙」。（1／366）

按：水澤利忠曰：「摯，英房『鷙』。」〔註95〕王叔岷曰：「《御覽》卷 86、《記纂淵海》卷 43 引『摯』並作『鷙』。鷙、摯，正、假字。『鳥』字疑因『鷙』字從鳥而衍。《論衡》、《長短經》注並作『鷙膺，豺聲』，可證。《御覽》卷 388 引作『鳥喙，鷹呼，豺聲』，卷 729 引作『鷙喙，鳥膺，豺聲』，並非此文之舊。」〔註96〕王說是，《正義》本「摯」作「鷙」，元刻本、慶長本亦同。又《正義》云云，亦是解「鷙膺」，正文「鳥」字因《正義》「鷙鳥」而衍。《冊府元龜》卷 190 亦作「鷙膺豺聲」。《御覽》卷 86、《冊府元龜》卷 206、860、《永樂大典》卷 9636 引已衍「鳥」字。

（5）居約易出人下，得志亦輕食人（1／293）

《正義》：言始皇居儉約之時易以謙卑。言始皇得天下之志，亦輕易而啖食於人。

按：瀧川資言引皆川愿曰：「輕食人，言與久遊，則必為其所害也。」〔註97〕池田曰：「食，啖也，承上『豺狼』等字言。」〔註98〕施之勉曰：「《論衡·骨相篇》『輕食人』作『輕視人』。」〔註99〕張森楷曰：「輕，猶易也，即不難也。」〔註100〕王叔岷曰：「易、亦互文，義並同『則』。輕謂侮慢，食謂毀傷（食借為蝕）。《論衡》『輕食』作『輕視』。」〔註101〕《長短經·察相》、《御覽》卷 86、729、《冊府元龜》卷 206、《通志》卷 4 引同今本，《記纂淵海》卷 43 引無「食」字。《論衡·骨相》作「居約易以下人，得志亦輕視人」。「食」當作「視」。易，言不難也。二句謂始皇儉約之時易居人下，得志之時則輕視人矣。下文「誠使秦王得志於天下，天下皆為虜矣」，

〔註95〕水澤利忠《史記會注考證校補》，廣文書局，1972 年版，第 490 頁。

〔註96〕王叔岷《史記斠證》，中華書局，2007 年版，第 196 頁。

〔註97〕瀧川資言《史記會注考證》，北嶽文藝出版社，1999 年版，第 426 頁。

〔註98〕池田四郎次郎《史記補注（上編）》（池田英雄增補），日本明德出版社，1975 年版，第 125 頁。

〔註99〕施之勉《史記會注考證訂補》，華岡出版有限公司，1976 年版，第 202 頁。

〔註100〕張森楷《史記新校注》，中國學典館復館籌備處，1967 年版，第 640 頁。

〔註101〕王叔岷《史記斠證》，中華書局，2007 年版，第 197 頁。

「為虜」即為始皇輕視也,足證「輕食」之誤。韓兆琦解「食人」為「吃人」〔註102〕,殊誤。

（6）卒有田常、六卿之臣,無輔拂,何以相救哉（1/321）

《校勘記》:臣,《李斯列傳》作「患」。（1/370）

按:張文虎曰:「拂,《治要》、《御覽》卷451、《字類》引並作『弼』,《李斯傳》同。」〔註103〕水澤利忠曰:「拂,南化、楓、三、《治要》『弼』。」〔註104〕施之勉曰:「《元龜》卷534引亦作『弼』。」〔註105〕拂、弼,一聲之轉。《李斯列傳》作「卒有田常、六卿之患,臣無輔弼,何以相救哉」,池田、徐仁甫據補「患」字〔註106〕,是也,非彼文「臣」作「患」也。《御覽》卷451引《李斯列傳》亦脫「患」字。《蘇秦列傳》「卒有秦患」,文例相同。《論衡·正說》:「卒有田常、六卿之難,無以救也。」難亦患也,是王充所見本《史記》作「患」字,而易作「難」也。《文選·曹冏·六代論》:「卒有田常、六卿之臣,而無輔弼,何以相救?」曹冏所見本亦脫「患」字。

（7）少子胡亥愛慕請從,上許之（1/327）

按:池田曰:「『愛慕』連讀。胡亥愛慕始皇也。」〔註107〕韓兆琦曰:「『慕』字可疑,似應刪,《李斯傳》作『少子胡亥愛,請從』。愛,受始皇寵愛。」〔註108〕韓說是也,《通鑒》卷7作「始皇二十餘子,少子胡亥最愛,請從,上許之」。《御覽》卷86、《冊府元龜》卷205、《古史》卷7、《通志》卷4已衍「慕」字。

（8）自琅邪北至榮成山,弗見（1/331）

《正義》:即成山也,在萊州。

〔註102〕韓兆琦《史記箋證》,江西人民出版社,2009年版,第426頁。
〔註103〕張文虎《校刊史記集解索隱正義札記》卷1,中華書局,1977年版,第73頁。
〔註104〕水澤利忠《史記會注考證校補》,廣文書局,1972年版,第513頁。
〔註105〕施之勉《史記會注考證訂補》,華岡出版有限公司,1976年版,第224頁。
〔註106〕池田四郎次郎《史記補注（上編）》（池田英雄增補）,日本明德出版社,1975年版,第135頁。徐仁甫《史記注解辨正》,四川大學出版社,1993年版,第14頁。
〔註107〕池田四郎次郎《史記補注（上編）》（池田英雄增補）,日本明德出版社,1975年版,第139頁。
〔註108〕韓兆琦《史記箋證》,江西人民出版社,2009年版,第485頁。

　　按：顧炎武曰：「《寰宇記》：『秦始皇登勞、盛山，望蓬萊。』後人因謂此山一名勞盛山，誤也。勞、盛，二山名，勞即勞山，盛即成山……《史記・秦始皇紀》云云，按史書及前代地理書並無榮成山，予向疑之。以為其文在瑯邪之下，成山之上，必『勞』字之誤。後見王充《論衡》引此正作『勞、成山』，乃知昔人傳寫之誤，唐時諸君亦未之詳考也，遂使勞山並盛之名，成山冒榮之號。今特著之，以正史書二千年之誤。」顧祖禹說同，梁玉繩、何焯、林茂春並從顧炎武說，梁氏指出《論衡》見《紀妖篇》〔註109〕。瀧川資言引何焯曰：「王充《論衡》引此正作『勞、成山』。」〔註110〕「王充《論衡》引此正作勞成山」亦是何焯引顧炎武說，瀧川竟誤作何焯語，讀書鹵疏有一至此者。王叔岷曰：「《論衡・實知篇》亦作『勞、成山』，《書虛篇》作『勞、盛山』，並可證今本此文『榮』字之誤。」〔註111〕金陵書局本《太平寰宇記》卷20：「古老相傳云：秦始皇幸瑯邪，因至牢、盛山〔註112〕，望蓬萊，蓋立馬於此。」「牢山」即「勞山」，亦作「嶗山」，不知顧氏所見何本作「勞山」？顧、王二氏校「榮」作「勞」，是也，但謂「勞」、「成」是二山名則不必確。「勞成」是一山之名。舊題班固《漢武帝外傳》：「帝好自愛，後四十年求我於勞成山，方共事，不相怨也。」〔註113〕東晉・葛洪《神仙傳》卷2：「（樂子長）乃入海，登勞盛山而仙去也。」〔註114〕南北朝佚名《太真玉帝四極明科經》卷4：「靈寶洞玄經五勝玉訣……封於太上玉京金房紫戶之內。萬劫一出，今封各一通於太山之北，一通於勞盛山。」南北朝佚名《太上洞玄靈寶本行因緣經》：「仙公登勞盛山，靜齋念道。」《雲笈七籤》卷96引《天文五符》：「仙人樂，修門於勞盛山，上刻石，作五符文。」顯然「勞盛（成）山」不是二個山名。劉盼遂曰：「《史

〔註109〕陳垣《日知錄校注》卷31，安微大學出版社，2007年版，第1815～1816頁。顧祖禹《讀史方輿紀要》卷36，收入《續修四庫全書》第602冊，上海古籍出版社，2002年版，第558頁。梁玉繩《史記志疑》卷5，中華書局，1981年版，第184頁。何焯《義門讀書記》卷13，中華書局，1987年版，第200頁。林茂春《史記拾遺》，收入《二十四史訂補》第1冊，書目文獻出版社，1996年版，第695頁。

〔註110〕瀧川資言《史記會注考證》，北嶽文藝出版社，1999年版，第480頁。

〔註111〕王叔岷《史記斠證》，中華書局，2007年版，第222頁。

〔註112〕四庫本「盛」誤作「戚」。

〔註113〕《太平廣記》卷9作「成山」（未標出處）。

〔註114〕《仙苑編珠》卷上引同，《太平寰宇記》卷20引作「勞山」。

記》作『榮成山』，或仲任意不與《史》同，以為勞山、成山也。」又曰：「勞、成山，宜依《史記》改作『榮成山』。或《論》自斥勞山、成山，又省去一『山』字也。」〔註115〕劉說非是。

（9）以人魚膏為燭，度不滅者久之（1／333）

《正義》：《異物志》云：「人魚似人形，長尺餘，不堪食。」度音田洛反。

按：《御覽》卷870引脫「魚」字，《漢書・楚元王傳》劉向上疏亦然。《水經注・渭水》用此文，易「度」作「取其」。度，讀為庶。《初學記》卷30、《御覽》卷938、《說郛》卷62、《永樂大典》卷3000引《臨海異物志》：「人魚似人，長三尺餘，不可食。」（《初學記》脫「餘」字）《正義》引「尺」上脫「三」字。

（10）謁者使東方來（1／337）

按：王叔岷曰：「《通鑑》『使』作『從』。『使』字疑涉下文『使者』而誤。」〔註116〕王校非是，《通鑑》卷7作「謁者使從東方來」，《通鑑紀事本末》卷1同，是「使」下有「從」字，非「使」作「從」也。謁者常充奉使，故稱「謁者使」，「使」是名詞。「東方」上脫介詞「從」或「自」字，《治要》引亦脫。

《項羽本紀》

（1）少年欲立嬰便為王（1／378）

按：水澤利忠曰：「南化、楓、三無『便』字。」〔註117〕池田引中村明遠曰：「以『便』字為即義。」〔註118〕吳國泰曰：「便者，傅之借字。《說文》：『傅，使也。』」〔註119〕王叔岷曰：「《漢書》、《續列女傳》、《通鑑》皆無『便』字。」〔註120〕「便」當作「使」，形近而譌。「傅」同「諞」、「聘」，訓作「使也」是「聘使」之使，不是「使令」之使，吳說非是。

〔註115〕劉盼遂《論衡校箋》，收入《劉盼遂文集》，北京師範大學出版社，2002年版，第37、97頁。
〔註116〕王叔岷《史記斠證》，中華書局，2007年版，第226頁。
〔註117〕水澤利忠《史記會注考證校補》，廣文書局，1972年版，第563頁。
〔註118〕池田四郎次郎《史記補注（上編）》（池田英雄增補），日本明德出版社，1975年版，第157頁。
〔註119〕吳國泰《史記解詁》第1冊，1933年成都居易簃叢著本，本冊第53頁。
〔註120〕王叔岷《史記斠證》，中華書局，2007年版，第255頁。

（2）毋從俱死也（1／394）

按：王念孫曰：「『從』當為『徒』。《漢書‧高祖紀》作『毋特俱死』，蘇林曰：『特，但也。』師古曰：『但，空也。空死而無成名也。』特、但、徒一聲之轉，其義一也。」張文虎、池田從王說〔註121〕。施之勉引吳汝綸曰：「《雜志》改『從』為『徒』，謬甚。」〔註122〕瀧川資言曰：「古鈔本、楓、三本『從』作『徒』。」〔註123〕水澤利忠曰：「南化、楓、三、狩、野、中韓『徒』。」〔註124〕王說是也，慶長本亦作「徒」，宋元各本均誤。黃善夫本下方有校記：「『從』本乍（作）『徒』。」《通鑑》卷9無此字。如本作「從」，《漢書》無緣作「特」。韓兆琦曰：「作『從』作『徒』皆可，不必另生枝節。」〔註125〕韓氏亦是未達通假，不知致誤之由。

（3）（沛公）謝曰：「……今者有小人之言，令將軍與臣有卻。」
　　項王曰：「此沛公左司馬曹無傷言之；不然，籍何以至此？」
　　（1／395）

按：張文虎曰：「中統『至』作『生』，與《高祖紀》合。」〔註126〕水澤利忠曰：「至，英房、景、蜀、紹、耿、慶、中統、彭、毛、韓、嵯『生』。」〔註127〕龍良棟曰：「黃善夫本作『生』，與景祐本合。吳氏《點勘》本作『至』，吳汝綸曰：『案《漢書》「至」作「生」，《史記》中統刻本亦作「生」。』案《高祖本紀》亦作『生』，應以『生』為是。」〔註128〕王叔岷曰：「景祐本南宋補版、黃善夫本『至此』並作『生此』，《高祖本紀》同。作『生此』蓋《史》、《漢》之舊。《廣雅》：『生，出也。』『生此』與『出此』同義，

〔註121〕王念孫《史記雜志》，收入《讀書雜志》卷2，中國書店，1985年版，本卷第18頁。張文虎《校刊史記集解索隱正義札記》卷1，中華書局，1977年版，第82頁。池田四郎次郎《史記補注（上編）》（池田英雄增補），日本明德出版社，1975年版，第163頁。

〔註122〕施之勉《史記會注考證訂補》，華同出版有限公司，1976年版，第254頁。

〔註123〕瀧川資言《史記會注考證》，北嶽文藝出版社，1999年版，第557頁。

〔註124〕水澤利忠《史記會注考證校補》，廣文書局，1972年版，第578頁。

〔註125〕韓兆琦《史記箋證》，江西人民出版社，2009年版，第591頁。

〔註126〕張文虎《校刊史記集解索隱正義札記》卷1，中華書局，1977年版，第82頁。

〔註127〕水澤利忠《史記會注考證校補》，廣文書局，1972年版，第579頁。

〔註128〕龍良棟《景祐本史記校勘記》，收入《二十四史訂補》第1冊，書目文獻出版社，1996年版，第928頁。

與『至此』義亦相近。」〔註129〕《高祖本紀》宋元各本及慶長本、宮內廳
藏古鈔本都作「生此」，《漢書·高帝紀》同。王念孫曰：「『生』當為『至』，
字之誤也。《史記·項羽紀》、《高祖紀》並作『至』，《通鑑·漢紀一》同。」
周壽昌、季洛生從王說〔註130〕。張文虎曰：「疑『生』與『至』皆『出』
之誤。」〔註131〕李慈銘曰：「王說非也，『生此』者謂生此卻也。」〔註132〕
乾道本、慶長本亦作「生此」，《通志》卷5同，《通鑑》卷9作「至此」。
王念孫所見《高祖本紀》作「至此」，瀧川《考證》本、殿本同。瀧川曰：
「祕閣本『至』作『生』。」〔註133〕李慈銘說是也，王叔岷所解則誤。「生」
訓出，是出生、長出義，而不是出離、來到義，王叔岷混其概念。此「生」
字承上文「有卻（郤）」言之，言生出間隙。

（4）更持去，以惡食食項王使者（1／409）

按：《陳丞相世家》、《通鑑》卷10作「复持去，更以惡草具進楚使」，
《漢書·陳平傳》無「更」字，餘同。此文「更」是「复」形訛，各本皆
誤，《記纂淵海》卷135引誤同〔註134〕。

（5）馬童面之（1／421）

《集解》：張晏曰：「以故人故，難視斫之，故背之。」

按：《四庫考證》：「刊本『親』訛『視』，據《漢書》注改。」〔註135〕
張文虎曰：「視，《漢書》注作『親』，《御覽》引同。」〔註136〕王叔岷曰：
「《御覽》卷87引張注作『以故人，難親斫之，故背面之也』。『視斫』當

〔註129〕王叔岷《史記斠證》，中華書局，2007年版，第269頁。
〔註130〕王念孫《漢書雜志》，收入《讀書雜志》卷3，中國書店，1985年版，本
　　　　卷第72～73頁。周壽昌《漢書注校補》卷1，收入《叢書集成新編》第
　　　　112冊，新文豐出版公司，1985年印行，第108頁。季洛生《史漢文辭異
　　　　同斠釋》，弘道文化事業有限公司，1975年印行，第39頁。
〔註131〕張文虎《校刊史記集解索隱正義札記》卷1，中華書局，1977年版，第
　　　　92頁。
〔註132〕李慈銘《史記札記》卷1，收入《越縵堂讀史札記全編》，北京圖書館出
　　　　版社，2003年版，第20頁。
〔註133〕瀧川資言《史記會注考證》，北嶽文藝出版社，1999年版，第646頁。
〔註134〕此據宋刊殘本，四庫本在卷72。
〔註135〕《四庫全書考證》卷23《史記上》，景印文淵閣《四庫全書》第1498冊，
　　　　臺灣商務印書館，1986年初版，第7頁。
〔註136〕張文虎《校刊史記集解索隱正義札記》卷1，中華書局，1977年版，第
　　　　86頁。

作『親斫』。」〔註137〕改作「親」是也，宋元各本及慶長本都誤作「視」字。《漢書》注指《漢書・項籍傳》顏師古注引張晏說。《御覽》引張說作「故皆面之也」，王氏引「皆」誤作「背」。

《高祖本紀》

（1）到豐西澤中，止飲（2／438）

按：梁玉繩曰：「《漢書》作『澤中亭』，師古曰：『其亭在澤中，因以為名。』則此似脫『亭』字，若但言『澤中』，豈能止飲乎？」池田從梁說〔註138〕。王叔岷曰：「梁說是也。《類聚》卷12引此『中』下正有『亭』字，《通鑒》同。」〔註139〕梁、王說是也，宮內廳藏古鈔本正有「亭」字。《御覽》卷87、642引誤同今本，《初學記》卷9引《帝王世紀》亦同，《御覽》卷72引《漢書》作「到豐西澤中停飲」，誤「亭」作「停」，又脫「止」字。《玉海》卷151引作「到豐西潭中亭，上飲」，雖有誤字，但「亭」字不脫。

（2）沛公方踞牀，使兩女子洗足（2／450）

《校勘記》：「足」字疑衍。《漢書・高帝紀》無「足」字。《說文》：「洗，洒足也。」（2／493）

按：水澤利忠曰：「祕閣、桃古無『足』字。」〔註140〕王叔岷曰：「《漢書・高紀》、《酈食其傳》亦並無『足』字。」〔註141〕季洛生曰：「班氏刪『足』字是。《說文》：『洗，灑足也。』則『洗』已含濯足之意，刪『足』字是也。」〔註142〕李人鑒亦謂當據《漢書》刪「足」字〔註143〕。水澤氏所稱祕閣本，即宮內廳藏古鈔本。《說文》「洗」訓洒足，不能必定「洗足」之「足」就是衍文。本書《酈食其傳》亦作「洗足」，《漢紀》卷1、《長短經・霸圖》、《通鑒》卷8同，《御覽》卷342、366引《楚漢春秋》亦同；《漢

〔註137〕王叔岷《史記斠證》，中華書局，2007年版，第290頁。
〔註138〕梁玉繩《史記志疑》卷6，中華書局，1981年版，第215頁。池田四郎次郎《史記補注（上編）》（池田英雄增補），日本明德出版社，1975年版，第181頁。
〔註139〕王叔岷《史記斠證》，中華書局，2007年版，第302頁。
〔註140〕水澤利忠《史記會注考證校補》，廣文書局，1972年版，第634頁。
〔註141〕王叔岷《史記斠證》，中華書局，2007年版，第312頁。
〔註142〕季洛生《史漢文辭異同斠釋》，弘道文化事業有限公司，1975年印行，第26頁。
〔註143〕李人鑒《太史公書校讀記》，甘肅人民出版社，1998年版，第184頁。

書·酈食其傳》無「足」字,《治要》卷16引同,《後漢書·張衡傳》李賢注引則有「足」字。《漢書·高祖紀》無「足」字,《書鈔》卷133、《文選·王命論》李善注、《御覽》卷463、474引則有「足」字。《說文》:「澡,洒手也。」「澡」訓洒手,不妨「澡手」成詞,與「洗足」相類也。《說文》:「盥,澡手也。」《御覽》卷496引《風俗通》佚文:「俗說二人共澡手,令人鬭爭。」皆其例也。《說文》:「沐,濯髮也。」「沐」訓濯髮,不妨「沐髮」成詞,與「洗足」亦相類也。本書《倉公列傳》:「病得之沐髮未乾而臥。」道藏本《彭祖攝生養性論》:「勿強食肥鮮,勿沐髮後露頭。」皆其例也。然則本書及《漢紀》、《楚漢春秋》自作「洗足」,《漢書》自作「洗」,無足異也,不得遽刪「足」字,宋元各本及慶長本皆有「足」字,祕閣本、桃古本偶脫耳。

（3）黎明（2 / 452）

《索隱》:黎猶比也,謂比至天明也。《漢書》作「遲」,音值。值,待也,謂待天明,皆言早意也。

按:注文「值,待也」當作「遲,待也」,宋元各本及慶長本皆誤。《南越尉佗列傳》「犂旦」,《索隱》:「《漢書》亦作『遲明』。遲,音稚。遲,待也,亦犂之義也。」

（4）高祖還,見宮闕壯甚,怒,謂蕭何曰（2 / 481）

按:瀧川資言曰:「祕閣本『壯』下有『麗』字。」〔註144〕池田指出「甚怒」二字為句〔註145〕。王叔岷曰:「《漢書》、《通鑒》『壯』下並有『麗』字,與下文『非壯麗無以重威』相應。」〔註146〕蔣禮鴻、李人鑒亦據下文及《漢書》補「麗」字,李氏並指出「甚」字屬下句〔註147〕。諸說是,宋元各本及慶長本皆脫「麗」字。《漢書·高帝紀》作「上見其壯麗,甚怒,謂何曰」,《御覽》卷173引《漢書》作「高祖還,見宮闕壯麗,甚怒,曰」,疑是引《史記》文。

〔註144〕瀧川資言《史記會注考證》,北嶽文藝出版社,1999年版,第682頁。

〔註145〕池田四郎次郎《史記補注（上編）》（池田英雄增補）,日本明德出版社,1975年版,第199頁。

〔註146〕王叔岷《史記斠證》,中華書局,2007年版,第341頁。

〔註147〕蔣禮鴻《史記校詁》,收入《蔣禮鴻集》卷6,浙江教育出版社,2001年版,第18頁。李人鑒《太史公書校讀記》,甘肅人民出版社,1998年版,第206頁。

（5）始大人常以臣無賴（2／482）

《集解》：晉灼曰：「許慎曰：『賴，利也。』無利入於家也。或曰：江淮之閒謂小兒多詐狡猾為『無賴』。」

按：《集解》「江淮」，《四庫考證》：「刊本『淮』訛『湖』，據《漢書》顏師古注改。」張文虎從其說〔註148〕。水澤利忠曰：「淮，金陵同，祕閣『朝』，各本『淮』字作『湖』。」〔註149〕王叔岷曰：「景祐本、黃善夫本、殿本《集解》『江淮』並作『江湖』，《說文繫傳》卷12引同。此作『江淮』，蓋據《漢書》注改。」〔註150〕各本均誤，當作「江湘」。《方言》卷10：「央亡、嘽呰、姡，獪也。江湘之間或謂之無賴，或謂之㺜。凡小兒多詐而獪，謂之央亡，或謂之嘽呰，或謂之姡。姡，娗也，或謂之猾。皆通語也。」此晉灼說所本。又《集解》「狡猾」，黃善夫本、淳熙本、元刻本、慶長本同；景祐本、紹興本、乾道本、古鈔本作「狡獪」，《漢書》注同。

（6）高祖已擊布軍會甀（2／485）

《集解》：駰案：《漢書音義》曰：「會音儈保，邑名，甀音直僞反。」

按：《漢書・高帝紀》顏注引孟康曰：「會音儈保，邑名，屬沛國蘄縣。」則「甀音直僞反」是裴駰案語，不是《漢書音義》孟康注文，不當放於引號內，宮內廳藏古鈔本無此五字。吳承仕指出「裴《解》於『會』字承用孟康音，『甀』字則自下反音，分別甚明」〔註151〕，是矣。

（7）大臣內叛，諸侯外反（2／488）

按：水澤利忠曰：「侯，南化、楓、三、謙、野、高、岩、中韓『將』。」〔註152〕王叔岷曰：「《漢書》、《漢紀》『諸侯』亦並作『諸將』。」〔註153〕李人鑒謂作「諸侯」是〔註154〕。作「諸將」是，宮內廳藏古鈔本亦作「諸將」，與上文「諸將皆誅，必連兵還鄉（嚮）以攻關中」相應。

〔註148〕 《四庫全書考證》卷23《史記上》，景印文淵閣《四庫全書》第1498冊，臺灣商務印書館，1986年初版，第8頁。張文虎《校刊史記集解索隱正義札記》卷1，中華書局，1977年版，第95頁。

〔註149〕 水澤利忠《史記會注考證校補》，廣文書局，1972年版，第665頁。

〔註150〕 王叔岷《史記斠證》，中華書局，2007年版，第342頁。

〔註151〕 吳承仕《經籍舊音辨證》卷4《史記裴駰集解、司馬貞索隱》，中華書局，2008年版，第313頁。

〔註152〕 水澤利忠《史記會注考證校補》，廣文書局，1972年版，第670頁。

〔註153〕 王叔岷《史記斠證》，中華書局，2007年版，第351頁。

〔註154〕 李人鑒《太史公書校讀記》，甘肅人民出版社，1998年版，第213頁。

（8）夏之政忠。忠之敝，小人以野，故殷人承之以敬。敬之敝，
　　　小人以鬼，故周人承之以文。文之敝，小人以僿，故救僿莫若
　　　以忠（2／489）

《集解》：徐廣曰：「僿，一作『薄』。」駰案：《史記音隱》曰：「僿音
西志反。」鄭玄曰：「文，尊卑之差也。薄，苟習文法，無惻誠也。」

《索隱》：鄭音先代反，鄒本作「薄」。此語本出子思子，見今《禮·
表記》，作「薄」……裴又引《音隱》云「僿音先志反」，僿、塞聲相近故
也。蓋僿猶薄之義也。

《正義》：僿猶細碎也，言周末世，文細碎鄙陋薄惡，小人之甚。（據
瀧川資言《考證》本）

按：朱師轍引其父朱孔彰曰：「按《說文》無『僿』，當作『塞』，隔
也。無惻誠，情隔也。」〔註155〕王駿觀曰：「《正韻》：『僿，細碎也。』
言過文之敝，則流於細碎刻薄也。」〔註156〕施之勉曰：「荀《紀》引《史
記》作『薄』，《論衡·齊世篇》、《白虎通·三教》亦作『薄』。」〔註157〕
王叔岷曰：「《漢紀》『敝』作『弊』，俗。《漢紀》引此『僿』作『薄』，《說
苑·修文篇》亦作『薄』。」〔註158〕①《索隱》說語本《禮·表記》，蓋
即「夏道尊命事鬼敬神而遠之，近人而忠焉……其民之敝，蠢而愚，喬而
野，樸而不文」云云，其文不符，《索隱》說非是。太史公實本於《尚書
大傳》。《文選·運命論》：「文薄之弊，漸於靈景。」李善注引《尚書大傳》：
「周人之教以文。上教以文，君子〔文〕〔註159〕，其失也小人薄。」又
引鄭玄注曰：「文謂尊卑之差制也。習文法，無惻誠也。」《儀禮·士喪禮》
賈公彥疏引《書傳略說》：「夏后氏主教以忠。」《集解》所引鄭玄說正出
《大傳》注。《論衡·齊世》引《傳》曰：「夏后氏之王教以忠。上教以忠，
君子忠，其失也小人野，救野莫如敬。殷王之教以敬，上教用敬，君子敬，
其失也小人鬼，救鬼莫如文。故周之王教以文，上教以文，君子文，其失
也小人薄，救薄莫如忠。」王充所引《傳》，亦當是《尚書大傳》。《說苑·

〔註155〕朱師轍（少濱）《史記補注》，《國學彙編》1924年第2集，第2頁。
〔註156〕王駿圖、王駿觀《史記舊註平義》卷1，正中書局，1936年版，第55頁。
〔註157〕施之勉《史記會注考證訂補》，華岡出版有限公司，1976年版，第303
　　　　頁。
〔註158〕王叔岷《史記斠證》，中華書局，2007年版，第352頁。
〔註159〕「文」字據《論衡》補。

修文》：「故夏后氏教以忠，而君子忠矣，人之失野，救野莫如敬；故殷人教以敬，而君子敬矣，小人之失鬼，救鬼莫如文；故周人教以文，而君子文矣，小人之失薄，救薄莫如忠。」《白虎通義・三教》：「夏人之王教以忠，其失野，救野之失莫如敬。殷人之王教以敬，其失鬼，救鬼之失莫如文。周人之王教以文，其失薄，救薄之失莫如忠。」又《崩薨》：「夏后氏教以忠。忠者，厚也。」《禮記・表記》孔穎達疏引《元命包》：「夏人之立教以忠，其失野，故救野莫若敬；殷人之立教以敬，其失鬼，救鬼莫若文；周人之立教以文，其失蕩（薄），故救蕩（薄）莫若忠。」〔註160〕《長短經・君德》：「夏尚忠，忠之弊野樸，故殷承之以敬；敬之弊鬼，故周承之以文；文之弊薄，救薄莫若忠。」諸文並足互證。《後漢書・徐防傳》：「改薄從忠，三世常道。」亦本《大傳》。②此文「夏之政忠」，「政」當是「教」形誤，其下又脫「以」字，當作「夏之教以忠」。宋元各本及慶長本、宮內廳藏古鈔本均誤，《漢紀》卷4、《後漢書・徐防傳》李賢注引亦誤。《新唐書・儒學傳》：「（啖助）復攝其綱條為例統，其言孔子脩《春秋》意，以為『夏政忠，忠之敝野，商人承之以敬；敬之敝鬼，周人承之以文；文之敝僿，救僿莫若忠』。」是唐人啖助所見本已誤。③《史記音隱》「僿」音西志反，《索隱》作「先志反」，古音先、西相轉。④太史公易「薄」為「僿」者，胡吉宣曰：「裴氏以僿、蔽聲相近，故以蔽為僿爾。本書《土部》『塞，實也，蔽也。』」〔註161〕胡說非是，以「僿」為「塞」，解作「實也」，正與「薄」、「無悃誠」相反，故其說非也。《集韻》：「僿，無悃誠也。」即本鄭說。《集韻》又云「一曰細碎」，未詳所本。「僿」疑是「賊」聲轉。《易・井》「為我心惻」，帛書本「惻」作「塞」，上博楚簡（三）本作「塞」。而古音「則」、「賊」通，是「賊」可轉讀為「僿」也。賊謂殘賊、刻薄。

《呂太后本紀》

（1）呂忿為呂城侯（2／504）

按：城，宋元各本及慶長本、日鈔本作「成」，《漢書・外戚恩澤侯表》同，《史記・惠景閒侯者年表》有國名「呂成」。水澤利忠失校。

〔註160〕「蕩」是「薄」形訛，阮刻《十三經注疏》失校，中華書局，1980年版，第1642頁。

〔註161〕胡吉宣《玉篇校釋》，上海古籍出版社，1989年版，第556頁。

《孝文本紀》

（1）至高陵休止（2 / 520）

《正義》：《三輔舊事》云：「舊有忖留神象。此神曾與魯班語，班令其出，留曰：『我貌醜，卿善圖物容，不出。』班於是拱手與語曰：『出頭見我。』留乃出首。班以腳畫地，忖留覺之，便沒水。」

按：據《水經注·渭水》引《三輔黃圖》，「神象」當作「神像」，二「留」當作「忖留」。

（2）女子百戶牛酒（2 / 523）

《索隱》：樂產云：「婦人無夫或無子不霑爵，故賜之也。」

按：樂產，黃善夫本、乾道本、淳熙本、元刻本、慶長本、殿本作「樂彥」，《永樂大典》卷 12043 引同。

（3）法者，治之正也，所以禁暴而率善人也（2 / 525）

按：王叔岷曰：「率借為達。《說文》：『達，先道也。』（段玉裁注：『道，今之導字。』）率善人，猶言導善人。下文『且夫牧民而導之善者，吏也』，可證此『率』字之義。《刑法志》『率』作『衛』，『衛』蓋『衛』之誤。衛亦借為達。」〔註 162〕李人鑒說略同王氏，又指出「人」是衍文〔註 163〕。徐仁甫曰：「『禁』、『衛』相對為文，『率』當作『衛』為是。」〔註 164〕王、李說是也，「人」是衍文。「達」之引申義為勸勉、勸導。《小爾雅》：「率，勸也。」《晏子春秋·內篇諫上》：「先王之立愛以勸善也，其立惡以禁暴也。」正「勸善」與「禁暴」對文。《韓子·外儲說右上》「是望不得以賞罰勸禁也」，又《飾邪》「有賞不足以勸，有刑不足以禁」，又《內儲說上》「天下太平之士，不可以賞勸也；天下太平之士，不可以刑禁也」，又《八經》「賞者有誹焉，不足以勸；罰者有譽焉，不足以禁」，亦「勸」與「禁」對文，是「勸善禁暴」省文。《管子·法法》：「如是，則賢者勸而暴人止。」《晏子春秋·外篇》：「為善者，君上之所勸也。」《韓子·守道》：「聖王之立法也，其賞足以勸善，其威足以勝暴。」《墨子·尚同中》：「賞譽不足以勸善，刑罰不足以沮暴。」又《尚同下》：「故計上之賞譽不足以勸善，計其毀罰不足以沮暴。」又《尚賢下》：「使國為善者勸，為暴者沮。」又「使天下

〔註162〕王叔岷《史記斠證》，中華書局，2007 年版，第 383 頁。

〔註163〕李人鑒《太史公書校讀記》，甘肅人民出版社，1998 年版，第 241 頁。

〔註164〕徐仁甫《史記注解辨正》，四川大學出版社，1993 年版，第 26 頁。

之為善者可而勸也，為暴者可而沮也。」《淮南子・泰族篇》：「故先王之教也，因其所喜以勸善，因其所惡以禁姦。」皆足證「率」字之誼（「沮」亦禁止之義）。《論衡・率性》：「論人之性，定有善有惡，其善者固自善矣，其惡者故可教告率勉，使之為善。凡人君父審觀臣子之性，善則養育勸率，無令近惡；近惡則輔保禁防，令漸於善。」「率勉使之為善」即此之「率善」也，「率勉」、「勸率」是同義複詞。

（4）乃循從代來功臣（2／527）

《校勘記》：循，東北本作「脩」，《漢書・文帝紀》同。（第549頁）

按：余有丁曰：「循，謂次及之也。《漢書》作『脩』字。」《四庫考證》、杭世駿《疏證》並從余說〔註165〕。何焯曰：「循，《漢書》作『脩』，是也。『功』下無『臣』字。」梁玉繩、張文虎、郭嵩燾、林茂春從何說〔註166〕。張森楷引余、何說〔註167〕，而不作取捨。牛運震曰：「『循』字當依《漢書》作『脩』。」吳國泰說同牛氏〔註168〕。陸繼輅曰：「《爾雅》：『遹、遵、率，循也。』又為拊循。言始拊循從代國來諸功臣也。《漢書》『脩代來功』，無『臣』字，乃言脩舉代來之功，意同而措語各別，不當互易。」〔註169〕瀧川資言曰：「脩，各本作『循』，今從延久本、楓、三本，《漢書》亦作『脩』，『功』下無『臣』字。」〔註170〕水澤利忠曰：「脩，延久、桃古、南化、楓、三、謙同，各本『脩』字作『循』。」〔註171〕池田曰：「子

〔註165〕《史記考證》，收入景印文淵閣《四庫全書》第243冊，臺灣商務印書館，1986年初版，第259頁。杭世駿《史記疏證》卷10，收入《續修四庫全書》第264冊，上海古籍出版社，2002年版，第115頁。

〔註166〕何焯《義門讀書記》卷13《史記上》，中華書局，1987年版，第202頁。梁玉繩《史記志疑》卷7，中華書局，1981年版，第253頁。張文虎《校刊史記集解索隱正義札記》卷1，中華書局，1977年版，第103頁。郭嵩燾《史記札記》卷1，商務印書館，1957年版，第81頁。林茂春《史記拾遺》，收入《二十四史訂補》第1冊，書目文獻出版社，1996年版，第688頁。

〔註167〕張森楷《史記新校注》，中國學典館復館籌備處，1967年版，第1207頁。

〔註168〕牛運震《讀史糾謬》卷1《史記》，收入《續修四庫全書》第451冊，上海古籍出版社，2002年版，第8頁。吳國泰《史記解詁》第1冊，1933年成都居易簃叢著本，本冊第65頁。

〔註169〕陸繼輅《合肥學舍札記》卷10，收入《續修四庫全書》第1157冊，上海古籍出版社，2002年版，第386頁。

〔註170〕瀧川資言《史記會注考證》，北嶽文藝出版社，1999年版，第753頁。

〔註171〕水澤利忠《史記會注考證校補》，廣文書局，1972年版，第720頁。

潤曰：『循，猶撫也，言加恩澤。班氏改循作修，兩通。』按『修功臣』
出《秦本紀》。」〔註172〕胡樸安曰：「《漢書》『循』作『脩』。王〔先〕謙
云『循、脩因形似而誤』，按王說是也。」〔註173〕蔣禮鴻曰：「『脩功臣』
不可解。『循』字承上句『填撫諸侯』之『撫』字，謂撫循也。」〔註174〕
王叔岷曰：「《通鑑》亦作『乃脩代來功』，從《漢書》也。」〔註175〕李人
鑒曰：「《漢書・文帝紀》云：『乃脩代來功。』本書《萬石張叔列傳》亦
有『天子修吳楚時功』一語。疑此《紀》『功』下『臣』字乃後人誤加，
當據《漢書》刪（《惠景閒侯者年表》有『追修高祖時遺功臣，及從代來，
吳楚之勞』一語，『功』下『臣』字亦後人誤加，當刪）。」〔註176〕宋元
各本及慶長本作「循」，《冊府元龜》卷 127 作「修」。王叔岷及新版點校
本記其異文，而未作判斷。何焯、牛運震、瀧川、李人鑒說是也，但無解
釋。「脩」同「修」，列舉也，論列也。「臣」不是衍文，李說稍疏。本書
《秦本紀》：「赦罪人，修先王功臣，襃厚親戚，弛苑囿。」又《秦始皇本
紀》：「大赦，脩先王功臣，施德厚骨肉，布惠於民。」又《晉世家》：「於
是逐不臣者七人，修舊功，施德惠。」又《田敬仲完世家》：「脩功行賞，
親於百姓。」《漢書・王莽傳》：「太后修功錄德，遠者千載，近者當世。」
《孫子・火攻》：「夫戰勝攻取而不修其功者，凶。」杜牧注：「修者，舉
也。」張預注：「士卒之用命也，不修舉有功而賞之，凶咎之道也。」此
皆作「脩（修）」之確證。本篇下文「舉功行賞」，《蕭相國世家》「論功行
封」，即「脩功行賞」，是「脩（修）」為論舉之誼也。《東越列傳》「舉高
帝時越功」，《酈生列傳》「高祖舉列侯功臣」，「舉」是其誼也。《漢書・王
莽傳》「修」、「錄」同義對舉。考其本字，當讀作條，猶言條理而列舉。《漢
書・循吏傳》顏注：「凡言條者，一一而疏舉之，若木條然。」又《丙吉
傳》顏注：「條謂疏錄之。」

〔註172〕池田四郎次郎《史記補注（上編）》（池田英雄增補），日本明德出版社，
　　　　　1975 年版，第 217 頁。
〔註173〕胡樸安《〈史記〉〈漢書〉用字考證（4）》，《國學週刊》1923 年第 27 期，
　　　　　第 2 頁。胡氏原文脫「先」字。
〔註174〕蔣禮鴻《史記校詁》，收入《蔣禮鴻集》卷 6，浙江教育出版社，2001 年
　　　　　版，第 19 頁。
〔註175〕王叔岷《史記斠證》，中華書局，2007 年版，第 386 頁。
〔註176〕李人鑒《太史公書校讀記》，甘肅人民出版社，1998 年版，第 242 頁。

（5）故憪然念外人之有非，是以設備未息（2／529）

《集解》：《漢書音義》曰：「憪然猶介然也。非，姦非也。」

《索隱》：蘇林云：「憪，寢視不安之貌。」蓋近其意。餘說皆疏。憪音下板反。

按：《漢書音義》說，《漢書·文帝紀》顏師古注引作孟康說，並云：「孟說是也。」方以智曰：「憪然，猶介然。蓋古『介』與『閒』近，《孟子》『閒於齊楚』，即介於齊楚。」〔註177〕朱駿聲曰：「按：憪然，猶惕然也。《左·宣二傳》『睊其目』，《釋文》引孟康：『睊，猶分然也。』蘇林：『睊，寢視不安貌。』是《史記》『憪』或作『睊』。」〔註178〕吳國泰曰：「憪者睊之借字。《說文》：『睊，大目也。』引申義為寢視不安之貌。《左傳·宣二傳》《釋文》云云，可證古本《史記》有作『睊』者矣。」〔註179〕王叔岷曰：「《漢書·陳湯傳》師古注：『介然，猶耿耿。』《廣雅》：『耿耿，不安也。』是孟康之訓與蘇林之訓相符矣。」〔註180〕《左傳釋文》所引孟康、蘇林說與此同，朱、吳說「憪」同「睊」，是也，但解作「惕然」則非是。《集解》所引「介然」，當據《釋文》作「分然」，形近致譌，宋元各本及慶長本、日本東北大學圖書館藏鈔本均誤。「分然」即「忿然」，怒兒，猛兒。本字作僩，字亦作擱、瞷。沈欽韓校《漢書》曰：「《說文》：『憪，愉也。』非此義。《昭十八年》：『執事擱然授兵登陴。』杜預云：『擱然，忿勁貌。』服虔云：『擱然，猛貌。』按《方言》：『擱，猛也，晉魏之閒曰擱。』此服氏所據也。《詩》作『僩』，《說文》云：『武貌。』」〔註181〕《左傳》孔疏：「杜言『勁忿貌』，亦是猛也。」《文選·馬汧督誄》「瞷然馬生，傲若有餘。」李善注：「杜預曰：『擱然，勁忿貌也。』『擱』與『瞷』同，下板切。」《小爾雅》：「擱，忿也。」《集韻》：「擱，忿兒。」此尤足證「介然」當作「分然」。

（6）餘皆以給傳置（2／529）

《索隱》：故樂產亦云傳置一也。

〔註177〕方以智《通雅》卷8，收入《方以智全書》第1冊，上海古籍出版社，1988年版，第325頁。

〔註178〕朱駿聲《說文通訓定聲》，武漢市古籍書店，1983年版，第726頁。

〔註179〕吳國泰《史記解詁》第1冊，1933年成都居易簃叢著本，本冊第66頁。

〔註180〕王叔岷《史記斠證》，中華書局，2007年版，第389頁。

〔註181〕沈欽韓《漢書疏證》卷2，收入《續修四庫全書》第266冊，上海古籍出版社，2002年版，第22頁。

按：樂產，黃善夫本、乾道本、淳熙本、元刻本、慶長本作「樂彥」。

（7）當今之時，世咸嘉生而惡死，厚葬以破業，重服以傷生（2／542）

按：嘉，各本同，《漢書》、《通鑒》卷15、《通志》卷5亦同，《漢紀》卷8作「喜」。「喜」字是，喜好也。《管子・形勢解》：「民之情莫不欲生而惡死。」《呂氏春秋・論威》：「人情欲生而惡死。」《莊子・人間世》：「何暇至於悅生而惡死？」《說苑・指武》：「是以樂生而惡死也。」《漢書・司馬遷傳》：「夫人情，莫不貪生惡死。」《中論・慎所從》：「夫人莫不好生而惡死。」

《孝武本紀》

（1）是時而李少君亦以祠竈、穀道、卻老方見上（2／572）

《索隱》：如淳云：「祠竈可以致福。」案：禮竈者，老婦之祭，盛於盆，尊於瓶。《說文》《周禮》以竈祠祝融。《淮南子》炎帝作火官，死為竈神。

按：《索隱》「死為竈神」，黃善夫本、乾道本、淳熙本、慶長本作「死為今之竈神」。考《禮記・禮器》：「夫奧者，老婦之祭也，盛於盆，尊於瓶。」鄭玄注：「『奧』當為『爨』，字之誤也，或作『竈』。」《風俗通義・祀典》引「奧」作「竈」。此小司馬所本。標點當作：「案《禮》：『竈者，老婦之祭，盛於盆，尊於瓶。』」今《說文》無「以竈祠祝融」之文，考《禮記・禮器》孔疏引許慎《五經異義》引《古周禮說》：「顓頊氏有子曰黎，為祝融，祀以為灶神。」《風俗通義・祀典》引《周禮說》同。此亦小司馬所本。然則「說文周禮」當是「周禮說」之誤。

（2）居久之，李少君病死（2／574）

《正義》：《漢書起居》云：「李少君將去，武帝夢與共登嵩高山，半道，有使乘龍時從雲中云『太一請少君』，帝謂左右『將舍我去矣』。」

按：《漢書起居》，《抱朴子內篇・論仙》引作「《漢禁中起居注》」。《隋書・經籍志》：「漢武帝有《禁中起居注》。」「漢書」疑是「漢禁中」之誤。

（3）於是誅文成將軍而隱之（2／578）

《正義》：《漢武故事》云：「文成誅月餘，有使者藉貨關東還，逢之於漕亭，還見言之，上乃疑，發其棺，無所見，唯有竹筒一枚，捕驗閑無

蹤跡也。」

按：道藏本《漢武帝外傳》：「文成被誅後月餘，使者藉質從關東還，逢於漕亭……使者還，具言之。乃令發其棺視之，無所見，唯有竹箭一枚。帝疑其弟子竊其尸而藏之，乃收捕驗問，了無蹤跡。」《太平廣記》卷9引《神仙傳》：「使者還，具言之。帝令發其棺視之，無所見，唯有竹筒一枚，帝疑其弟子竊其屍而藏之，乃收捕撿問其跡。」今本《正義》所引有脫誤，「見」當作「具」，「閒」當作「問」，「關東」上脫「從」字，「捕」上脫「收」字（與「枚」形近而誤刪）。本篇下文：「天子使使驗問。」《漢書‧王尊傳》：「遣吏收捕驗問。」此當讀作：「還，具言之……收捕驗問，無蹤跡也。」又「藉貨」，道藏本《外傳》作「藉質」，《古今逸史》本、《古今說海》本、四庫本《外傳》並作「籍資」，「藉」同「籍」，疑「籍資」是也，猶言徵收賦稅。

（4）而康后有淫行，與王不相中，相危以法（2／582）

《校勘記》：（第612頁）

按：原文「中」下有「得」字。錢大昕曰：「『得』字衍。」[註182]張文虎曰：「『不相中』即『不相得』，蓋讀者旁注『得』字，混入正文。《封禪書》、《郊祀志》並無。《考異》云衍。」瞿方梅說同[註183]。池田從錢說[註184]，水澤利忠從錢、張說[註185]，郭嵩燾從張說[註186]，瀧川資言、施之勉、王叔岷皆襲張說[註187]。吳國泰謂「中得」是複語[註188]，

〔註182〕 錢大昕《史記考異》卷1，收入《二十二史考異》卷1，《嘉定錢大昕全集（二）》，江蘇古籍出版社，1997年版，第14頁。第52頁說同。

〔註183〕 張文虎《校刊史記集解索隱正義札記》卷1，中華書局，1977年版，第112頁。所引《考異》即指錢大昕說。瞿方梅《史記三家注補正》卷1，《學衡》第40期，1925年版，第18頁；又收入《二十五史三編》第2冊，第84頁。

〔註184〕 池田四郎次郎《史記補注（上編）》（池田英雄增補），日本明德出版社，1975年版，第234頁。

〔註185〕 水澤利忠《史記會注考證校補》，廣文書局，1972年版，第785頁。

〔註186〕 郭嵩燾《史記札記》，商務印書館，1957年版，第93頁。

〔註187〕 瀧川資言《史記會注考證》，北嶽文藝出版社，1999年版，第819頁。施之勉《史記會注考證訂補》，華岡出版有限公司，1976年版，第347頁。王叔岷《史記斠證》，中華書局，2007年版，第441頁。

〔註188〕 吳國泰《史記解詁》第1冊，1933年成都居易簃叢著本，本冊第70～71頁。

是也，漢人自有此言。《論衡·寒溫》：「何其不與行事相中得也？」本文用複語「中得」，《封禪書》、《郊祀志》用單詞「中」，亦無不可。

（5）鬮旗，旗自相觸擊（2 / 582）

《正義》：旗，音其。文本或作「棊」。《說文》云：「棊，博棊也。」高誘注《淮南子》云：「取雞血與針磨擣之，以和磁石，用塗碁頭曝乾之，置局上，即相拒不止也。」

按：《封禪書》《索隱》：「顧氏案：《萬畢術》云：『取雞血雜磨鍼鐵擣，和磁石棊頭，置局上，即自相抵擊也。』」所引出自《淮南萬畢術》的注文，即《淮南外篇》注文，非內篇《淮南子》高誘注也。《索隱》所引有脫文。《御覽》卷 736 引《淮南萬畢術》：「慈石提棊，取雞〔血〕磨針鐵，以相和慈石，〔日塗〕棊頭，置局上，自相投也。」其「取雞」後文字當為注文。《御覽》卷 988 引《淮南萬畢術》「磁石拒碁」，又引注：「取雞血與作針，磨鐵擣之，以和磁石，日塗碁頭，曝乾之，置局上，即相拒不休。」此文「用塗」當據《御覽》作「日塗」，指每天都塗雞血於碁頭並曝乾之，《說郛》卷 5 引《淮南萬畢術》亦作「日塗」。提，讀為抵，與「拒」同義。

（6）乘輿斥車馬帷帳器物以充其家（2 / 583）

《集解》：《漢書音義》曰：「或云斥不用也。」韋昭曰：「嘗在服御。」

《索隱》：孟康云：「斥不用之車馬。」是也。

按：《漢書·郊祀志》、《通鑒》卷 20 同，《封禪書》「輿」作「轝」，餘同。顏師古曰：「斥，不用者也。」《御覽》卷 470 引《漢書》無「斥」字，《漢武故事》同，並脫。正文當讀作：「乘輿，斥車馬，帷帳器物以充其家。」《漢書音義》當讀作：「或云：斥，不用也。」

（7）壇三垓（2 / 590）

《集解》：徐廣曰：「垓，次也。」駰案：李奇曰：「垓，重也。三重壇也。」

《索隱》：垓，重也。言為三重壇也。鄒氏云一作「階」，言壇階三重。

按：瀧川資言曰：「垓，《漢·郊祀志》作『陔』。」〔註189〕吳國泰曰：「鄒氏曰『垓，一作陔』，按作『陔』者是也。《說文》：『陔，階次也。』」

〔註189〕瀧川資言《史記會注考證》，北嶽文藝出版社，1999 年版，第 829 頁。

〔註190〕王叔岷曰:「卷子本《玉篇》引『垓』作『陔』,與《漢志》合。陔、垓,正、假字。《說文》:『陔,階次也。』卷子本《玉篇》又引徐注作『偕,次也。』『偕』乃『階』之誤。是徐本『垓』本作『階』,今本此紀及《封禪書》徐注並作『垓』,蓋後人據正文作『垓』改之也。」〔註191〕王氏說「陔」是正字,是也。朱駿聲早指出「垓,叚借為陔」〔註192〕。《御覽》卷 527 引《漢書》作「垓」。《玉篇殘卷》引徐注當「偕(階)次也」三字連讀,即《說文》釋文,不能定徐本「垓」本作「階」。又《索隱》鄒氏所說「一作階」,淳熙本作「垓,一作階」,黃善夫本、乾道本、元刻本、慶長本作「垓,一作陔」,水澤利忠失校。今本「一作」上脫「垓」字,「階」當作「陔」,鄒氏所云一作,《玉篇殘卷》所見同,即本《漢志》耳。陔(垓)、階一聲之轉,《說文》「陔,階次也」是聲訓。《御覽》卷 2 引《廣雅》佚文:「九天之外曰次(『次』疑衍文)九垓。」注:「垓,階也,言其階次九也。」亦是聲訓。

（8）為且用事泰山（2 / 594）

《正義》:道書《福地記》云:「泰山高四千九百丈二尺,周迴二千里。」

按:書名是《道書福地記》,《太平御覽經史圖書綱目》列有此書,卷 39、45 引之。

（9）脩祀泰一,若有象景光,屑如有望,依依震於怪物,欲止不敢,遂登封泰山（2 / 597）

按:王筠曰:「《〔封禪〕書》脫『依依』。」〔註193〕瀧川資言曰:「《漢書·武紀》作『遭天地況施,著見景象,屑然如有聞』。愚按:即上文所謂『其放若有光,晝有白雲起封中』者,瓚說非。《漢書·武紀》無『依依』二字。」〔註194〕朱師轍但出《史》、《漢》異文〔註195〕,無說。沈欽韓校《漢書》曰:「《爾雅·釋言》:『偲,聲也。』《釋文》音屑。《玉篇》:『偲,小聲也。』」王先謙、王叔岷從沈說。王叔岷又曰:「《說文》亦云:『偲,聲

〔註190〕吳國泰《史記解詁》第 1 冊,1933 年成都居易簃叢著本,本冊第 72 頁。
〔註191〕王叔岷《史記斠證》,中華書局,2007 年版,第 450~451 頁。
〔註192〕朱駿聲《說文通訓定聲》,武漢市古籍書店,1983 年版,第 196 頁。
〔註193〕王筠《史記校》,收入《二十五史三編》第 1 冊,嶽麓書社,1994 年版,第 936 頁。
〔註194〕瀧川資言《史記會注考證》,北嶽文藝出版社,1999 年版,第 839 頁。
〔註195〕朱師轍（少濱）《史記補注》,第 3 頁。

也，讀若屑。』屑訓聲，則『望』字當從《漢書》作『聞』。」〔註196〕錢大昕、桂馥、朱駿聲亦說「屑」即「㥓」，桂、朱二氏又指出字亦作「僁」〔註197〕。吳國泰曰：「望借作聞，依借作隱。言有所聞隱隱然也。」〔註198〕此文脫「聞」字，《封禪書》又脫「依依」二字。當讀作：「屑如有聞，望依依，震於怪物。」《漢書·武帝紀》、《冊府元龜》卷35、《通鑑》卷20無「望依依」三字。依依，隱約兒，吳氏讀依為隱，是也。「屑如有聞，望依依」者，言聽之聲小，望之依稀也。

（10）其東則鳳闕，高二十餘丈（2／604）

《索隱》：《關中記》：「一名別風，言別四方之風。」《西京賦》曰「閶闔之內，別風嶕嶢」也。

按：王叔岷曰：「《通鑑》注引《關中記》作：『一名別風闕，以言別四方之風。』」〔註199〕新版《史記》點校本第605頁「別風」旁標專名線，「嶕嶢」旁未標，則是以「嶕嶢」為形容詞也。「嶕嶢」亦闕名，其旁亦當標專名線。《三輔黃圖》卷2引《三輔舊事》：「鳳凰闕一名別風闕。」又「嶕嶢闕在圓闕門內二百步。」《長安志》卷3：「焦嶢闕：《廟記》曰：『建章宮有焦嶢闕。』薛綜注：『次門女闕也，在圓闕門內二百步。』」《索隱》所引《關中記》，黃善夫本、乾道本、淳熙本、元刻本、慶長本「別風」下有「闕」字，「言」上有「以」字（水澤利忠亦指出各本有〔註200〕），與《通鑑》注引合，是宋元本固如此也。

十《表》、八《書》校證

《十二諸侯年表》

（1）紂為象箸而箕子唏（2／643）

《索隱》：……故記曰「夫子曰唏其甚也」。

〔註196〕沈欽韓《漢書疏證》卷2，收入《續修四庫全書》第266冊，第35頁。王先謙《漢書補注》卷6，書目文獻出版社，1995年版，第70頁。王叔岷《史記斠證》，中華書局，2007年版，第460頁。

〔註197〕錢大昕《潛研堂文集》卷10《答問七》，收入《嘉定錢大昕全集（九）》，第144頁。桂馥《說文解字義證》，齊魯書社，1987年版，第687頁。朱駿聲《說文通訓定聲》，武漢市古籍書店，1983年版，第215頁。

〔註198〕吳國泰《史記解詁》第1冊，1933年成都居易簃叢著本，本冊第73頁。

〔註199〕王叔岷《史記斠證》，中華書局，2007年版，第469頁。

〔註200〕水澤利忠《史記會注考證校補》，廣文書局，1972年版，第812頁。

按：《索隱》當標點作：「故《記》曰：『夫子曰：噫！其甚也。』」語出《禮記・檀弓上》。

《禮書》

（1）治辨之極也，彊固之本也，威行之道也，功名之總也（4／1373）

《正義》：固，堅固也。言國以禮義，四方欽仰，無有攻伐，故為彊而且堅固之本也。

按：杭世駿曰：「彊固，《荀子・議兵篇》作『彊國』。」〔註201〕李笠曰：「《禮論篇》、《韓詩外傳》卷4『固』並作『國』。」〔註202〕瀧川資言曰：「《荀子・議兵篇》、《韓詩外傳》卷4『治』上有『禮者』二字，『固』作『國』。愚按：『治辨』、『彊固』對言。」〔註203〕吳國泰曰：「辨者辯之借字，《說文》：『辯，治也。』」〔註204〕四句平列，皆就「禮」而言之。「固」當作「國」，非「治辨」、「彊固」為對文也，《家語・哀公問政》「禮者，政之本也」，即謂禮是彊國之本。《正義》云云，是所見本已誤。辨，《荀子》同，《外傳》作「辯」。吳說是也，「治辯」是複語，倒言則作「辯（辨）治」〔註205〕。

（2）王公由之，所以一天下，臣諸侯也；弗由之，所以捐社稷也（4／1373）

《校勘記》：捐，《荀子・議兵》作「隕」。（4／1386）

按：杭世駿曰：「《議兵篇》『捐』作『隕』。」〔註206〕李笠曰：「《禮論篇》、《韓詩外傳》卷4『捐』並作『隕』。」〔註207〕瀧川資言襲用李說〔註208〕。諸家皆未判斷正誤。李人鑒指出「捐」是「損」形誤〔註209〕，是也，宋元

〔註201〕杭世駿《史記考證》，收入《二十五史三編》第1冊，嶽麓書社，1994年版，第122頁。

〔註202〕李笠《廣史記訂補》卷4，復旦大學出版社，2001年版，第61頁。引者按：《禮論篇》當作《議兵篇》。

〔註203〕瀧川資言《史記會注考證》，北嶽文藝出版社，1999年版，第1626頁。

〔註204〕吳國泰《史記解詁》第2冊，1933年成都居易簃叢著本，本冊第2頁。

〔註205〕參見王念孫《荀子雜志》，收入《讀書雜志》卷10，中國書店，1985年版，本卷第58頁。

〔註206〕杭世駿《史記考證》，收入《二十五史三編》第1冊，嶽麓書社，1994年版，第122頁。

〔註207〕李笠《廣史記訂補》卷4，復旦大學出版社，2001年版，第62頁。引者按：《禮論篇》當作《議兵篇》。

〔註208〕瀧川資言《史記會注考證》，北嶽文藝出版社，1999年版，第1626頁。

〔註209〕李人鑒《太史公書校讀記》，甘肅人民出版社，1998年版，第302頁。

各本及慶長本均誤。《漢書·谷永傳》：「臣聞三代所以隕社稷、喪宗廟者。」損、隕，並讀為扽，喪失也。《說文》：「扽，有所失也。《春秋傳》曰：『扽子辱矣。』」《左傳·成公二年》「扽」作「隕」。《廣雅》：「扽，失也。」《墨子·天志下》：「扽失社稷。」又《非命下》：「所以共（失）扽其國家、傾覆其社稷者。」《戰國策·齊策四》：「宣王說曰：『寡人愚陋，守齊國，唯恐失扽之。』」正作本字。韓兆琦曰：「捐，捨棄。」〔註210〕是據誤字生說，非其誼也。

《樂書》

（1）自仲尼不能與齊優遂容於魯，雖退正樂以誘世，作五章以刺時，猶莫之化（4／1392）

《索隱》：按：《系家》、《家語》云孔子嗤季桓子作歌引《詩》曰「……優哉遊哉，聊以卒歲」。是五章之刺也。

《校勘記》：「系」下「家」字原無。張文虎《札記》卷3：「疑單本『系』下脫『家』字。」《索隱》所引《詩》見《孔子世家》及《孔子家語·子路初見》。（4／1462）

按：黃善夫本、乾道本、淳熙本、元刻本、慶長本、四庫本、殿本《索隱》均無「系」字，「是五章」上有「此」字。瀧川資言《考證》本亦無「系」字，但脫「此」字。然則《索隱》所引《詩》只是引自《家語》耳，後世刊本誤衍「系」字，張文虎因補「家」字，失其舊也。王叔岷曰：「遂，猶終也。」〔註211〕徐仁甫引吳摯甫說訓並，又補其證〔註212〕。《玉篇》：「遂，久也。」

（2）是故治世之音安以樂，其正和（4／1398）

《正義》：言平理之世，其樂音安靜而歡樂也。正政同也。

按：《正義》當標點作：「『正』、『政』同也。」是說「正」字通作「政」。《正義》本作「正」，故有此說，宋元各本及慶長本都作「政」字，下文「其正乖」、「與正通矣」亦同。《詩·關雎》序、《禮記·樂記》、《說苑·修文》作「其政和」，《呂氏春秋·適音》作「其政平」。

（3）故樂行而倫清（4／1433）

《正義》：謂上正樂之行也，謂下事張本也，即樂行之事也。

〔註210〕韓兆琦《史記箋證》，江西人民出版社，2009年版，第1686頁。
〔註211〕王叔岷《史記斠證》，中華書局，2007年版，第1025頁。
〔註212〕徐仁甫《史記注解辨正》，四川大學出版社，1993年版，第43頁。

按：《正義》下「謂」字，當作「為」，讀去聲，各本均誤。《禮記‧郊特牲》孔疏：「發此句，為下張本也。」《左傳‧桓公六年》孔疏：「故須豫有所辟，為下諸廢張本也。」文例皆同。

（4）故宮動脾而和正聖，商動肺而和正義，角動肝而和正仁，徵動心而和正禮，羽動腎而和正智（4 / 1461）

《校勘記》：聖，疑當作「信」。按：王叔岷《斠證》：「《長短經‧正論篇》注、《記纂淵海》卷 78 引『正聖』並作『正信』。」……《樂書》宮、商、角、徵、羽，與信、義、仁、禮、智相應。（4 / 1471）

按：徐仁甫曰：「《長短經‧正論篇》注引『聖』作『信』。按此配五常仁義禮智信，足證今本《史記》之誤。」〔註213〕王氏、徐氏所引《長短經》，南宋刊本作「正聲」，讀畫齋叢書本作「正信」，四庫本作「正聖」。《樂書》卷 16 亦作「正信」。《禮書》卷 117、《群書考索》卷 51、《儀禮經傳通解》卷 13、27 引仍作「正聖」。又末二句「正禮」、「正智」，景祐本、黃善夫本、乾道本、淳熙本、元刻本、慶長本同，《記纂淵海》卷 78、《樂書》、《儀禮經傳通解》卷 13、27 引同；紹興本互倒作「正智」、「正禮」，南宋刊本、四庫本《長短經》引同（讀畫齋叢書本《長短經》引不倒），《禮書》、《群書考索》亦同。據下文「故聞宮音，使人溫舒而廣大」，《韓詩外傳》卷 8「聞其宮聲，使人溫良而寬大」，《公羊傳‧隱公五年》「故聞宮聲，則使人溫雅而廣大」，《白虎通義‧禮樂》「聞宮聲莫不溫潤而寬和」，《風俗通義‧聲音》「故聞其宮聲使人溫潤而廣大」，《初學記》卷 15 引《五經通義》「聞宮聲無不溫雅和之」，皆與太史公說印證。本文作「聖」不誤，宋刊本《長短經》作「聲」，是「聖」音誤。《孟子‧盡心下》：「大大而化之之謂聖。」《韓子‧詭使》：「言汎愛天下，謂之聖。」《董子‧五行五事》：「容作聖。聖者，設也。王者心寬大，無不容，則聖，能施設事，各得其宜也。」是「聖」有寬大、汎愛義，正與諸書言「溫雅廣大」、「溫良寬大」、「溫潤寬和」、「溫潤廣大」相合。

（5）故聞宮音，使人溫舒而廣大；聞商音，使人方正而好義；聞角音，使人惻隱而愛人；聞徵音，使人樂善而好施；聞羽音，使人整齊而好禮（4 / 1461）

《校勘記》：疑「徵」、「羽」二字當互乙。按：上文曰：「徵動心而和

正禮，羽動腎而和正智」。《漢書・律曆志上》：「徵，祉也。羽，宇也。物徵為火為禮為視，羽為水為智為聽。」《風俗通義・聲音》：「故聞其宮聲，使人溫潤而廣大；聞其商聲，使人方正而好義；聞其角聲，使人整齊而好禮；聞其徵聲，使人惻隱而博愛；聞其羽聲，使人善養而好施。」《風俗通》之文，雖「聞其角聲」與「聞其徵聲」二句誤乙，而「聞其羽聲，使人善養而好施」一句不誤。（4／1471～1472）

按：此不能必定其倒文，蓋漢儒據五行立說，而說有參差耳。《韓詩外傳》卷8：「聞其宮聲，使人溫良而寬大；聞其商聲，使人方廉而好義；聞其角聲，使人惻隱而愛仁；聞其徵聲，使人樂養而好施；聞其羽聲，使人恭敬而好禮。」〔註214〕《白虎通義・禮樂》：「聞角聲，莫不惻隱而慈者；聞徵聲，莫不喜養好施者；聞商聲，莫不剛斷而立事者；聞羽聲，莫不深思而遠慮者；聞宮聲，莫不溫潤而寬和者也。」《初學記》卷15引《五經通義》：「聞徵聲，無不善養而好施者也。」其言「聞徵聲，使人樂養而好施」，皆與本書相合。《公羊傳・隱公五年》何休注：「故聞宮聲，則使人溫雅而廣大；聞商聲，則使人方正而好義；聞角聲，則使人惻隱而好仁；聞徵聲，則使人整齊而好禮；聞羽聲，則使人樂養而好施。」《初學記》卷15引邯鄲綽《五經析疑》：「聞角聲，無不惻隱而慈者。」又「聞商聲，無不斷割而亡（立）事也。」文則參差矣。又本書「愛人」，當據《外傳》讀作「愛仁」。

（6）所以養行義而防淫佚也（4／1462）

按：王叔岷曰：「《說苑・修文篇》作『所以養正心而滅淫氣也』。」〔註215〕《儀禮經傳通解》卷27引「佚」作「泆」，注：「泆，音逸。」《公羊傳・隱公五年》何休注作「所以養仁義而除淫辟也」。此文「行」是「仁」形訛，各本均誤。下文「夫淫佚生於無禮，故……口言仁義之道」，與此相應。《鹽鐵論・本議》：「文學對曰：『竊聞治人之道，防淫佚之原，廣道德之端，抑末利而開仁義，毋示以利，然後教化可興，而風俗可移也。』」亦足證當作「仁義」。

〔註214〕《御覽》卷565引「恭敬」作「恭儉」，《說郛》卷5闕名《五經通義》、《晉書・樂志》同。

〔註215〕王叔岷《史記斠證》，中華書局，2007年版，第1059頁。

《律書》

（1）自含血戴角之獸見犯則校（4／1474）

《校勘記》：王元啟《正譌》卷1：「『血』當作『齒』，傳寫誤也。」（4／1490）

按：李笠曰：「《論衡·奇怪篇》云『且夫含血之類，相與為牝牡』，是知凡有血氣之類通稱『含血』。戴角者，特含血之一種耳。『含齒』未知所出。」〔註216〕張文虎、張森楷亦從王元啟說〔註217〕，是也，李笠說誤。銀雀山漢簡《孫臏兵法·勢備》：「夫陷（含）齒戴角，前蚤（爪）後鋸（距）。」「血」更可能是「牙」形訛。《淮南子·修務篇》：「含牙戴角，前爪後距。」又《兵略篇》：「含牙帶（戴）角，前爪後距。」《列子·黃帝》：「傅翼戴角，分牙布爪。」校，讀為角，字亦作較。《廣雅》：「角，觸也。」角、觸古音相近，是聲訓。此指觸鬥。

（2）結怨匈奴，絓禍於越（4／1476）

按：韓兆琦曰：「『於』字是發語詞，與吳國之稱『句吳』意思相同。」〔註218〕新版《史記》點校本「於越」旁標專名線。皆非是，「於」當是介詞，上句「結怨匈奴」，「匈奴」前省略介詞「於」。《平津侯主父列傳》：「秦禍北構於胡，南挂於越。」《漢書·嚴安傳》同，挂讀為絓，二「於」字亦是介詞。

（3）中呂者，言萬物盡旅而西行也（4／1481）

《正義》：中音仲。《白虎通》云「言陽氣將極，中充大也，故復申言之也」。

按：吳國泰曰：「『中呂』當假為『終旅』。終者盡也，故言盡旅而西行也。」〔註219〕王叔岷曰：「《書鈔》引『中呂』作『仲呂』。《淮南子》云：『仲呂者，中充大也。』《御覽》卷16引《白虎通》作『中呂』，云：『言陽氣將極，故復中難之也。』（今本文有誤）」〔註220〕「中呂」有四說：太

〔註216〕 李笠《廣史記訂補》卷4，復旦大學出版社，2001年版，第66～67頁。

〔註217〕 張文虎《校刊史記集解索隱正義札記》卷3，中華書局，1977年版，第303頁。張森楷《史記新校注》，中國學典館復館籌備處，1967年版，第2582頁。

〔註218〕 韓兆琦《史記箋證》，江西人民出版社，2009年版，第1793頁。

〔註219〕 吳國泰《史記解詁》第2冊，1933年成都居易簃叢著本，本冊第13頁。

〔註220〕 王叔岷《史記斠證》，中華書局，2007年版，第1068～1069頁。

史公以「呂」、「旅」為聲訓，訓呂為旅行，故云「萬物盡旅而西行」，《淮南子·天文篇》說「大呂」云：「大呂者，旅旅而去也。」此一說也。今本《白虎通義·五行》作：「四月謂之仲呂何？言陽氣極將彼，故復中難之也。」《玉燭寶典》卷4引同《御覽》，今本「將極」誤作「極將彼」。《白虎通》說「中難之」，《正義》「申言」當據校作「中難」，黃善夫本、殿本作「中言」，「中」字尚不誤。彭棟說「故復申言之也」非《白虎通》文，當放在引號外面〔註221〕，非是。《白虎通》說「大呂」云：「大，大也。呂者，拒也，言陽氣欲出，陰不許也。呂之為言拒者，旅抑拒難之也。」《五行大義》卷4引《三禮義宗》：「中呂者，萬物當中皆出也。呂者，距難之義，言陰欲出，陽氣在於中距執之。」此說「呂」是「旅拒」之「旅」，故訓拒難，此二說也。《淮南子·天文篇》說「中充大」，此三說也。《漢書·律曆志》：「中呂，言微陰始起未成，著於其中旅助姑洗宣氣齊物也。」《五行大義》卷4又引一說：「呂者，四月之時，陽氣盛長，陰助功微，故云爾。」《晉書·樂志上》：「四月之管名為仲呂者，呂，助也，謂陽氣盛長，陰助成功也。」此說訓呂為助，此第四說也。「中呂」與「大呂」對舉，「中」不讀作「終」，吳國泰說誤矣。

（4）申者，言陰用事，申賊萬物，故曰申（4／1482）

《索隱》：《律曆志》「物堅於申」也。

按：王叔岷指出《漢書·律曆志》作「申堅於申」，《索隱》「物」當據校作「申」〔註222〕。

《曆書》

（1）夜半朔旦冬至（4／1499）

《集解》：文穎曰：「律居陰而治陽，曆居陽而治陰，更相治，閒不容期忽。五家文悖異，推太初之元也。」

《校勘記》：期忽，本書《太史公自序》作「翲忽」。（4／1529）

按：「期」是「翲」誤。《太史公自序》「更相治」上有「律曆」二字，當據補，「律曆更相治」承上文「律居陰而治陽，曆居陽而治陰」而言，「律曆」二字不可少。《太史公自序》《索隱》：「忽者，總文之微也。翲者，輕

也。言律曆窮陰陽之妙，其閒不容絲忽也。言『翏』，恐衍字耳。」又《正義》：「翏，字當作『秒』。秒，禾芒表也。忽，一蠶口出絲也。言律曆相治之閒，不容比微細之物也。」錢大昕曰：「『翏』當為『藁』。」〔註223〕瀧川資言引中井積德曰：「翏即秒也，不必改字。『翏忽』是算數之至少者，此舉算數之微細為言，猶言毫釐也，非指微細之物。」〔註224〕中井說是也，「翏」本字是「標」，字亦作藁、穮、秒。《說文》：「標，木杪末也。」又「藁，一曰末也。」「秒」、「忽」都是古代極小的長度單位。《孫子算經》卷上：「蠶吐絲為忽，十忽為一絲，十絲為一毫，十毫為一氂（釐），十氂（釐）為一分，十分為一寸……」《隋書‧律曆志》引作「十忽為秒，十秒為豪」。《困學紀聞》卷10指出太史公說本於《大戴禮記‧曾子天圓》：「律居陰而治陽，曆居陽而治陰，律曆迭相治也，其間不容髮。」「髮」亦是古代極小的長度單位。《賈子‧六術》：「是故立一毫以為度始，十毫為髮，十髮為釐，十釐為分，十分為寸。」「閒不容秒忽」猶言「間不容髮」也。《淮南子‧天文篇》：「律之數十二，故十二藁而當一粟，十二粟而當一寸。」《宋書‧律志》「藁」作「穮」。《說文》「稱」字注：「律數十二秒而當一分，十分而寸。」「藁」即「穮」，同「秒」，長度單位，而《淮南》、《說文》說與《孫子算經》不同。《漢書‧敘傳》「產氣黃鍾，造計秒忽」，顏注引劉德曰：「秒禾，芒也。」「翏忽」即「秒忽」也。悖異，《太史公自序》作「佛異」。《索隱》：「佛音悖，佛亦悖也。」佛、悖一聲之轉。

《天官書》

（1）前列直斗口三星，隨北端兌，若見若不（4/1534）

《索隱》：直，劉氏云如字。直，當也。又音值也。隋斗端兌。隋音湯果反。劉氏云「斗，一作『北』。」案：《漢書‧天文志》作「北」，「端」作「耑」，「兌」作「銳」。銳謂星形尖銳也。

按：當讀作「隨，北端兌」，「隨」一字句，王筠、施之勉正如此讀〔註225〕。《四庫史記考證》引張照曰：「按『北』之當為『比』，『端』之當

〔註223〕錢大昕《史記考異》，收入《二十二史考異》卷5，《嘉定錢大昕全集（二）》，江蘇古籍出版社，1997年版，第111頁。
〔註224〕瀧川資言《史記會注考證》，北嶽文藝出版社，1999年版，第3216頁。
〔註225〕王筠《史記校》，收入《二十五史三編》第1冊，嶽麓書社，1994年版，第936頁。本條下引王說同此。施之勉《史記會注考證訂補》，華岡出版有限公司，1976年版，第501頁。

為『峍』，『兌』之當為『銳』，《索隱》詳之矣。唯『隋』字但云『音他果反』，而未申其義，蓋『隋』即『橢』。橢比者，斜相連也。峍，直也。峍銳者，直而尖也。古字通用者多，加以傳寫之訛，遂不可曉。」〔註226〕水澤利忠、吳國泰從張說〔註227〕。王筠曰：「『隋』為『橢』之省，而『隨』又『隋』之譌也。『橢』即所謂鴨蛋形。」〔註228〕梁玉繩曰：「『隨』乃『隋』之譌，垂下也。」〔註229〕何焯曰：「兌，《漢書》作『銳』，古字通。」〔註230〕瀧川資言曰：「『兌』、『銳』通。王先謙曰：『《詩·破斧》《釋文》：「隋，形狹而長也。」』愚按：《索隱》作『北』，當『隋』作『隨』。」〔註231〕水澤利忠曰：「隋，慶、彭、凌、金陵『隨』。銳，慶、彭、凌、殿『邪』。」胡樸安曰：「『隋』當是『橢』之借字。」〔註232〕王叔岷曰：「『隋』、『隨』古通。張照謂『隋即橢』，是也（隨亦與橢同）。謂『北之當作比』，乃據妄改之《索隱》為說。又《索隱》末句『尖銳』，黃本、殿本並作『尖邪』。」〔註233〕黃善夫本（即慶本）、乾道本、淳熙本、元刻本、慶長本正文作「隨北端兌」，《索隱》無「隋斗端兌」四字，「隋音湯果反」作「隨音他果反」，「尖銳」作「尖邪」，《班馬字類》卷3引亦音他果反，是其舊本如此也。《索隱》未說「北」當作「比」，張照失檢。張氏說「隋即橢」，是也，但說「橢比」為斜相連，訓端為直，則皆誤矣。《永樂大典》卷15140引作「隋北端兌」，《漢書·天文志》作「隨北峍銳」〔註234〕，《開元占經》卷69引《文耀鉤》作「隨北端銳」。「隨」、「隋」古音同，俗作「橢」，王叔岷說是。李

〔註226〕《四庫史記考證》卷27，景印文淵閣《四庫全書》第243冊，臺灣商務印書館，1986年初版，第623頁。

〔註227〕水澤利忠《史記會注考證校補》，廣文書局，1972年版，第1274頁。本條下引水澤說同此。吳國泰《史記解詁》第2冊，1933年成都居易簃叢著本，本冊第17頁。

〔註228〕王筠《史記校》，收入《二十五史三編》第1冊，嶽麓書社，1994年版，第936頁。

〔註229〕梁玉繩《史記志疑》卷15，中華書局，1981年版，第767頁。

〔註230〕何焯《義門讀書記》卷13，中華書局，1987年版，第204頁。

〔註231〕瀧川資言《史記會注考證》，北嶽文藝出版社，1999年版，第1807頁。

〔註232〕胡樸安《〈史記〉〈漢書〉用字考證（7）》，《國學週刊》1923年第31期，第1頁。

〔註233〕王叔岷《史記斠證》，中華書局，2007年版，第1092頁。

〔註234〕《四庫全書考證》卷25《前漢書》，景印文淵閣《四庫全書》第1498冊，臺灣商務印書館，1986年初版，第51頁。據毛本改「北」作「比」，非是。

慈銘校《漢志》亦曰：「『隨』與『隋』同。」〔註235〕「橢」與「兌（銳）」對文，王先謙解作「形狹而長」，是也。《淮南子‧脩務篇》「其方員銳橢不同」，亦「橢」與「銳」對文。言三星之形橢長，其北端則是尖形也。《虎鈐經》卷 14 作「隨此耑銳微」，注：「此，一作北。」「此」是形誤，又衍「微」字。

（2）右五星曰天棓（4／1534）

《集解》：蘇林曰：「音榔杧之榔。」

《索隱》：棓音皮，韋昭音剖。石氏《星讚》云「槍棓八星，備非常」也。

按：張文虎曰：「『棓』無皮音，《索隱》音皮，疑當作『皮項反』，《正義》：『棓，龐掌反。』『掌』字誤，後文作『蒲講反』。」〔註236〕張森楷曰：「『棓』無皮音，『皮』下當有挩文。」〔註237〕張文虎說當作「皮項反」，是也，也可能是「皮講反」。《集解》「杧」，黃善夫本、紹興本、乾道本、淳熙本、元刻本、慶長本作「打」，俗字。「備非常」下，黃善夫本、乾道本、淳熙本、元刻本、慶長本、殿本有「之變」二字。「非常之變」是漢代成語，當據補。

（3）北斗七星（4／1536）

《索隱》：《春秋運斗樞》云「斗……第一至第四為魁，第五至第七為標，合而為斗」。《文耀鉤》云「斗者，天之喉舌。玉衡屬杓，魁為琁璣」。

《校勘記》：標，殿本作「杓」。按《後漢書‧崔駰傳》李賢注引《春秋運斗樞》作「杓」。（4／1605）

按：張森楷作「杓」字，云：「《評林》本『杓』誤『標』。」〔註238〕趙生群亦疑「標」字誤〔註239〕。《禮記‧曲禮上》孔疏、《錦繡萬花谷》前集卷 1 引《春秋運斗樞》作「標」，《類聚》卷 1 引作「摽」，《御覽》卷 5

〔註235〕李慈銘《漢書札記》卷 2，收入《越縵堂讀史札記全編》，北京圖書館出版社，2003 年版，第 102 頁。
〔註236〕張文虎《校刊史記集解索隱正義札記》卷 3，中華書局，1977 年版，第 318 頁。
〔註237〕張森楷《史記新校注》，中國學典館復館籌備處，1967 年版，第 2651 頁。
〔註238〕張森楷《史記新校注》，中國學典館復館籌備處，1967 年版，第 2652 頁。
〔註239〕趙生群《〈天官書〉志疑》，《南京師範大學文學院學報》2014 年第 2 期，第 1 頁。

引作「㧅」，《禮記・檀弓上》孔疏引作「杓」，《後漢書・輿服志》劉昭注引《春秋緯》亦作「杓」。諸字並同音通借，甫遙切，「杓」為本字，指斗柄。「飄」或作「颷」（《集韻》），是其比也。

（4）魁下六星，兩兩相比者，名曰三能（4／1538）

《索隱》：應劭引《黃帝泰階六符經》曰「泰階者，天子之三階。」

按：「天子之三階」之「子」是衍文，宋元各本及慶長本皆衍。《文選・魏都賦》劉淵林注引無「子」字，《文選・褚淵碑文》、《長楊賦》、《赭白馬賦》李善注三引同，《漢書・東方朔傳》顏師古注、《後漢書・郎顗傳》李賢注、《初學記》卷 11、《御覽》卷 196、《緯略》卷 7、《玉海》卷 2、《資治通鑑釋文》卷 6、《永樂大典》卷 7329 引同，《開元占經》卷 67 引《黃帝占》亦同。

（5）危東六星，兩兩相比，曰司空（4／1556）

《正義》：恐「命」字誤為「空」也……司非二星，在危北，主儆過：皆實司之職。

按：《正義》「實」，四庫本、殿本作「冥」。王永吉據殿本校作「冥」〔註240〕，是也。黃善夫本、元刻本、慶長本均誤。

（6）王良策馬，車騎滿野（4／1556～1557）

《正義》：策一星，在王良前，主天子僕也。占以動搖移在王良前，或居馬後，別為策馬，策馬而兵動也。桓帝當南郊，平明應出，騰仰觀，曰：「夫王者象星，今宮中星及策馬星悉不動，上明日必不出。」

按：新版《史記》點校本「王良」旁標專名線，以為星名；「策馬」旁未標專名線，則以為是動名詞。「策馬」亦星名。《開元占經》卷 65 引《河圖》：「王良、策馬，此皆兵候。」是說王良、策馬二星皆兵候。又引《赫連圖》：「王良、策馬，北夷制號。」宋均注：「策星在王良傍，若移在王良前，居馬後，是謂策馬。」《正義》說本宋均也。

（7）曰跰踵（4／1561）

《集解》：徐廣曰：「一曰『路暉』。」

《索隱》：《天文志》作「路暉」。《字詁》云：「暉，今作踵也。」

〔註240〕王永吉《〈史記・天官書〉校補》，《歷史文獻研究》第 32 輯，2013 年版，第 151 頁。

按：張文虎、王叔岷據王念孫說，謂「崊」是「𡼥」形誤，景祐本、黃善夫本、殿本又誤作「嶂」〔註241〕，至確。《玉篇》：「𡼥，今作𡼥。」景祐本、黃善夫本、紹興本、乾道本、淳熙本、元刻本、慶長本《集解》誤作「嶂」，黃善夫本、乾道本、淳熙本、元刻本、慶長本《索隱》誤作「崊」。《開元占經》卷23引甘氏曰亦誤作「嶂」。北宋本《天文志》作「𡼥」。

（8）大淵獻歲（4／1563）

《索隱》：《爾雅》云「在亥為大淵獻」。孫炎云：「淵，深也。大獻萬物於深，謂蓋藏之於外耳。」

按：《開元占經》卷23引孫炎注作「獻萬物於大深，謂蓋藏也」。「大深」即是「大淵」釋文，《索隱》「大」字誤置於句首，黃善夫本、乾道本、淳熙本、元刻本、慶長本均誤。本書《曆書》「端蒙大淵獻四年」，《正義》引孫炎注作：「淵獻，深也。獻萬物於天深於藏蓋也。」雖錯亂不可卒讀，但「天」當是「大」形誤，正在「深」字上。《占經》又引李巡注：「言萬物落於亥，大小深藏，屈近陽，故曰淵獻。淵，藏也。獻，近也。」

（9）木星與土合，為內亂，饑，主勿用戰，敗；水則變謀而更事；火為旱；金為白衣會若水（4／1569）

按：新版《史記》點校本「若水」之「水」旁標專名線，以為星名，非是。王叔岷引王念孫說，指出「水謂水災。若，及也」，二氏並引《漢書·天文志》、《晉書·天文志》及《開元占經》為證〔註242〕，其說可信。

（10）赤角犯我城，黃角地之爭，白角哭泣之聲，青角有兵憂，黑角則水。意，行窮兵之所終（4／1571）

《集解》：徐廣曰：「意，一作志。」

按：王元啟曰：「『辰星』條下『意』作『赤』，屬下句。蓋『赤』譌為『志』，『志』又譌為『意』也，然赤角之應，上文已見，不當複出，又此七字義亦未詳，攷之《漢志》無之，當直定為衍文刪去。」〔註243〕梁玉繩曰：「『意行窮兵之所終』，此七字其義未詳。《漢》、《晉》諸《志》無之。據『辰星』條有云『赤行窮兵之所終』，則『意』乃『赤』之譌。徐廣作『志』

〔註241〕張文虎《校刊史記集解索隱正義札記》卷3，中華書局，1977年版，第328頁。王叔岷《史記斠證》，中華書局，2007年版，第1113頁。
〔註242〕王叔岷《史記斠證》，中華書局，2007年版，第1120頁。
〔註243〕王元啟《史記正譌》，收入《二十五史三編》第2冊，嶽麓書社，1994年版，第917頁。

亦非。但赤角之應已見上文，不宜複出，疑有脫誤。即『赤行』七字亦不可曉，《正譌》直定為衍文。」〔註244〕瀧川資言曰：「《漢志》無『意行窮兵之所終』七字。張文虎、豬飼彥博以『意』字為『患』字譌，屬上讀。王元啟云云。愚按：後說是。」〔註245〕王叔岷曰：「『意行』猶『抑且』。此謂五星黑光閃動，則有水患，抑且有窮兵以終之患也。姑備一解於此。」〔註246〕王叔岷說誤也，此七字不就五星黑角而言。下文「青角兵憂，黑角水。赤行窮兵之所終」，亦然。《開元占經》卷18、38未引《天官書》此七字，《記纂淵海》卷2同。《靈臺秘苑》卷9：「若用角，亦占其色。赤角犯我城，黃角地之爭，白哭泣之聲，青兵憂，黑角水。困窮，兵之所終。」「意行窮」三字作「困窮」。疑此文當讀作：「……黑角則水意。行窮，兵之所終。」言兵之所終就是行窮。「意」疑是「寮」形誤，「寮」為「潦」省文。《開元占經》卷20引《荊州占》：「其色青為喪，赤為兵，白為旱，黑為水潦。」又卷22引《春秋緯》：「辰星……青角兵憂，黑角水流。」徐廣所見本，誤解「意」字之義而易作「志」，下文又形誤作「赤」。馬王堆帛書《五星占》殘存「黃而角則地之爭，青而角則國家懼，赤而角則犯伐（我）城，白而角則得其眾」，與本書有異同。「黃角地之爭」，下文又見，《開元占經》卷18、38、《記纂淵海》卷2引同，《漢書·天文志》、《晉書·天文志》、《隋書》、《靈臺秘苑》亦同，疑「地之爭」當作「地功之事」。下文云「赤角，有戰；白角，有喪；黑圜角，憂，有水事；青圜小角，憂，有木事；黃圜和角，有土事」，「地功之事」即「土事」也。《開元占經》卷38引《荊州占》：「填星黑角則水，赤角有兵若旱，黃角有土功事。」又卷41引石氏曰：「填星守奎，色黃黑，有土功之事。」又卷45引《荊州占》：「太白黃而角，有土功。」「地功之事」亦即「土功事」也。《開元占經》卷45引石氏曰：「太白青角有木事，黑角有水事，白角有喪，赤角有戰。」文例同。

（11）辰星……摩太白，有數萬人戰，主人吏死（4 / 1578）

按：梁玉繩曰：「此誤『右』為『有』。」〔註247〕杭世駿引《史詮》

〔註244〕梁玉繩《史記志疑》卷15，中華書局，1981年版，第776頁。
〔註245〕瀧川資言《史記會注考證》，北嶽文藝出版社，1999年版，第1850頁。
〔註246〕王叔岷《史記斠證》，中華書局，2007年版，第1121～1122頁。
〔註247〕梁玉繩《史記志疑》卷15，中華書局，1981年版，第779頁。

曰：「『摩』當作『磨』。《漢志》『磨』作『歷』，古字通用。」〔註248〕張文虎曰：「毛本及《漢志》『有』作『右』。案下文云『出太白右』，則此文非『右』字矣。《占經》引《荊州占》云：『辰星從太白，光芒相及若摩之，其下有數萬人戰。』正作『有』。」〔註249〕瀧川資言曰：「《漢志》作『歷太白右』。《宋志》云：『摩者，光明相及也。』」〔註250〕王叔岷曰：「張說是，梁說非。」〔註251〕《占經》見卷22引，《靈臺秘苑》卷9亦作「摩」，《太白陰經》卷8作「磨」，《武經總要》後集卷17作「壓」。「歷」、「壓」皆誤。「磨」是俗字。摩謂相接觸摩。《開元占經》卷64引甘氏曰：「相切為磨。」又「去之寸為靡（摩）。」又引石氏曰：「相至為磨。」皆占星家釋「磨」字之義。王念孫校《漢志》曰：「《說文》：『歷，過也。』言過太白右，則與下文『出太白右』無異，『歷』當為『摩』字之誤也。摩謂相切摩而過也。《天官書》正作『摩太白右』，《占經》五星占引石氏同，又引《春秋文耀鉤》云『辰星摩太白，入相傾（此三字有誤）』，又引《荊州占》云『辰星從太白，光芒相及若摩之，其下有數萬人戰；出太白右，去三尺，軍急約戰。』」〔註252〕王念孫說是也，但有稍疏。「歷」俗作「歷」，當是「靡」形誤〔註253〕，「靡」、「摩」古通。「歷」、「摩」不得通用，《史詮》說誤。《占經》卷21三引《荊州占》：「熒惑摩太白，下破軍，主將死。」又「熒惑摩太白，有數萬人戰，軍敗人主死。」又卷22引《文曜鉤》：「辰星摩太白，入相傾。」（又引宗伯注曰：「摩謂光相及也。傾，壞敗也。」）文例同，亦作「摩」字。考《占經》卷22引石氏曰：「辰星摩太白左，大戰，主人與吏死；摩太白右，萬人戰，主人勝。」據石氏說，此文「摩太白」下當脫「左」字，「有」屬下句；又疑此文脫「摩太白右，萬人戰，

〔註248〕杭世駿《史記疏證》，收入《續修四庫全書》第264冊，上海古籍出版社，2002年版，第229頁。

〔註249〕張文虎《校刊史記集解索隱正義札記》卷3，中華書局，1977年版，第334頁。

〔註250〕瀧川資言《史記會注考證》，北嶽文藝出版社，1999年版，第1863頁。

〔註251〕王叔岷《史記斠證》，中華書局，2007年版，第1130頁。

〔註252〕王念孫《漢書雜志》，收入《讀書雜志》卷4，中國書店，1985年版，本卷第55頁。

〔註253〕S.1891《孔子家語》「虒法安忘行者」，今本《五刑解》「虒」作「靡」，《大戴禮記·盛德》作「歷」。《晉世家》「齊靈公與戰靡下」，《集解》引徐廣說一本「靡」作「歷」。皆其例。

主人勝」一句，否則其文不具。

（12）重抱大破無。抱為和，背〔為〕不和，為分離相去（4／1580）

按：瀧川資言讀作「重抱大破，無抱為和，背不和」，云：「《漢志》『無』作『亡』，屬上句，與此義異。『背』下有『為』字，當依補。」〔註254〕王叔岷讀作「重抱，大破。無抱，為和。背不和」，云：「《漢志》『亡』字讀為『無』，與此同義，當屬下讀（《補注》誤屬上讀）。『背』下不必有『為』字。」〔註255〕李人鑒校作：「重背，大破。重抱為和，背為不和。」〔註256〕李慈銘校《漢志》曰：「《晉》、《隋志》俱作『重背大破，重抱為和』，此與《史記》同誤。」〔註257〕下「抱」字當重，《漢志》亦脫，讀作：「重抱大破無抱，〔抱〕為和，背為不和。」《開元占經》卷8引《洛書》：「重抱大勝無抱也。抱為和親，抱多，親者益多；背為不和，分離相去。」是其證也。《占經》卷7引京氏曰：「抱者，順氣也。背者，逆氣也。兩軍相當，順抱擊逆者，勝。」故云「抱為和，背為不和」也。

（13）所見，下有亂；亂者亡，有德者昌（4／1584）

按：王筠曰：「《志》止一『亂』字，似是。」〔註258〕瀧川資言引豬飼彥博曰：「《漢志》不重『亂』字，此衍。」〔註259〕李人鑒曰：「此篇衍一『亂』字（《晉志》亦衍）。」〔註260〕諸說是，《靈臺秘苑》卷15亦衍；《開元占經》卷86引此文「亂」字正不重，《隋志》同。

（14）山崩及徙，川塞谿垎（4／1590）

《集解》：徐廣曰：「土雍曰垎，音服。」駰案：孟康曰：「谿，谷也。垎，崩也。」蘇林曰：「伏流也。」

《校勘記》：「谿谷也垎崩也」，疑文有譌誤。《漢書·天文志》顏師古注引孟康云：「垎，音羅菔，謂谿垎崩也。」（4／1620）

〔註254〕瀧川資言《史記會注考證》，北嶽文藝出版社，1999年版，第1866頁。
〔註255〕王叔岷《史記斠證》，中華書局，2007年版，第1131頁。
〔註256〕李人鑒《太史公書校讀記》，甘肅人民出版社，1998年版，第370頁。
〔註257〕李慈銘《漢書札記》卷2，收入《越縵堂讀史札記全編》，北京圖書館出版社，2003年版，第109頁。
〔註258〕王筠《史記校》，收入《二十五史三編》第1冊，嶽麓書社，1994年版，第937頁。
〔註259〕瀧川資言《史記會注考證》，北嶽文藝出版社，1999年版，第1872頁。
〔註260〕李人鑒《太史公書校讀記》，甘肅人民出版社，1998年版，第371頁。

按：王元啟曰：「徙，《漢志》作『陁』。按二句不韻，未詳。」〔註261〕
梁玉繩曰：「此段皆用韻語，而『徙』（《漢志》作『陁』）獨不叶，疑『徙』
字有譌。」〔註262〕瀧川資言從梁說，而引文有誤〔註263〕；張森楷從王、
梁說，謂「徙」字誤〔註264〕。周尚木曰：「『及徙』二字，諸家均不得其
解，此當為『厈陁』二字之誤也。『厈』與『岸』同，『陁』即『陀』字。
岸毀曰陀。」〔註265〕朱駿聲曰：「圳，遏遮也，字亦作㘴。」〔註266〕張
文虎曰：「《集解》『伏』原訛『㘴』，依《漢志》改。」〔註267〕水澤利忠
曰：「伏，景、井、蜀、紹、慶、中統、彭、毛、凌、殿『㘴』。」〔註268〕
龍良棟引吳汝綸曰：「徙，當依《漢志》作『陁』。」〔註269〕王先謙校《漢
書》曰：「《天官書》『陁』作『徙』。案：崩者，陷而下也。陁，俗陀字，
一作阤，邪皃。徙則移動。《占經》引《地鏡》云：『山無故自徙，天下兵，
社稷亡。』」〔註270〕《占經》見卷99引，王叔岷轉引《占經》說，云：「驗
之此文，『徙』字似不誤。竊疑《史》、《漢》本作『塞川㘴谿』，『徙』、『谿』
叶韻，《漢志》作『陁』，亦與『谿』叶韻。」〔註271〕王駿圖曰：「谿猶溪，
谿能流，不為異矣。谿不能崩，惟岸崩也。蓋岸崩而土覆於谿，故字從土
從伏也。」〔註272〕①王叔岷說是也，「徙」字不誤。《潛夫論·德化》：「天
之尊也氣裂之，地之大也氣動之，山之重也氣徙之，水之流也氣絕之。」
亦其證。《漢志》自作「陁」字。②《漢書·天文志》顏師古注引如淳曰：
「㘴，填塞不通也。」徐廣、如淳說是，㘴亦塞也，對舉同義。《廣韻》：

〔註261〕王元啟《史記正譌》，收入《二十五史三編》第2冊，嶽麓書社，1994年版，第923頁。
〔註262〕梁玉繩《史記志疑》卷15，中華書局，1981年版，第786頁。
〔註263〕瀧川資言《史記會注考證》，北嶽文藝出版社，1999年版，第1879頁。
〔註264〕張森楷《史記新校注》，中國學典館復館籌備處，1967年版，第2737頁。
〔註265〕周尚木《史記識誤》，收入《二十四史訂補》第1冊，書目文獻出版社，1996年版，第494頁。
〔註266〕朱駿聲《說文通訓定聲》，武漢市古籍書店，1983年版，第215頁。
〔註267〕張文虎《校刊史記集解索隱正義札記》卷3，中華書局，1977年版，第340頁。
〔註268〕水澤利忠《史記會注考證校補》，廣文書局，1972年版，第1329頁。
〔註269〕龍良棟《景祐本史記校勘記》，收入《二十四史訂補》第1冊，書目文獻出版社，1996年版，第954～955頁。
〔註270〕王先謙《漢書補注》，中華書局，1983年版，第583頁。
〔註271〕王叔岷《史記斠證》，中華書局，2007年版，第1149頁。
〔註272〕王駿圖、王駿觀《史記舊註平義》卷3，正中書局，1936年版，第118頁。

「坁，填塞。」「坁」即「伏」增旁俗字，讀作畐，俗作偪〔註273〕，堵塞、逼塞也，字亦作服。《晏子春秋・內篇問上》：「以無偪川澤。」銀雀山漢簡本「偪」作「服」。馬王堆帛書《十大經・三禁》：「毋服川。」《韓詩外傳》卷8：「(伯宗) 道逢輦者，以其輦服其道。」王駿圖說全未得。胡吉宣曰：「坁之言伏藏也，故為填塞義。」〔註274〕胡說亦非。③孟康說「谿谷也坁崩也」，上「也」字衍，「谿谷坁崩也」作一句讀，指谿谷堵塞於山崩。《玉篇》「坁」條引《漢志》孟康說正作「谿谷坁崩也」。《漢志》注引孟說脫「谷」字，亦無上「也」字。④蘇林曰「坁流也」，《玄應音義》卷17引作「坁者，伏深也」，《班馬字類》卷5《補遺》引作「洑流也」。蘇說則是讀坁為洑、澓，蔣斧印本《唐韻殘卷》：「澓，澓流。」《玄應音義》卷1：「迴復：又作『迴澓』二形，同。《三蒼》：『洄，水轉也。澓，深也。』」又卷18：「漩澓：下又作復、坁二形，同。坁者，伏深也，亦回水也。」《集韻》：「澓、洑：伏流也，或從伏。」「澓」是「復」增旁俗字，指往復迴旋的水流。「坁流」即「澓流」，「伏深」即「澓深」。蘇說不切於《史》、《漢》。

《封禪書》

（1）禹封泰山，禪會稽（4／1630）

《索隱》：《吳越春秋》云：「禹巡天下，登茅山，以朝群臣乃大會計，更名茅山為會稽。」

按：《吳越春秋》當讀作「以朝群臣，乃大會計」，不當作一句讀。《吳越春秋・越王無余外傳》：「周行天下，歸還大越，登茅山以朝四方群臣，觀示中州諸侯……乃大會計治國之道……遂更名茅山曰會稽之山。」《索隱》乃節引其文。

（2）東海致比目之魚（4／1630）

《索隱》：郭璞云：「如牛脾，身薄，細鱗，紫黑色，只一眼，兩片合乃得行，今江東呼為王餘，亦曰版魚。」

按：郭璞說見《爾雅・釋地》注：「狀似牛脾，鱗細，紫黑色，一眼，兩片相合乃得行，今水中所在有之，江東又呼為王餘魚。」「亦曰版魚」是小司馬說，非郭璞語，當標在引號外面。

〔註273〕《周禮・考工記・輈人》「不伏其轅」，鄭玄注：「故書『伏』作『偪』。杜子春云：『偪當作伏。』」「匍匐」或作「扶伏」、「蒲伏」。

〔註274〕胡吉宣《玉篇校釋》，上海古籍出版社，1989年版，第258頁。

（3）曰華山（4／1642）

《正義》：《開山圖》云：「巨靈胡者，偏得神仙之道，能造山川，出江河也。」

按：《開山圖》「偏得神仙」，元刻本、慶長本同，黃善夫本作「偏得神天」，《水經注‧河水》引作「偏得神元」，宋淳熙本《文選‧西京賦》李善注、《玉海》卷 20 引作「偏得坤元」，《路史》卷 3、《永樂大典》卷 11128 引作「偏得神元」；宋刊六臣本、嘉靖汪諒刊本、重刊天聖明道本、慶長活字本、寬永活字本《文選》李善注引作「偏得神元」。疑當作「偏得坤元」為是。黃善夫本作「偏得神天」，「天」即「元」形訛，元刻本改作「神仙」，其改字之跡遂泯滅矣。水澤利忠指出黃善夫本「仙」譌「天」〔註275〕，非是，水澤氏不知本當作「坤元」也。

（4）祠漢中（4／1642）

《索隱》：樂產云「漢女，漢神也」。

按：淳熙本、慶長本、四庫本作「樂彥云：『漢女者，漢神是也』。」黃善夫本、乾道本、元刻本「神」誤「臣」，餘同。「產」是「彥」形訛。

（5）灃、滈有昭明（4／1646）

《索隱》：樂產引河圖云「熒惑星散為昭明」。

按：王叔岷曰：「黃善夫本、殿本『樂產』作『樂彥』。」〔註276〕乾道本、淳熙本、元刻本、慶長本都作「樂彥」。下文「天子辟池」（4／1646），《索隱》：「樂產云未聞。」各本作「樂彥云辟池未聞」。下文「造白金」（4／1659），又「各以勝日」（4／1660），又「黃帝時……封居七千」（4／1666），又「祭月以羊彘特」（4／1667），又「候獨見填星」（4／1672），《索隱》所引「樂產」說，各本皆作「樂彥」。

（6）臣候日再中（4／1655）

《索隱》：晉灼云：「《淮南子》云『魯陽公與韓構，戰酣日暮，援戈麾之，日為卻三舍』。豈其然乎？」

按：王叔岷曰：「黃善夫本、殿本『構』下並疊『戰』字。『魯陽公與韓構戰』句，『戰酣日暮』句。《淮南子‧覽冥篇》『構』下本有『難』字。」

〔註275〕水澤利忠《史記會注考證校補》，廣文書局，1972 年版，第 1358 頁。
〔註276〕王叔岷《史記斠證》，中華書局，2007 年版，第 1181 頁。

〔註 277〕乾道本、淳熙本、元刻本、慶長本、四庫本同黃善夫本，「構」下當據補「戰」字。宋本《淮南子》「麾」作「撝」，古通。

《河渠書》

（1）西門豹引漳水溉鄴（4／1690）

《正義》：《括地志》云：「漳水一名濁漳水，源出潞州長子縣西力黃山。」按：力黃、鹿谷二山，北鹿也。

按：《太平寰宇記》卷 45：「漳水……其源出刀山。又按《冀州圖》云：『刀黃山在縣西六十里，亦名發甕（鳩）山，漳水出焉。』」「力」是「刀」形誤，《玉海》卷 21 引誤同。「刀」亦作「刁」，又作「彫」。《通鑒》卷 247 有「彫黃嶺」，又卷 258 有「刁黃嶺」，胡三省注：「彫黃嶺，在潞州長子縣西。」《清一統志》卷 103：「刁黃山，在長子縣西五十里，與發鳩山相連，亦曰刁黃嶺，又曰彫黃嶺。」

（2）延道弛兮離常流（4／1696）

《集解》：徐廣曰：「延，一作『正』。」駰按：晉灼曰：「言河道皆弛壞也。」

《索隱》：言河之決，由其源道延長弛溢，故使其道皆離常流。故晉灼云「言河道皆弛壞」。

按：錢大昕曰：「延，《漢書》亦作『正』。古文『正』與『征』通，『征』或作『延』，與『延』字形相似，因訛為『延』爾。小司馬作『延長』解，似曲。」〔註 278〕李賡芸、胡樸安說同〔註 279〕。梁玉繩、張森楷從錢說，梁氏又曰：「徐廣『延』作『正』，是也，《漢志》、《水經注》作『正道』。」〔註 280〕張文虎又從梁說〔註 281〕。王筠曰：「延，《志》作『正』。『延』同

〔註 277〕王叔岷《史記斠證》，中華書局，2007 年版，第 1189 頁。

〔註 278〕錢大昕《史記考異》卷 3，收入《二十二史考異》卷 3，《嘉定錢大昕全集（二）》，江蘇古籍出版社，1997 年版，第 53 頁。整理者「延」誤作「延」，徑正。

〔註 279〕李賡芸《炳燭編》卷 2，收入《叢書集成新編》第 13 冊，新文豐出版公司，1985 年版，第 597 頁。胡樸安《〈史記〉〈漢書〉用字考證（28）》，《國學週刊》1924 年第 63 期，第 3 頁。

〔註 280〕梁玉繩《史記志疑》卷 16，中華書局，1981 年版，第 824 頁。《水經注》見《瓠子河》。張森楷《史記新校注》，中國學典館復館籌備處，1967 年版，第 2883 頁。

〔註 281〕張文虎《校刊史記集解索隱正義札記》卷 3，中華書局，1977 年版，第

『征』，行也。」〔註282〕瞿方梅曰：「此『延』字也，與『延』形近誤耳。延，正行也。此言正行之道弛壞，與下『常流』之『常』為對文。《索隱》以為『延』字，解云『源道延長』，則又誤之誤者。」〔註283〕施之勉曰：「《說文》：『延，正行也。』此作『延』，形相似而訛耳。」〔註284〕諸說皆是，惟王筠說「延」同「征」稍疏，然其意亦同錢氏也。日本神田文庫藏唐鈔本作「延」，正是「延」字，當據校正。《樂府詩集》卷84、《楚辭後語》卷2亦作「正」。王先謙曰：「『延』乃『正』誤字。」〔註285〕王說猶隔，「正」字不得誤作「延」。

（3）行淮、泗、濟、漯洛渠（4／1698）

按：「漯」下當加頓號，與「淮、泗、濟、洛」四水名平列。《書·禹貢》：「浮於濟、漯。」孔傳：「濟、漯，兩水名。」《釋文》：「漯，天答反，《篇韻》作他合反。」「漯」音他合切，是「濕」俗訛字。日本神田文庫藏唐鈔本「漯」作「隰」，即「隰」字〔註286〕，乃「濕」借字。

《平準書》

（1）東至滄海之郡（4／1708）

按：《四庫考證》：「至，《漢書·食貨志》作『置』，此訛。」〔註287〕梁玉繩、杭世駿並引《史詮》曰：「《漢志》『至』作『置』。」〔註288〕張文虎曰：「北宋、毛本『至』作『置』，《食貨志》亦作『置』。上已云『置滄海之郡』，疑此文『至』字不誤。」〔註289〕水澤利忠曰：「至，景、井、紹、

361 頁。

〔註282〕王筠《史記校》，收入《二十五史三編》第1冊，嶽麓書社，1994年版，第943頁。

〔註283〕瞿方梅《史記三家注補正》卷3，《學衡》第43期，1925年版，第12頁。

〔註284〕施之勉《史記會注考證訂補》，華岡出版有限公司，1976年版，第562頁。

〔註285〕王先謙《漢書補注》卷9，中華書局，1983年版，第859頁。

〔註286〕水澤利忠《史記會注考證校補》錄文誤作「濕」，廣文書局，1972年版，第1400頁。

〔註287〕《四庫全書考證》卷23《史記上》，景印文淵閣《四庫全書》第1498冊，臺灣商務印書館，1986年初版，第19頁。

〔註288〕梁玉繩《史記志疑》卷16，中華書局，1981年版，第827頁。杭世駿《史記疏證》，收入《續修四庫全書》第264冊，上海古籍出版社，2002年版，第247頁。

〔註289〕張文虎《校刊史記集解索隱正義札記》卷3，中華書局，1977年版，第362頁。

毛『置』。《札記》云云。」〔註 290〕王先謙曰:「作『至』是。」瀧川資言曰:「《漢志》『至』作『置』,誤。」〔註 291〕張森楷曰:「《漢志》『至』作『置』,是。」〔註 292〕王叔岷曰:「作『置』是。景祐本尚作『置』,然則作『至』,乃北宋以後所改者矣。」〔註 293〕黃善夫本、乾道本、淳熙本、元刻本、慶長本作「至」。《四庫考證》及張森楷、王叔岷說是,《御覽》卷 500、《文章正宗》卷 17 引亦作「置」,《通典》卷 10、《冊府元龜》卷 498 同。

(2)留墆無所食(4 / 1709)

《索隱》:留墆無所食。墆音迭,謂貯也。韋昭音滯,謂積也。又按:《古今字詁》「墆」今「滯」字,則「墆」與「滯」同。

按:《六書故》:「踶,與『滯』通。」朱駿聲、吳國泰說同〔註 294〕。瞿方梅曰:「『墆』與『滯』同。滯,猶久也。」〔註 295〕郭嵩燾曰:「《說文》:『踶,跮也。』牛馬行曰跮。留踶,謂羈留不得行也。《索隱》讀踶為迭,謂積貯也,大誤。」〔註 296〕水澤利忠曰:「迭,慶、耿、中統、彭、凌、殿『逝』。」〔註 297〕王叔岷曰:「《索隱》本『踶』作『墆』。踶借為滯。『留滯』複語。墆,俗字。」〔註 298〕黃善夫本、乾道本、淳熙本、元刻本、慶長本、四庫本、殿本《索隱》無「留墆無所食」五字,三「墆」並作「踶」,「音迭」作「音逝」,「謂積」上有「踶」字。《班馬字類》卷 4、《增韻》「踶」字條引《古今字詁》亦作「踶今滯字」。今本《索隱》乃後人臆改,非《索隱》本「踶」作「墆」也。「踶音逝」不誤,當改「迭」作「逝」。黃侃指出古音帶、折相轉〔註 299〕,「踶」同「遰」,亦同「逝」,故踶音逝也。

〔註 290〕水澤利忠《史記會注考證校補》,廣文書局,1972 年版,第 1406 頁。

〔註 291〕瀧川資言《史記會注考證》,北嶽文藝出版社,1999 年版,第 2020 頁。

〔註 292〕張森楷《史記新校注》,中國學典館復館籌備處,1967 年版,第 2887 頁。

〔註 293〕王叔岷《史記斠證》,中華書局,2007 年版,第 1236 頁。

〔註 294〕朱駿聲《說文通訓定聲》,武漢市古籍書店,1983 年版,第 655 頁。吳國泰《史記解詁》第 2 冊,1933 年成都居易簃叢著本,本冊第 22 頁。

〔註 295〕瞿方梅《史記三家注補正》卷 3,《學衡》第 43 期,1925 年版,第 13 頁。

〔註 296〕郭嵩燾《史記札記》,商務印書館,1957 年版,第 159 頁。

〔註 297〕水澤利忠《史記會注考證校補》,廣文書局,1972 年版,第 1406 頁。

〔註 298〕王叔岷《史記斠證》,中華書局,2007 年版,第 1237 頁。

〔註 299〕黃侃《經籍舊音辨證箋識》,附於吳承仕《經籍舊音辨證》,中華書局,2008 年版,第 399 頁。

（3）而姦或盜摩錢裏取鎔（4／1712）

《集解》：徐廣曰：「鎔，音容。」呂靜曰：「冶器法謂之鎔。」

按：杭世駿引凌稚隆曰：「『鎔』本作『鉛』，作『鎔』非。」〔註300〕錢大昕曰：「徐說非是。『鎔』當作『鉛』。《說文》：『鉛，銅屑也。』《漢志》『取鉛』，臣瓚以為摩錢漫面，以取其屑，更以鑄錢。《西京黃圖敘》云『民摩錢取屑』是也。」〔註301〕張森楷從錢說〔註302〕。梁玉繩曰：「他本『鎔』作『鉛』，是，《漢志》亦作『鉛』。《說文》：『銅屑也。』徐廣音容，非。」〔註303〕王筠曰：「《志》『鎔』作『鉛』，似是。」〔註304〕張文虎曰：「毛本『鉛』，下同，《字類》引同。《食貨志》亦作『鉛』。《考異》云：『《說文》：「鉛，銅屑也。」』案：各本『鉛』字多誤作『鎔』，注同。」〔註305〕王駿圖曰：「『鎔』即『鉛』字之譌。」〔註306〕吳國泰說同王氏〔註307〕。朱師轍亦引《說文》「鉛，銅屑」說之〔註308〕。吳承仕曰：「錢說非也。『容』字本從谷聲，東、侯對轉，則『鎔』字音容未為大誤，《史記》自假『鎔』為『鉛』耳。唯裴駰誤仞（認）『鎔』為本義，故引呂靜『冶器法』以釋之，則與『摩錢取鉛』義不相應矣。以裴《解》引呂說證之，知裴所見本自作『鎔』。」〔註309〕王叔岷曰：「景祐本、黃善夫本、殿本『鉛』皆作『鎔』。竊疑《史》文本作『鎔』。『鎔』、『鉛』古蓋通用。」〔註310〕吳承仕、王叔岷說是也。景祐本、黃善夫本、紹興本、乾道本、元刻本、慶長本、四庫本、殿本作「鎔」，《文章正宗》卷17引同；淳熙本作「鉛」。徐廣本必作

〔註300〕杭世駿《史記疏證》，收入《續修四庫全書》第264冊，上海古籍出版社，2002年版，第247頁。

〔註301〕錢大昕《史記考異》卷3，收入《二十二史考異》卷3，《嘉定錢大昕全集（二）》，江蘇古籍出版社，1997年版，第54頁。

〔註302〕張森楷《史記新校注》，中國學典館復館籌備處，1967年版，第2907頁。

〔註303〕梁玉繩《史記志疑》卷16，中華書局，1981年版，第828頁。

〔註304〕王筠《史記校》，收入《二十五史三編》第1冊，嶽麓書社，1994年版，第944頁。

〔註305〕張文虎《校刊史記集解索隱正義札記》卷3，中華書局，1977年版，第364頁。

〔註306〕王駿圖、王駿觀《史記舊註平義》卷3，正中書局，1936年版，第129頁。

〔註307〕吳國泰《史記解詁》第2冊，1933年成都居易簃叢著本，本冊第23頁。

〔註308〕朱師轍《史記補注》，《國學彙編》1924年第2集，第4頁。

〔註309〕吳承仕《經籍舊音辨證》卷4《史記裴駰集解、司馬貞索隱》，中華書局，2008年版，第315頁。

〔註310〕王叔岷《史記斠證》，中華書局，2007年版，第1241頁。

「鎔」字，故音容；呂靜解作冶器法〔註311〕，亦是「鎔」字，《說文》:「鎔，冶器法也。」改「鎔」作「鉛」，則《集解》無所承。作「鉛」是《漢書》，非《史記》也。本篇下文「令不可磨取鉛焉」，景祐本、淳熙本、紹興本作「鉛」，亦當從黃善夫本、乾道本、元刻本、慶長本、四庫本作「鎔」是其舊本（王叔岷已及黃本〔註312〕）。自以《漢書》作「鉛」為本字。《白氏六帖事類集》卷2引《漢書》作「鎔」，則又依《史記》改。朱駿聲引此文以證《說文》「冶器法也」之誼〔註313〕，非是。王駿圖、吳國泰謂「鎔」是訛字，未達古音通假也。

（4）湯武承獎易變，使民不倦（4／1730）

按：獎，瀧川資言《考證》本同，宋元各本及慶長本、殿本都作「弊」。「獎」是「弊」形訛，當據宋本改。張森楷本又誤作「幣」〔註314〕，去之彌遠。

（十《表》、八《書》校證的部分以《〈史記〉十表、八書部分補正》為題發表於《國學學刊》2020年第2期，第52～63頁。）

三十《世家》校證

《吳太伯世家》

（1）楚公子圍弒其王夾敖而代立，是為靈王（5／1755）

《索隱》:《左傳》曰「楚公子圍將聘於鄭，未出竟，聞王有疾而還。入問王疾，縊而殺之，孫卿曰：以冠纓絞之。遂殺其子幕及平夏。葬王於郟，謂之郟敖」也。

按：《左傳》見《昭公元年》，《左傳》不得引孫卿語。「孫卿曰以冠纓絞之」八字當是小司馬所引注文，王叔岷疑為雙行小注〔註315〕，是也。蔣禮鴻引楊伯峻曰:「今《荀子》無此文。」〔註316〕「以冠纓絞之」語出《戰

〔註311〕晉代呂靜撰有《韻集》，《玄應音義》屢引之，《集解》所引呂靜說，當出此書。
〔註312〕王叔岷《史記斠證》，中華書局，2007年版，第1243頁。
〔註313〕朱駿聲《說文通訓定聲》，武漢市古籍書店，1983年版，第47頁。
〔註314〕張森楷《史記新校注》，中國學典館復館籌備處，1967年版，第2938頁。
〔註315〕王叔岷《史記斠證》，中華書局，2007年版，第1276頁。王華寶《〈史記〉修訂本平議》說同，《渭南師範學院學報》2014年第18期，第15頁。
〔註316〕蔣禮鴻《史記校詁》，收入《蔣禮鴻集》卷6，浙江教育出版社，2001年

國策·楚策四》孫子為書謝春申君引《春秋》：「遂以冠纓絞王，殺之」，又見《韓子·姦劫弒臣》、《韓詩外傳》卷4，「孫子」即孫卿，亦即荀卿。

（2）乃求勇士專諸（5／1758）

《正義》：《吳越春秋》云：「胥因而相之，雄貌，深目，侈口，熊背，知其勇士。」

《校勘記》：雄貌，疑當作「碓顙」。《吳越春秋·王僚使公子光傳》作「碓顙而深目」，《御覽》卷436引作「推顙」，「推」疑為「椎」之形譌。「碓」、「椎」皆借作「頯」。《說文》：「頯，出額也。」又曰：「顙，額也。」（5／1776～1777）

按：《校勘記》乃採用我的審讀意見，余曾作專文詳考之〔註317〕。沈家本曰：「今本《吳越春秋》『貌』作『顙』。」〔註318〕未作判斷。茲再補充一個書證：《呂氏春秋·達鬱》：「顙推之履。」章太炎曰：「『推』當為『頯』。《說文》：『頯，出額也。』謂額突出，今人謂『衝額角』也。《史記》：『魋顏蹙齃。』魋即頯，顏者額也。履頭突出者如顙之頯之履，今人猶有衝頭履，謂之京式鞵。」高亨曰：「推借為頯，《說文》云云。顙頯之履者，履之前額突出而高者也。本書《遇合篇》『椎顙廣顏』，則借椎為頯。」〔註319〕《蔡澤列傳》「魋顏」，馬敘倫曰：「《莊子·大宗師篇》『其顙頯』，《釋文》引向本作『頄』。『顙頄』即此『魋顏』也，然字當作『頯』，《說文》云：『頯，出額也。』」〔註320〕

（3）使大夫種因吳太宰嚭而行成（5／1766）

《正義》：《國語》云：「越飾美女八人納太宰嚭，曰：『子苟然，放越之罪。』」

按：王叔岷指出《正義》「放」當據《國語·越語上》作「赦」〔註321〕，

版，第41頁。
〔註317〕參見蕭旭《史記》校正，《中國語學研究·開篇》第33卷，2014年日本好文出版，第27頁；又收入《群書校補（續）》，花木蘭文化出版社，2014年版，第1983～1984頁。
〔註318〕沈家本《史記瑣言》卷1，收入《二十五史三編》第2冊，書目文獻出版社，1996年版，第795頁。
〔註319〕章太炎、高亨二氏說轉引自陳奇猷《呂氏春秋新校釋》，上海古籍出版社，2002年版，第1391～1392頁。
〔註320〕馬敘倫《讀書續記》卷5，中國書店，1985年版，本卷第24～25頁。
〔註321〕王叔岷《史記斠證》，中華書局，2007年版，第1285頁。

是也。

（4）抉吾眼置之吳東門（5 / 1769）

《正義》：《吳俗傳》云「子胥亡後，越從松江北開渠至橫山東北，築城伐吳。子胥乃與越軍夢，令從東南入破吳……至今猶號曰示浦，門曰䲅鮃。」

按：「吳俗傳」不是書名，不當加書名號，其後的引號亦當刪去。吳俗傳云，猶言吳俗相傳有此說也。《春申君列傳》《正義》亦引「吳俗傳云」。䲅鮃，又作「鱄鮃」、「溥浮」、「鯆鮃」，江豚（狁）魚，亦稱作江豬。《說文繫傳》：「鮒，一曰溥浮。」《廣雅》：「鱄鮃，鮒也。」《集韻》：「鮃，鯆鮃，魚名。」《御覽》卷502引王隱《晉書》：「夏統，字仲御……仲御即登舟鼓枻，為鯆（音甫）鮃（音浮）之歌，學鯆鮃之狀。」倒言則作「鮃鯆」，《倭名類聚抄》卷19引《臨海異物志》：「鮃鯆（浮布二音），大魚，色黑，一浮一沒也。」《證類本草》卷20：「江狁狀如狁，鼻中為聲，出沒水上，海中舟人候之，知大風雨。」䲅、鱄（鯆）之言豧也，《說文》：「豧，豕息也。」「溥」是同音借字，言豬之喘息。鮃之言浮也。此魚「鼻中為聲、出沒水上」，得名於喘息出聲而上浮。李海霞曰：「鱄，猶鋪、簠、夫、釜，圓物。江豚體肥圓。鮃，猶蜉、桴、脬、匏，圓物。江豚體肥圓。」〔註322〕純是臆說。

（5）越王句踐欲遷吳王夫差於甬東，予百家居之（5 / 1773）

按：王叔岷曰：「《長短經・七雄略》注作『與百家君之』。『居』乃『君』之誤。《越世家》作『君百家』，亦其證。《吳越春秋・句踐伐吳外傳》云：『給君夫婦三百餘人。』」〔註323〕王說是也，李人鑒亦據《越世家》校作「君」〔註324〕，當據校正。但《吳越春秋》作「吾置君於甬東，給君夫婦三百餘家，以沒王世」，二「君」是代詞，王氏引其文，非也。《記纂淵海》卷58、《通志》卷77引此文已誤作「居」。南宋本《長短經》注引「甬」作「埇」（讀畫齋叢書本仍作「甬」），俗字。

《齊太公世家》

（1）呂尚蓋嘗窮困，年老矣（5 / 1782）

《索隱》：譙周曰：「呂望嘗屠牛於朝歌，賣飲於孟津。」

〔註322〕李海霞《漢語動物命名考釋》，巴蜀書社，2005年版，第42～43頁。
〔註323〕王叔岷《史記斠證》，中華書局，2007年版，第1291～1292頁。
〔註324〕李人鑒《太史公書校讀記》，甘肅人民出版社，1998年版，第454頁。

《校勘記》：飲，耿本、黃本、彭本、柯本、凌本、殿本作「飯」。（5
／1821）

按：水澤利忠曰：「飲，慶、中統、彭、凌、殿『飯』。孟，彭『盟』。」
〔註325〕張森楷曰：「《索隱》本合刻本『飯』作『飲』，是。」〔註326〕王叔
岷指出《遊俠列傳》《正義》引《尉繚子》、《韓詩外傳》卷7、《水經注・河
水》引司馬遷說並云呂尚「賣食棘津」，王氏又曰：「《索隱》黃善夫本、殿
本『飲』並作『飯』，疑是。『孟津』疑『棘津』之誤。」〔註327〕王說是也，
張說俱矣。乾道本、慶長本「飲」亦作「飯」，淳熙本「飲」作「飰」。除
元刻本外，各本「嘗」作「常」。慶長本「孟津」亦作「盟津」。「飰」是「飯」
俗字，「飲」是「飯」形訛，「賣飯」即「賣食」。《說苑・雜言》：「呂望行
年五十，賣食於棘津；行年七十，屠牛〔於〕朝歌。」《御覽》卷850引作
「賣飯」。《易林・遯之頤》：「昏人宜明，賣食老昌，國祚東表，號稱太公。」
「孟（盟）津」當作「棘津」，後人習知「孟（盟）津」，鮮知「棘津」，因
而誤改。杭世駿引《韓詩外傳》卷8：「太公望少為人婿，老而見去，屠牛
朝歌，賃於棘津，釣於磻溪。」〔註328〕施之勉引《說苑・尊賢》：「太公望，
故老婦之出夫也，朝歌之屠佐也，棘津迎客之舍人也。」〔註329〕本書《遊
俠列傳》：「傅說匿於傅險，呂尚困於棘津。」《戰國策・秦策五》：「太公望，
齊之逐夫，朝歌之廢屠，子良之逐臣，棘津之讎不庸。」皆呂尚困於棘津
之明證。

（2）呂尚亦曰：「吾聞西伯賢，又善養老，盍往焉。」（5／1783）

按：王叔岷曰：「《詩・文王》疏引『往』下有『歸』字。《周本紀》：『伯
夷、叔齊在孤竹，聞西伯善養老，盍往歸之。』《伯夷列傳》：『於是伯夷、
叔齊聞西伯昌善養老，盍往歸焉。』」〔註330〕此文「往」下脫「歸」字，《黃
氏日抄》卷51引此文「往歸之」，亦有「歸」字。《楚辭・離騷》王逸注：
「言太公避紂居東海之濱，聞文王作興，盍往歸之。」

〔註325〕水澤利忠《史記會注考證校補》，廣文書局，1972年版，第1515頁。

〔註326〕張森楷《史記新校注》，中國學典館復館籌備處，1967年版，第3007頁。

〔註327〕王叔岷《史記斠證》，中華書局，2007年版，第1295頁。

〔註328〕杭世駿《史記疏證》，收入《續修四庫全書》第264冊，上海古籍出版社，
　　　　2002年版，第253頁。

〔註329〕施之勉《史記會注考證訂補》，華岡出版有限公司，1976年版，第600頁。

〔註330〕王叔岷《史記斠證》，中華書局，2007年版，第1298頁。

（3）周西伯昌之脫羑里歸，與呂尚陰謀修德以傾商政，其事多兵權與奇計（5／1783）

《正義》：《六韜》云：「武王問太公曰：『律之音聲，可以知三軍之消息乎？』太公曰：『深哉王之問也！夫律管十二，其要有五：宮、商、角、徵、羽，此其正聲也，萬代不易。五行之神，道之常也，可以知敵。金、木、水、火、土，各以其勝攻之。其法，以天清靜無陰雲風雨，夜半遣輕騎往，至敵人之壘九百步，偏持律管橫耳，大呼驚之，有聲應管，其來甚微。角管聲應，當以白虎；徵管聲應，當以玄武；商管聲應，當以句陳；五管盡不應，無有商聲，當以青龍：此五行之府，佐勝之徵，陰（成）敗之機也。

《校勘記》：張文虎曰：「《六韜》『商聲應管』下有『當以朱雀，羽聲應管』二句，此脫。『五管盡不應，無有商聲』，《六韜》本作『五管盡不應者宮也』，此誤。《六韜》『陰』作『成』，此誤。」（5／1821）

按：張文虎又曰：「角管聲應，《六韜》本作『角聲應管』，下三句放此，此『管』字皆在『聲』上，蓋誤。」〔註331〕其說是也，亦當徵引。《書鈔》卷112引《六韜》亦作「角聲應管」，《御覽》卷16引誤倒同《正義》。瀧川資言曰：「楓山、三條本《正義》『消息』下有『勝負之決』四字，『應當』間有『當以朱雀羽聲應』七字，『無有商聲』四字作『宮也』二字，『府』作『符』，『陰敗』作『成敗』。」〔註332〕二氏所校未盡。「往」字屬下句，「往至」連文。宋鈔本《六韜・龍韜・五音》「消息」下有「勝負之決」四字，「橫耳」作「當耳」，「府」作「符」。《書鈔》卷112引「往至」作「往致」，「橫耳」作「橫當耳」，「玄武」作「玄舞」，「無有商聲」作「無有音聲」。《御覽》卷16引《六韜》，「律之音聲」上有「聽」字，「可以」作「何以」，「消息」下有「勝負之決」四字，「陰雲風雨」作「霧雨風雲」，「橫耳」作「橫管當耳」，「無有商聲」作「無有應聲」。據各本互校，「消息」下補「勝負之決」四字；「橫耳」當據《書鈔》作「橫當耳」，宋鈔本脫「橫」字，《御覽》衍一「管」字，謂橫持律管以對著耳朵；「商聲應管」下當據宋鈔本《六韜》及《書鈔》補二句，《御覽》引亦有脫文；「無有商聲」當

〔註331〕張文虎《校刊史記集解索隱正義札記》卷4，中華書局，1977年版，第375頁。

〔註332〕瀧川資言《史記會注考證》，北嶽文藝出版社，1999年版，第2112頁。

據《書鈔》改「商」作「音」（《御覽》作「應」字亦通），宋鈔本《六韜》及楓山、三條本作「宮也」不可據；「府」是「符」聲誤。

（4）蒼兕蒼兕（5／1784）

《索隱》：亦有本作「蒼雉」。按：馬融曰：「蒼兕，主舟楫官名。」又王充曰：「蒼兕者，水獸，九頭。」今誓眾，令急濟，故言蒼兕以懼之。

按：《論衡·是應》：「師尚父為周司馬，將師伐紂，到孟津之上，杖鉞把旄，號其眾曰『倉光（兕）』。倉光（兕）者，水中之獸也，善覆人船，因神以化，欲令急渡。不急渡，倉光害汝。河中有此異物，時出浮揚，一身九頭，人畏惡之，未必覆人之舟也。尚父緣河有此異物，因以威眾。」「光」是「兕」形訛，俗「兕」字〔註333〕。則「今誓眾」十三字亦王充語，當標於引號內，小司馬括引其文耳。一本作「蒼雉」者，王念孫指出「兕」、「雉」古字通，陳槃從其說〔註334〕。梁玉繩謂「蒼光」、「蒼雉」誤〔註335〕，張森楷一從梁說〔註336〕。梁氏未知「光」致誤之由，又未知「雉」是同音借字。

（5）公盡懼，唯太公彊之勸武王，武王於是遂行（5／1784）

按：蔣禮鴻謂「之」字衍文〔註337〕。余謂「唯太公彊之」當逗讀。

（6）子癸公慈母立（5／1786）

《索隱》：《系本》作「庴公慈母」。譙周亦曰「祭公慈母」也。

按：梁玉繩曰：「《索隱》本作『祭公慈母』，又引《世本》作『庴公慈母』（《檀弓》疏引《世本》作『痟』）又引譙周云『祭公慈』（各本譌作『慈心』），未知孰是？」〔註338〕王叔岷曰：「『祭』疑『癸』之誤。黃善夫本、殿本『庴公慈母』並作『祭公慈母』。」〔註339〕王說非是，且有誤校。

〔註333〕參見徐文靖《管城碩記》卷22引朱謀㙔說，中華書局，1998年版，第392頁。《御覽》卷307、890引正作「兕」。

〔註334〕王念孫《淮南子雜志》，收入《讀書雜志》卷14，中國書店，1985年版，本卷第81頁。陳槃《〈史記·齊太公世家〉補注（上）》，收入《舊學舊史說叢》，上海古籍出版社，2010年版，第640頁。

〔註335〕梁玉繩《史記志疑》卷17，中華書局，1981年版，第850頁。

〔註336〕張森楷《史記新校注》，中國學典館復館籌備處，1967年版，第3015頁。

〔註337〕蔣禮鴻《史記校詁》，收入《蔣禮鴻集》卷6，浙江教育出版社，2001年版，第42頁。

〔註338〕梁玉繩《史記志疑》卷17，中華書局，1981年版，第852頁。

〔註339〕王叔岷《史記斠證》，中華書局，2007年版，第1302頁。

庮，黃善夫本、元刻本作「瘤」，乾道本、淳熙本作「瘤」，慶長本作「疘」，四庫本、殿本作「祭」。《禮記·檀弓上》孔疏引《世本》：「大公望生丁公伋，伋生乙公得，得生庮。」「庮」、「瘤」、「瘤」並同，「疘」是形誤。「癸」當是「祭」形誤，王說俱矣。庮（瘤、瘤）之言橚也，字亦作橚、禷、楢、栖，《說文》：「橚，積火（木）燎之也〔註340〕。禷，柴祭天神，或從示。」《玉篇》：「橚，積木燎以祭天也，與『栖』同。」指積柴燎之以祭天也。故「庮公」又稱作「祭公」。

（7）於是分溝割燕君所至與燕（5／1793）

按：王叔岷曰：「《燕世家》『至』下有『地』字。《正義》：『即齊桓公分溝，割燕君所至地與燕。』即本此文，『至』下亦有『地』字。」〔註341〕「於是分溝」當逗讀，《賈子·春秋》：「乃割燕君所至而與之，遂溝以為境而後去。」當據《燕世家》補「地」字，敦煌寫卷 P.2627《燕世家》同今本，可知古本確有「地」字，《賈子》亦脫。《韓詩外傳》卷 4「乃割燕君所至之地以與之」，《說苑·貴德》「乃割燕君所至之地以與燕君」，《吳越春秋·勾踐入臣外傳》「齊桓割燕所至之地以貺燕公」，皆其證。

（8）於是桓公稱曰：「寡人南伐至召陵，望熊山；北伐山戎、離枝、孤竹；西伐大夏，涉流沙；束馬懸車登太行，至卑耳山而還。」（5／1796）

按：《管子·封禪》桓公曰：「寡人北伐山戎，過孤竹；西伐大夏，涉流沙，束馬懸車上卑耳之山；南伐至召陵，登熊耳山以望江漢。」本書《封禪書》同。此文「孤竹」上當據補「過」字，標點作「北伐山戎、離枝，過孤竹」，如此方與上下文文例相同。謂桓公北伐山戎、離枝而至於孤竹也。本篇上文云「齊桓公救燕，遂伐山戎，至於孤竹而還」，《賈子·春秋》「桓公為燕北伐翟，乃至於孤竹」，亦其證。又「涉流沙」下分號當改作逗號。

《魯周公世家》

（1）周公既受命禾，嘉天子命，作嘉禾（5／1829）

《集解》：徐廣曰：「嘉，一作『魯』，今《書序》作『旅』也。」

《索隱》：徐廣云一作「魯」，「魯」字誤也。今《書序》作「旅」。《史記》「嘉天子命」，於文亦得，何須作「嘉旅」？

〔註340〕《六書故》引「火」作「木」。

〔註341〕王叔岷《史記斠證》，中華書局，2007 年版，第 1309 頁。

按：洪頤煊曰：「《周本紀》作『魯天子之命』。『魯』、『旅』古字通用。《爾雅》：『旅，陳也。』謂陳天子命。《索隱》誤釋。」〔註342〕沈濤曰：「作『魯』者是也，古『魯』、『旅』通字。《書》序作『旅天子命』。後人因《嘉禾篇》名，遂妄改為『嘉』耳。」〔註343〕池田引沈說，其按語採洪說〔註344〕。姚範曰：「『魯』當如《書序》作『旅』」〔註345〕陳槃曰：「『魯』、『旅』形近，字通。」〔註346〕王叔岷曰：「嘉，疑本作『魯』，涉下『作嘉禾』而誤也。《周本紀》作『魯』，可證。黃善夫本及殿本《索隱》並作：『魯字誤，《史》意云「周公嘉天子命」，於文不必作魯。』」〔註347〕韓兆琦曰：「嘉，喜歡，感謝。」〔註348〕今本《索隱》誤，「何須作『嘉旅』」尤不成語。乾道本、淳熙本、元刻本、慶長本並同黃本，當據校正，張森楷亦指出是「承明人杜撰之謬」〔註349〕。此文自作「嘉」，與「作嘉禾」相應。《周本紀》自作「魯」，而無「作嘉禾」三字。沈濤、王叔岷改作「魯」，殊為無據。「魯」字不誤，《索隱》說非是。清華簡（一）《皇門》「王用能承天之魯命」，是其確證。《逸周書·皇門解》「魯命」作「嘏命」。魯、旅、嘏，並讀為嘉，美也，善也，字亦作叚、假〔註350〕。

（2）周公歸，恐成王壯，治有所淫佚，乃作《多士》，作《毋逸》（5 / 1831）

按：吳國泰以「壯治」連文，云：「治者侈之借字。《晉世家》『靈公壯侈』，正作『侈』也。」〔註351〕「治」當一字句，讀為怠。馬王堆帛書《天

〔註342〕洪頤煊《讀書叢錄》卷18，收入《續修四庫全書》第1157冊，上海古籍出版社，2002年版，第714頁。

〔註343〕沈濤《銅熨斗齋隨筆》卷4，收入《續修四庫全書》第1158冊，第643頁。

〔註344〕池田四郎次郎《史記補注（上編）》（池田英雄增補），日本明德出版社，1975年版，第272頁。

〔註345〕姚範《援鶉堂筆記》卷15，收入《續修四庫全書》第1148冊，上海古籍出版社，2002年版，第546頁。

〔註346〕陳槃《〈史記·魯周公世家〉補注》，收入《舊學舊史說叢》，上海古籍出版社，2010年版，第709頁。

〔註347〕王叔岷《史記斠證》，中華書局，2007年版，第1336頁。

〔註348〕韓兆琦《史記箋證》，江西人民出版社，2009年版，第2296頁。

〔註349〕張森楷《史記新校注》，中國學典館復館籌備處，1967年版，第3083頁。

〔註350〕參見蕭旭《〈清華竹簡（一）〉校補》，收入《群書校補（續）》，花木蘭文化出版社，2014年版，第14頁。

〔註351〕吳國泰《史記解詁》第2冊，1933年成都居易簃叢著本，本冊第33頁。

下治道談》：「毋予（豫）毋治，毋作毋疑。」治亦讀為怠〔註352〕。《周易·雜卦》《釋文》：「怠，京作治。」《淮南子·道應》「止杅治」，《論衡·道虛篇》「治」作「怠」。《晉世家》「靈公壯，侈，厚斂以雕牆」，「侈」亦一字句，引之以證文例相同則可，字義則不同。

（3）**今禂非適嗣，且又居喪意不在戚而有喜色，若果立，必為季氏憂**（5 / 1852）

按：《左傳·襄公三十一年》作「且是人也，居喪而不哀，在慼而有嘉容，是謂不度。不度之人，鮮不為患，若果立之，必為季氏憂」，《漢書·五行志》同。本書「意不」下當脫「哀」字，讀作「且又居喪意不〔哀〕，在戚而有喜色」。居喪盡哀，載籍歷歷可考。郭店楚簡《性自命出》：「祭祀之禮必有夫齊齊之敬，居喪必有夫戀戀之哀。」《論語·陽貨》：「夫君子之居喪，食旨不甘，聞樂不樂，居處不安。」《大戴禮記·曾子立事》：「臨事而不敬，居喪而不哀，祭祀而不畏，朝廷而不恭，則吾無由知之矣。」《禮記·曲禮下》：「居喪不言樂，祭事不言凶。」《莊子·大宗師》：「顏回問仲尼曰：『孟孫才，其母死，哭泣無涕，中心不戚，居喪不哀。無是三者，以善處喪蓋魯國，固有無其實而得其名者乎？』」

（4）**齊景公曰：「請致千社待君。」**（5 / 1853）

按：《左傳·昭公二十五年》作：「齊侯曰：『自莒疆以西，請致千社，以待君命。寡人將帥敝賦，以從執事，唯命是聽。』」《史記》約其文，「待君」下當補「命」字，文義始完整。

《燕召公世家》

（1）**王因收印自三百石吏已上而效之子之**（5 / 1872）

《索隱》：鄭玄云：「效，呈也。以印呈與子之。」

按：《禮記·曲禮上》鄭玄注：「效，猶呈見。」鄭玄不曾注《史記》，「以印呈與子之」當是小司馬語，當標在引號外面。

（2）**卿秦攻代**（5 / 1876）

《索隱》：《戰國策》曰「樂乘以五萬遇慶秦於代，燕人大敗」，不同也。

《正義》：《戰國策》云「樂乘以五萬遇慶秦於代，燕人大敗」，與此不

〔註352〕參見魏啟鵬、胡翔驊《馬王堆漢墓醫書校釋》（貳），成都出版社，1992年版，第155頁。

同也。

《校勘記》：慶秦，原作「爰秦」，據耿本、黃本、柯本、凌本、殿本及《正義》改。《戰國策・燕策三》亦作「慶秦」。正文作「卿秦」，「卿」、「慶」古通用。（5／1880）

按：《校勘記》所改是也，但有誤校。水澤利忠曰：「爰，蔡、慶、中統、凌、殿『慶』。」〔註353〕瞿方梅亦曰：「古『卿』、『慶』通用。『爰』蓋『慶』字之訛，非姓爰也。」〔註354〕朱師轍亦曰：「『卿』、『慶』音近。『慶』、『爰』形近。」〔註355〕黃善夫本、乾道本、淳熙本、元刻本、慶長本、四庫本此條皆無《索隱》。黃善夫本《正義》誤作「爰秦」，元刻本、慶長本不誤。

（3）唯獨大夫將渠謂燕王曰（5／1876）

《索隱》：人名姓也。一云上「卿秦」及此「將渠」者：卿、將，皆官也；秦、渠，名也。國史變文而書，遂失姓也。《戰國策》云「爰秦」，爰是姓也，卿是其官耳。

按：《索隱》二「爰」字，當校正作「慶」，不知如何又失校。水澤利忠曰：「蔡、慶、彭、凌、殿兩『爰』字作『慶』。」〔註356〕乾道本、淳熙本、慶長本、四庫本亦皆作「慶」字。

《管蔡世家》

（1）景侯為太子般娶婦於楚，而景侯通焉（5／1886）

按：水澤利忠指出「敦煌、南化、楓、棭、三、梅」各本「而」下有「好」字〔註357〕，當據補，讀作「景侯為太子般娶婦於楚而好，景侯通焉」。《魯周公世家》「（惠公）賤妾聲子生子息，息長，為娶於宋，宋女至而好，惠公奪而自妻之」，《衛康叔世家》「右公子為太子取齊女，未入室，而宣公見所欲為太子婦者好，說而自取之」，《伍子胥列傳》「平王使無忌為太子取婦於秦，秦女好……平王遂自取秦女而絕愛幸之」，其事相類，亦足為旁證。

〔註353〕 水澤利忠《史記會注考證校補》，廣文書局，1972 年版，第 1597 頁。
〔註354〕 瞿方梅《史記三家注補正》卷 4，《學衡》第 44 期，1925 年版，第 5 頁。
〔註355〕 朱師轍（少濱）《史記補注》，《國學彙編》1924 年第 2 集，第 5 頁。
〔註356〕 水澤利忠《史記會注考證校補》，廣文書局，1972 年版，第 1598 頁。
〔註357〕 水澤利忠《史記會注考證校補》，廣文書局，1972 年版，第 1611 頁。

《陳杞世家》

（1）題公生謀娶公（5／1905）

《集解》：徐廣曰：「謀，一作謨。」

《索隱》：注一作「諜」，音牒。

按：錢大昕曰：「『謀』、『謨』聲相近。」〔註358〕張文虎曰：「《索隱》
云『注一作諜，音牒』，疑『謨』乃『諜』之譌，『諜』與『謀』相近相亂。」
〔註359〕張森楷從張說〔註360〕。水澤利忠曰：「『注謨一作諜音牒』，蔡、慶、
中統、凌、殿無此注七字。」〔註361〕黃善夫本、乾道本、淳熙本、元刻本、
慶長本、四庫本無《索隱》。且徐廣明曰「一作謨」，亦不得為「諜」注音。
此蓋後人見有「謨」作「諜」之本，而所作之校記，非《索隱》也。又「謨」、
「謀」聲轉義同，錢說是也，張文虎說非是。

（2）舜之後，周武王封之陳，至楚惠王滅之，有世家言（5／1906）

按：「世家」當加書名號。下文「世家」、「本紀」同。

《衛康叔世家》

（1）孫文子、甯惠子共立定公弟秋為衛君（5／1920）

《集解》：徐廣曰：「班氏云獻公弟猋。」

《索隱》：《左傳》作「剽」，《古今人表》作「猋」，蓋音相亂，字易改
耳。音方遙反，又匹妙反。

按：秋，《十二諸侯年表》作「狄」。杭世駿曰：「秋，《左傳》作『剽』。」
〔註362〕梁玉繩校《年表》曰：「古『秋』、『狄』二字多互譌。但《三傳》、
《春秋》皆作『剽』，《人表》又作『猋』，乃『猋』之譌。『秋』、『猋』與
『剽』音近，或相通借。『狄』為『秋』之誤耳。」〔註363〕池田、張森楷
從梁說，張氏又曰：「『猋』疑當『猋』，『猋』、『剽』聲近，『猋』、『秋』形

〔註358〕錢大昕《史記考異》卷4，收入《二十二史考異》卷4，《嘉定錢大昕全集
（二）》，江蘇古籍出版社，1997年版，第61頁。

〔註359〕張文虎《校刊史記集解索隱正義札記》卷4，中華書局，1977年版，第
391頁。

〔註360〕張森楷《史記新校注》，中國學典館復館籌備處，1967年版，第3168頁。

〔註361〕水澤利忠《史記會注考證校補》，廣文書局，1972年版，第1636頁。

〔註362〕杭世駿《史記考證》，收入《二十五史三編》第1冊，嶽麓書社，1994年
版，第127頁。

〔註363〕梁玉繩《史記志疑》卷8，中華書局，1981年版，第359頁。

近。」〔註364〕水澤利忠曰：「秋，南化、楓、梅、三『焱』（按古本『秋』字又作『剽』）。」〔註365〕王叔岷曰：「梁氏謂『狄』為『秋』之誤，『焱』乃『猋』之譌，是也。黃善夫本、殿本並無《索隱》。」〔註366〕乾道本、淳熙本、元刻本、慶長本亦無《索隱》。疑此《索隱》云云，亦是後人所作校記，非《索隱》之舊也。梁說「焱」是「猋」譌，是也，當據校改。黃善夫本上方校記：「《年表》作『狄』，本作『猋』，又作『剽』。」〔註367〕正作「猋」字，故音方遙反或匹妙反，與「剽」同音相借〔註368〕，「焱」字不得有此音。「秋」當是「秒」形誤，「狄」又「秋」之誤。「秒」、「剽」亦一聲之轉，梁、張說皆未得。

《宋微子世家》

（1）滅阢國（5／1931）

《集解》：徐廣曰：「阢音耆。」

《索隱》：阢音耆，耆即黎也。鄒誕本云「耆音黎」。孔安國云「黎在上黨東北，即今之黎亭是也」。

《校勘記》：阢，《會注》本作「阯」。張文虎曰：「『阢』當作『阯』，《字類》引此文正作『阯』。」本書《殷本紀》「及西伯伐飢國」，《集解》引徐廣曰：「飢，一作阢，又作耆。」（5／1960）

按：錢大昕曰：「『阢』或作『阯』，《周本紀》作『耆』。」〔註369〕梁玉繩曰：「《史詮》曰：『阢當作阯。』盧學士云『伊耆氏』或作『伊帆』，從巾從几。疑此亦當爾也。」〔註370〕張森楷從三氏說〔註371〕。諸說是也，

〔註364〕池田四郎次郎《史記補注（上編）》（池田英雄增補），日本明德出版社，1975年版，第309頁。張森楷《史記新校注》，中國學典館復館籌備處，1967年版，第3194頁。

〔註365〕水澤利忠《史記會注考證校補》，廣文書局，1972年版，第1657頁。

〔註366〕王叔岷《史記斠證》，中華書局，2007年版，第1421頁。

〔註367〕張玉春《〈史記〉日本古注疏證》「狄」字誤錄作「秋」，又誤作《正義》佚文，齊魯書社，2016年版，第132頁。

〔註368〕《司馬相如列傳》《子虛賦》「靅動熛至」，《漢書》、《文選》「熛」作「猋」。又「猋」通作「飄」，皆其同音之證。

〔註369〕錢大昕《史記考異》卷4，收入《二十二史考異》卷4，《嘉定錢大昕全集（二）》，江蘇古籍出版社，1997年版，第62頁。

〔註370〕梁玉繩《史記志疑》卷20，中華書局，1981年版，第947頁。

〔註371〕張森楷《史記新校注》，中國學典館復館籌備處，1967年版，第3207～3208頁。

宋元各本及慶長本均誤。吳承仕曰：「《說文》作『邟』，《殷紀》作『飢』，《周紀》作『耆』，此作『阢』，皆一聲之轉。字從九聲者，脂部間與幽通……『伊耆』作『伊帆』，乃『阢』字形近之誤……《類篇》、《集韻》並收『阢』、『帆』二文，可知舊本亦有誤作『帆』者矣。」黃侃曰：「《說文》有『邟』字，但云『地名』，無以知為『滅阢』之阢。『阢』、『阢』同為《說文》所無，以『耆』一作『帆』校之，疑從几者近是。」〔註372〕二氏說各有小誤。「阢」從几得聲，故與「耆」、「黎（鳌）」音轉。《說文》：「邟，地名，從邑，几聲。」「邟」同「阢」，左右易位耳，尤可證「阢」當從几得聲，從九者是形譌。《周本紀》「敗耆國」，《集解》引徐廣曰：「耆，一作阢。」亦其證。清華簡（一）《耆夜》：「武王八年，延（征）伐耆，大戕（戡）之。」「耆」即「耆」，同從旨得聲。《甲骨文合集》5637有「旨」國，「耆」、「耆」是「旨」增旁字，「阢」、「飢」、「黎（鳌）」又「旨」借音字。《周禮·春官·宗伯》《釋文》：「耆，又作帆、阢，二皆音耆。」黃焯曰：「宋本、何校本『帆』作『帆』。阮云：『阢亦當作阢，皆從几聲。』」〔註373〕《集韻》：「帆，伊帆，古天子號，亦地名。或作阢、飢，通作耆。」「阢」字雖誤，「帆」、「飢」尚不誤。

（2）彼為象箸，必為玉桮；為桮，則必思遠方珍怪之物而御之矣（5／1933～1934）

按：下「桮」字上，王念孫據《治要》卷11引補「玉」字〔註374〕，池田、張森楷從其說〔註375〕，王叔岷、施之勉又補舉《記纂淵海》卷52引亦有「玉」字〔註376〕，崔適亦據上句補〔註377〕，皆是也。《冊府元龜》卷795、《儀禮經傳通解》卷12引亦有「玉」字。

〔註372〕吳承仕《經籍舊音辨證》卷4《史記裴駰集解、司馬貞索隱》，後附黃侃《經籍舊音辨證箋識》，中華書局，2008年版，第316、399頁。

〔註373〕黃焯《經典釋文彙校》，中華書局，2006年版，第272頁。

〔註374〕王念孫《史記雜志》，收入《讀書雜志》卷2，中國書店，1985年版，本卷第53頁。

〔註375〕池田四郎次郎《史記補注（上編）》（池田英雄增補），日本明德出版社，1975年版，第314頁。張森楷《史記新校注》，中國學典館復館籌備處，1967年版，第3212頁。

〔註376〕王叔岷《史記斠證》，中華書局，2007年版，第1429頁。施之勉《史記會注考證訂補》，華岡出版有限公司，1976年版，第699頁。

〔註377〕崔適《史記探源》卷5，中華書局，1986年版，第127頁。

《晉世家》

（1）慶鄭曰：「晉饑而秦貸我，今秦饑請糴，與之何疑？而謀之！」
（5／1984）

按：當讀作：「與之！何疑而謀之？」瀧川資言、池田氏正如此讀〔註378〕。

（2）子玉請曰：「非敢必有功，願以閒執讒慝之口也。」（5／1997）

《集解》：杜預曰：「執猶塞也。」

按：《左傳·僖公二十八年》杜預注作：「間執，猶塞也。」《集解》當補「閒」字，宋元各本及慶長本皆脱。《左傳釋文》：「間，間厠之間。」朱駿聲曰：「閒，段借為閑。」〔註379〕瞿方梅說同〔註380〕。吳國泰曰：「『閒執』者，『楗窒』之借字。」〔註381〕朱、瞿說是，瀧川資言竊其說〔註382〕。「閑」是遮攔、抵禦義。洪亮吉、李貽德、丁晏引《詩·執競》《釋文》引《韓詩》：「執，服也。」〔註383〕其說亦是，執讀作慹，音轉亦作懾、慴、讋（讐），懾服、畏服之義。杜預注「間執，猶塞也」，是解其句義，非訓詁，使其人懾服不敢言，即是塞其口也。丁晏、洪亮吉謂「杜注非也」，則亦未得杜義。蔣禮鴻曰：「間亦塞也，『間執』同義連文。」〔註384〕則未知《集解》有脱文。韓兆琦曰：「間，借機。執，塞，一說折服。」〔註385〕「折服」是，餘說均非也。「讒慝」音轉亦作「譖慝」，《墨子·脩身》：「譖慝之言，無入之耳。」〔註386〕

〔註378〕瀧川資言《史記會注考證》，北嶽文藝出版社，1999 年版，第 2408 頁。
池田四郎次郎《史記補注（上編）》（池田英雄增補），日本明德出版社，1975 年版，第 333 頁。

〔註379〕朱駿聲《說文通訓定聲》，武漢市古籍書店，1983 年版，第 725 頁。

〔註380〕瞿方梅《史記三家注補正》卷 4，《學衡》第 44 期，1925 年版，第 12 頁。

〔註381〕吳國泰《史記解詁》第 2 冊，1933 年成都居易簃叢著本，本冊第 46 頁。

〔註382〕瀧川資言《史記會注考證》，北嶽文藝出版社，1999 年版，第 2432 頁。

〔註383〕洪亮吉《春秋左傳詁》卷 8，中華書局，1987 年版，第 331 頁。李貽德《春秋左氏傳賈服注輯述》卷 7，丁晏《左傳杜解集正》卷 3，分別收入《續修四庫全書》第 125、128 冊，上海古籍出版社，2002 年版，第 463、225 頁。

〔註384〕蔣禮鴻《史記校詁》，收入《蔣禮鴻集》卷 6，浙江教育出版社，2001 年版，第 51 頁。

〔註385〕韓兆琦《史記箋證》，江西人民出版社，2009 年版，第 2641 頁。

〔註386〕參見王念孫《墨子雜志》，收入《讀書雜志》卷 9，中國書店，1985 年版，本卷第 30 頁。

（3）不如私許曹、衛以誘之（5 / 1997）

按：李人鑒指出當據《左傳・僖公二十八年》於「許」下補「復」字〔註 387〕，是也，下文「且私許復曹、衛」即承此言，《國語・晉語四》亦有「復」字。宋元各本及慶長本皆脫。《國語》、《左傳》「誘」作「攜」。誘，欺詐、誘惑也。韋昭、杜預注並云：「攜，離也。」則是讀攜為惁。《說文》：「惁，有二心也。」

（4）楚得臣怒，擊晉師，晉師退。軍吏曰：「為何退？」（5 / 1997）

按：池田引子潤曰：「為何，猶若何也，《左氏》作『何故』。」〔註 388〕《國語・晉語四》、《左傳・僖公二十八年》都作「何故退」。「為何」當乙作「何為」，《通志》卷 77 正作「何為」，宋元各本及慶長本皆誤倒。何為，猶言何故〔註 389〕。《韓詩外傳》卷 6：「襄子擊金而退之。軍吏諫曰：『君誅中牟之罪，而城自壞者，是天助之也。君曷為而退之？』」《御覽》卷 192 引作「何為退」，《新序・雜事四》作「君曷為去之」，《淮南子・道應篇》作「何故去之」。文例亦同。

（5）左右曰：「勝楚而君猶憂，何？」文公曰：「吾聞能戰勝安者唯聖人，是以懼。」（5 / 2000）

按：《韓詩外傳》卷 7、《說苑・君道》載文公語較此為詳。《外傳》作「吾聞能以戰勝安者，惟聖人！若夫詐勝之徒，未嘗不危，吾是以憂也」，《說苑》作「吾聞能以戰勝而安者，其唯聖人乎！若夫詐勝之徒，未嘗不危也，吾是以憂」。此文「戰勝」上當據補「以」字。以戰勝安者，謂以戰勝而獲安者。懼亦憂也，異字同義。

（6）文公曰：「然此一時之說，偃言萬世之功，奈何以一時之利而加萬世功乎？」（5 / 2001）

按：王叔岷曰：「《御覽》卷 633 引『萬世』下有『之』字，與上文『偃言萬世之功』一律，《呂氏春秋・義賞篇》、《淮南子・人間篇》亦並有『之』字。」〔註 390〕當據補「之」字。《呂氏春秋》作「焉有以一時之務先百世之利者乎」，《淮南子》作「吾豈可以先一時之權而後萬世之利也」。《通典》

〔註 387〕李人鑒《太史公書校讀記》，甘肅人民出版社，1998 年版，第 615 頁。
〔註 388〕池田四郎次郎《史記補注（上編）》（池田英雄增補），日本明德出版社，1975 年版，第 340 頁。
〔註 389〕參見王叔岷《古書虛字新義》，聯經出版事業公司，1978 年版，第 15 頁。
〔註 390〕王叔岷《史記斠證》，中華書局，2007 年版，第 1478 頁。

卷 151、《冊府元龜》卷 242 引「萬世功」並作「萬世之功」。

《楚世家》

（1）二曰參胡（5／2028）

《索隱》：宋忠曰：「參胡，國名，斟姓，無後。」

《校勘記》：斟姓，耿本、黃本、彭本、《索隱》本、柯本、凌本、殿本作「斯姓」。（5／2080）

按：乾道本、慶長本、四庫本亦作「斯姓」。考《國語・鄭語》「斟姓無後」，韋昭注：「斟姓，曹姓之別也。」「斟姓」即「曹姓」，亦即下文「五曰曹姓」者，與此無涉。《通鑑》卷 4 胡三省注引《姓譜》：「陸終氏六子，長曰昆吾；次曰參胡，董姓，封於韓墟，周為胡國，楚滅之。」《通志》卷 26 同。是參胡乃董姓，非斟姓。此當作「斯姓」，瀧川資言《考證》本亦誤。「斯姓無後」四字作一句讀。斯，此也，指代參胡。斯姓無後，指參胡無後。

（2）子熊咢（5／2032）

《索隱》：噩音鄂，亦作「咢」。

按：水澤利忠指出「耿、慶、彭、游、殿」各本《索隱》作「咢音鄂，亦作噩」〔註391〕。乾道本、慶長本、四庫本並同耿本。今本《索隱》「噩」、「咢」二字當互乙。《漢書・古今人表》亦作「熊咢」，《十二諸侯年表》作「熊鄂」，清華簡（一）《楚居》作「酓咢」。《楚公逆鐘》、《楚公逆鎛》楚君名作「屰」，與「咢」古音同〔註392〕。

（3）子熊眴立，是為蚡冒（5／2033）

《集解》：徐廣曰：「眴音舜。」

《索隱》：徐音舜。按：《玉篇》在口部，顧氏云「楚之先，即蚡冒也」。劉音舜，其近代本即有字從目者。劉舜音，非。

按：梁玉繩曰：「《玉篇》『眴』作『呴』」（《宣十二年左傳》疏引此作『煦』，疑是誤刻）。」〔註393〕《索隱》「在口部」上，黃善夫本有「呴」字，乾道本、淳熙本、元刻本、慶長本、四庫本、殿本有「呴」字。黃本「呴」當是「呴」形誤。《玉篇》：「呴，《史記》曰：『楚先有熊呴，是為蚡

〔註391〕水澤利忠《史記會注考證校補》，廣文書局，1972 年版，第 1755 頁。

〔註392〕參見王國維《夜雨楚公鐘跋》，收入《觀堂集林》卷 18，中華書局，1959年版，第 890～891 頁。

〔註393〕梁玉繩《史記志疑》卷 22，中華書局，1981 年版，第 1008 頁。

冒。』」《集韻》同。當據補「响」字，瀧川《考證》本亦脫。

（4）今吾使使周求鼎以為分，其予我乎（5／2045）

按：使使周，《左傳・昭公十二年》作「使人於周」，此文「周」上當據補「於」字。《匈奴列傳》「數使使於漢」，是其比也。

（5）無忌曰：「伍奢有二子，不殺者為楚國患。」（5／2054）

按：「不殺者」當讀斷，「者」表示假設語氣〔註394〕。池田引子潤曰：「者，『如有復我者』之『者』。」〔註395〕是也。吳國泰曰：「『者』讀當作『之』。」〔註396〕王叔岷曰：「者猶且也。」〔註397〕徐仁甫曰：「者猶則也。」〔註398〕皆非是。《左傳・昭公二十年》作「若在吳，必憂楚國」，《伍子胥列傳》、《吳越春秋・王僚使公子光傳》作「不誅，且為楚憂」，《冊府元龜》卷818作「不殺，當為楚國患」，《通志》卷92作「不殺之，為楚國患」，句意相同，而句式稍異。且，猶將也。患，憂也。

（6）伏師閉塗（5／2059）

《集解》：徐廣曰：「一作壁。」

按：新版《史記》點校本置《集解》於「閉」字下，大誤，景祐本、黃善夫本、紹興本、乾道本、淳熙本、元刻本、慶長本、四庫本、殿本《集解》都在「塗」字下〔註399〕，《冊府元龜》卷237「塗」下注：「一作壁。」指「塗」一作「壁」，而不是「閉」一作「壁」。《左傳・哀公六年》作「潛師閉塗」，陸粲、王引之、施之勉、王叔岷已指出《列女傳》卷5作「伏師閉壁」，陸粲又指出壁指軍壘，王引之又指出「塗」是「壁」形訛〔註400〕。

〔註394〕參見楊樹達《詞詮》，中華書局，1954年版，第193～194頁。

〔註395〕池田四郎次郎《史記補注（上編）》（池田英雄增補），日本明德出版社，1975年版，第360頁。

〔註396〕吳國泰《史記解詁》第2冊，1933年成都居易簃叢著本，本冊第49頁。「讀當」當乙作「當讀」。

〔註397〕王叔岷《史記斠證》，中華書局，2007年版，第1521頁。

〔註398〕徐仁甫《史記注解辨正》，四川大學出版社，1993年版，第74頁。

〔註399〕蘇芃QQ告知，孫利政2018年的碩士論文也已指出《集解》當在「塗」字下。附記：拙文《〈史記〉世家部分補正》在《國學學刊》2019年第3期發表後，承孫利政君託蘇芃轉來他的論文《〈史記〉徐廣注錯簡考》，發表在《版本目錄學研究》第10輯，國家圖書館出版社，2019年7月出版，第256～257頁。

〔註400〕陸粲《左傳附注》卷3，收入景印文淵閣《四庫全書》第167冊，臺灣商務印書館，1986年初版，第721頁。王引之《經義述聞》卷19，江蘇古

（7）王綪繳蘭臺，飲馬西河（5／2072）

《集解》：徐廣曰：「綪，縈也，音爭。蘭，一作簡。」

《正義》：鄭玄云：「綪，屈也，江沔之閒謂之縈，收繩索綪也。」按：繳，絲繩，繫弋射鳥也。

按：《儀禮·士喪禮》鄭玄注：「綪，讀為絓。絓，屈也。江、沔之間謂縈收繩索為絓。」《玉篇殘卷》「絓」字條引鄭注作「絓，屈也。江淮（沔）之間謂縈收繩曰絓」。《正義》引文「謂」下衍「之」字，「繩索」下脫「為」或「曰」字，當讀作：「江、沔之閒謂縈收繩索〔為〕綪也。」桂馥曰：「『綪』當作『絓』。《小爾雅》：『詘而戾之曰絓。』《說文》：『絓，紆未縈繩。紆，詘也，一曰縈也。』」〔註401〕朱駿聲曰：「綪，叚借為絓。」〔註402〕朱說是，不必改字。《小爾雅·廣器》：「大者謂之索，小者謂之繩，詘而戾之為絓。」《玄應音義》卷15：「絓卷：《說文》：『絓，縈繩也。』江、沔之間謂之縈收繩為絓。絓亦屈也。」綪繳，指縈屈之繳繩。

（8）軍不五不攻，城不十不圍（5／2076）

按：李人鑒曰：「《孫子·謀攻篇》云：『故用兵之法，十則圍之，五則攻之。』《世家》所云，本於《孫子》，當讀至『城』字句絕，意為軍不五不攻城，不十不圍城。」〔註403〕李氏讀誤，當讀作：「軍，不五不攻；城，不十不圍。」言於軍，兵力不五倍之則不攻其軍；於城，兵力不十倍之則不圍其城也。

《越王句踐世家》

（1）越王句踐，其先禹之苗裔（5／2087）

《正義》：《越絕記》云：「無餘都，會稽山南故越城是也。」

按：《越絕記》當讀作：「無餘都會稽山南，故越城是也。」謂越王無餘建國都於會稽山南，即故越城也。《越絕書·越絕外傳記地傳》：「無餘初封大越，都秦餘望南，千有餘歲而至句踐。」《水經注·漸江水》引《吳

籍出版社，1985年版，第474頁。施之勉《史記會注考證訂補》，華岡出版有限公司，1976年版，第770頁。王叔岷《史記斠證》，中華書局，2007年版，第1526頁。

〔註401〕桂馥《札樸》卷1，中華書局，1992年版，第58頁。
〔註402〕朱駿聲《說文通訓定聲》，武漢市古籍書店，1983年版，第850頁。
〔註403〕李人鑒《太史公書校讀記》，甘肅人民出版社，1998年版，第666頁。

越春秋》佚文：「句踐語范蠡曰：『先君無餘，國在南山之陽。』」

（2）越大夫種曰：「臣觀吳王政驕矣，請試嘗之貸粟，以卜其事。」
（5／2092）

按：王叔岷指出「貸粟」當屬下句，讀作：「請試嘗之，貸粟以卜其事。」
《長短經‧釣情》作「請嘗之，乃貸粟以卜其事」〔註404〕。池田亦以「貸
粟」屬下讀〔註405〕。

（3）子王之侯立（5／2096）

《索隱》：《紀年》云：「十二年，寺區弟忠弑其君莽安，次無顓立。」

按：水澤利忠曰：「忠，耿、慶、彭、凌、游、殿『思』。」〔註406〕乾
道本、慶長本亦作「思」，今本《竹書紀年》卷下同。瀧川《考證》本亦
誤作「忠」。

（4）則方城之外不南，淮、泗之閒不東，商、於、析、酈、宗胡
之地，夏路以左，不足以備秦，江南、泗上不足以待越矣（5
／2097）

《索隱》：劉氏云「楚適諸夏，路出方城，人向北行，以西為左，故云
夏路以左」，其意為得也。

《正義》：《括地志》云：「楚襄王控霸南土，爭強中國，多築列城於北
方，以適華夏，號為方城。」

《校勘記》：以適華夏：適，疑當作「逼」。《水經注‧汝水》：「楚盛，
周衰，控霸南土，欲爭強中國，多築列城於北方，以逼華夏，故號此城為
萬城，或作方字。」（5／2107）

按：「適」字不誤，即《索隱》所引劉伯莊說「楚適諸夏，路出方城」
之「適」，猶言前往。《水經注》「逼」字當據此校正。待、備對舉，待亦備
也，禦也。

（5）竟澤陵（5／2097）

《索隱》：竟澤陵，當為「竟陵澤」。……

按：新版《史記》點校本第2100頁脫標「《索隱》」二字。

〔註404〕王叔岷《史記斠證》，中華書局，2007年版，第1552頁。

〔註405〕池田四郎次郎《史記補注（上編）》（池田英雄增補），日本明德出版社，
1975年版，第374頁。

〔註406〕水澤利忠《史記會注考證校補》，廣文書局，1972年版，第1805頁。

《鄭世家》

（1）時祭仲與俱，勸使取之，曰：「君多內寵，太子無大援將不立，
　　　三公子皆君也。」（5／2114）

按：「太」字衍文，當據《左傳·桓公十一年》刪去。此是祭仲勸太子
忽之語，不必稱「太子」。「將不立」三字為句。

（2）兵於洧上（5／2124）

《正義》：《韓詩外傳》云「鄭俗，二月桃花水出時，會於溱、洧水上，
以自祓除」。

按：《韓詩》「二月」，當作「三月」。《玉燭寶典》卷3引《韓詩章句》：
「溱興洧方洹洹兮，謂三月桃華水下之時，鄭國之俗，三月上巳之日，此
兩水上招魂續魄，拂（祓）除不祥。」《書鈔》卷155、《類聚》卷4、《初
學記》卷3、4、《文選·三月三日曲水詩序》李善注、《歲華紀麗》卷1、《御
覽》卷18、59、983引雖詳略稍有不同，皆作「三月」。

（3）鄭相子產卒（5／2128）

《正義》：酈元注《水經》云「子產墓在潧水上，累石為方墳，墳東北
向鄭城，杜預云言不忘本也」。

按：《水經注·潧水》：「東逕陘山北，《史記》『魏襄王六年，敗楚於陘
山』者也。山上有鄭祭仲冢，冢西有子產墓，累石為方墳，墳東有廟，並
東北向鄭城。杜元凱言不忘本際。」疑《正義》「東北向」上脫「東有廟並」
四字。向鄭城者，乃廟，非墳。《元和郡縣志》亦云「墳東有廟皆東向」。《正
義》「潧水」，黃善夫本、元刻本、慶長本、殿本作「涇水」，《四庫全書考
證》據《水經注》改作「潧水」〔註407〕，張文虎從其說〔註408〕，張森楷又
從張說〔註409〕，非是。「涇水」當校作「陘山」。《晉書·杜預傳》杜預遺
令：「吾往為臺郎，嘗以公事使過密縣之邢山，山上有冢，問耕夫，云是鄭
大夫祭仲，或云子產之冢也。遂率從者祭而觀焉，其造冢居山之頂，四望
周達，連山體南北之正而邪東北，向新鄭城，意不忘本也。」《御覽》卷554
引王隱《晉書》同，《書鈔》卷160引臧榮緒《晉書》載杜預遺令「邢山」

〔註407〕《四庫全書考證》卷24《史記下》，景印文淵閣《四庫全書》第1498冊，
　　　　臺灣商務印書館，1986年初版，第24頁。
〔註408〕張文虎《校刊史記集解索隱正義札記》卷4，中華書局，1977年版，第
　　　　421頁。
〔註409〕張森楷《史記新校注》，中國學典館復館籌備處，1967年版，第3497頁。

作「刑山」。《魏書・地形志》康城刑山有鄭子產廟，《後漢書・郡國志》密縣有陘山。「邢山」、「刑山」即「陘山」，古音同，是子產之冢在陘山山頂，不得在潧水之上也。

（4）（子產）為人仁愛人，事君忠厚（5／2128）

按：當讀作「為人仁，愛人」。《趙世家》「盾素仁愛人」（6／2138），亦當讀作「盾素仁，愛人」。

《趙世家》

（1）簡子召之，曰：「譆，吾有所見子晰也。」（6／2144）

《索隱》：簡子見當道者，乃寤曰：「譆，是吾前夢所見，知其名曰子晰者。」

按：《四庫考證》引徐孚遠曰：「吾見子晰者，蓋言夢中見子甚明白也，不謂其人名晰。」〔註410〕方苞曰：「見子甚晰也。」〔註411〕桂馥謂「晰」同「晢」，《索隱》誤〔註412〕。錢大昕曰：「詳文義，謂吾有所見子甚晰。蓋記憶前夢之詞，非其人名『子晰』也。」〔註413〕俞正燮曰：「『吾有所見子』句，言吾有地曾見子矣。『晰也』句，言事甚明晰也，又對下『遂不見』為文。」〔註414〕梁玉繩曰：「《論衡》『晰』作『遊』，恐非。《風俗通》卷1與《史》同。《史詮》曰：『晰，明也。謂夢中明見子爾。《索隱》以「子晰」為當道人名，非。』」〔註415〕李笠從《史詮》、徐孚遠、錢大昕、方氏等說〔註416〕。林茂春曰：「晰者，分明之意。《索隱》誤以為鄭子晳之晳。」〔註417〕瀧川資言曰：「陳仁錫曰：『晰，明也。見子晰，謂

〔註410〕《史記考證》，景印文淵閣《四庫全書》第244冊，臺灣商務印書館，1986年初版，第195頁。

〔註411〕方苞《史記注補正》，收入《二十五史三編》第1冊，嶽麓書社，1994年版，第71頁。

〔註412〕桂馥《說文解字義證》，齊魯書社，1987年版，第573頁。

〔註413〕錢大昕《史記考異》卷4，收入《二十二史考異》卷4，《續修四庫全書》第454冊，上海古籍出版社，2002年版，第37頁。錢氏改「晰」作「晰」。

〔註414〕俞正燮《癸巳存稿》卷7《史記索隱趙世家書後》，收入《叢書集成初編》第362冊，中華書局，1985年影印，第195頁。

〔註415〕梁玉繩《史記志疑》卷23，中華書局，1981年版，第1053頁。

〔註416〕李笠《廣史記訂補》卷6，復旦大學出版社，2001年版，第119頁。

〔註417〕林茂春《史記拾遺》，收入《二十四史訂補》第1冊，書目文獻出版社，1996年版，第669頁。

夢中明見子爾。《索隱》誤。」顧炎武曰：『晰者，分明之意。』愚按：徐孚遠、錢大昕說同。」〔註418〕胡鳴玉亦從顧說〔註419〕，池田從顧、俞說〔註420〕。章詒燕曰：「《索隱》以『子晰』為名，但當道者既是神人，簡子何從知其名？後文云『簡子問其姓而延之以官』云云，如簡子已知其名，何又待問其姓乎？『晰』字或即『昭晰』之義。簡子先從夢中見之，至是恍然悟曰『吾曾有所見子甚明晰也』。」〔註421〕施之勉從章說〔註422〕。王駿圖曰：「晰，分明也。觀下文但稱『當道者』，並不知其名也。」〔註423〕王叔岷引梁、俞二氏說，不以「子晰」為人名〔註424〕。諸說皆是，如其人名子晰，則下文當作「子晰曰」，而不當作「當道者曰」。新版《史記》點校本於「子晰」旁標人名線，當是從《索隱》說，失於擇取矣。黃善夫本上方校記曰：「晰，白也。言於帝側見子晰白分明，記識也。」其說雖不以「子晰」為人名，但所解則誤。吳國泰曰：「『有』假作『為』。『所』假作『何』。『晰』假作『悉』，俗言熟悉也。言我為何見子似甚熟悉也。《索隱》臆說，非是。」〔註425〕吳氏全是臆說，絕不可信。

（2）**毋卹曰**：「從常山上臨代，代可取也。」（6／2145）

《正義》：《地道記》云：「恒山在上曲陽縣西北百四十里。北行四百五十里得恒山岐，號飛狐口，北則代郡也。」

按：錢大昕引其侄錢坫說，引《地道記》以證《爾雅》「小山岌大山，峘」之義〔註426〕，陳鱣、鄭知同、朱駿聲、龍啟瑞皆從錢說，鄭氏、朱

〔註418〕瀧川資言《史記會注考證》，北嶽文藝出版社，1999 年版，第 2644 頁。顧炎武說見《日知錄》（陳垣校注）卷 27，安徽大學出版社，2007 年版，第 1518 頁；又顧炎武《唐韻正》卷 17 說略同，收入《叢書集成三編》第 27 冊，新文豐出版公司，1997 年印行，第 753 頁。

〔註419〕胡鳴玉《訂譌雜錄》卷 5，商務印書館，1936 年版，第 54 頁。

〔註420〕池田四郎次郎《史記補注（上編）》（池田英雄增補），日本明德出版社，1975 年版，第 395 頁。

〔註421〕章詒燕《史記諍言》，收入《讀史諍言》卷 1，商務印書館，1935 年版，第 6 頁。

〔註422〕施之勉《史記會注考證訂補》，華岡出版有限公司，1976 年版，第 804 頁。

〔註423〕王駿圖、王駿觀《史記舊註平義》卷 5，正中書局，1936 年版，第 186 頁。

〔註424〕王叔岷《史記斠證》，中華書局，2007 年版，第 1600 頁。

〔註425〕吳國泰《史記解詁》第 2 冊，1933 年成都居易簃叢著本，本冊第 55 頁。

〔註426〕錢大昕《答問七》，收入《潛研堂集》文集卷 10，《嘉定錢大昕全集（九）》，江蘇古籍出版社，1997 年版，第 148 頁。

氏引以證《說文新附》「岌，山高皃」之義，朱氏又曰：「岋者，汲也。」
〔註427〕張森楷曰：「岌，本作『岋』（引者按：據其下文所說，當乙作「岋，
本作岌」）。《說文新附》、《爾雅》云云。此『常山岌』是地名。」〔註428〕
諸說皆誤。「岋」當是「岅」形訛。「岅」同「坂」，皆「阪」俗字（見《集
韻》）。《後漢書・郡國志》：「上曲陽，故屬常山。恒山在西北。」劉昭注
引《晉地道記》：「自縣北行四百二十五里，恒多山坂，名飛狐口。」《晉
書・地理志》常山郡有上曲陽縣：「恒山在縣西北，有坂，號飛狐口。」《永
樂大典》卷14384「坂」作「版」。《御覽》卷53引《晉太康地記》：「常山
曲陽縣有恒山坂，號飛狐口。上壺關縣有羊腸坂。」皆其確證。《通鑑地
理通釋》卷8、《通鑑》卷10胡三省注引亦誤作「岋」字。新版《史記》
點校本第2146頁於「恒山」旁標專名線，當改成「恒山岅（岋）」旁標專
名線。

（3）王出九門，為野臺，以望齊、中山之境（6／2163）

《正義》：本戰國時趙邑。《戰國策》云：「本有宮室而居，趙武靈王改
為九門。」

按：王應麟《困學紀聞》卷11論《戰國策》云：「《史記正義》引『九
門，本有宮室而居』，今本所無。」《御覽》卷161、《通鑑》卷217、《太平
寰宇記》卷61引《國策》「宮室」作「九室」，「九門」下有「縣」字，當
據改補，王應麟所見本已誤。《後漢書・郡國志》劉昭注引「為野臺」作「如
野臺」。如，往也，與「為」義別。

（4）王曰：「簡、襄主之烈，計胡、翟之利。」（6／2164）

按：李笠曰：「《趙策》作『念簡、襄之迹，計胡狄之利』，『念』字正
對『計』字。《史》文脫『念』字，又涉下文『今吾欲繼襄王之業』句衍『主』
字，文不成義矣。」〔註429〕池田從李說〔註430〕。吳國泰亦據《趙策》，謂

〔註427〕陳鱣《簡莊疏記》卷17，收入《續修四庫全書》第1157冊，第288頁。
鄭知同說見鄭珍《說文新附考》卷4，收入《續修四庫全書》第223冊，
第308頁。朱駿聲《說文通訓定聲》，武漢市古籍書店，1983年版，第112
頁。龍啟瑞《爾雅經注集證》卷中，收入《續修四庫全書》第188冊，第
489頁。

〔註428〕張森楷《史記新校注》，中國學典館復館籌備處，1967年版，第3519～3520
頁。

〔註429〕李笠《廣史記訂補》卷6，復旦大學出版社，2001年版，第120頁。

「簡」上有奪文〔註431〕。李、吳說是也。景祐本「主」作「王」，亦是衍文。迹，讀作績，字亦作勛，指功業，與「烈」同義。本篇下文「繼襄主之跡」，「跡」同「迹」，《策》作「業」。

（5）吾國東有河、薄洛之水（6 / 2167）

《集解》：徐廣曰：「安平經縣西有漳水，津名薄洛津。」

按：新版《史記》點校本「安平」旁標專名線，「經」旁未標。《後漢書・郡國志》安平國云：「經，西有漳水，津名薄落津。」《水經注・濁漳水》：「漳水又歷經縣故城西，水有故津，謂之薄落津。」「經」是縣名，其旁亦當標專名線。

（6）秦以三郡攻王之上黨，羊腸之西，句注之南，非王有已（6 / 2177）

按：三郡，《趙策一》、帛書作「三軍」。張琦曰：「郡，當作『軍』。」〔註432〕《簡帛集成》整理者引裘錫圭說，亦指出「郡」為「軍」音譌〔註433〕。《趙策一》又云：「秦起三軍以臨韓，韓不能支。」《秦本紀》：「四十八年，秦軍分為三軍。」皆秦有三軍之證。

（7）秦將白起破我華陽（6 / 2181）

《正義》：《括地志》云：「故華陽城在鄭州管城縣南四十里。司馬彪云華陽亭在今洛州密縣。」

按：《秦本紀》《集解》引司馬彪曰：「華陽，亭名，在密縣。」《周本紀》《索隱》、《正義》及《水經注・洧水》引同。《穰侯列傳》《正義》引司馬彪曰：「華陽，亭名，在洛州密縣。」此處所引，當補一「名」字，句讀亦當改。又司馬彪說未必是轉引自《括地志》。

（8）有城市邑十七，願再拜入之趙，財王所以賜吏民（6 / 2185）

按：宋元各本作「財」，慶長本、四庫本、殿本、瀧川資言《考證》本作「聽」；黃善夫本上方標一「聽」字，表示校「財」作「聽」。梁玉繩曰：「毛本『聽』作『財』，與《國策》作『才』同，即『裁』也。倒句甚

〔註430〕池田四郎次郎《史記補注（上編）》（池田英雄增補），日本明德出版社，1975年版，第404頁。

〔註431〕吳國泰《史記解詁》第2冊，1933年成都居易簃叢著本，本冊第56頁。

〔註432〕張琦《戰國策釋地》卷下，第66頁。

〔註433〕《長沙馬王堆漢墓簡帛集成》第3冊，中華書局，2014年版，第249頁。

古。」〔註 434〕張森楷從梁說〔註 435〕。張文虎曰:「宋、中統、游、王、柯、毛並作『財』,《國策》作『才』。凌本『聽』,非。」〔註 436〕李笠曰:「《趙策》云:『今有城市之邑七十,願拜內之於王,唯王才之。』則《策》文與《史》文不同也。《志疑》倒句之說謬也。諸本皆誤,唯殿本承凌本不誤。」〔註 437〕瀧川資言曰:「聽,《策》作『才』,裁也。宋、中統、王、柯、毛本作『財』,今從古鈔本、楓山、三條本、凌本。」〔註 438〕水澤利忠曰:「聽,景、井、紹、耿、慶、彭、毛、游、金陵『財』,《通志》『願』,南化、楓、棭、三、梅《校記》『聽』。」〔註 439〕龍良棟引吳汝綸曰:「《國策》『財』作『才』,並『在』之假音字。凌本作『聽』,《通志》作『願』,皆妄改。」又云:「案吳說是也,黃本、景祐本並作『財』,殿本訛。」〔註 440〕施之勉從吳說,又曰:「《冊府元龜》卷 251『聽』作『財』,《通志》卷 87『聽』作『願』。」〔註 441〕王叔岷曰:「殿本『聽』同,景祐本、黃善夫本並作『財』。」〔註 442〕李人鑒曰:「『財』字之誤甚顯,凌本作『聽』,尚可通。」〔註 443〕「財王所以賜吏民」不辭,不是「倒句甚古」,宋刊《冊府元龜》卷 251 引同宋元本作「財」(四庫本作「聽」),《趙策一》作「唯王才之」(瀧川說「聽,《策》作『才』」,非是),《古史》卷 20 作「惟王財之」,《通志》卷 87 作「聽王所以賜吏民」(吳汝綸、水澤說「《通志》作『願』」,非是)。鮑彪注:「『才』、『財』、『裁』同。」各本均有脫文,當作「唯王財之,聽王所以賜吏民」。入,《趙策一》作「內」,鮑本作「納」,一聲之轉也。

(9) 且夫秦以牛田,之水通糧(6 / 2185)

《集解》:徐廣曰:「之,一無此字。」

〔註 434〕梁玉繩《史記志疑》卷 23,中華書局,1981 年版,第 1070 頁。

〔註 435〕張森楷《史記新校注》,中國學典館復館籌備處,1967 年版,第 3590 頁。

〔註 436〕張文虎《校刊史記集解索隱正義札記》卷 4,中華書局,1977 年版,第 432 頁。

〔註 437〕李笠《廣史記訂補》卷 6,復旦大學出版社,2001 年版,第 123 頁。

〔註 438〕瀧川資言《史記會注考證》,北嶽文藝出版社,1999 年版,第 2709 頁。

〔註 439〕水澤利忠《史記會注考證校補》,廣文書局,1972 年版,第 1917 頁。

〔註 440〕龍良棟《景祐本史記校勘記》,收入《二十四史訂補》第 1 冊,書目文獻出版社,1996 年版,第 964 頁。

〔註 441〕施之勉《史記會注考證訂補》,華岡出版有限公司,1976 年版,第 830 頁。

〔註 442〕王叔岷《史記斠證》,中華書局,2007 年版,第 1639 頁。

〔註 443〕李人鑒《太史公書校讀記》,甘肅人民出版社,1998 年版,第 738 頁。

《正義》：秦蠶食韓氏，國中斷不通。夫牛耕田種穀，至秋則收之，成熟之義也。言秦伐韓上黨，勝有日矣，若牛田之必冀收穫矣。

按：當十字作一句讀。方苞曰：「牛田則地利盡，水通糧則輸輓。」〔註444〕杭世駿《疏證》引徐孚遠曰：「觀下文『水通糧』言轉餉，則此言『牛田之』，謂屯田給食。」〔註445〕徐仁甫曰：「『水通糧』上，承上省『以』字。」〔註446〕則三氏於「之」下逗讀〔註447〕，亦非是。《趙策一》無「之」字。有無「之」字，無害於文義。徐復校《策》曰：「當讀為『秦以牛田，水通糧』二句，下句承上省去介詞『以』字，語自可通。秦以牛田，為嬴秦提倡牛耕，增進生產……下句『以水通糧』，又指當時水道運輸言。」〔註448〕徐說余亦不從，《策》當「秦以牛田水通糧」七字作一句讀。「牛田水」即「牛田之水」，指用於灌溉耕田的河渠。以牛田之水通糧，言用灌溉耕田的河渠漕運軍糧〔註449〕。《正義》所說全乖。又舊說以「牛田」為地名者，亦誤。吳國泰曰：「『以牛』乃『牟』字之訛。『田』者『渭』之字壞而訛也。『之』即『渭』字左畔『水』字之上截耳。『牟』者『浮』之借字。牟渭水通糧者，即浮渭水以通糧也。舊說不識其字，穿鑿不通，不可從也。」〔註450〕吳氏妄改古書，絕不可信。

（10）馮亭垂涕不見使者，曰：「吾不處三不義也。」（6／2186）

按：《趙策一》作：「馮亭垂涕而免曰：『是吾處三不義也。』」此文「不見」當作「而見」，「不處」之「不」衍文。《策》「免」是「見」形訛，一本又易作「勉」。黃丕烈謂「勉」同「俛（俯）」〔註451〕，據誤字而解耳。

〔註444〕方苞《史記注補正》，收入《二十五史三編》第1冊，嶽麓書社，1994年版，第72頁。

〔註445〕杭世駿《史記疏證》卷33，收入《續修四庫全書》第264冊，上海古籍出版社，2002年版，第322頁。

〔註446〕徐仁甫《史記注解辨正》，四川大學出版社，1993年版，第82頁。

〔註447〕方苞《史記注補正》，收入《二十五史三編》第1冊，嶽麓書社，1994年版，第72頁。

〔註448〕徐復《戰國策正詁》，收入《徐復語言文字學論稿》，江蘇教育出版社，1995年版，第115頁。

〔註449〕參見瀧川資言《史記會注考證》引中井積德說，文繁不錄，北嶽文藝出版社，1999年版，第2710頁。

〔註450〕吳國泰《史記解詁》第2冊，1933年成都居易簃叢著本，本冊第60頁。

〔註451〕黃丕烈《戰國策札記》卷中，收入《叢書集成新編》第109冊，新文豐出版公司，1985年印行，第777頁。

（11）為主守地，不能死固，不義一矣（6／2186）

按：瀧川資言曰：「『固』字，楓山、三條本作『國』，《策》無。」〔註452〕水澤利忠曰：「固，南化、楓、校、三、梅『國』。」〔註453〕吳國泰曰：「『死固』之言不辭。『固』蓋『國』之借字。」〔註454〕《趙策一》作「為主守地，而不能死，而以與人，不義一也」。死固，宋元各本皆同，宋刊《冊府元龜》卷251、《通志》卷87亦同（四庫本《冊府》作「死國」）；慶長本作「死國」。黃善夫本上方著一「國」字，蓋謂「固」當校作「國」。「固」當是「國」形譌。池田以「固」屬下句〔註455〕，亦誤。

（12）入之秦，不聽主令，不義二矣（6／2186）

按：《趙策一》作「主內之秦，不順主命，不義二也」。入、內一聲之轉。「入」上當據補「主」字。

《魏世家》

（1）使子擊圍繁、龐，出其民（6／2210）

按：所圍者當是一城，而非二城，「繁龐」連文，城名。《六國年表》亦云「公子擊圍繁龐，出其民」。《陝西通志》卷76：「按繁龐城在韓城縣。」或省稱作「龐」，本篇下文云「與秦戰少梁，虜我將公孫痤，取龐」。

（2）文侯受子夏經藝，客段干木，過其閭，未嘗不軾也（6／2211）

《正義》：皇甫謐《高士傳》云：「木，晉人也……文侯以客禮待之，出過其閭而軾……段干木賢者也，不趨勢利，懷君子之道，隱處窮巷，聲馳千里，吾安得勿軾！干木先乎德，寡人先乎勢；干木富乎義，寡人富乎財。」

按：今本《高士傳》卷中「閭」作「廬」，「不趨」作「不移」，「安得」作「安敢」。《水經注·河水》、《長短經·是非》亦作「廬」，是「閭」借字，《呂氏春秋·期賢》、《新語·本行》、《淮南子·脩務篇》、《新序·雜事五》作「閭」。「移」是「趍」形訛，俗「趨」字，同「趣」，道藏本《淮南子》作「趍」（景宋本作「趨」），《御覽》卷507引《高士傳》作「趨」。二「先」

〔註452〕瀧川資言《史記會注考證》，北嶽文藝出版社，1999年版，第2711頁。
〔註453〕水澤利忠《史記會注考證校補》，廣文書局，1972年版，第1918頁。
〔註454〕吳國泰《史記解詁》第2冊，1933年成都居易簃叢著本，本冊第60頁。
〔註455〕池田四郎次郎《史記補注（上編）》（池田英雄增補），日本明德出版社，1975年版，第414頁。

字，今本《高士傳》同，當是「光」字形訛，《呂氏春秋》、《淮南子》、《新序》、S.2072《琱玉集》引《同賢記》都作「光」。光，讀作桄，字亦作橫、廣，猶言充滿、充盈。馳，今本同，《淮南子》作「施」，高誘注：「施，行也。」《脩務篇》下文「名施後世」，高注：「施，延也。」高氏後說是也。馳、施，並讀作迻，字亦作移，延及也。《蕭相國世家》「位冠群臣，聲施後世」，《司馬相如列傳》「名聲施於無窮」，《游俠列傳》「脩行砥名，聲施於天下」，《淮南子·繆稱篇》「無聲之聲，施於四海」，《韓詩外傳》卷8「其名聲馳於後世」，皆用借字。

（3）君問而置相「非成則璜，二子何如」？克對曰……（6/2213）

按：韓兆琦曰：「『而』字不順，似應削。」〔註456〕韓說未得。上文魏文侯謂李克曰：「今所置〔相〕非成則璜，二子何如？」此文「而」當是「所」形近而譌，讀作：「君問：『所置相非成則璜，二子何如？』」複舉上文也。水澤利忠校上文指出「南化、楓、三、謙」四本「置」下有「相」字〔註457〕，南化等本是也，此文正作「置相」，二文正可互訂。

（4）城安邑、王垣（6/2215）

《集解》：徐廣曰：「垣縣有王屋山也。」

《索隱》：《紀年》十四年城洛陽及安邑、王垣。徐廣云「垣縣有王屋山，故曰王垣」。

按：「故曰王垣」不是徐廣語，明是小司馬語，當放在引號外面。

（5）梁王，長主也，必不便也（6/2226）

按：不便，《戰國策·魏策二》、《冊府元龜》卷888作「不使相」。此文「使」誤作「便」，又脫「相」字。上文「梁王，長主也，必不相張儀」，此作「不使相」，文正相應。

（6）絳水可以灌平陽（6/2229）

《正義》：《括地志》云：「絳水一名白水，今名弗泉，源出絳山。飛泉奮湧，揚波北注，縣流積壑二十許丈，望之極為奇觀矣。」

按：《水經注·澮水》：「澮水又西南，與絳水合，俗謂之白水，非也。水出絳山東谷，寒泉奮湧，揚波北注，縣流奔壑一十許丈。」此《括地志》

〔註456〕韓兆琦《史記箋證》，江西人民出版社，2009年版，第3037頁。
〔註457〕水澤利忠《史記會注考證校補》，廣文書局，1972年版，第1936頁。

所本。又考《元和郡縣志》卷 14：「絳水一名沸泉水，在縣北十四里，出絳山東谷，懸流奔壑一十許丈，西北注於澮。」《太平寰宇記》卷 47：「絳水一名沸泉水，出絳山東谷，懸流奔壑一十許丈。」則「弗泉」當是「沸泉」脫誤，《通鑑》卷 1 胡三省注引正作「沸泉」。

（7）絕漳滏水（6／2232）

按：「漳滏」是二水名，當加一頓號，讀作「絕漳、滏水」。《水經注‧濁漳水》：「漳水又北，滏水入焉。」張文虎曰：「滏，中統、游、王、柯、凌本作『釜』。」〔註458〕水澤利忠曰：「滏，耿、慶、彭、凌、游『釜』。」〔註459〕滏，《魏策三》同；乾道本亦作「釜」，《冊府元龜》卷 735 同；帛書作「鋪」。「釜」或作「䔛」，「鋪」則借字。

（8）異日者，秦在河西晉，國去梁千里（6／2235）

《正義》：晉國都絳州，魏都安邑，皆在河東，去大梁有千里也。

按：「晉」字當屬下句，讀《正義》自明。下文「秦乃在河西，晉去梁千里」亦然。

（9）又況於使秦無韓，有鄭地，無河山而闌之，無周韓而閒之，去大梁百里，禍必由此矣（6／2236）

按：梁玉繩曰：「《國策》『由』作『百』，《大事記》從《策》。」〔註460〕張文虎曰：「由，《冊府元龜》卷 735、736 引並作『緜』，則所見《史》文不作『百』。」〔註461〕周尚木曰：「『由此』當依《魏策》作『百此』。百此者，猶言百倍於此也。」〔註462〕池田亦據《策》校作「百」〔註463〕。瀧川資言曰：「無，讀為亡。《策》『由』作『百』。百，百倍也，《策》義為長。」〔註464〕王叔岷曰：「由借為尤，『由此』猶『甚此』。」〔註465〕李人鑒曰：

〔註458〕張文虎《校刊史記集解索隱正義札記》卷 4，中華書局，1977 年版，第 439 頁。
〔註459〕水澤利忠《史記會注考證校補》，廣文書局，1972 年版，第 1951 頁。
〔註460〕梁玉繩《史記志疑》卷 24，中華書局，1981 年版，第 1088 頁。
〔註461〕張文虎《校刊史記集解索隱正義札記》卷 4，中華書局，1977 年版，第 440 頁。
〔註462〕周尚木《史記識誤》卷下，收入《二十四史訂補》第 1 冊，書目文獻出版社，1996 年版，第 501 頁。
〔註463〕池田四郎次郎《史記補注（上編）》（池田英雄增補），日本明德出版社，1975 年版，第 429 頁。
〔註464〕瀧川資言《史記會注考證》，北嶽文藝出版社，1999 年版，第 2767 頁。

「『由』乃『百』字之誤，當據帛書及《魏策三》訂正。」〔註466〕周尚木等說是。《冊府元龜》作「繇」，則又據誤本「由」而改作也。

（10）今有其賦，足以富國（6 / 2238）

按：瀧川資言曰：「《策》『今』作『共』。」〔註467〕王叔岷曰：「『今』字是，《魏策》作『共』，涉彼上文『共』而誤。」〔註468〕范祥雍曰：「《縱橫家書》『共』作『合』，義同。《史記》『今』字當是『合』之形訛。」〔註469〕范說是。

《韓世家》

（1）武子卒，子景侯立（《韓世家》，6 / 2249）

《索隱》：《紀年》及《系本》皆作「景子」，名處。

按：王叔岷曰：「殿本《索隱》『名處』作『名虔』，非。」〔註470〕處，黃善夫本、乾道本、淳熙本、元刻本同，當據慶長本、凌本、四庫本、殿本作「虔」，下文正文「景侯虔元年，伐鄭」，是其確證。《六國年表》《索隱》：「武子啟章生景侯虔。」（黃善夫本亦誤作「處」）。清華簡《繫年》第22章「𱲖（韓）虔」，是其確證。《𢈏羌鐘》有「韓宗獻」，「獻」是「虔」借字。

（2）二十五年，旱，作高門。屈宜臼曰：「昭侯不出此門。何也？不
　　時。吾所謂時者，非時日也，人固有利不利時。」（6 / 2252）

按：句中「何也」非屈宜臼自問自答，據《說苑·權謀》，「何也」、「不時」前各省略一「曰」字。當標點作：「屈宜臼曰：『昭侯不出此門。』〔曰〕：『何也？』〔曰〕：『不時（下略）。』」俞樾曾論「兩人之辭而省『曰』字例」〔註471〕，此亦其例，而《說苑》則未省，俞氏未舉此例。

（3）是因秦、韓之兵而免楚國之患也（6 / 2253）

按：李笠曰：「《韓策》『因』作『困』，謂困頓秦、韓之兵，是也。」

〔註465〕王叔岷《史記斠證》，中華書局，2007年版，第1671頁。
〔註466〕李人鑒《太史公書校讀記》，甘肅人民出版社，1998年版，第776頁。
〔註467〕瀧川資言《史記會注考證》，北嶽文藝出版社，1999年版，第2769頁。
〔註468〕王叔岷《史記斠證》，中華書局，2007年版，第1672頁。
〔註469〕范祥雍《戰國策箋證》，上海古籍出版社，2006年版，第1403頁。
〔註470〕王叔岷《史記斠證》，中華書局，2007年版，第1678頁。
〔註471〕俞樾《古書疑義舉例》卷2，收入《古書疑義舉例五種》，中華書局，1956
　　　　年版，第30～32頁。

〔註472〕池田從李說〔註473〕。瀧川資言曰：「作『因』自通，不必改字。」
〔註474〕王叔岷曰：「《韓策》鮑本『困』作『因』。」〔註475〕李人鑒曰：「《韓
策一》及帛書『因』字皆作『困』，當據訂正。」〔註476〕二李說是。

（4）公因以韓楚之兵奉蟣蝨而內之，其聽公必矣（6／2256）

按：梁玉繩曰：「聽公，《國策》作『德公』，是。」〔註477〕吳國泰、
王叔岷、李人鑒說同〔註478〕。瀧川資言曰：「《策》『聽』作『德』，義長。」
〔註479〕池田則謂《策》「德」是「聽」形誤〔註480〕。梁氏等說是，《古史》
卷22引此文作「德」。

（5）楚陰得秦之不用也，必易與公相支也（6／2256）

《索隱》：言楚陰知秦，不為公用，亦必易為公相支拒也。

按：《索隱》當「言楚陰知秦不為公用」作一句讀，去其逗號。得，知
也。言楚陰知公仲不能得到秦援。

（6）甘茂與昭魚遇於商於（6／2257）

《索隱》：《戰國策》謂之昭厰。

按：「厰」不成字，當是「戲」形誤，瀧川《考證》本作「戲」。「商
於」是二地名，其間當加頓號。水澤利忠曰：「戲，慶、彭、凌、游、殿
『獻』，南化、梅、謙校記『斂』。」〔註481〕王叔岷曰：「黃善夫本、殿本
『戲』並作『獻』，《韓策》同。竊疑舊本《韓策》作『戲』。戲，古漁字。
『獻』蓋『戲』之形誤耳。」〔註482〕王說是也，陳直亦說「獻」是「戲」

〔註472〕李笠《廣史記訂補》卷6，復旦大學出版社，2001年版，第128頁。
〔註473〕池田四郎次郎《史記補注（上編）》（池田英雄增補），日本明德出版社，
　　　　1975年版，第434頁。
〔註474〕瀧川資言《史記會注考證》，北嶽文藝出版社，1999年版，第2784頁。
〔註475〕王叔岷《史記斠證》，中華書局，2007年版，第1682頁。
〔註476〕李人鑒《太史公書校讀記》，甘肅人民出版社，1998年版，第786頁。
〔註477〕梁玉繩《史記志疑》卷24，中華書局，1981年版，第1095頁。
〔註478〕吳國泰《史記解詁》第2冊，1933年成都居易簃叢著本，本冊第62頁。
　　　　王叔岷《史記斠證》，中華書局，2007年版，第1684頁。李人鑒《太史
　　　　公書校讀記》，甘肅人民出版社，1998年版，第787頁。
〔註479〕瀧川資言《史記會注考證》，北嶽文藝出版社，1999年版，第2787頁。
〔註480〕池田四郎次郎《史記補注（上編）》（池田英雄增補），日本明德出版社，
　　　　1975年版，第435頁。
〔註481〕水澤利忠《史記會注考證校補》，廣文書局，1972年版，第1972頁。
〔註482〕王叔岷《史記斠證》，中華書局，2007年版，第1686頁。

形誤〔註 483〕，字亦作斂。乾道本、淳熙本、元刻本、四庫本《索隱》亦誤作「昭獻」，慶長本又誤作「昭斂」。

（7）公之所惡者張儀也，其實猶不無秦也（6／2257）

《正義》：公孫昧言公仲所惡者張儀到魏之計，雖以國合於齊楚，其實猶不輕欺無秦也。

按：施之勉引吳汝綸說據《韓策二》校「無」作「失」，吳國泰、徐仁甫說同〔註484〕，是也，《古史》卷 22 引正作「失」。

《田敬仲完世家》

（1）子我者，監止之宗人也，常與田氏有郤（6／2271）

按：水澤利忠曰：「常，南化、梅、謙『嘗』。」〔註485〕常，讀作嘗。郤，景祐本、黃善夫本、紹興本、乾道本、淳熙本、元刻本、慶長本、四庫本都作「郤」，當據改，水澤氏並失校。「郤」同「隙」。字亦作「郄」，上文云「鮑牧與齊悼公有郤」。《留侯世家》「與項王有郤」，黃善夫等本同，景祐本作「郄」，《漢書·張良傳》作「隙」。另外，《平準書》「張湯又與異有郤」（4／1721），《齊悼惠王世家》「主父偃由此亦與齊有郤」（6／2422），《曹相國世家》「及為將相，有郤」（6／2450），《周勃世家》「由此梁孝王與太尉有郤」（6／2508），《五宗世家》「與其客江充有郤」（6／2539），《仲尼弟子列傳》「是君上與主有郤」（7／2657），《張儀列傳》「張儀有郤武王」（7／2778），《刺客列傳》「與韓相俠累有郤」（8／3045），《周昌列傳》「與呂后有郤」（8／3228），《匈奴列傳》「與申侯有郤」（9／3463），《平津侯列傳》「與弘有郤」（9／3551），《淮南衡山列傳》「除前郤」（10／3736），《酷吏列傳》「李文嘗與湯有郤」（10／3788），又「宣嘗與湯有郤」（10／3789），上舉各篇，景祐本都作「郄」。《鼂錯列傳》「由此與錯有郤」（8／3307），景祐本作「郄」。其中《齊悼惠王世家》「有郤」，《漢書·高五王傳》作「有隙」。《曹相國世家》「有郤」，《御覽》卷 410 引作「有隙」，《漢書·曹參傳》、《漢紀》卷 5 同。《周昌列傳》「有郤」，《御覽》卷 225 引作「有隙」，《漢

〔註483〕 陳直《史記新證》，天津人民出版社，1979 年版，第 100 頁。

〔註484〕 施之勉《史記會注考證訂補》，華岡出版有限公司，1976 年版，第 872 頁。
吳國泰《史記解詁》第 2 冊，1933 年成都居易簃叢著本，本冊第 63 頁。
徐仁甫《史記注解辨正》，四川大學出版社，1993 年版，第 84 頁。

〔註485〕 水澤利忠《史記會注考證校補》，廣文書局，1972 年版，第 1987 頁。

書‧周昌傳》同。《匈奴列傳》「有郤」,《漢書‧匈奴傳》作「有隙」。《平津侯列傳》「有郤」,《漢書‧公孫弘傳》作「有隙」。《淮南衡山列傳》「前郤」,《漢書‧淮南衡山傳》作「前隙」。《酷吏列傳》「有郤」,《漢書‧張湯傳》作「有隙」。「郤」字皆當據北宋刊本改正,清人校刻本不盡可據也。

（2）齊桓公召大臣而謀曰（6／2275）

《索隱》:謂騶忌、段干朋……《戰國策》又有張田。

《校勘記》:張田,耿本、黃本、彭本、柯本、凌本、殿本作「張丑」。按:《戰國策‧齊策一》作「張丐」。疑「田」、「丑」皆「丐」之譌。（6／2295）

按:張文虎曰:「吳校元板『田』字與單本同,各本作『丑』。」〔註486〕水澤利忠曰:「田,慶、彭、凌、游、殿『丑』。」〔註487〕乾道本、慶長本亦作「張丑」。「田」是「丑」形訛。「張丑」見《齊策一》、《魏策二》、《韓策三》、《中山策》、《楚世家》、《孟嘗君列傳》,與田嬰同時,齊宣王時人。《齊策一》之「張丐」,鮑彪注:「齊人,疑即張丑。」下文《索隱》引《戰國策》「有張田對曰」(6／2283),誤同。

（3）公孫閱謂成侯忌曰（6／2281）

《索隱》:《戰國策》作「公孫閲」。

《校勘記》:《戰國策‧齊策一》作「公孫閈」。(6／2295)

按:梁玉繩曰:「《索隱》引《策》作『閲』,今《國策》作『閈』,未知孰是?」〔註488〕池田從梁說〔註489〕。水澤利忠曰:「閲,慶、彭、凌、殿『閲』,游『閈』。」〔註490〕王叔岷曰:「黃善夫本、殿本《索隱》並作『閲』。『閲』蓋『閲』之誤,《御覽》卷322引《春秋後語》作『公孫閲』,與《世家》合;又卷726引《春秋後語》作『公孫閲』,『閲』或為『閲』之誤歟?」〔註491〕乾道本、淳熙本、慶長本《索隱》「閲」亦作「閲」(黃

〔註486〕張文虎《校刊史記集解索隱正義札記》卷4,中華書局,1977年版,第445頁。

〔註487〕水澤利忠《史記會注考證校補》,廣文書局,1972年版,第1990頁。

〔註488〕梁玉繩《史記志疑》卷24,中華書局,1981年版,第1105頁。

〔註489〕池田四郎次郎《史記補注（上編）》（池田英雄增補）,日本明德出版社,1975年版,第444頁。

〔註490〕水澤利忠《史記會注考證校補》,廣文書局,1972年版,第1995頁。

〔註491〕王叔岷《史記斠證》,中華書局,2007年版,第1710頁。

本不作「闚」，王氏失檢），四庫本作「闚」。「闚」當是「闃」形譌，「闃」是「閱」俗譌字，「闃」、「閒」聲轉。作「閔」字無據，是後人妄改。游本作「閒」，亦「闃」形譌。繆文遠曰：「『閔』字當是，齊有公孫弘，或即此人也。」〔註492〕繆說既無版本依據，又與史實不符，齊人公孫弘是西漢孝武皇帝時人。

（4）接予、慎到（6／2284）

《正義》：齊人。《藝文志》云《接予》二篇，在道家流。

按：梁玉繩曰：「『予』乃『子』字之誤。」〔註493〕瀧川資言曰：「《孟荀列傳》作『接子』，『予』蓋其名。」〔註494〕韓兆琦從瀧說〔註495〕。水澤利忠曰：「予，景、井、紹、耿、毛『子』。按板本據『予』與『子』字形相似相亂，然《孟荀列傳》『接予』作『接子』，不得定謂譌。」〔註496〕施之勉曰：「《鹽鐵論・論儒篇》作『捷子』。張敦仁曰：『《拾補》改子為予。按《漢書・古今人表》「捷子」，《藝文志》「《捷子》二篇」，《史記・孟荀列傳》「接子」。捷、接同字，皆作「子」，唯《田敬仲世家》作「予」，乃訛字，而盧誤據之也。』」〔註497〕王叔岷曰：「《漢書藝文志考證》引此作『接子』，《水經・淄水注》同。《漢志》本作『捷子』。接、捷古通。黃善夫本《正義》『子』亦誤『予』。」〔註498〕梁氏等校作「接子」，是也，李人鑒據《孟荀列傳》及《藝文志》校同〔註499〕，沈濤、張森楷亦謂《藝文志》「捷子」即「接子」〔註500〕。瀧川說「予」是其名，無據。景祐本、紹興本、淳熙本正文作「接子」，《冊府元龜》卷241、《古史》卷23、《通志》卷87、《大事記》卷4、《通鑒》卷103胡三省注、《永樂大典》卷13453引同；《莊子・則陽》亦作「捷子」。乾道本正文誤作「予」，黃善夫本、

〔註492〕繆文遠《戰國策新校注》，巴蜀書社，1998年版，第271頁。

〔註493〕梁玉繩《史記志疑》卷24，中華書局，1981年版，第1107頁。

〔註494〕瀧川資言《史記會注考證》，北嶽文藝出版社，1999年版，第2827頁。

〔註495〕韓兆琦《史記箋證》，江西人民出版社，2009年版，第3159頁。

〔註496〕水澤利忠《史記會注考證校補》，廣文書局，1972年版，第1998頁。

〔註497〕施之勉《史記會注考證訂補》，華岡出版有限公司，1976年版，第888～889頁。

〔註498〕王叔岷《史記斠證》，中華書局，2007年版，第1712頁。

〔註499〕李人鑒《太史公書校讀記》，甘肅人民出版社，1998年版，第805頁。

〔註500〕沈濤《銅熨斗齋隨筆》卷4，收入《續修四庫全書》第1158冊，上海古籍出版社，2002年版，第648～649頁。張森楷《史記新校注》，中國學典館復館籌備處，1967年版，第3789頁。

元刻本、慶長本、殿本正文及《正義》誤作「予」。S.1439《春秋後語釋文》：
「接子：上子叶反。《史記》曰：『齊人，齊〔稷〕下先生。』」

（5）則魏氏轉韓從秦，秦逐張儀，交臂而事齊楚（6／2285）

按：帛書作「魏是（氏）榑（轉），韓是（氏）從，秦逐張義（儀）」。
帛書整理者指出「韓從秦」當作「韓氏從」〔註501〕，是也。「魏氏轉」下
當加逗號，與「韓氏從」、「秦逐張儀」並列。下文「魏氏轉秦韓爭事齊楚」，
「魏氏轉」下亦當加逗號。吳國泰曰：「轉猶倍也，從猶及也。謂倍韓及
秦也。」〔註502〕全誤。

（6）願王受之而勿備稱也（6／2288）

按：周尚木曰：「『備』當依《齊策》作『庸』。言王且受之，但勿庸
遽稱帝號也。」〔註503〕瀧川資言曰：「《策》『備』作『庸』，注云：『庸，
用也。』」〔註504〕吳國泰曰：「『備稱』之言無義，疑本作『具稱』。具者，
遽字之借。遽，急也。」〔註505〕王叔岷曰：「『備』蓋『傭』之誤。傭、
庸古通。」〔註506〕李人鑒曰：「『備』乃『庸』字之誤。」〔註507〕周、
李說是也，《古史》卷23引此文正作「庸」。鮑彪注「庸，用也」，非是。
吳氏得其義，而未得其字。「庸」是副詞，猶言立即。孫經世曰：「庸，
詞之遽也。」〔註508〕裴學海曰：「庸猶即也。」〔註509〕馬王堆帛書《戰
國縱橫家書·蘇秦謂齊王章（三）》：「口臣大口口息士氏〈民〉，毌庸發
怒於宋魯也。」又《李園謂辛梧章》：「不如少案（按）之，毌庸出兵。」
亦其例。

（7）兩帝立約伐趙，孰與伐桀宋之利（6／2288）

按：「兩帝立」下當加逗號。「立」者立兩帝，而非立約。

〔註501〕《馬王堆漢墓帛書〔參〕》，文物出版社，1983年版，第72頁。
〔註502〕吳國泰《史記解詁》第2冊，1933年成都居易簃叢著本，本冊第64頁。
〔註503〕周尚木《史記識誤》卷下，收入《二十四史訂補》第1冊，書目文獻出版
　　　　社，1996年版，第501頁。
〔註504〕瀧川資言《史記會注考證》，北嶽文藝出版社，1999年版，第2833頁。
〔註505〕吳國泰《史記解詁》第2冊，1933年成都居易簃叢著本，本冊第65頁。
〔註506〕王叔岷《史記斠證》，中華書局，2007年版，第1715頁。
〔註507〕李人鑒《太史公書校讀記》，甘肅人民出版社，1998年版，第808頁。
〔註508〕孫經世《經傳釋詞補》，《經傳釋詞》附錄，中華書局，1956年版，第279
　　　　頁。
〔註509〕裴學海《古書虛字集釋》，中華書局，1954年版，第89頁。

（8）釋帝而貸之以伐桀宋之事，國重而名尊，燕楚所以形服，天下
莫敢不聽，此湯武之舉也（6／2288）

按：瀧川資言引中井積德曰：「貸，代也。《策》作『貳』，猶代也。」
瀧川又曰：「形，勢也，畏勢而服。」〔註510〕池田曰：「《戰國策》『貸』作
『貳』，義同。《戰國策》無『所』字，疑衍。形，形勢也。」〔註511〕吳國
泰曰：「《說文》：『貳，副益也。』『貸』當從《齊策》作『貳』。《廣雅》：『形，
見也。』形服者，見服也。《齊策》『形』作『刑』者，借字。」〔註512〕施
之勉曰：「貸，『貳』之誤字。郭希汾曰：『貳之，不與秦合也。』」〔註513〕
王叔岷解「形服」說同吳氏〔註514〕。韓兆琦曰：「貸，通『代』，代替。」
〔註515〕韓氏當是襲用中井說耳。鮑彪注：「貳，不與秦合也。秦約伐趙，
而此伐宋。刑，猶威也。言畏威而服。」吳氏《補正》：「姚本『刑』作『形』。」
吳、施說「貸」是「貳」形誤，是也，但均未得其解。貳，猶言違背，即
上文「倍約賓秦」之「倍約」義。秦約伐趙，今不從其約，是違背其約也。
此文「形」字是，但吳、王說未得其解，形訓見是顯現義。形服，猶言屈
服於形勢，瀧說近之。

（9）天下國令齊可知乎（6／2288）

按：瀧川資言曰：「《策》『國』作『固』，義長。」據池田所引，此中
井積德說〔註516〕。王叔岷曰：「『國』蓋本作『固』，涉下文『國』字而誤
也。」〔註517〕「國」、「固」形近致訛。

《孔子世家》

（1）其先宋人也，曰孔防叔（6／2297）

《索隱》：《家語》：「……金父生睪夷，睪夷生防叔……。」

〔註510〕瀧川資言《史記會注考證》，北嶽文藝出版社，1999年版，第2835頁。
〔註511〕池田四郎次郎《史記補注（上編）》（池田英雄增補），日本明德出版社，
　　　　1975年版，第447頁。
〔註512〕吳國泰《史記解詁》第2冊，1933年成都居易簃叢著本，本冊第66頁。
〔註513〕施之勉《史記會注考證訂補》，華岡出版有限公司，1976年版，第894頁。
〔註514〕王叔岷《史記斠證》，中華書局，2007年版，第1716頁。
〔註515〕韓兆琦《史記箋證》，江西人民出版社，2009年版，第3159頁。
〔註516〕瀧川資言《史記會注考證》，北嶽文藝出版社，1999年版，第2836頁。
　　　　池田四郎次郎《史記補注（上編）》（池田英雄增補），日本明德出版社，
　　　　1975年版，第447頁。
〔註517〕王叔岷《史記斠證》，中華書局，2007年版，第1716頁。

按：《家語》出《本姓解》。二「罩夷」，《左傳・昭公七年》孔疏、《儀禮經傳通解》卷 11 引作「皋夷父」、「夷父」，《詩・那》孔疏、《左傳・桓公元年》孔疏引《世本》作「祁父」，《潛夫論・志氏姓》亦作「祁父」，《新唐書・宰相世系表》作「罩夷父」。「夷」、「祁」古通。江永曰：「『罩夷』當作『皋夷』……蓋祁父即皋夷之字也。」〔註 518〕江氏謂「罩夷」當作「皋夷」是也，古人多以「皋夷」為名；但說「祁父」為字，則誤，「祁父」即「夷父」聲轉，乃「皋夷父」省稱。

（2）生而首上圩頂（6 / 2297）

《正義》：《括地志》云：「女陵山在曲阜縣南二十八里。干寶《三日紀》云『徵在生孔子空桑之地，今名空竇，在魯南山之空竇中。無水，當祭時洒掃以告，輒有清泉自石門出，足以周用，祭訖泉枯。今俗名女陵山。』」

《校勘記》：三日紀，東京大學所藏《括地志》殘卷作「晉紀」，金程宇曰：「『三日』為『晉』字之譌。」石門，《括地志》殘卷作「石間」，疑是。（6 / 2345）

按：事出干寶《搜神紀》卷 13，《書鈔》卷 158 引亦作干寶《搜神紀》。此怪異之事，自當出《搜神紀》，《括地志》殘卷誤作干寶《晉紀》，後人復誤分作《三日紀》。今本《搜神紀》及《書鈔》引亦作「石間」，當據校正，無須疑也。又《太平寰宇記》卷 21 說「女陵山在縣北二十六里」，《大清一統志》卷 129 說「女陵山在曲阜縣北二十里」，均說是「縣北」，疑《括地志》「縣南」誤。

（3）為人子者毋以有己，為人臣者毋以有己（6 / 2302）

《索隱》：《家語》作「無以有己為人子者，無以惡己為人臣者」。

按：瀧川資言曰：「毋以有己，言致身於君父也。」〔註 519〕韓兆琦曰：「毋以有己，意即不能有任何私心、任何保留……前後思想矛盾。」〔註 520〕二氏說皆未得。二「己」，紹興本、殿本、瀧川《考證》本同，景祐本、淳熙本、慶長本、四庫本作「已」，黃善夫本、乾道本、元刻本作「巳」，《御

〔註 518〕江永《鄉黨圖考》卷 2，收入景印文淵閣《四庫全書》第 210 冊，臺灣商務印書館，1986 年初版，第 735 頁。
〔註 519〕瀧川資言《史記會注考證》，北嶽文藝出版社，1999 年版，第 2859 頁。
〔註 520〕韓兆琦《史記箋證》，江西人民出版社，2009 年版，第 3197 頁。

覽》卷 390 引下句亦作「巳」。其字當作「已」，語已辭。上文云「聰明深察而近於死者，好議人者也。博辯廣大危其身者，發人之惡者也」，此文二「毋以有已」，謂毋以有好議人者、毋以有發人之惡者也。《家語》見《觀周》，明覆宋本、四庫本作「巳」，亦當作「已」字為正。

（4）乃語魯君為周道游（6／2312）

《索隱》：謂請魯君為周偏道路游行，因出觀齊之女樂。

按：周偏，黃善夫本、乾道本、淳熙本、元刻本、慶長本、四庫本作「周徧」，當據改。「周徧」釋「周」字。

（5）顏刻為僕，以其策指之曰：「昔吾入此，由彼缺也。」（6／2313）

《正義》：《琴操》云：「……乃率眾圍孔子數日，乃和琴而歌，音曲甚哀，有暴風擊軍士僵仆。」

按：《御覽》卷 401 引《琴操》「和琴」作「引琴」，「擊」下有「拒」，當據校補。孫星衍曰：「『拒』本作『扼』，從《御覽‧人事部》引改。《史記‧孔子世家》《正義》引無『拒』字。」〔註 521〕引琴，猶言援琴。「擊拒」下加逗號，「軍士僵仆」四字為句。

（6）其為人長賢，有勇力，謂曰：「吾昔從夫子遇難於匡，今又遇難於此，命也已。」（6／2318）

按：謂曰，《家語‧困誓》作「喟然曰」。此文「謂」是「喟」誤，《御覽》卷 496、《冊府元龜》卷 847、940 引已誤。

（7）公之魚曰：「昔吾先君用之不終，終為諸侯笑。今又用之，不能終，是再為諸侯笑。」（6／2322）

按：「終為諸侯笑」之「終」涉上文而衍，《古史》卷 31、宋刊《記纂淵海》卷 146、《通志》卷 88 引無此字〔註 522〕。宋元各本及慶長本皆衍「終」，《冊府元龜》卷 898 亦然。

（8）予一以貫之（6／2326）

《集解》：何晏曰：「知其元則眾善舉也，故不待學，以一知之。」

按：《論語‧衛靈公》何晏《集解》作「故不待多學，一以知之也」，當據補「多」字。

〔註 521〕孫星衍校本《琴操》卷下，收入《叢書集成新編》第 53 冊，新文豐出版公司，1985 年印行，第 722 頁。

〔註 522〕四庫本《記纂淵海》在卷 68。

（9）今孔丘述三五之法（6／2328）

按：《四庫史記考證》引張照曰：「按《東都賦》『事勤乎三五』，李善注引《史記》『孔丘述三五之法』。按此則『王』字乃後來傳寫之誤。」〔註523〕杭世駿《疏證》引金姓說同〔註524〕。梁玉繩據《文選·東都賦》、《勸進表》、曲水詩序》、《三國名臣序贊》、《運命論》李善注引並作「三五」，謂今本作「三王」誤〔註525〕，孫志祖、梁章鉅說同〔註526〕。張文虎從梁說，張氏又指出「宋本作『五』」〔註527〕；瀧川資言、池田從梁玉繩、張文虎說，瀧川又指出「古鈔本、楓山本亦作『三五』」〔註528〕。水澤利忠曰：「五，景、耿、慶、彭、凌、游、殿『王』，南化、楓、梅《校記》『五』。」〔註529〕張森楷從《考證》及梁說〔註530〕。王叔岷曰：「《孔子集語》引作『三王』，景祐本、黃善夫本亦並作『三王』。」〔註531〕清代學者眾口一詞，並謂「三王」是「三五」之誤。張文虎稱他所見宋本作「三五」，余所見宋本，獨紹興本作「三五」，《古史》卷31、《通志》卷88引同。除水澤氏所舉外，乾道本、慶長本、四庫本都作「三王」。「三王之法」不誤，見於劉向《荀子書錄》、《孟子·告子下》趙歧注、《孟子·盡心下》趙歧注，「三五之法」則未見，李人鑒亦謂李善注是據誤本〔註532〕。

（10）孔子葬魯城北泗上（6／2343）

《集解》：《皇覽》曰：「孔子冢去城一里……其樹柞、枌、雒離、安貴、

〔註523〕四庫《史記考證》卷 47，收入景印文淵閣《四庫全書》第 244 冊，臺灣商務印書館，1986 年初版，第 252 頁。

〔註524〕杭世駿《史記疏證》，收入《續修四庫全書》第 264 冊，上海古籍出版社，2002 年版，第 350 頁。

〔註525〕梁玉繩《史記志疑》卷 25，中華書局，1981 年版，第 1131 頁。

〔註526〕孫志祖《讀書脞錄》卷 3，收入《續修四庫全書》第 1152 冊，第 240 頁。梁章鉅《文選旁證》卷 2，福建人民出版社，2000 年版，第 30 頁。

〔註527〕張文虎《校刊史記集解索隱正義札記》卷 4，中華書局，1977 年版，第 451 頁。

〔註528〕瀧川資言《史記會注考證》，北嶽文藝出版社，1999 年版，第 2906 頁。池田四郎次郎《史記補注（上編）》（池田英雄增補），日本明德出版社，1975 年版，第 463 頁。

〔註529〕水澤利忠《史記會注考證校補》，廣文書局，1972 年版，第 2030 頁。

〔註530〕張森楷《史記新校注》，中國學典館復館籌備處，1967 年版，第 3832～3833 頁。

〔註531〕王叔岷《史記斠證》，中華書局，2007 年版，第 1770 頁。

〔註532〕李人鑒《太史公書校讀記》，甘肅人民出版社，1998 年版，第 836 頁。

五味、㮹檀之樹。」

《索隱》：安貴，香名，出西域。

按：水澤利忠曰：「《集解》，景、紹、耿、慶、彭、凌、游、殿『安貴』二字作『女貞』。《索隱》『安貴，香名』，慶、彭、凌、游、殿『女貞，一作安貴，香名』。」〔註533〕王叔岷曰：「《集解》『安貴』，景祐本、黃善夫本、殿本並作『女貞』，《孟子・滕文公篇》孫疏引《皇覽》同。《索隱》云云，黃本、殿本並作『女貞，一作安貴，香名，出西域』，非其舊也。蓋由後人改《集解》之『安貴』為『女貞』，遂又改竄《索隱》耳。」〔註534〕王說《集解》本作「安貴」，非是。《集解》「安貴」，除水澤氏、王氏指出者外，乾道本、慶長本、四庫本亦均作「女貞」，淳熙本則作「安貴」（即耿本，水澤氏誤校）。乾道本、慶長本、四庫本《索隱》亦同黃善夫本。《皇覽》本當作「女貞」，《齊民要術》卷10引《皇覽冢記》正如此。唐代以後「女貞」形誤作「安貴」，乾道本等《索隱》因云「女貞，一作安貴」；淳熙本復刪去《索隱》「女貞一作」四字，則泯其跡矣。說「安貴」是西域香名，群書無考，蓋臆說。

《陳涉世家》

（1）尉果笞廣。尉劍挺，廣起，奪而殺尉（《陳涉世家》，6／2354）

《集解》：徐廣曰：「挺猶脫也。」

《索隱》：徐廣云「挺，奪也」。按：奪即脫也。《說文》云「挺，拔也」。

《正義》：《梁丘賀傳》云「前旌頭劍挺」是也。（據《考證》本）

《校勘記》：奪即脫也，耿本、黃本、彭本、柯本、凌本、殿本作「脫即奪也」。（6／2370）

按：《校勘記》所說不準確。黃善夫本、乾道本、淳熙本、元刻本、慶長本、四庫本、殿本《索隱》無「徐廣云挺奪也」六字，「按奪即脫也」作「按脫即奪也」（水澤利忠已經指出「耿、慶、彭、凌、游、殿」六本〔註535〕）。今本《索隱》蓋後人妄改。《索隱》云「脫即奪也」，指徐廣注「挺猶脫也」之「脫」即是「奪」字。「奪」、「脫」古音同，脫落義。東漢以後，「脫」音轉作「奪」，《後漢書・黨錮傳》：「豈可以漏奪名籍？」《續

〔註533〕水澤利忠《史記會注考證校補》，廣文書局，1972年版，第2043頁。
〔註534〕王叔岷《史記斠證》，中華書局，2007年版，第1790頁。
〔註535〕水澤利忠《史記會注考證校補》，廣文書局，1972年版，第2057頁。

漢書》作「漏脫」。《文選·雜體詩》：「爍爍涼葉奪，戾戾颼風舉。」呂延濟注：「奪，落。」奪亦讀為脫（實是挩）。所以小司馬說「脫即奪也」，指脫落、掉出來了。陸宗達說「挺」訓脫是「失」或「跌」借字〔註536〕。余謂挺讀為梃，《說文》：「梃，一曰箸地。」「奪而殺尉」之奪讀作敓，即今奪取義。謂尉笞廣時，他的劍脫落於地，廣起身奪其劍而殺尉。《正義》所引，出《漢書·儒林傳》：「（梁丘賀）先驅旄頭劍挺墮墜，首垂泥中。」此「挺」亦脫落義。錢大昭引此文以證《廣雅》「挺，出也」〔註537〕，謂脫出。字亦作庭，居延漢簡3.35：「敞實劍庭自刺傷。」裘錫圭讀庭作挺，訓作脫出〔註538〕。《索隱》引《說文》「挺，拔也」，此本於《漢書》顏師古注，又一義耳，小司馬兼取二說，不能取捨。

（2）號令召三老、豪傑與皆來會計事（6 / 2354）

按：水澤利忠曰：「蜀無『與』字。」〔註539〕王叔岷曰：「『與皆』複語。『與』讀為舉，皆也。」〔註540〕韓兆琦曰：「『與』字疑衍文。」〔註541〕諸說皆非。此文「與」當在「計」上，作「皆來會與計事」。「與」是介詞，「會」猶言聚會。下文「陳王徵國之豪傑與計」，又「不可與計」，「與」在「計」上，足為證也。《項羽本紀》「王召宋義與計事」，《淮陰侯傳》「必欲爭天下，非信無所與計事者」，《漢書·霍光傳》「常與計事」，又《項籍傳》「乃召與計事」，又《王尊傳》「不足與計事」，又《伍被傳》「召被欲與計事」。「與計事」是秦漢人恒語。

（3）陳王故涓人將軍呂臣為倉頭軍（6 / 2362）

《集解》：應劭曰：「涓人，如謁者。」

《索隱》：涓音公玄反。服虔云：「給、涓通也，如今謁者。」韋昭云：「軍皆著青帽。」

〔註536〕陸宗達〈「尉劍挺」解〉，收入《陸宗達語言學論文集》，北京師範大學出版社，1995年版，第394～395頁；又收入陸宗達、王寧《古漢語詞義答問》，甘肅人民出版社，1986年版，第169～171頁。

〔註537〕錢大昭《廣雅疏義》，收入徐復主編《廣雅詁林》，江蘇古籍出版社，1992年版，第107頁。

〔註538〕裘錫圭《〈居延漢簡甲乙編〉釋文商榷》，收入《裘錫圭學術文集》卷2，復旦大學出版社，2012年版，本卷第105頁。

〔註539〕水澤利忠《史記會注考證校補》，廣文書局，1972年版，第2059頁。

〔註540〕王叔岷《史記斠證》，中華書局，2007年版，第1802頁。

〔註541〕韓兆琦《史記箋證》，江西人民出版社，2009年版，第3293頁。

《校勘記》：軍皆著青帽，耿本、黃本、彭本、柯本、凌本、殿本此下有「故曰倉頭」四字。(6／2371)

按：《索隱》「給涓通也」，水澤利忠曰：「耿、慶、彭、凌、游、殿『涓』字『也』字並無。」〔註542〕乾道本、慶長本亦作「給通」。「給涓通也」不知所謂，今本「涓」是衍文。「給通」猶言其職供給通謁也。「涓人」亦稱「中涓」，本主潔掃事務，亦兼通謁。《陳丞相世家》「萬石君奮為漢王中涓，受平謁」，《漢書・萬石君傳》「以奮為中涓，受書謁」，是其例也。又考《漢書・陳勝傳》顏師古注引應劭曰：「時軍皆著青巾，故曰蒼頭。」此小司馬說所本，正有「故曰蒼頭」四字。《索隱》「韋昭」亦當據改作「應劭」，宋元各本及慶長本皆誤。

（4）呂將軍走，收兵復聚。鄱盜當陽君黥布之兵相收（6／2363）

按：「復聚」下句號當改作逗號。池田引吳汝綸說，指出「鄱盜」上當據《漢書》補「與」字〔註543〕；韓兆琦說同〔註544〕，當是襲吳說。吳說是也。《漢書・陳勝傳》、《通鑑》卷8都作「呂將軍走，徼兵復聚，與番盜英布相遇」。

（5）涉之為王沈沈者（6／2364）

《集解》：應劭曰：「沈沈，宮室深邃之貌也。沈音長含反。」

《索隱》：應劭以為沈沈，宮室深邃貌，故音長含反。而劉伯莊以「沈沈」猶「談談」，謂故人呼為「沈沈」者，猶俗云「談談漢」是。

按：水澤利忠指出「景、耿、慶、彭、凌、游、殿、金陵」八本《集解》「沈音長含反」下有「含一作金」四字，「彭、凌、游、殿」四本《索隱》「漢是」作「深也」〔註545〕。紹興本、乾道本、慶長本、四庫本亦有「含一作金」四字，慶長本、四庫本「漢」亦作「深」；黃善夫本下方校記：「漢，乍（作）『深』。」「漢」當作「深」。沈沈，深邃貌，或作「耽耽」、「眈眈」、「躭躭」、「戡戡」、「黕黕」，音轉作「潭潭」、「譚譚」〔註546〕。

〔註542〕水澤利忠《史記會注考證校補》，廣文書局，1972年版，第2064頁。

〔註543〕池田四郎次郎《史記補注（上編）》（池田英雄增補），日本明德出版社，1975年版，第474頁。

〔註544〕韓兆琦《史記箋證》，江西人民出版社，2009年版，第3302頁。

〔註545〕水澤利忠《史記會注考證校補》，廣文書局，1972年版，第2066頁。

〔註546〕參見蕭旭《史記校札》，收入《群書校補（續）》，花木蘭文化出版社，2014年版，第1991～1995頁。

劉伯莊說的「談談」即「譚譚」，故應劭音長含反也，梁玉繩引王孝廉曰：「作『談』卻不可解，竊疑是『淡』之誤。淡淡，水準滿貌。」〔註547〕王說非是。牟庭曰：「《方言》曰：『斟、協，汁也，燕朝鮮洌水之間曰斟，自關而東曰協，關西曰汁。』協疑當作挾，《說文》挾訓為摺，似古讀挾亦音摺。斟、挾、汁三字皆一聲之轉也。《淮南·地形訓》高注曰：『眈讀衣褶之褶，或作攝。』此可証斟、挾聲義之通也。今俗語謂如此曰摺，即《方言》挾字之音，俗通作『者』字，俗亦謂『者』曰斟，又曰汁，皆《方言》之遺語，郭注此條闕而未詳，故令後儒鮮聞此義。《詩·氓篇》：『無與士耽。』言女不可與士如此。《常棣篇》：『和樂且湛。』《賓筵篇》：『子孫其湛。』皆以如此謂之湛。即《方言》所謂湛也。《史記·陳涉世家》曰：『涉之為王沈沈者。』沈沈亦當讀為斟斟，言涉之為王乃有如此如此者。應劭讀沈長含切，劉伯莊讀為談談，皆失其語意，由不解《方言》故也。」〔註548〕牟說亦未得。一作「長金反」者，則是誤讀作今音「沉」。

（6）諸陳王故人皆自引去，由是無親陳王者（6／2364）

《索隱》：顧氏引《孔叢子》云：「妻父怒云：『怙強而傲長者，不能久焉。』不辭而去。」

按：水澤利忠曰：「強，耿、慶、彭、凌、游、殿『號』。」〔註549〕張森楷曰：「《索隱》本、金陵本『號』作『彊』，是。」〔註550〕乾道本、慶長本、四庫本亦作「怙號」。明翻宋刊本《孔叢子·獨治》作「怙亂僭號」，《御覽》卷491引同，《通鑑》卷8亦用其文。「怙號」當是「怙亂僭號」脫文。後人見「怙號」不辭，臆改作「怙強」耳。

（7）其所不善者，弗下吏，輒自治之（6／2364）

《索隱》：謂朱房、胡武等以素所不善者，即自驗問，不往下吏。

按：不往，當訂作「不付」，各本皆誤。《漢書·陳勝傳》顏師古注：「不以付吏而防、武自治之。」此小司馬說所本。

〔註547〕梁玉繩《瞥記》卷3，收入《續修四庫全書》第1157冊，上海古籍出版社，2002年版，第27頁。王孝廉指王鳴盛。

〔註548〕牟庭（廷相）《雪泥書屋雜志》卷4，收入《續修四庫全書》第1156冊，第531頁。

〔註549〕水澤利忠《史記會注考證校補》，廣文書局，1972年版，第2066頁。

〔註550〕張森楷《史記新校注》，中國學典館復館籌備處，1967年版，第3864頁。

《外戚世家》

（1）薄太后，父吳人，姓薄氏……而薄父死山陰，因葬焉（6／2377）

《索隱》：顧氏按《冢墓記》，在會稽縣，縣西北檇山上今猶有兆域。檇音莊洽反。

《正義》：《括地志》云：「檇山在越州會稽縣西北三里，一名稷山。」檇音莊洽反。

按：水澤利忠曰：「《索隱》『檇』，耿、慶、中統、彭、凌、殿『禭』。」〔註551〕王叔岷曰：「黃善夫本、殿本《索隱》『檇』並誤『禭』。」〔註552〕乾道本、慶長本、四庫本《索隱》「檇」亦作「禭」，黃善夫本、元刻本、慶長本、四庫本、殿本《正義》仍作「檇」。考《越絕書・外傳記地傳》「稷山者，句踐齋戒臺也。」又「句踐之出入也，齊（齋）於稷山。」《太平寰宇記》卷96：「稽山，《郡國志》云：『稽山一名稷山，越王種菜於此。』後漢謝夷吾少為稽鄉嗇夫是也。」《會稽志》卷9：「稷山，在縣東五十三里。《舊經》：『稽山一名稷山，越王種菜於此。』後漢謝夷吾為稽鄉嗇夫即此。《越絕》云：『稷山，句踐齋戒臺也。』《十道志》云：『一名椶山。』」薄父所葬當是會稽之「稷山」，形誤作「椶山」〔註553〕，因又音誤作「椶山」、「禭山」；「稷山」又音轉作「檇山」，形誤作「稽山」。《索隱》本當作「稷山」，故各本誤作「禭山」。

（2）又常與其姊採桑墮（6／2380）

按：瀧川資言曰：「古鈔本、楓山、三條本『墮』下有『樹』字。」〔註554〕水澤利忠指出「南化、楓、棭、三、謙、梅」六本「墮」下有「樹」字〔註555〕。吳國泰曰：「墮者杜之借字。桑杜者，桑根也。字亦借『土』為之。師古曰：『墮謂墮樹。』此望文生訓也，非是。」〔註556〕顏師古

〔註551〕水澤利忠《史記會注考證校補》，廣文書局，1972年版，第2081頁。

〔註552〕王叔岷《史記斠證》，中華書局，2007年版，第1823頁。

〔註553〕睡虎地77號漢墓殘簡「社禭」，馬王堆帛書《周易》「日禭」，漢《靈臺碑》「日禭不夏」，「禭」是「禭」形誤，即「稷」，今本《易・離》作「昃」。帛書《五星占》「泰稷之匿」，「稷」是「稷」形誤。張家山漢簡《脈書》「不可以反瘦」，「瘦」是「瘦」形誤。

〔註554〕瀧川資言《史記會注考證》，北嶽文藝出版社，1999年版，第2976頁。

〔註555〕水澤利忠《史記會注考證校補》，廣文書局，1972年版，第2083頁。

〔註556〕吳國泰《史記解詁》第2冊，1933年成都居易簃叢著本，本冊第76頁。

說是，池田從其說〔註 557〕。「墮」當一字為句；如古鈔本等，則「墮樹」二字為句，「樹」字可省。

（3）於是乃選長者士之有節行者與居（6 / 2381）

按：「長者」下當加頓號，與「士之有節行者」平列。

（4）武帝祓霸上還（6 / 2385）

《索隱》：蘇林音廢，今亦音拂，謂祓禊之，游水自潔，故曰祓除。

按：水澤利忠曰：「耿、慶、中統、彭、凌、殿『蘇林』二字作『小顏祓』三字。」〔註 558〕乾道本、慶長本、四庫本亦作「小顏祓音廢」。《漢書・外戚列傳》顏師古注：「祓，音廢。」此小司馬說所本。作「蘇林」者疑是後人妄改。

（5）平陽公主曰：「用無子故廢耳。」（6 / 2386）

按：「用無子」下當加逗號。

（6）武帝下車泣曰：「嚄！大姊，何藏之深也！」（6 / 2389）

《索隱》：烏百反。蓋驚怪之辭耳。

《正義》：嚄，嘖，失聲驚愕貌也。

按：《正義》「嘖」上脫一「嚄」字，張氏以「嚄嘖」釋「嚄」字，以複語釋單詞也。《廣韻》：「嚄，嚄嘖，大喚。」水澤利忠曰：「嚄，景『攫』，蜀『獲』。」〔註 559〕王泗原曰：「《廣韻》之『嚄嘖』，即『嚄諎』，即《史記》之『嚄唶』，形容大聲。」〔註 560〕王叔岷曰：「重刊北宋監本『嚄』作『獲』。《文選・風賦》『喈齰嗽獲』，李注：『《聲類》曰：「嚄，大喚也。」獲與嚄古字通。』《說文》：『諎，大聲也。』《繫傳》引《世家》『嚄』作『諎』（《說文》無『嚄』字）。」〔註 561〕二王氏說是也，《繫傳》引「嚄」作「諎」者，以同義詞易之。「嚄嘖」亦作「嘼嘖」，聲轉則作「嚄唶」、「嚄諎」、「獲齰」、「嚄咋」、「咟咋」、「陌咋」。

〔註 557〕池田四郎次郎《史記補注（上編）》（池田英雄增補），日本明德出版社，1975 年版，第 479 頁。

〔註 558〕水澤利忠《史記會注考證校補》，廣文書局，1972 年版，第 2087 頁。

〔註 559〕水澤利忠《史記會注考證校補》，廣文書局，1972 年版，第 2091 頁。

〔註 560〕王泗原《古語文例釋》，上海古籍出版社，1988 年版，第 337 頁。

〔註 561〕王叔岷《史記斠證》，中華書局，2007 年版，第 1835 頁。

（7）邢夫人號娙娥（6／2391）

《索隱》：許慎云「秦晉之閒謂好為娙」。

按：引許慎說，「娙」下脫「娥」字，宋元各本皆脫。《說文》「娥」字條云：「秦、晉謂好曰娙娥。」

《齊悼惠王世家》

（1）方以呂氏故幾亂天下，今又立齊王，是欲復為呂氏也（《齊悼惠王世家》，6／2397）

按：「呂氏故」下加逗號，「亂天下」下改作分號。「方」與「今」為對文。

（2）若反言漢已破矣，齊趣下三國，不且見屠（6／2420）

按：「不」一字為句，池田正如此讀〔註562〕。「不」用同「否」，指「反言漢已破矣，齊趣下三國」的反面。

《蕭相國世家》

（1）秦御史監郡者與從事，常辨之（6／2432）

《集解》：張晏曰：「何與共事修辨，明何素有方略也。」

《索隱》：何與御史從事常辨明，言稱職也。

按：《集解》「修辨」，宋元各本及慶長本作「脩辨」，《漢書·蕭何傳》顏師古注引張晏說作「備辨」，《冊府元龜》卷 844 引同。「脩」是「備」形訛。「備辨」亦作「備辯」，俗作「備辦」。《索隱》「辨明」亦當作「備辨」。

（2）今諸君徒能得走獸耳（6／2434）

《校勘記》：得走獸，梁玉繩《志疑》卷 26：「《漢書》作『走得獸』。《刊誤補遺》曰『走得獸者，謂其追而殺之』。『得走獸』則乖本指矣。」（6／2439）

按：「得走獸則乖本指矣」亦吳仁傑說，非梁氏語，當放在單引號內〔註563〕。梁氏引文有脫字。據《兩漢刊誤補遺》卷 6，原文是：「所謂走得獸者，謂其追而殺之耳。云『得走獸』，則乖本指矣。」

〔註562〕池田四郎次郎《史記補注（上編）》（池田英雄增補），日本明德出版社，1975 年版，第 493 頁。

〔註563〕《校勘記》承梁玉繩《史記志疑》卷 26 點校者之誤，中華書局，1981 年版，第 1159 頁。

（3）以今者淮陰侯新反於中，疑君心矣（6／2436）

按：瀧川資言指出《漢書·蕭何傳》「疑」上有「有」字，上文「有疑君心也」亦有「有」字，此當據補〔註564〕。池田、李人鑒說同〔註565〕。王叔岷指出《漢紀》卷4「疑」上亦有「有」字〔註566〕。「心」指高祖之疑心，非指蕭何之內心，當補「有」字。

（4）上罷布軍歸，民道遮行上書，言相國賤彊買民田宅數千萬（6／2436）

按：「上書」二字屬下句，池田正如此讀〔註567〕。

（5）何謹守管籥，因民之疾秦法，順流與之更始（6／2436）

《校勘記》：秦，原作「奉」。梁玉繩《志疑》卷26：「《漢書》『奉』作『秦』，《班馬異同》本《史》亦作『秦』，則『奉』為譌字。」今據改。（6／2439）

按：池田、張森楷皆從梁說〔註568〕。瀧川資言曰：「古鈔本、楓本、《班馬異同》本『奉』作『秦』，與《漢書》合。」〔註569〕水澤利忠亦從梁說，又指出「南化、楓、梅、梅、紹、詳節」七本「奉」作「秦」〔註570〕。王叔岷曰：「『奉』乃『秦』之誤，『法』字句絕是。」〔註571〕慶長本亦作「秦」，《大事記解題》卷9、《西漢年紀》卷3引同；宋元各本作「奉」，《冊府元龜》卷329同。「奉」字不誤，當讀作：「因民之疾，奉法順流，與之更始。」「疾」是痛苦義，而不是痛恨義。順流，蓋以水流喻其奉法之循理。《管子·牧民》「下令於流水之原者，令順民心也」，蓋即「順流」之旨也。《循吏列傳》及《太史公自序》均有「奉法循理」語，《循吏列傳》有

〔註564〕瀧川資言《史記會注考證》，北嶽文藝出版社，1999年版，第3048頁。

〔註565〕池田四郎次郎《史記補注（上編）》（池田英雄增補），日本明德出版社，1975年版，第497頁。李人鑒《太史公校讀記》，甘肅人民出版社，1998年版，第887頁。

〔註566〕王叔岷《史記斠證》，中華書局，2007年版，第1883頁。

〔註567〕池田四郎次郎《史記補注（上編）》（池田英雄增補），日本明德出版社，1975年版，第497頁。

〔註568〕池田四郎次郎《史記補注（上編）》（池田英雄增補），日本明德出版社，1975年版，第498頁。張森楷《史記新校注》，中國學典館復館籌備處，1967年版，第3920頁。

〔註569〕瀧川資言《史記會注考證》，北嶽文藝出版社，1999年版，第3052頁。

〔註570〕水澤利忠《史記會注考證校補》，廣文書局，1972年版，第2142頁。

〔註571〕王叔岷《史記斠證》，中華書局，2007年版，第1886頁。

「奉職循理」語，《賈子‧道術》有「緣法循理」語，《吳越春秋‧勾踐入臣外傳》有「奉教順理」語。

（6）初攻下辯、故道、雍、斄（6／2445）

《索隱》：地理志二縣名，屬右扶風。斄音貽。

《正義》：「斄」作「邰」，音貽。《括地志》云：「故雍縣南七里。故斄城一名武功，縣西南二十二里，古邰國也。」

《校勘記》：斄作邰音貽：貽，疑當作「胎」。《劉敬叔孫通列傳》《正義》：「邰音胎。」《酷吏列傳》「斄人」《正義》：「音胎。」（6／2454）

按：《索隱》「音貽」，黃善夫本、乾道本、淳熙本、元刻本、慶長本作「音胎」，當據校正，獨殿本誤也。《正義》「斄作邰」、「斄城」，黃善夫本、元刻本、慶長本作「斄作斄」、「斄城」。《正義》「音貽」，黃善夫本、元刻本、凌本、殿本同，慶長本作「音胎」。景祐本正文作「斄」，紹興本正文「斄」，都是「斄」俗訛字。《古文苑》卷6《九宮賦》「操巨斄」，宋九卷本、廿一卷本作「斄」。《正義》所見《史記》作俗字「斄」，而非「邰」。後人妄改《正義》「斄」作「邰」。

《留侯世家》

（1）雍齒與我故，數嘗窘辱我（6／2468）

《集解》：《漢書音義》曰：「未起時有故怨。」

按：施之勉引吳汝綸說據《漢書‧張良傳》，王叔岷據《御覽》卷295，於「故」上補「有」字〔註572〕，是也。《新序‧善謀》皆有「有」字。《項羽本紀》「君安與項伯有故」，《陳杞世家》「與陳有故」，《張儀列傳》「臣與燕趙之王有故」，《淮陰侯列傳》「足下與項王有故」，皆其佐證。

（2）皆不肯為盡力，其無功必矣（6／2470）

按：為盡力，《漢書‧張良傳》、《通鑒》卷 12 作「為用」，《新序‧善謀》作「為用盡力」。當據補「用」字，下文「莫肯為用」，亦是其證。《御覽》卷147引已脫「用」字。

〔註572〕施之勉《史記會注考證訂補》，華岡出版有限公司，1976 年版，第 1011 頁。王叔岷《史記斠證》，中華書局，2007 年版，第 1915 頁。

《陳丞相世家》

（1）里中社，平為宰（6／2480）

《索隱》：其里名庫上里。知者，據蔡邕《陳留東昏庫上里社碑》云「惟斯庫里，古陽武之牖鄉。陳平由此社宰，遂相高祖」也。

按：《書鈔》卷 87、《御覽》卷 532 引碑文，「庫里」作「庫上里」，「牖鄉」作「戶牖鄉」，此脫二字，當據補。

（2）然其後曾孫陳掌以衛氏親貴戚（6／248）

按：親貴戚，李慈銘指出當據《漢書・王陵傳》乙作「親戚貴」〔註573〕。

《絳侯周勃世家》

（1）材官引彊（《絳侯周勃世家》，6／2495）

《集解》：《漢書音義》曰：「能引彊弓官，如今挽彊司馬也。」

按：景祐本、紹興本、淳熙本正文「彊」作「強」，《漢書・周勃傳》同。顏師古注引服虔曰：「能引強弓弩官也。」又引孟康曰：「如今挽強司馬也。」然則《集解》所引是合二人說，「弓」下當補「弩」字，「官」下當用句號。

（2）後擊韓信軍於砱石（6／2500）

《集解》：應劭曰：「砱音沙。或曰地名。」

《索隱》：晉灼音赤座反。

按：王先謙據下文「復擊破綰軍沮陽」，謂「後」當作「復」。施之勉引王說，又指出《冊府元龜》卷 348「後」作「復」不誤〔註574〕。《通志》卷 96 亦作「復」。《漢書・周勃傳》顏師古注引應劭曰：「砱音沙。」又引孟康曰：「地名也。」又引齊恭曰：「砱音赤坐反。」然則「或曰地名」乃孟康說，不是應劭說，不當放在引號內。又彼引是齊恭音，《索隱》引作晉灼音亦疑誤。《元和姓纂》卷 3：「晉有齊恭注《漢書》。」

（3）保於江南丹徒（6／2508）

《正義》：《括地志》云：「丹徒故城在潤州丹徒縣東南十八里，漢丹徒縣也。《晉太康地志》云『吳王濞反，走丹徒，越人殺之於此城南』。《徐州

〔註573〕李慈銘《史記札記》卷 1，收入《越縵堂讀史札記全編》，北京圖書館出版社，2003 年版，第 33 頁。

〔註574〕施之勉《史記會注考證訂補》，華岡出版有限公司，1976 年版，第 1028 頁。

記》云『秦使赭衣鑿其地，因謂之丹徒。鑿處今在故縣西北六里。丹徒峴東南連亙，盤紆屈曲，有象龍形，故秦鑿絕頸，闊百餘步，又夾阬龍首，以毀其形。阬之所在，即今龍、月二湖，悉成田也』。」

按：「越人殺之於此城」句，「南」字屬下句。《隋書‧經籍志》：「《南徐州記》二卷，山謙之撰。」《舊唐書‧經籍志》、《通志》卷 66 同。據《宋書》，山謙之是南朝宋人。黃善夫本、元刻本、慶長本「龍月」作「龍目」，亦當據正。《初學記》卷 7：「京口有醴湖、孟佐湖、半揚湖、龍目湖、劫亭湖、新豐湖。」《御覽》卷 66 引劉楨（損）《京口記》：「龍目湖，秦王東游，觀地勢，云：『此有天子氣。』使赭衣徒鑿湖中長岡，使斷，因改為丹徒。」〔註575〕又引《梁典》：「武帝望京峴山，盤紆似龍，掘其右為龍目二湖。」〔註576〕又引《郡國志》：「潤州遏陵有湖名龍目湖。」掘二湖夾阬龍首，似龍之二目，因名龍目湖，不當加頓號讀作「龍、目二湖」。

（4）顧謂尚席取檶（6／2510）

《索隱》：檶音節。《漢書》作「箸」。《禮》曰「羹之有菜者用梜」。梜亦箸之類，故鄭玄云「今人謂箸為梜」是也。

按：《禮記‧曲禮上》鄭玄注：「今人或謂箸為梜提。」「梜」下當據補「提」字。

《五宗世家》

（1）二十六年卒（6／2534）

《集解》：《漢名臣奏》：「杜業奏曰『孝武帝時，獻王朝，被服造次必於仁義。問以五策，獻王輒對無窮。孝武帝艴然難之，謂獻王曰：「湯以七十里，文王百里，王其勉之。」王知其意，歸即縱酒聽樂，因以終。』」

按：張文虎曰：「凌本『艴』，宋、中統、游、王、柯本作『色』，毛本作『忙』。」〔註577〕水澤利忠曰：「艴，景、紹、慶、中統、彭『色』，蜀、耿、毛『忙』。」〔註578〕乾道本、慶長本作「色」，四庫本作「艴」。《御覽》

〔註575〕《初學記》卷 7、《書鈔》卷 157、《御覽》卷 642 引略同，《書鈔》作劉損之《京口記》。《隋書‧經籍志》：「《京口記》二卷，宋太常卿劉損撰。」《舊唐書‧經籍志》：「《京口記》二卷，劉損之撰。」

〔註576〕《太平寰宇記》卷 89 引《梁典》同。

〔註577〕張文虎《校刊史記集解索隱正義札記》卷 4，中華書局，1977 年版，第 483 頁。

〔註578〕水澤利忠《史記會注考證校補》，廣文書局，1972 年版，第 2245 頁。

卷 150 引《漢名臣奏》「觟然」作「色」,「勉」作「免」。此作「觟然」非是。「色然」是「歉然」同音借字,驚駭貌。武帝問策,獻王應對無窮,故武帝有驚駭為難之貌。「觟然」是怒兒,非其誼也。

（2）其太子丹與其女及同產姊姦（6 / 2539）

按：梁玉繩曰：「『女』下缺『弟』字。」〔註 579〕池田、施之勉、王叔岷並指出《漢書》「女」下有「弟」字〔註 580〕。梁說是,張森楷從其說〔註 581〕,當據《漢書》補。上文言江都王建「與其姊弟姦」,《建元以來王子侯者年表》「侯慶坐與姊妹姦」,「弟」即「女弟」,亦即「妹」,事亦相類。紹興本、淳熙本「女」誤作「姊」。

（3）王者當日聽音樂聲色（6 / 2540）

按：李人鑒據《漢書·景十三王傳》於「聲色」上補「御」字〔註 582〕,是也,《冊府元龜》卷 298 亦有「御」字。

（4）程姬有所辟,不願進（6 / 2540）

《索隱》：……王粲《神女賦》以為「脫袿裳,免簪笄,施玄旳,結羽釵」。《說文》云「䡡,女污也」。《漢律》云「見䡡變,不得侍祠」。

按：釵,黃善夫本、乾道本、淳熙本、元刻本、慶長本作「釵」,俗譌字。脫袿裳,《類聚》卷 79 引作「稅衣裳」。玄旳,《類聚》、《書鈔》卷 135、《御覽》卷 719 引作「華的」。羽釵,《書鈔》、《御覽》引作「羽釵」,《類聚》引作「羽儀」。「釵」形誤作「仪」,又易作「儀」。「漢律云見䡡變不得侍祠」亦《說文》所引,當標點作：「《說文》云：『䡡,女污也。《漢津》云：「見䡡變,不得侍祠。」』」

《三王世家》

（1）百蠻之君,靡不鄉風,承流稱意（6 / 2551）

按：「靡不鄉風承流稱意」作一句讀。「流」謂風化。「鄉（向）風」、「承流」只是一義。韓兆琦曰：「鄉風,對著從漢王朝方向吹來的風而懷思不已。

〔註 579〕梁玉繩《史記志疑》卷 26,中華書局,1981 年版,第 1179 頁。

〔註 580〕池田四郎次郎《史記補注（上編）》（池田英雄增補）,日本明德出版社,1975 年版,第 533 頁。施之勉《史記會注考證訂補》,華岡出版有限公司,1976 年版,第 1048 頁。王叔岷《史記斠證》,中華書局,2007 年版,第 1970 頁。

〔註 581〕張森楷《史記新校注》,中國學典館復館籌備處,1967 年版,第 4000 頁。

〔註 582〕李人鑒《太史公書校讀記》,甘肅人民出版社,1998 年版,第 945 頁。

承流，像魚兒一樣地迎著流水排列在水面上。」〔註583〕全是妄說。

（2）毋邇宵人（6／2556）

《索隱》：鄒氏宵音謖，謖亦小人也。或作「佞人」。

按：池田曰：「『謖亦小人也』不成義，或衍一『謖』字也。」〔註584〕「宵」不得音謖，「謖」亦無小義。「謖」當作「謏」，形近而訛，宋元各本及慶長本皆誤。《玉篇殘卷》：「謏，所陸、蘇了二反。《禮記》：『發慮憲，求善良，足以謏問，不足以動眾。』鄭玄曰：『謏之〔言〕小〔也〕。』」所引《禮記》見《學記》，《釋文》：「謏，思了反，徐所穆反，小也。」P.3693V《箋注本切韻》：「謏，蘇鳥反，小也。《禮記》：『足以謏問。』」《廣韻》：「謏，先鳥切，小也。謏，上同。」《慧琳音義》卷65轉錄《玄應音義》：「謏然：蘇了反，音小。《說文》：『小也。』」高麗藏本《玄應音義》卷16作：「謏然：蘇了反，謏亦了（小）也。」磧砂大藏經本作：「謖然：山六反，起兒也。」磧藏本「謏」形誤作「謖」，又改其音義。

（3）《春秋大傳》曰：「天子之國有泰社。東方青，南方赤，西方白，北方黑，上方黃。」故將封於東方者取青土，封於南方者取赤土，封於西方者取白土，封於北方者取黑土，封於上方者取黃土。各取其色物，裹以白茅，封以為社（6／2558）

按：王叔岷曰：「《白虎通·社稷》亦引《春秋傳》云：『天子有太社焉。東方青色，南方赤色，西方白色，北方黑色，上冒以黃土。故將封東方諸侯〔取〕青土，苴以白茅，謹敬潔清也。』」〔註585〕《書·禹貢》孔疏引《韓詩外傳》：「天子社廣五丈，東方青，南方赤，西方白，北方黑，上冒以黃土。將封諸侯，各取其方色土，苴以白茅，以為社明有土，謹敬潔清也。」《夏本紀》《正義》引《外傳》略同。《文選·冊魏公九錫文》、《荅蘇武書》、《宦者傳論》、《楊荊州誄》、《齊故安陸昭王碑文》李善注並引《尚書緯》：「天子社，東方青，南方赤，西方白，北方黑，上冒以黃土。將封諸侯，各取方土，苴以白茅，以為社。」《儀禮·覲禮》：「東方青，南方赤，西方白，北方黑，上玄下黃。」據《白虎通》所引及《外傳》佚文、《尚書緯》，此文「故將封……封以為社」云云，亦《春秋大傳》語，當放在引號

〔註583〕韓兆琦《史記箋證》，江西人民出版社，2009年版，第3684頁。

〔註584〕池田四郎次郎《史記補注（上編）》（池田英雄增補），日本明德出版社，1975年版，第540頁。

〔註585〕王叔岷《史記斠證》，中華書局，2007年版，第1984頁。

內，韓兆琦亦失其讀〔註586〕。又《逸周書·作雒解》：「諸受命於周，乃建大社於周中，其壝東青土，南赤土，西白土，北驪土，中央釁以黃土。將建諸侯，鑿取其方一面之土，苞以黃土，苴以白茅，以為土封，故曰授則土於周室。」亦足參證。

（4）於是脩法直斷（6／2563）

按：上文云「行法直斷」，又云「奉法直行」。「脩」當是「循」形誤，宋元各本及慶長本皆誤。循，遵奉、遵行也。

（三十《世家》校證的部分以《〈史記〉世家部分補正》為題發表於《國學學刊》2019 年第 3 期，第 86～114 頁。）

七十《列傳》校證

《管晏列傳》

（1）管仲卒（7／2582）

《正義》：《說苑》云：「桓公賜之齊市租，而國不治。」

按：「市租」下當據今本《說苑·尊賢》補「一年」二字。言賜以齊一年之市租也。

（2）晏子薦以為大夫（7／2584）

《正義》：《括地志》云：「齊晏嬰冢在齊子城北門外。《晏子》云『吾生近市，死豈易吾志』。乃葬故宅後，人名曰清節里。」

按：「吾生近市，死豈易吾志」是相傳晏子之語，但不出於《晏子春秋》，「晏子」不當加書名號，當改作人名線。《水經注·淄水》：「《左傳》：『晏子之宅近市，景公欲易之，而嬰弗更。』為誠曰：『吾生則近市，死豈易志？』乃葬故宅後，人名之曰清節里。」

《老子韓非列傳》

（1）關令尹喜曰……莫知其所終（7／2592）

《集解》：《列仙傳》曰：「老子西游，喜先見其氣，知真人當過，候物色而迹之，果得老子。」

《索隱》：物色而迹之，謂視其氣物有異色而尋迹之。

按：《列仙傳》「候物色而迹之」，道藏本《列仙傳》卷上作「物色而遮

〔註586〕韓兆琦《史記箋證》，江西人民出版社，2009 年版，第 3694 頁。

之」，《類聚》卷6、《文選·為蕭揚州薦士表》李善注、《古文苑》卷6《函谷關賦》章樵注、《永樂大典》卷10286引同。皇甫謐《高士傳》卷上作「乃物色遮候之」，是也。「迹」當作「遮」，「候」又誤置於句上。遮，遮擋、遏阻也。《索隱》云云，是所見本已誤，宋刊《冊府元龜》卷854誤同。

（2）老萊子亦楚人也（7／2592）

《正義》：《列仙傳》云：「老萊子，楚人。當時世亂，逃世耕於蒙山之陽，莞葭為牆，蓬蒿為室，杖木為牀，蓍艾為席，菹芰為食，墾山播種五穀。」

按：皇甫謐《高士傳》卷上：「（老萊子）枝木為牀，蓍艾為席，飲水食菽，墾山播種。」《書鈔》卷133、《類聚》卷69、《御覽》卷485、709引同，《御覽》卷706引「枝」作「支」。《正義》「杖」是「枝」形誤，「芰」是「茉」形誤。「茉」同「菽」。《列女傳》卷2亦言老萊子「食菽」。《初學記》卷18、25引《高士傳》「枝」又誤作「杷」，《御覽》卷42引誤作「歧」，又卷474引誤作「板」。《御覽》卷506引《高士傳》作「枝杖於牀」，「杖」涉「枝」而誤衍，又脫「木」字。

（3）《畏累虛》、《亢桑子》之屬，皆空語無事實（7／2595）

《正義》：《莊子》云：「庚桑楚者，老子弟子，北居畏累之山。」成瑛云：「山在魯，亦云在深州。」

按：①水澤利忠曰：「瑛，慶、彭、凌、殿『瑛』，南化《校記》『瑛』。」〔註587〕四庫本亦作「瑛」，慶長本作「瓚」。《莊子·庚桑楚》「畏累」作「畏壘」，《釋文》：「畏，本或作嵔，又作猥，同。壘，崔本作纍，同。李云：『嵔壘，山名也，或云在魯，又云在梁州。』」成玄英疏：「畏壘，山名，在魯國。」《正義》「深州」是「梁州」形誤〔註588〕，又所引成瑛說無考，當即《釋文》所引李頤說，或是「成玄英」之脫誤（張守節晚於成玄英百年，果如是，則「亦云在梁州」當標在引號外）。②山名「畏壘」，取不平為義。《說文》：「錑，錑鏓，不平也。」字亦作「磈礌」、「壞壩」、「嵬嵓」、「磈磊」、「嵔嵂」〔註589〕。

〔註587〕水澤利忠《史記會注考證校補》，廣文書局，1972年版，第2347頁。

〔註588〕《隸釋》卷27：「魏《劉盆碑》，在祁州梁澤縣。」祁州只有深澤縣，無梁澤縣，「梁」亦「深」形誤。此例承冀元華博士檢示，謹致謝忱！

〔註589〕參見王念孫《廣雅疏證》，收入徐復主編《廣雅詁林》，江蘇古籍出版社，

（4）內脩政教，外應諸侯，十五年。終申子之身，國治兵彊，無侵
韓者（7/2597）

《索隱》：王劭按：《紀年》云「韓昭侯之世，兵寇屢交」，異乎此言矣。

按：王叔岷曰：「《韓世家》亦稱昭侯『八年，申不害相韓，脩術行道，
國內以治，諸侯不來侵伐。二十二年，申不害死』。」《論衡·效力》：「韓
用申不害，行其三符，兵不侵境，蓋十五年。」亦與《史》合。又此文「諸
侯」下當用句號，「十五年」下當用逗號。「十五年」指申子從昭侯八年為
相，至二十二年去世，故云「終申子之身無侵韓者」。

（5）號曰申子（7/2597）

《正義》：阮孝緒《七略》云《申子》三卷也。

按：張森楷、王叔岷、徐仁甫並指出「《七略》」當作「《七錄》」〔註590〕，
是也，當據校正。《梁書·處士傳》云「（阮孝緒）所著《七錄》等書二百
五十卷行於世」。

（6）凡說之難，在知所說之心，可以吾說當之（7/2600）

《索隱》：劉氏云：「開說之難，正在於此也。」

按：水澤利忠曰：「開，慶、彭、游、凌、殿『關』。」〔註591〕張森楷
曰：「《索隱》本、金陵本『關』作『開』，二誼俱通，未知誰是。」施之勉
從張說〔註592〕。慶長本、瀧川《考證》本作「開」，乾道本、四庫本亦作
「關」，淳熙本、元刻本作「開」。「開」同「關」。作「關說」是，《史記》、
《漢書》之習語也。

（7）大忠（意）無所拂牾，辭言無所擊排（7/2604）

《索隱》：……待君之說而又幾諫，即不拂牾於君也。謂大忠說諫之辭，
本欲歸於安人興化，而無別有所擊射排擯。按：《韓子》作「擊摩」也。

《正義》：「拂悟」當為「咈忤」，古字假借耳。咈，違也。忤，逆也。

按：①宋元各本及慶長本「牾」作「悟」，又與「辭」互倒，《班馬字

1992年版，第491頁。

〔註590〕張森楷《史記新校注》，中國學典館復館籌備處，1967年版，第4049頁。
王叔岷《史記斠證》，中華書局，2007年版，第2045頁。徐仁甫《史記
注解辨正》，四川大學出版社，1993年版，第109頁。

〔註591〕水澤利忠《史記會注考證校補》，廣文書局，1972年版，第2352頁。

〔註592〕張森楷《史記新校注》，中國學典館復館籌備處，1967年版，第6053頁。
施之勉《史記會注考證訂補》，華岡出版有限公司，1976年版，第1086頁。

類》卷 4、5、《古史》卷 33、《通志》卷 88 同。作「悟」是其舊本，宋本《韓子·說難》同（《御覽》卷 462 引同，道藏本作「忤」），用借字。「牾」則是後人所改本字，如改作「牾」，則《正義》無著落矣。《索隱》之「牾」，宋本亦作「悟」，皆當恢復其舊。宋本「悟」與「辭」互倒，當據《索隱》本及《韓子》乙正（盧文弨、洪頤煊已及，王念孫從盧說，張文虎從盧、王說〔註593〕）。王駿圖曰：「悟言謂其言在於感悟人主，而非排擊他人也。」〔註594〕於前人說全不知聞，逞臆妄說耳。②擊排，《御覽》卷 462 引《韓子》同，宋本《韓子》作「繫縻」，道藏本《韓子》作「擊摩」。當作「擊摩」，猶言摩擦，與「拂忤」義近。字亦作「瞉摩」，《周禮·考工記》「和弓瞉摩」。擊、繫形聲俱近，因誤作「繫」，又改「摩」為「縻」。「摩」或作「靡」，因又誤作「排」，《索隱》云云，已誤矣。

（8）既而彌子之母病，人聞，往夜告之，彌子矯駕君車而出（7／2607）

按：往夜，《韓子·說難》同。陳奇猷、李人鑒指出「往夜」二字當據《說苑·雜言》乙作「夜往」〔註595〕，是也。

《司馬穰苴列傳》

（1）晉伐阿、甄（7／2611）

《校勘記》：甄，張文虎《札記》卷 5：「《御覽》卷 296 引作『鄄』，注云：『鄄音絹，今濮陽郡鄄城縣。』」《通志》卷 88 作「鄄」。（7／2615）

按：向宗魯曰：「《通典》卷 149、《御覽》卷 396（引者按：卷 296）引作『晉伐阿、鄄』，有注云：『阿，今濟陽郡東阿縣。鄄，音絹，今濮陽郡鄄城縣。』案：鄄無絹音，『絹』乃『絹』之誤。《通典》作『絹』，不誤。」〔註596〕王叔岷曰：「《通典》卷 149『甄』亦作『鄄』，有注，與《御覽》引

〔註593〕盧文弨《鍾山札記》卷 1，中華書局，2010 年版，第 27 頁。洪頤煊《讀書叢錄》卷 18，收入《續修四庫全書》第 1157 冊，上海古籍出版社，2002 年版，第 719 頁。王念孫《史記雜志》，收入《讀書雜志》卷 2，中國書店，1985 年版，本卷第 80 頁。張文虎《校刊史記集解索隱正義札記》卷 5，中華書局，1977 年版，第 496 頁。

〔註594〕王駿圖、王駿觀《史記舊註平義》，正中書局，1936 年版，第 262 頁。

〔註595〕陳奇猷《韓非子新校注》，上海古籍出版社，2000 年版，第 269 頁。李人鑒《太史公書校讀記》，甘肅人民出版社，1998 年版，第 974 頁。

〔註596〕向宗魯《史記講誼》，收入徐蜀主編《〈史記〉訂補文獻彙編》，北京圖書館出版社，2004 年版，第 621 頁。

者同。」宋刊《御覽》卷 296 引注本作「鄄音絹」，張氏誤記「絹」作「綰」，向氏、水澤利忠亦失檢〔註597〕。蔣斧印本《唐韻殘卷》「鄄」與「絹」同音古緣反，《廣韻》「鄄」、「甄」與「絹」同音吉掾切。《冊府元龜》卷 737 亦作「鄄」。《孫子列傳》「臏生阿、鄄之閒」〔註598〕，字亦作「鄄」。

（2）乃斬其僕，車之左駙，馬之左驂，以徇三軍（7／2612）

《索隱》：謂斬其使者之僕，及車之左駙。駙，當作「軵」，並音附，謂車循外立木，承重較之材。又斬其馬之左驂，以御者在左故也。

《正義》：劉伯莊云：「駙者，箱外之立木，承重校者。」

按：黃善夫本、乾道本、淳熙本、元刻本、慶長本《索隱》無「駙當作軵並音附謂車循外立木承重較之材」十八字。此數句當乙在「以御者在左故也」句下。又「車循」是「車廂」之誤，《正義》作「箱」，字同。《集韻》：「軵，車廂外立木，承重較之材。」《類篇》「廂」作「箱」。亦其佐證。

《孫子吳起列傳》

（1）捐不急之官（7／2624）

按：水澤利忠曰：「捐，南化『損』。」〔註599〕向宗魯曰：「《韓子·和氏篇》：『昔者吳起教楚悼王以楚國之俗，曰：「損不急之枝官，以奉選練之士。」』《戰國·秦策》云『吳起為楚悼王立法……損不急之官，塞私門之請』云云（《史記·蔡澤傳》同）。《淮南子·道應篇》：「吳起為令尹，謂屈宜咎曰：『將衰楚國之爵而平其制祿，損其有餘而綏其不足。』」（《說苑·指武篇》同）此文『捐』字，當從《韓子》、《秦策》、《蔡澤傳》作『損』。」〔註600〕向說是也，李人鑒亦據《韓子》、《蔡澤傳》校正〔註601〕。杭世駿知引《說苑》以證本文〔註602〕，瀧川資言知引《韓子》以證本文〔註603〕，卻不知校正「捐」字，亦云疏矣。宋元各本及慶長本均誤作「捐」，《文選·

〔註597〕水澤利忠《史記會注考證校補》，廣文書局，1972 年版，第 2361 頁。
〔註598〕新版《史記》點校本第 2618 頁「阿」下缺頓號。
〔註599〕水澤利忠《史記會注考證校補》，廣文書局，1972 年版，第 2373 頁。
〔註600〕向宗魯《史記講誼》，收入徐蜀主編《〈史記〉訂補文獻彙編》，北京圖書館出版社，2004 年版，第 630 頁。蕭旭《韓非子校補》說略同，當年失檢向說，附識於此，花木蘭文化出版社，2015 年版，第 66～67 頁。
〔註601〕李人鑒《太史公書校讀記》，甘肅人民出版社，1998 年版，第 993 頁。
〔註602〕杭世駿《史記疏證》卷 40，收入《續修四庫全書》第 264 冊，上海古籍出版社，2002 年版，第 381 頁。
〔註603〕瀧川資言《史記會注考證》，北嶽文藝出版社，1999 年版，第 3316 頁。

景福殿賦》李善注、《白氏六帖事類集》卷 12、《晉書・元帝紀》引誤同，《冊府元龜》卷 143、239、738、《通鑑》卷 1、《通志》卷 88 亦誤同。《渚宮舊事》卷 2 作「減百吏之秩，損不急之役」。《說文》：「損，減也。」《淮南子・泰族篇》「吳起為楚〔張〕減爵祿之令」，所述亦本文之事。《道應篇》「衰」、「損」對文，衰亦損減也。《鹽鐵論・復古》「減除不急之官」，《潛夫論・志氏姓》「減爵損祿」，皆足證其文誼。

《伍子胥列傳》

（1）吳人憐之，為立祠於江上，因命曰胥山（7／2637）

《正義》：《吳地記》云：「胥山，太湖邊胥湖東岸山，西臨胥湖，山有古丞胥二王廟。」按：其廟不干子胥事，太史誤矣。

按：丞胥，黃善夫本、元刻本、四庫本誤作「葬胥」，《吳郡志》卷 48 引《正義》誤作「子胥」。《水經注・沔水》虞氏曰：「松江北去吳國五十里，江側有丞、胥二山，山各有廟。魯哀公十三年，越使二大夫疇無餘、謳陽等伐吳，吳人敗之，獲二大夫，大夫死，故立廟於山上，號曰『丞胥二王』也。」《正義》說其廟不干子胥事，是也。「丞胥」二字間當加頓號。

《仲尼弟子列傳》

（1）孔子之所嚴事：於周則老子；於衛，蘧伯玉（7／2644）

《集解》：外寬而內直，自設於隱括之中……蓋蘧伯玉之行。

《索隱》：《大戴禮》又云「外寬而內直，自娛於隱括之中……蓋蘧伯玉之行也」。

按：張文虎曰：「《集解》『自設』，官本『設』與《大戴記》合，各本誤『娛』。」〔註604〕《集解》「自設」，四庫本、殿本同；景祐本、黃善夫本、紹興本、乾道本、淳熙本、元刻本、慶長本、瀧川《考證》本作「自娛」，《冊府元龜》卷 792 注同。黃善夫本、乾道本、淳熙本、元刻本、慶長本、殿本無《索隱》。作「自設」者，蓋後人據《大戴禮記・衛將軍文子》、《韓詩外傳》卷 2 改耳。天明刊本《治要》卷 36 引《尸子・勸學》亦作「自娛」（古鈔本作「自娛設」，「設」字左旁加小圈表示刪去），《家語・弟子行》作「自極」。王引之謂「設」當作「誤」，借為娛、虞，訓安

〔註604〕張文虎《校刊史記集解索隱正義札記》卷 5，中華書局，1977 年版，第 502 頁。

〔註605〕，王樹枏從其說〔註606〕。《家語》作「極」（陳士珂《孔子家語疏證》本誤作「拯」），即「悈」字，讀作諴、憴，整飭、整治也。

（2）且夫無報人之志而令人疑之，拙也；有報人之志，使人知之，殆也（7／2658）

按：下「志」，宋元各本及慶長本、四庫本作「意」，《記纂淵海》卷73引同，《家語》、《吳越春秋》、《長短經》亦同。《越絕書》二「志」字均作「心」。

（3）敢修下吏問於左右（7／2659）

按：水澤利忠曰：「修，南化、三『循』。」〔註607〕池田曰：「修，謂修幣。」〔註608〕韓兆琦曰：「修，交結。」〔註609〕修，宋元各本及慶長本同，《越絕書・內傳陳成恒》、《內經九術》、《吳越春秋・夫差內傳》亦同。黃善夫本上方校記寫一「循」字。「修」當為「循」字之誤。循，因也，猶今言通過。《吳越春秋・勾踐陰謀外傳》「敢因下吏聞於左右」，敦煌懸泉漢簡「謹因敦煌卒吏〔聞於〕中公足下」〔註610〕，是其切證。

（4）子貢曰：「修兵休卒以待之。」（7／2660）

按：休，景祐本作「休」，俗譌字，《玉篇殘卷》「休」多作「休」。《越絕書・內傳陳成恒》作「休」，《吳越春秋・夫差內傳》作「伏」。「休」當為「伏」字形譌。《說苑・雜言》：「飛禽萃焉，走獸休焉。」《初學記》卷5、《御覽》卷38引作「伏」。《家語・困誓》：「君子息焉，小人休焉。」《荀子・大略》同，《列子・天瑞》、《晏子春秋・內篇諫上》「休」作「伏」。《鬻子・撰吏篇》：「故賢人得焉，不肖者休焉。」《賈子・大政下》「休」作「伏」。皆是其例。修兵，謂修兵備也。

（5）子夏居西河教授（7／2663）

《正義》：《括地志》云：「謁泉山一名隱泉山，在汾州隰城縣北四十

〔註605〕王引之《經義述聞》卷12，江蘇古籍出版社，1985年版，第289頁。

〔註606〕王樹枏《校正孔氏〈大戴禮記補注〉》卷6，收入《叢書集成初編》第1032冊，中華書局，1985年影印，第159頁。

〔註607〕水澤利忠《史記會注考證校補》，廣文書局，1972年版，第2397頁。

〔註608〕池田四郎次郎《史記補注（下編）》（池田英雄增補），日本明德出版社，1975年版，第36頁。

〔註609〕韓兆琦《史記箋證》，江西人民出版社，2009年版，第3885頁。

〔註610〕胡平生、張德芳《敦煌懸泉漢簡釋粹》，上海古籍出版社，2001年版，第186頁。

里。」

按：《元和郡縣志》卷 17、《太平寰宇記》卷 41「北」上有「東」字，《正義》引脫。

（6）孔子以為能通孝道（7 / 2665）

《正義》：《韓詩外傳》云：「曾子曰：『吾嘗仕為吏，祿不過鍾釜，尚猶欣欣而喜者，非以為多也，樂道養親也。親沒之後，吾嘗南遊於越，得尊官，堂高九仞，榱提三尺，躯轂百乘，然猶北向而泣者，非為賤也，悲不見吾親也。』」

按：《四庫史記考證》：「躯，《韓詩外傳》作『轉』。」王叔岷曰：「《正義》引《外傳》云云，今本《外傳》卷 7 略異。躯，今本作『轉』。『躯』蓋俗『戾』字。戾，轉也。」〔註 611〕《外傳》卷 7「仕」下有「齊」字，「樂道養親」作「樂其逮親」，「親沒」作「既沒」，「越」作「楚」，「榱提三尺」作「榱題三圍」，「向」作「鄉」，「泣」下有「涕」字，「不見」作「不逮」。當據補「齊」字，改「提」作「題」。慶長本「榱」誤作「攘」。

（7）澹臺滅明（7 / 2665）

《正義》：《括地志》云：「注《水經》云：『黃河水至此為之延津……乃毀璧而去，亦無怪意。』」

《校勘記》：亦無怪意，《水經注・河水》作「示無吝意」，疑是。（7 / 2690）

按：今本《水經注》是，「亦」是「示」形誤，「怪」是「恡」形誤，《御覽》卷 61、《記纂淵海》卷 65 引《水經注》正作「恡」〔註 612〕。「恡」是「吝」俗字。又《水經注》「為之」作「謂之」，亦當據正。

（8）宓不齊字子賤（7 / 2667）

《正義》：《顏氏家訓》云：「兗州永昌郡城……較可明矣。」虙字從虍，音呼；宓從宀，音緜。下俱為「必」，世傳寫誤也。

按：據《顏氏家訓・書證》，「虙字從虍」云云亦出《家訓》，當放在引號內，「音呼」、「音緜」是小字注，非正文。又原文「傳寫誤也」後隔數句出「兗州永昌郡城」云云，順序與《正義》所引適反。

〔註 611〕王叔岷《史記斠證》，中華書局，2007 年版，第 2124 頁。
〔註 612〕《記纂淵海》據宋刊本，四庫本在卷 48，而字誤作「怯」。

《商君列傳》

（1）（秦孝公）將修繆公之業（7／2694）

按：宋元各本及慶長本「修」作「脩」。「脩」是「循」形誤，已詳《周本紀》校補。韓兆琦曰：「修，重整、重建。」〔註613〕非是。

（2）令民為什伍，而相牧司連坐（7／2696）

《索隱》：牧司，謂相糾發也。

按：方苞曰：「相收者，彼此相拘管。」〔註614〕王引之曰：「『收』當為『牧』，字之誤也。《方言》曰：『監、牧，察也。』鄭注《周官》『禁殺戮』曰：『司，猶察也。』凡相監察謂之牧司。《周官‧禁暴氏》曰『凡奚隸聚而出入者則司牧之，戮其犯禁者。』《酷吏傳》曰：『置伯格長以牧司姦盜賊。』（《漢書》譌作『收司』。顏師古以為『收捕司察姦人』，非也。）《索隱》本作『牧司』。」〔註615〕張文虎、瀧川資言、池田、張森楷、施之勉從王說，施氏又指出：「淳化本、紹興本、《後漢書‧左雄傳》注引『收』作『牧』，《元龜》卷609、738引亦作『牧』。」〔註616〕蔣禮鴻亦謂「收」當作「牧」〔註617〕。林茂春校《酷吏傳》「以牧司姦盜賊」則云：「『牧』應作『收』，本《漢書》。」〔註618〕朱駿聲曰：「收，叚借為糾，實為督。」〔註619〕吳國泰、高亨、李人鑒說同朱氏，高氏並指出《索隱》「相糾發」，正讀作糾〔註620〕。朱起鳳亦謂「牧」為「收」字形訛〔註621〕。水澤利忠曰：

〔註613〕韓兆琦《史記箋證》，江西人民出版社，2009年版，第3931頁。

〔註614〕方苞《史記注補正》，收入《二十五史三編》第1冊，嶽麓書社，1994年版，第75頁。

〔註615〕王引之說轉引自王念孫《史記雜志》，收入《讀書雜志》卷2，中國書店，1985年版，本卷第85頁。

〔註616〕張文虎《校刊史記集解索隱正義札記》卷5，中華書局，1977年版，第510頁。瀧川資言《史記會注考證》，北嶽文藝出版社，1999年版，第3404頁。池田四郎次郎《史記補注（下編）》（池田英雄增補），日本明德出版社，1975年版，第46頁。張森楷《史記新校注》，中國學典館復館籌備處，1967年版，第4135頁。施之勉《史記會注考證訂補》，華岡出版有限公司，1976年版，第1157頁。

〔註617〕蔣禮鴻《商君書錐指》，中華書局，1986年版，第13頁。

〔註618〕林茂春《史記拾遺》，收入《二十四史訂補》第1冊，書目文獻出版社，1996年版，第672頁。

〔註619〕朱駿聲《說文通訓定聲》，武漢市古籍書店，1983年版，第243頁。

〔註620〕吳國泰《史記解詁》第3冊，1933年成都居易簃叢著本，本冊第11頁；又第4冊，第69頁。高亨《荀子新箋》，收入《高亨著作集林》卷6，清

「牧，蜀、慶、彭、凌、殿『收』。」〔註622〕王叔岷曰：「景祐本、黃善夫本、殿本皆作『收司』，黃本、殿本《索隱》同。《長短經・適變》注：『商君之法，皆令為什伍而相司牧。』即本此文，『收』作『牧』，與《索隱》單本合。朱駿聲云云，乃據誤本為說，說雖可通，非其舊也。」〔註623〕正文「牧」，乾道本、淳熙本、瀧川《考證》本同；景祐本、黃善夫本、紹興本、慶長本、四庫本、殿本作「收」（施氏有誤校），《通典》卷163、《古史》卷39、《通鑒》卷2、《通志》卷60、93、《習學記言》卷20、《大事記解題》卷3引同。乾道本、淳熙本《索隱》亦作「牧」。章太炎曰：「商君作法收司連坐，『收司』即『糾伺』之義。」〔註624〕王引之說是也。《方言》卷12：「牧，司也。」又「監、牧，察也。」是牧為司察、監察之義。「牧司」同義連文。《潛夫論・敘錄》：「遭衰姦牧，得不用刑？」「姦牧」當乙作「牧姦」。

（3）僇力本業，耕織致粟帛多者復其身（7 / 2696）

按：上下文文例同，皆於「者」字斷句，此當讀作：「僇力本業耕織致粟帛多者，復其身。」王叔岷曰：「《白帖》卷22引『僇』作『勠』。勠、僇，正、假字。」〔註625〕《通典》卷163、《通志》卷60作「戮」，亦借字。

（4）令既具，未布，恐民之不信，已乃立三丈之木於國都市南門，募民有能徙置北門者予十金（7 / 2696）

按：已，淳熙本、四庫本同，《通典》卷163、《冊府元龜》卷738、《古史》卷39、《通志》卷60、93亦同；景祐本、紹興本、瀧川《考證》本作「己」，黃善夫本、乾道本、元刻本、慶長本作「巳」。此字當作「己」，屬上句，讀作「恐民之不信己」（池田、李人鑒即如此讀〔註626〕，但李氏校

華大學出版社，2004年版，第158頁。李人鑒《太史公書校讀記》，甘肅人民出版社，1998年版，第1029頁。

〔註621〕朱起鳳《辭通》卷16，上海古籍出版社，1982年版，第1724頁。

〔註622〕水澤利忠《史記會注考證校補》，廣文書局，1972年版，第2424頁。

〔註623〕王叔岷《史記斠證》，中華書局，2007年版，第2172～2173頁。

〔註624〕章太炎《文始》卷7，收入《章太炎全集》，上海人民出版社，2014年版，第386頁。

〔註625〕王叔岷《史記斠證》，中華書局，2007年版，第2173頁。

〔註626〕池田四郎次郎《史記補注（下編）》（池田英雄增補），日本明德出版社，1975年版，第47頁。李人鑒《太史公書校讀記》，甘肅人民出版社，1998年版，第1030頁。

語多誤，不備錄）。不信己者，不信己變法之令也。「已乃」連文，即「已而乃」省文，猶言「不久乃」，非此文之誼也。置，讀為植，亦立也。

（5）為田開阡陌封疆（7／2698）

《正義》：疆音彊。

按：《正義》「疆音彊」，黃善夫本、元刻本同，下「疆」字當據慶長本、瀧川《考證》本改作「彊」。

（6）魏居領阨之西，都安邑（7／2699）

《索隱》：蓋即安邑之東，山領險阨之地，即今蒲州之中條已東，連汾、晉之嶮巇也。

按：張文虎曰：「《索隱》本『領』，各本作『嶺』。」〔註627〕瀧川資言曰：「三條本『嶺』作『領』。」〔註628〕水澤利忠曰：「嶺，南化、楓、桥、三、梅、索『領』。」〔註629〕王叔岷曰：「《索隱》單本『嶺』亦作『領』。領、嶺，古、今字。《長短經·七雄略篇》注作『魏居嶺阨之間，西都安邑』。又黃善夫本、殿本《索隱》『蓋』下並無『即』字，『領』並作『嶺』，『也』上並有『是』字。」〔註630〕乾道本、淳熙本、元刻本、慶長本、四庫本《索隱》並同黃善夫本，又各本「嶮巇是也」下有「阨，阻也」三字，今本衍「即」字，脫「是」、「阨阻也」四字。宋元各本及慶長本正文作「嶺」，P.5034《春秋後語》、《古史》卷39、《通志》卷93同；黃本上方有校記：「嶺，本乍（作）『領』。」P.5523《春秋後語》作「領」。《長短經》衍「間」字。

（7）持矛而操闟戟者旁車而趨（7／2701）

《集解》：闟，所及反。徐廣曰：「一作寮。屈盧之勁矛，干將之雄戟。」

《索隱》：闟，亦作「鈒」，同所及反。鄒誕音吐臈反。注「寮屈盧」。寮音遼。屈音九勿反。

按：①徐廣語當點作：「一作『寮屈盧之勁矛，干將之雄戟』。」指「持矛而操闟戟者」或作此文，王叔岷已及之，施之勉從其說〔註631〕。《索隱》

〔註627〕張文虎《校刊史記集解索隱正義札記》卷5，中華書局，1977年版，第511頁。

〔註628〕瀧川資言《史記會注考證》，北嶽文藝出版社，1999年版，第3408頁。

〔註629〕水澤利忠《史記會注考證校補》，廣文書局，1972年版，第2426頁。

〔註630〕王叔岷《史記斠證》，中華書局，2007年版，第2177頁。

〔註631〕王叔岷《史記斠證》，中華書局，2007年版，第2185頁。施之勉《史記會注考證訂補》，華岡出版有限公司，1976年版，第1162頁。

出「尞屈盧」三字，亦是作連文讀也。瀧川資言引中井積德說，謂「尞」同「撩」，取持也〔註632〕，亦是。《御覽》卷339引《應璩書》：「左執屈盧之勁矛，右秉干將之雄戟。」正出自趙良語也。朱東潤亦失其讀〔註633〕。②吳承仕曰：「『鬮』從翕聲，與及聲同屬緝部，故假『鬮』為『鈒』。鄒誤仞（認）從𦥑聲，乃音吐臘反，失之。」黃侃曰：「『鬮戟』之字，《說文》作『鈒』，蘇合反，此處自以音『所及反』為近是。鄒則仞（認）為『鬮』字也。」〔註634〕吳、黃說均是。《索隱》「同所及反」之「同」當一字句，指「鬮」同「鈒」。當點作：「鬮，亦作鈒，同。所及反，鄒誕音吐臘（臘）反。」③旁，P.5034《春秋後語》同，P.5523《春秋後語》作「傍」。旁，讀為傍，傍依、夾持也。

《蘇秦列傳》

（1）而習之於鬼谷先生（7／2709）

《索隱》：樂壹注《鬼谷子書》云「蘇秦欲神祕其道，故假名鬼谷」。

《正義》：《七錄》有蘇秦書，樂壹注云：『秦欲神祕其道，故假名鬼谷也。』《鬼谷子》三卷，樂壹注。樂壹字正，魯郡人。（據《考證》本，黃善夫本上方校記、《玉海》卷53亦引之）

《校勘記》：樂壹，殿本、《會注》本作「樂臺」。按：《舊唐書·經籍志》：「《鬼谷子》三卷，樂臺撰。」《新唐書·藝文志》：「樂臺注《鬼谷子》，三卷。」（7／2750）

按：徐文靖疑「樂壹」是「樂臺」之誤〔註635〕。水澤利忠曰：「臺，耿、慶、彭、索、游、凌、殿、金陵『壹』。」〔註636〕施之勉曰：「《隋書·經籍志》：『《鬼谷子》三卷，樂一注。』《玉篇》：『一，或作壹。』《正義》作『樂壹』是也。《索隱》作『樂臺』，誤。」〔註637〕《意林》卷2、《玉海》卷79、《事物紀原》卷2、《通志》卷68、《子略》卷3亦並云「樂臺」注《鬼

〔註632〕瀧川資言《史記會注考證》，北嶽文藝出版社，1999年版，第3415頁。

〔註633〕朱東潤《鄒誕生〈史記音義〉輯佚》，收入《史記考索》，武漢大學出版社，2009年版，第140頁。

〔註634〕吳承仕《經籍舊音辨證》卷4《史記裴駰集解、司馬貞索隱》，後附黃侃《經籍舊音辨證箋識》，中華書局，2008年版，第318、399頁。

〔註635〕徐文靖《管城碩記》卷28，中華書局，1998年版，第526頁。

〔註636〕水澤利忠《史記會注考證校補》，廣文書局，1972年版，第2435頁。

〔註637〕施之勉《史記會注考證訂補》，華岡出版有限公司，1976年版，第1165頁。

谷子書》。乾道本亦作「樂壹」，《漢藝文志考證》卷 7、《通鑒》卷 2 胡三省注引同；四庫本、殿本作「樂臺」（水澤氏誤校殿本）。「壹」、「臺」形近，古代人的名、字相應，《正義》佚文云「樂壹，字正」，以其字「正」考之，「壹」字當是，施說是也。《廣韻》：「壹，醇也。」「壹」為專一、不雜義，故引申為醇正〔註638〕。

（2）於是得周書《陰符》，伏而讀之（7／2710）

按：書名當是《周書陰符》。《隋書·經籍志三》：「《周書陰符》九卷。」《新唐書·藝文志》、《通志》卷 68 同。

（3）期年，以出揣摩，曰：「此可以說當世之君矣。」（7／2710）

按：《御覽》卷 616 引《春秋後語》同，P.3616《春秋後語》作「期年以出揣摩篇曰」。P.3616 衍「篇」字，當讀作：「期年以出，揣摩曰：『此可以說當世之君矣。』」以，猶而也。「期年以出」者，謂一年乃出室也，對應上文「乃閉室不出」。李笠曰：「以出猶云以往。期年以出猶言一年有餘也。」〔註639〕李氏未得其誼。王叔岷以「期年以出揣摩」六字為句，曰：「『以出』猶『已成』。」〔註640〕其說亦誤。

（4）雖然，奉陽君妒而君不任事，是以賓客游士莫敢自盡於前者。今奉陽君捐館舍，君乃今復與士民相親也，臣故敢進其愚慮（7／2713）

按：「而君」二字，宋元各本及慶長本、四庫本、殿本作「君而」，《冊府元龜》卷 886、《通志》卷 93 同。王念孫曰：「『君而』當為『而君』。言奉陽君既妒賢，而君又不任事也。《趙策》作『奉陽君妒，大王不得任事』，是其證。」〔註641〕《四庫考證》說同，張文虎、池田、張森楷、施之勉從其說〔註642〕，是也。P.3616《春秋後語》無「而」字，則當「君不任事」

〔註638〕參見蕭旭《史記校札》，收入《群書校補（續）》，花木蘭文化出版社，2014年版，第 1982～1983 頁。這裏略有補充。
〔註639〕李笠《廣史記訂補》卷 8，復旦大學出版社，2001 年版，第 186 頁。
〔註640〕王叔岷《史記斠證》，中華書局，2007 年版，第 2193 頁。
〔註641〕王念孫《史記雜志》，收入《讀書雜志》卷 2，中國書店，1985 年版，本卷第 85～86 頁。
〔註642〕《四庫全書考證》卷 24《史記下》，景印文淵閣《四庫全書》第 1498 冊，臺灣商務印書館，1986 年初版，第 30 頁。張文虎《校刊史記集解索隱正義札記》卷 5，中華書局，1977 年版，第 514 頁。池田四郎次郎《史記補注（下編）》（池田英雄增補），日本明德出版社，1975 年版，第 53 頁。

句。此徑乙正，然當出《校勘記》說明。又李人鑒據《趙策二》，校「復與」為「得與」〔註 643〕，亦是也。盡，讀為進，下文「進其愚慮」正作本字。

（5）夫衡人者，皆欲割諸侯之地以予秦。秦成，則高臺榭，美宮室，聽竽瑟之音（7／2717）

按：「……以予秦，秦成」，《長短經．七雄略》、《通鑒》卷 2「予」作「與」，餘同。《趙策二》作「……以與秦成，與秦成」，P.3616《春秋後語》作「以事秦，成」。李人鑒據《趙策二》校訂〔註 644〕，是也。又《策》「聽竽瑟之音」下有「察五味之和」五字，李笠據補〔註 645〕，亦是。

（6）遠者括蔽洞胸，近者鏑弇心（7／2720）

按：黃善夫本上方校記云：「陸曰：括，箭闊也。洞，通也。言笴通於胸，作見其括。盧曰：笴括蔽，言中也。《後語》作『蔽胷』。」〔註 646〕周尚木曰：「疑《史》文本作『遠者括蔽胸，近者鏑弇心』。」〔註 647〕李笠曰：「『蔽』字疑衍，『括』為矢末。矢末即鏃，與『鏑』字正對也。《韓策》省去『括』、『鏑』二字，作『遠者達胷，近者掩心』。」〔註 648〕吳國泰曰：「蔽者茀字之借，謂矢羽也。『鏑』上疑脫『鋒』字。」〔註 649〕瀧川資言曰：「『括』當作『銛』，鏃之似鈹者。『蔽洞』不與下『弇』字對，疑衍其一字。鏑亦矢鋒也。《策》作『遠者達胸，近者掩心。』『掩』、『弇』同。遠近，謂射之所及也。」〔註 650〕池田曰：「『括』同『筈』，矢末也。」〔註 651〕陳直曰：「『括』為『銛』字之假借，『蔽』字疑衍文。」〔註 652〕王叔岷曰：「《長短經》無『蔽』字，『弇』亦作『掩』。洞借為迵，與『達』同義。《說文》：『迵，

張森楷《史記新校注》，中國學典館復館籌備處，1967 年版，第 4149 頁。施之勉《史記會注考證訂補》，華岡出版有限公司，1976 年版，第 1168 頁。

〔註 643〕李人鑒《太史公書校讀記》，甘肅人民出版社，1998 年版，第 1041 頁。

〔註 644〕李人鑒《太史公書校讀記》，甘肅人民出版社，1998 年版，第 1043 頁。

〔註 645〕李笠《廣史記訂補》卷 8，復旦大學出版社，2001 年版，第 187 頁。

〔註 646〕張玉春《〈史記〉日本古注疏證》二「笴」字分別誤錄作「箭可」、「箭」，齊魯書社，2016 年版，第 270 頁。「笴」字圖版作「」，甚是分明！

〔註 647〕周尚木《史記識誤》，收入《二十四史訂補》第 1 冊，書目文獻出版社，1996 年版，第 504 頁。

〔註 648〕李笠《廣史記訂補》卷 8，復旦大學出版社，2001 年版，第 188 頁。

〔註 649〕吳國泰《史記解詁》第 3 冊，1933 年成都居易簃叢著本，本冊第 14 頁。

〔註 650〕瀧川資言《史記會注考證》，北嶽文藝出版社，1999 年版，第 3438 頁。

〔註 651〕池田四郎次郎《史記補注（下編）》（池田英雄增補），日本明德出版社，1975 年版，第 56 頁。

〔註 652〕陳直《史記新證》，天津人民出版社，1979 年版，第 125 頁。

迵达也。』『达』即『達』字（今本『达』誤『迭』，段氏注、朱氏《通訓定聲》並有說）。弇、掩古通，《文選·東京賦》薛綜注：『掩，猶及也。』」〔註653〕徐仁甫曰：「『蔽』字當衍。」〔註654〕李笠說是也，周尚木說亦通。《長短經·七雄略》「括」作「栝」，王氏失校。「栝」指箭栝，指矢之末端，書傳多借用「括」字，後出分別字亦作「筈」，不當作「銛」，瀧川說誤。「迵」即「通」字，穿通也。《說文》訓「迵迭」，即「通達（达）」之轉語，「迭」字不誤，《集韻》「迵」字條、《永樂大典》卷13083引《說文》亦作「迵迭」。段、朱改字，非是。《說文》：「达，達或從大。或曰迭。」又「迭，一曰达。」皆以聲轉互訓，足證「迭」字不誤。段玉裁「迭」字下注云：「此『达』字之異體也。蓋『达』、『迭』二字互相為用。」又「达」字下注云：「此『迭』字之異體也。」〔註655〕此則得之，不知段氏何故明於彼而昧於此？《策》作「達」者，不是到達義，當讀作徹，亦穿通之誼，與「洞」同義。《說文》：「徹，通也。」《左傳·成公十六年》：「潘尪之黨，與養由基蹲甲而射之，徹七札焉。」《韓詩外傳》卷8：「景公以為儀而射之，穿七札。」是徹即穿也。《司馬相如列傳》《子虛賦》：「弓不虛發，中必決眥。洞胸達腋，絕乎心繫。」「達」、「洞」對舉同義。《論衡·超奇》：「上通下達，故曰洞歷。」是「洞」為通達義也。P.3616《春秋後語》作「遠者括蔽胸，近者羽弇心」，此周尚木說之證。此文「洞」、「蔽」二字衍其一，蓋後人旁記異文而混入。掩訓及是遍及義，非其誼也，王說非是。《後語》「弇」、「蔽」對文，則「弇」、「掩」是掩蔽義。

（7）冥山（7／2720）

《索隱》：《莊子》云「南行至郢，北面而不見冥山」。郭象云「冥山在乎太極」。

按：王叔岷曰：「《莊子》見《天運篇》。郭注『太極』乃『北極』之誤。」〔註656〕其說是也。

（8）㧽芮（7／2720）

《集解》：㧽，音伐。

〔註653〕王叔岷《史記斠證》，中華書局，2007年版，第2204頁。

〔註654〕徐仁甫《史記注解辨正》，四川大學出版社，1993年版，第120頁。

〔註655〕段玉裁《說文解字注》，上海古籍出版社，1981年版，第73頁。

〔註656〕王叔岷《史記斠證》，中華書局，2007年版，第2204頁。

《索隱》：「呮」與「瞂」同，音伐，謂楯也。芮音如字，謂繫楯之綏也。

按：林茂春曰：「『呮』與『瞂』同，即『楯』字。芮，其繫也。」〔註657〕全從《索隱》說。呮，鮑本《韓策一》、P.3616《春秋後語》同，姚本《策》形誤作「呍」。黃善夫本、乾道本、淳熙本、元刻本、慶長本、四庫本《索隱》「綏」上有「紛」字，當據補，瀧川《考證》本亦脫。《書‧費誓》孔疏引王肅曰：「瞂，楯當有紛繫持之。」亦言以紛繫楯也。紛亦綏也，「紛綏」乃複語。宋本《玉篇》：「紛，緩也。」「緩」必是「綏」形誤，《玉篇殘卷》引《尚書》「玄紛純」，又引孔安國曰：「玄紛，黑綏也。」正作「綏」字。《索隱》說「芮」為繫楯之紛綏者，陳鱣曰：「『芮』乃『緌』之假字也。」〔註658〕金正煒曰：「疑『呍芮』或為『文茵』之譌。」〔註659〕張森楷從金說〔註660〕。朱駿聲曰：「芮，叚借為繘。」〔註661〕吳國泰曰：「呮芮者，『瞂繘』之借。《說文》：『瞂，大盾也。繘，綆也。』故可為繫楯之紛綏。」〔註662〕吳說本自朱說。陳說是，《爾雅》：「緌，綏也。」然「呮（瞂）芮」指繫楯之綏，非攻戰之具，余謂《索隱》說不安。芮，讀為銳，指尖銳之矛屬。《書‧顧命》：「一人冕執銳，立於側階。」孔傳：「銳，矛屬也。」「呮芮」即盾矛。

（9）臣聞鄙諺曰：「寧為雞口，無為牛後。」（7／2723）

《索隱》：《戰國策》云「寧為雞尸，不為牛從」。延篤注云：「尸，雞中主也。從謂牛子也。言寧為雞中之主，不為牛之從後也。」

《正義》：雞口雖小，猶進食；牛後雖大，乃出糞也。

按：梁玉繩曰：「《顏氏家訓‧書證》謂當作『雞尸』、『牛從』，引延篤《國策》注云：『尸，雞中主。從，牛子。』《索隱》及《爾雅翼》釋『豵』、沈括《筆談》並言之，然非也。《餘冬敘錄》云：『口、後韻叶。』」〔註663〕

〔註657〕林茂春《史記拾遺》，收入《二十四史訂補》第 1 冊，書目文獻出版社，1996 年版，第 681、685 頁。
〔註658〕陳鱣《簡莊疏記》卷 4，收入《續修四庫全書》第 1157 冊，第 176 頁。
〔註659〕金正煒《戰國策補釋》卷 5，收入《續修四庫全書》第 422 冊，第 559 頁。
〔註660〕張森楷《史記新校注》，中國學典館復館籌備處，1967 年版，第 4158 頁。
〔註661〕朱駿聲《說文通訓定聲》，武漢市古籍書店，1983 年版，第 593 頁。
〔註662〕吳國泰《史記解詁》第 3 冊，1933 年成都居易簃叢著本，本冊第 14 頁。
〔註663〕梁玉繩《史記志疑》卷 29，中華書局，1981 年版，第 1245 頁。

張森楷從梁說〔註664〕。牛運震曰:「『寧為雞口,無為牛後』亦謁,當從《戰國策》為是。」〔註665〕池田曰:「蓋『後』與『尻』音義並通,即醫家所謂肛門也。」〔註666〕王叔岷曰:「《御覽》卷898引『諺曰』作『語云』,今《韓策》『諺』亦作『語』,『口』、『後』二字與此《傳》同。《文選‧為曹公作書與孫權》『昔蘇秦說韓,羞以牛後』(作『牛後』,與此《傳》合),注:『《戰國策》:「臣聞鄙諺曰:寧為雞尸,不為牛從。」延叔堅注曰:「尸,雞中主也。從,牛子也。」從,或為「後」,非也。』據《顏氏家訓》、《索隱》、《文選》注,則《韓策》故本,『口』、『後』二字必作『尸』、『從』也。」〔註667〕梁氏所引《餘冬敘錄》,明人何孟春撰,翟灝、瀧川資言亦從其說〔註668〕,朱駿聲、趙曦明、朱起鳳說同何氏,皆駁延篤說〔註669〕。王叔岷說《策》本作「尸」、「從」,本於王念孫,王念孫且指出《史記》作「口」、「後」是傳寫之誤〔註670〕。王叔岷所引《文選》注,乃李善注,呂向注引蘇秦說韓王語(未言出處),仍作「口」、「後」二字,《類聚》卷25、《御覽》460、《記纂淵海》卷92引《策》〔註671〕,《御覽》卷495、898、《事類賦注》卷22、《緯略》卷4引《史記》,P.3616《春秋後語》及《長短經‧七雄略》,並同。本書不誤,何孟春說是也。池田說「後」指肛門亦是也,但不與「尻」通。「後」以位置代指肛門。《扁鵲列傳》「令人不得前後溲」,《索隱》:「前溲,謂小便。後溲,大便也。」「雞口」與「牛後」對舉。「雞尸」、「牛從」則別無所見,不辭甚矣。洪頤煊曰:「《字林》:『犍,從牛也。』」案:《說文新附》:『犍,犗牛也。』《一切經音義》卷14引《通俗文》:『以

〔註664〕張森楷《史記新校注》,中國學典館復館籌備處,1967年版,第4158頁。

〔註665〕牛運震《讀史糾謬》卷1《史記》,收入《續修四庫全書》第451冊,第27頁。

〔註666〕池田四郎次郎《史記補注(下編)》(池田英雄增補),日本明德出版社,1975年版,第57頁。

〔註667〕王叔岷《史記斠證》,中華書局,2007年版,第2206頁。

〔註668〕翟灝《通俗編》卷29,收入《續修四庫全書》第194冊,第564頁。瀧川資言《史記會注考證》,北嶽文藝出版社,1999年版,第3441頁。

〔註669〕朱駿聲《說文通訓定聲》,武漢市古籍書店,1983年版,第349頁。趙曦明《顏氏家訓注》卷6,收入《續修四庫全書》第1121冊,第659頁。朱起鳳《辭通》卷15,上海古籍出版社,1982年版,第1572頁。

〔註670〕王念孫《戰國策雜志》,收入《讀書雜志》卷1,中國書店,1985年版,本卷第106～107頁。

〔註671〕《記纂淵海》據宋刊本,四庫本在卷53。

刀去陰曰犍。』《淮南·氾論訓》：『禽獸可羈而從也。』凡牛已犍者即馴從，故亦謂之從牛。《顏氏家訓·書證篇》引《戰國策》『寧為雞尸，無為牛從』，延篤以為牛子，非是。」〔註672〕洪氏據誤字以證《字林》，亦非。又據《顏氏家訓》、《文選》李善注所引，延篤《戰國策》注只是「尸，雞中主也。從謂牛子也」二句，則「言寧為雞中之主，不為牛之從後也」是小司馬語，當放在引號外面。

（10）臣竊量大王之國不下楚。然衡人怵王交彊虎狼之秦以侵天下，卒有秦患，不顧其禍（7／2724）

《正義》：衡音橫。怵音卹。

按：「下楚」下句號當改逗號。瀧川《考證》本《正義》「怵音卹」下有「誘也」二字。水澤利忠指出「南化、野、高」三本《正義》作「怵，誘也」〔註673〕。黃善夫本上方校記亦引《正義》「怵，誘也」。當據補「誘也」二字，至少亦當出校勘記。王叔岷曰：「怵借為訹。《說文》：『訹，誘也。』」〔註674〕韓兆琦曰：「怵，威脅、恫嚇。有曰『怵』同『訹』，引誘。」〔註675〕王說是，韓氏前說，未達通假也。《集韻》：「訹，《說文》：『誘也。』或作怵、鉥。」怵，P.3616《春秋後語》作「訹」，《魏策一》作「謀」。《魏策》、《後語》「量」作「料」，「顧」作「被」。又《後語》「交」下無「彊」字。謀，讀作媒，猶言介紹。

（11）魏，天下之彊國也；王，天下之賢王也（7／2724）

按：瀧川資言曰：「楓山、三條、寬永本『賢王』作『賢主』，與《策》合。」〔註676〕水澤利忠曰：「王，南化、楓、三、狩、高、景、井、紹、衲、毛、《通志》『主』。」〔註677〕施之勉曰：「景祐本作『賢主』，《長短經》卷5、《冊府元龜》卷886引亦作『賢主』。」〔註678〕王叔岷說略同施氏〔註679〕。黃善夫本、乾道本、淳熙本、元刻本、四庫本、殿本作「賢

〔註672〕洪頤煊《讀書叢錄》卷10，收入《續修四庫全書》第1157冊，第647頁。
〔註673〕水澤利忠《史記會注考證校補》，廣文書局，1972年版，第2451頁。
〔註674〕王叔岷《史記斠證》，中華書局，2007年版，第2208頁。
〔註675〕韓兆琦《史記箋證》，江西人民出版社，2009年版，第3984頁。
〔註676〕瀧川資言《史記會注考證》，北嶽文藝出版社，1999年版，第3443頁。
〔註677〕水澤利忠《史記會注考證校補》，廣文書局，1972年版，第2451頁。
〔註678〕施之勉《史記會注考證訂補》，華岡出版有限公司，1976年版，第1176頁。
〔註679〕王叔岷《史記斠證》，中華書局，2007年版，第2208頁。

王」，《御覽》卷 158 引《春秋後語》同；慶長本亦作「賢主」，《魏策一》、P.3616《春秋後語》、《古史》卷 40 同。下文云「楚，天下之彊國也；王，天下之賢王也」（7／2729），瀧川資言曰：「楓、三本『賢王』作『賢主』。」〔註 680〕水澤利忠曰：「王，南化、楓、梅、三、高、景、井、紹、衲、毛、《通志》『主』。」〔註 681〕施之勉曰：「景祐本作『賢主』，《長短經》卷 5、《御覽》卷 330 引《春秋後語》、《冊府元龜》卷 886 引亦作『賢主』。」〔註 682〕王叔岷說略同施氏〔註 683〕。《史記》各版本情況與本文相同；《楚策一》亦作「賢王」，P.3616《春秋後語》、《古史》卷 40 亦作「賢主」。當作「賢主」為是。

（12）三軍之良，五家之兵，進如鋒矢，戰如雷霆，解如風雨（7／2727）

《索隱》：《戰國策》作「疾如錐矢」。高誘曰「錐矢，小矢，喻徑疾也」。《呂氏春秋》曰「所貴錐矢者，為應聲而至」。

《正義》：齊軍之進，若鋒芒之刀，良弓之矢，用之有進而無退。

按：①《索隱》引高誘注「徑疾」，宋元各本皆誤，當據今本《策》注改「徑」作「勁」。《正義》「之刀」，瀧川《考證》本誤同，當據黃善夫本、元刻本、慶長本、四庫本、殿本改「刀」作「刃」。②《索隱》引《戰國策》「錐矢」，出《齊策一》；《淮南子‧兵略篇》同。王引之指出「鋒矢」、「錐矢」當作「鏃矢」，今本《呂氏春秋‧貴卒篇》及《淮南子‧兵略篇》下文作「鏃矢」亦誤〔註 684〕。王叔岷從王說，指出日鈔本《淮南子》正作「鏃矢」〔註 685〕。瀧川資言引中井積德曰：「鋒矢，謂鏃之細尖如鋒芒也。」〔註 686〕池田曰：「『鋒』當據《國策》作『錐』。」〔註 687〕施之勉引吳汝綸

〔註 680〕瀧川資言《史記會注考證》，北嶽文藝出版社，1999 年版，第 3450 頁。

〔註 681〕水澤利忠《史記會注考證校補》，廣文書局，1972 年版，第 2455 頁。

〔註 682〕施之勉《史記會注考證訂補》，華岡出版有限公司，1976 年版，第 1178 頁。

〔註 683〕王叔岷《史記斠證》，中華書局，2007 年版，第 2212 頁。

〔註 684〕王引之說轉引自王念孫《淮南子雜志》，收入《讀書雜志》卷 14，中國書店，1985 年版，本卷第 61～62 頁。

〔註 685〕王叔岷《史記斠證》，中華書局，2007 年版，第 2209 頁。

〔註 686〕瀧川資言《史記會注考證》，北嶽文藝出版社，1999 年版，第 3446 頁。

〔註 687〕池田四郎次郎《史記補注（下編）》（池田英雄增補），日本明德出版社，1975 年版，第 58 頁。

曰：「《國策》作『疾如錐矢』，高注：『錐矢，小矢。』引《呂覽》『錐矢』為證。則此作『鋒』者，誤字也。」〔註688〕王引之校「錐矢」作「鏃矢」是也，餘說則誤。《正義》及中井、池田說亦非。鏃，箭鏃也。居延漢簡128.1「陷堅羊頭銅鏃箭卅八枚」，「銅鏃」即「銅鏃」。居延新簡65.141「稾矢四，毋鏃」，謂無鏃也。《說文》：「族，矢鋒也。」《方言》卷9：「箭，自關而東謂之矢，江淮之間謂之鏃，關西曰箭。」《釋名》：「矢，又謂之箭……又謂之鏑……齊人謂之鏃。」「鏃」是「族」增旁俗字。《文選・魏都賦》「鋒鏑縱橫」，李善注引《說文》：「鋒，矢鋒也。」鋒亦鏑也，鏃也。「鋒矢」、「鏃矢」皆與「鏃矢」同義。「鋒」、「鏃」皆非誤字。《御覽》卷160、《玉海》卷136引《史記》作「鋒矢」，P.3616《春秋後語》作「鏃矢」。《五宗世家》：「私作樓車鏃矢。」又《淮南衡山列傳》：「陳喜作輣車鏃矢。」倒言之則曰「矢鏃」，古書之恒言也。③戰如雷霆，《齊策一》、P.3616《春秋後語》作「戰如雷電」，銀雀山漢簡《王兵篇》作「動如雷電」，《淮南子・兵略篇》、《脩務篇》作「合如雷電」，《管子・七法》作「動之如雷電」，《管子・幼官》作「發如雷電」。霆亦電也。

（13）臣聞飢人所以飢而不食烏喙者，為其愈充腹而與餓死同患也（7／2734）

《集解》：《本草經》曰：「烏頭，一名烏喙。」

《索隱》：烏啄，音卓，又音許穢反。今之毒藥烏頭是。劉氏以愈猶暫，非也。謂食烏頭為其暫愈飢而充腹，少時毒發而死，亦與飢死同患也。

《正義》：《廣雅》云：「蘸，奚毒，附子也。一歲為烏啄，三歲為附子，四歲為烏頭，五歲為天雄。」

《校勘記》：「一歲」下疑脫「為薊子二歲」五字。按：《廣雅》作「一歲為薊子，二歲為烏啄」。《索隱》「食烏頭」，耿本等此上有「飢人」二字。（7／2755）

按：①王叔岷指出《索隱》本作「烏啄」，是「烏喙」之誤〔註689〕。《正義》所引《廣雅》「烏啄」，黃善夫本誤同，元刻本、慶長本、四庫本、殿本、瀧川《考證》本作「烏喙」不誤（《御覽》卷990引《廣雅》亦不誤），《校勘記》引亦誤。宋刊《長短經・七雄略》引正文亦誤作「烏啄」。②王

〔註688〕施之勉《史記會注考證訂補》，華岡出版有限公司，1976年版，第1177頁。
〔註689〕王叔岷《史記斠證》，中華書局，2007年版，第2216頁。下同。

念孫指出《燕策》「愈」作「偷」,「愈」即「偷」字,猶言苟且;瀧川資言引岡白駒說同〔註690〕,張文虎、池田從王說〔註691〕。施之勉引吳汝綸曰:「『愈』字義勝。」〔註692〕王說是。王叔岷指出《長短經》注「愈」亦作「偷」,又指出黃善夫本、殿本《索隱》作「按謂飢人食烏頭,則愈益充腹」,非《索隱》之舊。王叔岷說非是,黃本正《索隱》之舊,乾道本、淳熙本、元刻本、慶長本、四庫本《索隱》皆同黃本,當據校正,否則《索隱》解作「暫愈飢」,與劉說無異,何得言「劉氏以愈猶暫,非也」?《御覽》卷990引《春秋後語》「愈」亦作「偷」。S.1439《春秋後語釋文》:「偷充腹:《史記》本作『愈充腹』。」

(14)今臣為王卻齊之兵而攻得十城,宜以益親(7 / 2735)

《校勘記》:攻得十城,疑文有脫誤。《燕策一》作「利得十城,功存危燕」。(7 / 2755)

按:張文虎曰:「『攻』字疑衍。」〔註693〕崔適說同〔註694〕。瀧川資言曰:「《策》『攻』作『利』。中井積德曰:『當作收。』張文虎曰:『疑衍。』」〔註695〕張森楷說同中井〔註696〕。吳國泰曰:「蘇秦得燕十城非攻也。『攻』當是『復』字之訛。」〔註697〕王叔岷曰:「『攻』字不誤,亦非衍。《長短經‧詭信篇》『攻』作『功』。功、攻,正、假字。《燕策》作『利』,功、利義近。」〔註698〕李人鑒據《策》校「攻得十城」作「功存危燕,利得十城」〔註699〕。今本《燕策一》無「宜以益親」句,與此文不同。《御覽》

〔註690〕王念孫《史記雜志》,收入《讀書雜志》卷2,中國書店,1985年版,本卷第88頁。瀧川資言《史記會注考證》,北嶽文藝出版社,1999年版,第3458頁。

〔註691〕張文虎《校刊史記集解索隱正義札記》卷5,中華書局,1977年版,第517頁。池田四郎次郎《史記補注(下編)》(池田英雄增補),日本明德出版社,1975年版。第61頁。

〔註692〕施之勉《史記會注考證訂補》,華岡出版有限公司,1976年版,第1181頁。

〔註693〕張文虎《校刊史記集解索隱正義札記》卷5,中華書局,1977年版,第517頁。

〔註694〕崔適《史記探源》,中華書局,1986年版,第179頁。

〔註695〕瀧川資言《史記會注考證》,北嶽文藝出版社,1999年版,第3460頁。

〔註696〕張森楷《史記新校注》,中國學典館復館籌備處,1967年版,第4169頁。

〔註697〕吳國泰《史記解詁》第3冊,1933年成都居易簃叢著本,本冊第15頁。

〔註698〕王叔岷《史記斠證》,中華書局,2007年版,第2217頁。

〔註699〕李人鑒《太史公書校讀記》,甘肅人民出版社,1998年版,第1047頁。

卷 460 引《策》同《史記》此文。王說「攻」字不誤是也，但當以「工」為正字，「功」亦借字，猶言巧善也。利亦善也。

（15）孝如曾參，義不離其親一宿於外，王又安能使之步行千里而事弱燕之危王哉（7／2735）

《校勘記》：危王，《燕策一》作「危主」。（7／2755）

按：張文虎曰：「危王：毛本作『主』。」水澤利忠曰：「王，毛『主』。」〔註700〕李人鑒指出「宿」上當據《燕策一》補「夕」字，又校「危王」作「危主」〔註701〕，是也。夕宿，猶言夜宿。《長短經·詭信》作「宿昔於外」，「昔」同「夕」；「危王」亦誤同此文。

（16）如此則臣之賊必得矣（7／2737）

按：《御覽》卷 633 引《說苑》作「如此刺臣者必出矣」，《御覽》卷 827、《折獄龜鑑》卷 7 引《春秋後語》作「如此則刺臣之賊必得矣」。王叔岷據《御覽》所引，已指出《說苑》、《春秋後語》「臣」上並有「刺」字〔註702〕，當據補「刺」字，《古史》卷 40「臣」上有「殺」字。

（17）王，天下之明王也（7／2737）

按：明王，各本同，《御覽》卷 460 引《策》亦同，當據《燕策一》、《冊府元龜》卷 888、《永樂大典》卷 4909 作「明主」。下文二見，並同。李人鑒已據《策》校正〔註703〕。下文「臣聞明王務聞其過」，《古史》卷 40 亦作「明主」（未引上文）。

（18）今夫齊，長主而自用也（7／2738）

《索隱》：謂齊王年長也。或作「齊彊，故言長主」。

按：池田曰：「《燕策》『齊』下有『王』字，此疑脫。」〔註704〕補「王」字是也。《燕策一》「長主」下有「也」字，當「長主也」作一句讀。此文省「也」字，則當「長主」二字作一句讀。吳師道《補正》引司馬貞云：「年長也。或謂齊強，故稱長主。」今本《索隱》「齊彊，故言長主」是小司馬所列異說，而不是異文，不當加引號。且「長主」亦無作「齊彊，故言長

〔註700〕水澤利忠《史記會注考證校補》，廣文書局，1972 年版，第 2460 頁。

〔註701〕李人鑒《太史公書校讀記》，甘肅人民出版社，1998 年版，第 1047 頁。

〔註702〕王叔岷《史記斠證》，中華書局，2007 年版，第 2219 頁。

〔註703〕李人鑒《太史公書校讀記》，甘肅人民出版社，1998 年版，第 1049 頁。

〔註704〕池田四郎次郎《史記補注（下編）》（池田英雄增補），日本明德出版社，1975 年版。第 63 頁。

主」之理。長主，言尊長之君。《魏世家》「梁王，長主也」，《魏策二》同，亦其例。

（19）齊王怨蘇秦，欲囚蘇厲。燕質子為謝，已遂委質為齊臣（7 / 2738）

按：黃善夫本下方校記云：「『謝』字句，『已』字屬下。」王叔岷曰：「『已』一字句。《燕策》『已』上有『乃』字，『乃已』二字為句。」〔註705〕李人鑒據《策》補「乃」字；乃已，言乃不囚蘇厲也〔註706〕。李說是也。已，止也。

（20）齊加不信於王，而忌燕愈甚（7 / 2741）

按：周尚木曰：「『加不信』當云『不加信』，《燕策》作『齊未加信於王』。」〔註707〕王叔岷、徐仁甫、李人鑒、韓兆琦說同〔註708〕，是也。《張儀列傳》「今楚不加善於秦而善軫者，軫自為厚而為王薄也」，文例同。

（21）北夷方七百里，加之以魯、衛，彊萬乘之國也（7 / 2741）

按：北夷，《燕策一》同，王念孫校作「九夷」，張文虎、吳國泰、張森楷、王叔岷從其說〔註709〕。王說是也，鄭良樹指出帛書本《國策》正作「九夷」〔註710〕，是為確證。

（22）越王句踐棲於會稽，復殘彊吳而霸天下（7 / 2741）

按：復，《燕策一》作「而後」，帛書本作「其後」。李人鑒謂「復」是

〔註705〕王叔岷《史記斠證》，中華書局，2007 年版，第 2221 頁。
〔註706〕李人鑒《太史公書校讀記》，甘肅人民出版社，1998 年版，第 1049 頁。
〔註707〕周尚木《史記識誤》，收入《二十四史訂補》第 1 冊，書目文獻出版社，1996 年版，第 504 頁。
〔註708〕王叔岷《史記斠證》，中華書局，2007 年版，第 2221 頁。徐仁甫《史記注解辨正》，四川大學出版社，1993 年版，第 121 頁。李人鑒《太史公書校讀記》，甘肅人民出版社，1998 年版，第 1051 頁。韓兆琦《史記箋證》，江西人民出版社，2009 年版，第 4018 頁。
〔註709〕王念孫《史記雜志》，收入《讀書雜志》卷 2，中國書店，1985 年版，本卷第 89～90 頁。張文虎《校刊史記集解索隱正義札記》卷 5，中華書局，1977 年版，第 518 頁。吳國泰《史記解詁》第 3 冊，1933 年成都居易簃叢著本，本冊第 16 頁。張森楷《史記新校注》，中國學典館復館籌備處，1967 年版，第 4175 頁。王叔岷《史記斠證》，中華書局，2007 年版，第 2222 頁。
〔註710〕鄭良樹《史記賸義》，收入《大陸雜志史學叢書》第 5 輯第 2 冊《史記考證研究論集》，第 81 頁。

「後」形誤〔註711〕，是也。各本均誤作「復」，《冊府元龜》卷 888、《古史》卷 40 誤同。

（23）燕、趙破宋肥齊，尊之為之下者，燕、趙非利之也（7／2742）

按：「尊之」當二字為句。

（24）秦王聞若說，必若剌心然。則王何不使辯士以此若言說秦（7／2742）

按：「然」屬下句，「然則」是轉語詞。吳師道《補正》：「『然』字句，可。」非是。《後漢書·馮衍傳》《遺田邑書》「以為伯玉聞此至言，必若剌心」，正本此文。帛書本「剌」作「諫」，借字。

（25）二日而莫不盡繇（7／2745）

《索隱》：繇，音搖。搖，動也。

按：《索隱》「繇」音搖，以讀音表示通假。當「搖動」連文，以釋「搖」字。《廣韻》：「搖，搖動。」

（26）致藺、離石（7／2747）

按：《四庫考證》：「刊本脫『離』字，據《戰國策》增。」〔註712〕梁玉繩曰：「《燕策》吳注曰：『據文，石上恐有離字。』」〔註713〕張文虎曰：「『石』上《策》有『離』字，疑傳寫脫。」〔註714〕王叔岷曰：「鮑本『石』上有『離』字。」〔註715〕宋元各本及慶長本皆無「離」字。即使補「離」字，亦當出《校勘記》作說明。但補「離」字非也，鮑、吳等說不可從。姚本《燕策二》作「致藺石」，校云：「石，三本同作『君』。」金正煒曰：「按作『君』當是，藺石地不屬韓，且與『至公子延』文同，知當作『藺君』，蓋韓之質秦者也。鮑本『藺』下補『離』字，誤。『至』與『致』通，《漢書·文帝紀》『丞若尉致』注：『致者，送至也。』」〔註716〕張森楷、

〔註711〕李人鑒《太史公書校讀記》，甘肅人民出版社，1998 年版，第 1052 頁。
〔註712〕《四庫全書考證》卷 24《史記下》，景印文淵閣《四庫全書》第 1498 冊，臺灣商務印書館，1986 年初版，第 31 頁。
〔註713〕梁玉繩《史記志疑》卷 29，中華書局，1981 年版，第 1249 頁。
〔註714〕張文虎《校刊史記集解索隱正義札記》卷 5，中華書局，1977 年版，第 519 頁。
〔註715〕王叔岷《史記斠證》，中華書局，2007 年版，第 2224 頁。
〔註716〕金正煒《戰國策補釋》卷 6，收入《續修四庫全書》第 422 冊，上海古籍出版社，2002 年版，第 581 頁。

池田從金說〔註717〕。金氏校作「致藺君」是也；但金氏訓「致」為「送至」，則誤。「致」當讀作質，言以韓公子藺君為人質也。下文「至公子延」，「至」亦讀作質。據《周本紀》「北取趙藺、離石者，皆白起也」，則「藺」、「離石」是趙國二邑，與韓國無關，補「離」字必誤無疑。

（27）秦欲攻魏重楚，則以南陽委於楚（7／2747）

《索隱》：重猶附也，尊也。

《正義》：畏楚救魏。

按：《索隱》說誤，《正義》是也。「重楚」二字為句，其上當加逗號。金正煒曰：「重楚，謂不敢輕楚耳。《史記·司馬相如傳》『重煩百姓』，《索隱》云：『重，猶難也。』《釋名·釋言語》：『難，憚也，人所忌憚也。』此文亦當訓難，附、尊義並不切。」〔註718〕池田從金說〔註719〕。郭嵩燾曰：「重，猶難也。」〔註720〕王駿觀曰：「字書云：『重，畏懼意也。』」〔註721〕金氏等說是也，下文「兵困於林中，重燕、趙」，又「兵傷於譙石，而遇敗於陽馬，而重魏」，亦同。下文「於是楚王已得張儀而重出黔中地與秦，欲許之」，重出謂難出，不願意出。

（28）殘均陵，塞鄳阨（7／2747）

《正義》：均州故城在隨州西南五十里，蓋均陵也。又申州羅山縣本漢鄳縣。申州有平清關，蓋古鄳縣之阨塞。

按：平清關，《通鑑地理通釋》卷9引作「平靖關」，當據校正。《魏世家》：「而攻冥阨之塞。」《呂氏春秋·有始》：「九塞：大汾、冥阨、荊阮、方城、殽、井陘、令疵、句注、居庸。」《淮南子·墬形篇》「冥阨」作「澠阨」，與此「鄳阨」同，並一聲之轉。

（29）兵傷於譙石，而遇敗於陽馬（7／2748）

按：水澤利忠曰：「景、井、蜀、紹、衲、耿、慶、彭、毛、凌、游、

〔註717〕張森楷《史記新校注》，中國學典館復館籌備處，1967年版，第4181頁。池田四郎次郎《史記補注（下編）》（池田英雄增補），日本明德出版社，1975年版，第67頁。

〔註718〕金正煒《戰國策補釋》卷6，收入《續修四庫全書》第422冊，上海古籍出版社，2002年版，第581頁。

〔註719〕池田四郎次郎《史記補注（下編）》（池田英雄增補），日本明德出版社，1975年版，第67頁。

〔註720〕郭嵩燾《史記札記》，商務印書館，1957年版，第258頁。

〔註721〕王駿圖、王駿觀《史記舊註平義》，正中書局，1936年版，第279頁。

殿無『而』字。」〔註 722〕王叔岷曰：「各本無『而』字，《燕策》同。《索隱》『而』字，疑涉上下文而衍。」〔註 723〕《冊府元龜》卷 888、《古史》卷 40、《通志》卷 93 亦無「而」字，當刪去。

《張儀列傳》

（1）蘇秦已說趙王而得相約從親，然恐秦之攻諸侯，敗約後負，念莫可使用於秦者，乃使人微感張儀（7／2758）

按：方苞曰：「敗約後負，恐敗約之後已負諸侯之責也。」〔註 724〕吳國泰曰：「負者，倍字之借。謂毀盟約而後相倍也。感者，撼之省文，動也。」〔註 725〕張森楷曰：「負，敗也，又：失也。」施之勉從張說〔註 726〕。池田曰：「天下諸侯敗從約相負。」〔註 727〕李人鑒曰：「『然恐秦之攻諸侯，敗約後負』，即下文『蘇君憂秦伐趙，敗從約』之意。疑『敗約後負』四字即『敗從約』三字之誤（『從』、『後』二字形近易誤……『從約』誤為『後約』，又倒作『約後』，不知何故又增一『負』字於其後）。」〔註 728〕李說近是。「相」指相位（黃善夫本上方校記引菅氏說已及），而不是副詞，「得相」下當加逗號。韓兆琦解「相約從親」作「相互結約，合縱聯盟」〔註 729〕，誤甚。「敗約後」當作「敗從約」，屬上句。「負」屬下句，讀作復，猶言又也，一聲之轉。當讀作「蘇秦已說趙王而得相，約從親，然恐秦之攻諸侯，敗約後（敗從約），負（復）念莫可使用於秦者」《通鑒》卷 2 作「蘇秦恐秦兵至趙而敗從約，念莫可使用於秦者，乃激怒張儀」。「感」是刺激義，「撼」是動搖義，吳國泰說不確。

（2）苴蜀相攻擊（7／2759）

《集解》：徐廣曰：「譙周曰益州『天苴』讀為『包黎』之『包』，音與

〔註 722〕水澤利忠《史記會注考證校補》，廣文書局，1972 年版，第 2472 頁。

〔註 723〕王叔岷《史記斠證》，中華書局，2007 年版，第 2225 頁。

〔註 724〕方苞《史記注補正》，收入《二十五史三編》第 1 冊，嶽麓書社，1994 年版，第 76 頁。

〔註 725〕吳國泰《史記解詁》第 3 冊，1933 年成都居易簃叢著本，本冊第 17 頁。

〔註 726〕施之勉《史記會注考證訂補》，華岡出版有限公司，1976 年版，第 1190 頁。

〔註 727〕池田四郎次郎《史記補注（下編）》（池田英雄增補），日本明德出版社，1975 年版，第 68 頁。

〔註 728〕李人鑒《太史公書校讀記》，甘肅人民出版社，1998 年版，第 1056 頁。

〔註 729〕韓兆琦《史記箋證》，江西人民出版社，2009 年版，第 4038 頁。

『巴』相近，以為今之巴郡。」

按：水澤利忠曰：「讀為包黎之包，景、井、蜀、紹、衲、毛兩『包』字作『苞』，凌、游作『巴』。」〔註730〕《集解》二「包」字，黃善夫本、乾道本、元刻本、慶長本同，淳熙本亦作「苞」。「苞」字當作「芭」，故云「音與巴相近」也。《御覽》卷166引正文無「擊」字。

（3）得其地足以廣國，取其財足以富民（7/2761）

《索隱》：遇其財。《戰國策》「遇」作「得」。

按：黃善夫本、乾道本、淳熙本、元刻本、慶長本、四庫本《索隱》無「遇其財」，又「遇作得」作「取作得」，當據刪、改。《秦策一》「得」、「取」與本文互易，《索隱》失校上句。

（4）是我一舉而名實附也（7/2762）

《索隱》：名謂傳其德也，實謂得土地財寶。

按：水澤利忠曰：「傳，耿、慶、彭、游、殿『博』，凌『博』。」〔註731〕乾道本、慶長本、四庫本《索隱》亦作「博」，當據校正。「博」是「博」形訛，俗「博」字。正文「欲王者務博其德」，亦作「博」〔註732〕。又各本「財寶」下有「也」字，亦當據補。

（5）臣請謁其故（7/2762）

《索隱》：謁者，告也，陳也。

按：正文「謁」，宋元各本及慶長本、四庫本作「論」，《冊府元龜》卷238、736、《古史》卷41、《通鑒》卷3、《通志》卷93同；黃善夫本、乾道本、淳熙本、元刻本、慶長本、四庫本《索隱》亦作「論」。王念孫據《秦策一》、《新序·善謀》校「論」作「謁」，張文虎從其說〔註733〕。瀧川資言曰：「各本『謁』作『論』，今從楓、三本。」〔註734〕水澤利忠曰：「謁，景、井、蜀、紹、耿、慶、彭、毛、游、凌、殿『論』，南化、楓、棭、三、

〔註730〕水澤利忠《史記會注考證校補》，廣文書局，1972年版，第2477頁。

〔註731〕水澤利忠《史記會注考證校補》，廣文書局，1972年版，第2479頁。

〔註732〕《戰國策·秦策一》、《新序·善謀》同，《御覽》卷460引《策》作「崇」，S.1810＋S.1441《勵忠節鈔》卷1引《史記》作「厚」，皆臆改。

〔註733〕王念孫《史記雜志》，收入《讀書雜志》卷2，中國書店，1985年版，本卷第92頁。張文虎《校刊史記集解索隱正義札記》卷5，中華書局，1977年版，第521頁。

〔註734〕瀧川資言《史記會注考證》，北嶽文藝出版社，1999年版，第3491頁。

梅、高《校記》『謁』。」〔註735〕黃善夫本上方校記云：「論，本乍（作）『謁』。」
此逕改作「謁」，當出《校勘記》作說明。

（6）（張儀）遂使楚。楚懷王至則囚張儀，將殺之（7／2767）

按：王叔岷曰：「『至』字當在『遂使楚』下。『至』一字句。《楚世家》
作『儀遂使楚。至，懷王不見，因而囚張儀，欲殺之』，可證。」〔註736〕
王說是也，李人鑒亦據《楚世家》乙作「至，楚懷王則囚張儀」〔註737〕。

（7）探前趹後蹄閒三尋騰者（7／2772）

《索隱》：謂馬前足探向前，後足趹於後。趹音烏穴反。趹謂後足抉地，
言馬之走埶疾也。七尺曰尋。言馬走之疾，前後蹄閒一擲過三尋也。

按：①水澤利忠曰：「《索隱》『抉』，紹、毛『趹』。」〔註738〕紹興
本無《索隱》，水澤氏誤記。「抉地」之「抉」當校作「趹」。黃善夫本、
乾道本、淳熙本、元刻本、慶長本《索隱》「過」上有「而」字，當據補。
②鮑本《韓策一》改「趹」作「蹶」，云：「元作『趹』，《字書》無『趹』
字。蹶，跳也。」無煩改字，古音通也；且亦不得謂《字書》無「趹」
字。《說文》：「趹，馬行皃。」當指馬疾行，字亦作駃、趏。《玉篇殘卷》
「緪」字條引《淮南子》「緪履趹步」，又引許慎注：「趹，疾也。」〔註739〕
蔣斧印本《唐韻殘卷》：「趏，馬行疾皃。」③吳國泰曰：「探者，突字之
訛。」〔註740〕吳氏改字非是。蓋謂馬前足長，故探向前；後足短，故蹬於
地耳。

（8）今秦之與齊也，猶齊之與魯也（7／2774）

按：秦之與齊，梁玉繩引鄧以讚說，據《秦（齊）策一》「趙之與秦」
改作「秦之與趙」，張森楷從鄧說，瀧川資言、池田並襲其說〔註741〕；王

〔註735〕水澤利忠《史記會注考證校補》，廣文書局，1972 年版，第 2479 頁。
〔註736〕王叔岷《史記斠證》，中華書局，2007 年版，第 2241 頁。
〔註737〕李人鑒《太史公書校讀記》，甘肅人民出版社，1998 年版，第 1061 頁。
〔註738〕水澤利忠《史記會注考證校補》，廣文書局，1972 年版，第 2488 頁。
〔註739〕景宋本《淮南子·脩務篇》「緪」作「敕」，亦急也，蓋高誘注本。
〔註740〕吳國泰《史記解詁》第 3 冊，1933 年成都居易簃叢著本，本冊第 19 頁。
〔註741〕梁玉繩《史記志疑》卷 29，中華書局，1981 年版，第 1254 頁。張森楷《史
記新校注》，中國學典館復館籌備處，1967 年版，第 4200 頁。瀧川資言
《史記會注考證》，北嶽文藝出版社，1999 年版，第 3513 頁。池田四郎
次郎《史記補注（下編）》（池田英雄增補），日本明德出版社，1975 年版，
第 75 頁。

叔岷又補引《春秋後語》作「秦之與趙」以證之〔註742〕。下文言秦、趙四戰，即承此而言。《長短經·七雄略》亦誤。

（9）敬使使臣先聞左右（7／2775）

按：敬，《趙策二》同，《長短經·七雄略》作「故」。此字當作「故」，下文云「是故不敢匿意隱情，先以聞於左右」（《趙策二》同），文例同。

（10）蘇秦熒惑諸侯，以是為非，以非為是，欲反齊國，而自令車裂於市（7／2775）

按：瀧川資言曰：「『反』下各本無『覆』字，今從楓、三本，《策》亦有。」〔註743〕水澤利忠曰：「景、井、蜀、耿、慶、彭、毛、凌、殿無『覆』字，南化、楓、梅、三、梅校補『覆』。」〔註744〕王叔岷曰：「《春秋後語》、《長短經》『反』下亦並有『覆』字。」施之勉說同王氏〔註745〕。當據補「覆」字，黃善夫本上方校記亦標一「覆」字。「以是為非，以非為是」即是「反覆」也。

（11）言不足以采正計（7／2778）

按：李笠曰：「此『計』字下當有脫文。《燕策》云：『言不足以求正，謀不足以決事。』『采』與『求』，『計』與『謀』義並同也。今以『計』字屬上讀，費解矣。」〔註746〕瀧川資言曰：「楓山、三條本『采』作『來』，《策》作『求』。『采』、『求』義兩通，作『來』者蓋字似而譌。《策》無『計』字，下有『謀不足以決事』六字。」〔註747〕水澤利忠曰：「采，南化、楓、三、梅『來』。」〔註748〕王叔岷曰：「『采』、『來』並當從《燕策》作『求』。據《燕策》，『計』下疑脫『不足以決事』五字。『言不足以求正，計不足以決事』相對為文。」〔註749〕池田、徐仁甫、李人鑒亦據《策》謂有脫文〔註750〕。黃

〔註742〕王叔岷《史記斠證》，中華書局，2007 年版，第 2250 頁。
〔註743〕瀧川資言《史記會注考證》，北嶽文藝出版社，1999 年版，第 3517 頁。
〔註744〕水澤利忠《史記會注考證校補》，廣文書局，1972 年版，第 2491 頁。
〔註745〕王叔岷《史記斠證》，中華書局，2007 年版，第 2252 頁。施之勉《史記會注考證訂補》，華岡出版有限公司，1976 年版，第 1206 頁。
〔註746〕李笠《廣史記訂補》卷 8，復旦大學出版社，2001 年版，第 193 頁。
〔註747〕瀧川資言《史記會注考證》，北嶽文藝出版社，1999 年版，第 3520～3521 頁。
〔註748〕水澤利忠《史記會注考證校補》，廣文書局，1972 年版，第 2494 頁。
〔註749〕王叔岷《史記斠證》，中華書局，2007 年版，第 2254 頁。
〔註750〕池田四郎次郎《史記補注（下編）》（池田英雄增補），日本明德出版社，

善夫本下方校記云：「采，或乍（作）『來』。」慶長本亦作「來」，其上方校記云：「『來』一作『采』。」李氏、王氏等補「不足以決事」五字是也，但當以「采」字為得，讀作「言不足以采正，計不足以決事」。此處當出《校勘記》。

（12）獻恒山之尾五城（7／2778）

《索隱》：尾猶末也。謂獻恒山城以與秦。

《校勘記》：恒山城，黃本、彭本、柯本、凌本作「恒山之東五城」，疑是。《燕策一》「獻常山之尾五城」吳師道曰：「尾，猶末也。恒山之東。」耿本、殿本作「恒山之末五城」，「末」當為「東」之譌。（7／2787）

按：水澤利忠曰：「楓、三、耿、游、殿本『東』字作『末』。」〔註751〕乾道本、四庫本亦作「恒山之末五城」，慶長本「末」作「東」。當說「東」是「末」形訛，「恒山之末」即是正文「恒山之尾」之釋文。

（13）群臣多讒張儀曰：「無信，左右賣國以取容。」（7／2778）

按：當「無信左右」連文，九字作一句讀。「左右」指親近之臣，言張儀是無信之臣也。《韓詩外傳》卷9「無良左右淫涵寡人以至於此」，《晏子春秋・外篇》、《新序・刺奢》同，「無信左右」與「無良左右」文例同。張森楷曰：「『左右』誼無所施，疑當在『群臣』下。」〔註752〕韓兆琦曰：「左右，猶言反覆無常。」〔註753〕皆非是。

（14）犀首曰：「無事也。」曰：「吾請令公厭事可乎？」（7／2780）

《索隱》：厭者，飽也，謂欲令其多事也。

按：張文虎曰：「《索隱》本『厭』，各本作『饜』。」〔註754〕水澤利忠曰：「厭，景、井、蜀、耿、慶、彭、毛、游、凌、殿『饜』。」〔註755〕當「可乎」二字為句。乾道本、慶長本、四庫本亦作「饜」，《冊府元龜》卷

1975 年版，第 77 頁。徐仁甫《史記注解辨正》，四川大學出版社，1993 年版，第 124 頁。李人鑒《太史公書校讀記》，甘肅人民出版社，1998 年版，第 1066 頁。

〔註751〕水澤利忠《史記會注考證校補》，廣文書局，1972 年版，第 2494 頁。

〔註752〕張森楷《史記新校注》，中國學典館復館籌備處，1967 年版，第 4203 頁。

〔註753〕韓兆琦《史記箋證》，江西人民出版社，2009 年版，第 4080 頁。

〔註754〕張文虎《校刊史記集解索隱正義札記》卷 5，中華書局，1977 年版，第 524 頁。

〔註755〕水澤利忠《史記會注考證校補》，廣文書局，1972 年版，第 2496 頁。

736、887、《古史》卷 41 同。黃善夫本、乾道本、淳熙本、元刻本、慶長本、四庫本《索隱》亦作「饜」。何以獨據《索隱》單行本作「厭」？

（15）數使人來，曰「無事何不相見」（7／2780）

按：「無事」二字後當加逗號。

（16）願子為子主計之餘，為寡人計之（7／2781）

按：李人鑒曰：「《秦策二》云：『子獨不可以忠為子主計，以其餘為寡人乎？』據此，是此《傳》當讀作『願子為子主計之，餘為寡人計之』，各本以『餘』字屬上讀，非也。」〔註 756〕李說是也，《索隱》即在「餘」字上，蓋亦以「餘」屬下句耳。慶長本有句讀符號，亦以「餘」屬下句。

（17）中國無事，秦得燒掇焚杅君之國（7／2783）

《索隱》：掇音都活反，謂焚燒而侵掠。焚杅音煩、烏二音。謂焚揉而牽制也。《戰國策》云「秦且燒焫君之國」，是說其事也。

《正義》：掇，判也。杅，割也。言攻伐侵略也。（據《考證》本，黃善夫本上方校記亦引之）

按：李元吉曰：「掇，取之也。『杅』疑作『朽』，謂平墢之也。」〔註 757〕池田引履軒曰：「『掇杅』二字疑衍。」〔註 758〕水澤利忠指出「慶、彭、凌」各本「焚揉而牽制」作「焚蹂而牽製」，「游、殿」本作「焚蹂而牽掣」，「耿、慶、彭、游、凌、殿」各本《索隱》引《策》「君之國」上有「獲」字〔註 759〕。朱起鳳曰：「掇、焫聲近義通，猶『刺焫』通作『刺剟』也。」〔註 760〕吳國泰曰：「『得』字不順，『得』亦當作『將』，蓋『得』、『將』二字草體形近，因訛為『得』耳。《策》言『秦且』，《史》言『秦將』，其義一也。掇者，『剟』字之借。剟，刊也，削也。』杅者，汚字之借。焚汚者，謂焚其城郭，汚其宮室也。」〔註 761〕王叔岷曰：「掇借為剟，削也。『杅』與『汚』同，滅也。黃善夫本、殿本《索隱》『揉』並作『蹂』，『制』並作

〔註 756〕李人鑒《太史公書校讀記》，甘肅人民出版社，1998 年版，第 1068 頁。
〔註 757〕李元吉《讀書囈語》卷 10，收入《續修四庫全書》第 1143 冊，上海古籍出版社，2002 年版，第 527 頁。
〔註 758〕池田四郎次郎《史記補注（下編）》（池田英雄增補），日本明德出版社，1975 年版，第 79 頁。中井積德號履軒，瀧川資言此條未引其說。
〔註 759〕水澤利忠《史記會注考證校補》，廣文書局，1972 年版，第 2499 頁。
〔註 760〕朱起鳳《辭通》卷 22，上海古籍出版社，1982 年版，第 2478 頁。
〔註 761〕吳國泰《史記解詁》第 3 冊，1933 年成都居易簃叢著本，本冊第 21 頁。

『製』（並古字通用），『炳』下有『獲』字。《秦策》亦有『獲』字。」
〔註762〕乾道本同黃善夫本，元刻本、慶長本亦同黃本，惟「制」作「掣」
（水澤氏所謂彭本，即元刻本，誤校）。《秦策二》作「秦且燒炳獲君之國」，
《索隱》「君」上當據黃本等補「獲」字。「製」、「掣」是「制」形誤。朱
起鳳說「掇」、「爇」聲近，是也，餘說皆未得「燒掇焚杅」之誼；朱氏所
說「刺剟」見《史記・陳餘列傳》，《漢書》作「刺爇」。高誘注：「燒炳，
猶滅壞。滅壞君國也。」鮑彪注：「炳亦燒也。言火其國以得其地。」吳師
道曰：「炳即爇。」「掇」是「炳（爇）」音轉借字〔註763〕，與「然（燃）」
字亦一音之轉。「燒炳（爇）」是秦漢人成語。《釋名》：「熱，爇也，如火所
燒爇也。」《意林》卷4引《風俗通》：「卓又燒炳觀閣，經籍盡作灰燼。」
本書「燒掇焚」三字複語，「燒掇」即《策》「燒炳」。《管子・霸形》「楚人
攻宋鄭，燒炳燻焚鄭地」，「燒炳燻焚」四字複語，用法亦與本書相同。杅，
音烏，則字從「于」得聲，讀為汙，汙辱也。《策》作「獲」者，《廣雅》：
「獲、羞、恥，辱也。」又「濩、辱，汙也。」王念孫曰：「『獲』與『濩』
義相近。」〔註764〕二字音亦相近。《韓詩外傳》卷1「少以獲眾，弱以侮
強」，「獲」、「侮」對舉，「獲」字正「侮辱」、「羞侮」義〔註765〕。「獲（濩）」
訓汙辱，即「汙」字音轉。《說文》：「檴，木也。檴，或從蒦。」馬王堆
帛書《養生方》：「勿令獲面，獲面養（癢）不可支殹（也）。」整理者曰：
「獲，讀為汙。」〔註766〕馬王堆漢簡《十問》：「君欲練色鮮白，則察觀
尺汙。」整理者括注「汙」為「蠖」。又「尺汙之食，方（旁）通於陰陽，
食蒼則蒼，食黃則黃。」《晏子春秋・外篇》、《說苑・君道》作「尺蠖」；
銀雀山漢簡本《晏子》作「斥汙」，整理者曰：「汙與蠖，古音相近可通。」
〔註767〕馬王堆漢簡《合陰陽》：「三曰斥（尺）蠖。」馬王堆漢簡《天下至
道談》作「尺扜」。馬王堆帛書《陰陽五行》甲篇：「築郭池濩。」整理者

〔註762〕王叔岷《史記斠證》，中華書局，2007年版，第2262頁。
〔註763〕上古音叕、內相通，例證參見蕭旭《S.617〈俗務要名林〉疏證（九則）》，
　　　　收入《敦煌文獻校讀記》，花木蘭文化出版社，2019年版，第77～78頁。
〔註764〕王念孫《廣雅疏證》，收入徐復主編《廣雅詁林》，江蘇古籍出版社，1992
　　　　年版，第214頁。
〔註765〕參見蕭旭《〈韓詩外傳〉卷一校補》，《文獻語言學》第3輯，中華書局，
　　　　2016年版，第284頁。
〔註766〕《馬王堆漢墓帛書〔肆〕》，文物出版社，1985年版，第103頁。
〔註767〕《銀雀山漢墓竹簡〔壹〕》，文物出版社，1985年版，第105頁。

引范常喜等說讀濩為汙〔註768〕。皆其證也。又吳國泰指出「得」是「將」之誤，李人鑒說同〔註769〕，亦是也。

《樗里子甘茂列傳》

（1）胡衍曰：「公釋蒲勿攻，臣試為公入言之，以德衛君。」（7 / 2792）

按：試，宋元各本及慶長本同，《冊府元龜》卷 887、《古史》卷 42、《通志》卷 93 亦同。「試」當作「誠」，讀為請，一聲之轉。《戰國策·衛策》作「臣請為公入戒蒲守」，據《策》作「請」，可決《史記》作「試」必是誤字。《商君列傳》「誠復見我」，又「請復見鞅」，「誠」、「請」異文。

（2）人皆言楚之善變也，而公必亡之，是自為責也（7 / 2796）

《正義》：楚善變改，不可信。若變改，向壽必亡敗，是自為責。

按：方苞曰：「亡音無。向壽黨楚，故人言楚善變，而壽必以為無變，是自負楚變之責也。」〔註770〕池田從方說，又云：「責，《戰國策》作『貴』，自是別義矣。」〔註771〕杭世駿引《史詮》曰：「《國策》『責』作『貴』。」〔註772〕黃式三改「必亡」作「信」，云：「信，《策》作『必』，義同。《史》作『必亡』，謂必無變。責，《策》作『貴』，今從《史》。」〔註773〕瀧川資言曰：「恩田仲任曰：『言人皆楚之善變改不可信，而向壽獨言楚必無變改也，是自得責於王也。「亡」是「有無」之「無」。』方苞說同。愚按：《策》『責』作『貴』，《史》義長。」〔註774〕水澤利忠曰：「責，耿『貴』。」〔註775〕吳國泰曰：「此謂世人皆言楚人善於反覆變詐，而公必曰楚人無其事，是自甘受人之責也。」〔註776〕張森楷曰：「按『必亡之』，謂保其必

〔註768〕《長沙馬王堆漢墓簡帛集成》第 5 冊，中華書局，2014 年版，第 84 頁。

〔註769〕李人鑒《太史公書校讀記》，甘肅人民出版社，1998 年版，第 1069 頁。

〔註770〕方苞《史記注補正》，收入《二十五史三編》第 1 冊，嶽麓書社，1994 年版，第 76 頁。

〔註771〕池田四郎次郎《史記補注（下編）》（池田英雄增補），日本明德出版社，1975 年版，第 83 頁。

〔註772〕杭世駿《史記疏證》，收入《續修四庫全書》第 264 冊，上海古籍出版社，2002 年版，第 420 頁。

〔註773〕黃式三《周季編略》卷 8 上，收入《續修四庫全書》第 347 冊，上海古籍出版社，2002 年版，第 109 頁。

〔註774〕瀧川資言《史記會注考證》，北嶽文藝出版社，1999 年版，第 3550 頁。

〔註775〕水澤利忠《史記會注考證校補》，廣文書局，1972 年版，第 2507 頁。

〔註776〕吳國泰《史記解詁》第 3 冊，1933 年成都居易簃叢著本，本冊第 21 頁。

無變也，是即以責加於身也。《正義》說誤。」施之勉從張說〔註777〕。耿本即淳熙本作「貴」是也，《韓策一》同。鮑彪注：「非貴所同貴。」上文云「貴其所以貴者貴」，「自為貴」與「貴其所以貴」對舉。

《穰侯列傳》

（1）魏方疑而得以少割為利（7／2810）

《校勘記》：利，《魏策三》、《戰國縱橫家書》作「和」。（7／2815）

按：瀧川資言曰：「楓山本『利』作『和』，與《策》合。」〔註778〕水澤利忠曰：「利，南化、楓、棭、梅、高『和』。」〔註779〕張森楷曰：「《國策》『利』作『和』，於誼較短。」〔註780〕王叔岷曰：「『和』與『利』同義。《廣雅》：『利，和也。』」〔註781〕鄭良樹曰：「帛書本《國策》字亦作『和』。」〔註782〕黃善夫本下方校記云：「『利』字乍（作）『和』。」「利」是「和」形訛，指講和。上文云「王若欲講，少割而有質」，「和」即「講」也。《白起列傳》「請許韓、趙之割地以和」，《孟嘗君列傳》「其攻秦也，欲王之令楚王割東國以與齊，而秦出楚懷王以為和」，《魏策一》「必以少割請合於王，而和於東周與魏也」，皆割地以和之例。《廣雅》利訓和者，是合宜義，不指講和，王說非也。

《白起王翦列傳》

（1）趙軍長平（7／2819）

《正義》：長平故城在澤州高平縣西二十一里也。

按：《四庫考證》：「刊本『二十一』訛作『北一』，據《元和郡縣志》改。」〔註783〕張文虎從其說〔註784〕。水澤利忠曰：「慶、彭、凌、殿『二

〔註777〕張森楷《史記新校注》，中國學典館復館籌備處，1967年版，第4218頁。施之勉《史記會注考證訂補》，華岡出版有限公司，1976年版，第1220頁。

〔註778〕瀧川資言《史記會注考證》，北嶽文藝出版社，1999年版，第3569頁。

〔註779〕水澤利忠《史記會注考證校補》，廣文書局，1972年版，第2516頁。

〔註780〕張森楷《史記新校注》，中國學典館復館籌備處，1967年版，第4230頁。

〔註781〕王叔岷《史記斠證》，中華書局，2007年版，第2294頁。

〔註782〕鄭良樹《史記賸義》，收入《大陸雜志史學叢書》第5輯第2冊《史記考證研究論集》，第84頁。

〔註783〕《四庫全書考證》卷24《史記下》，景印文淵閣《四庫全書》第1498冊，臺灣商務印書館，1986年初版，第31～32頁。

〔註784〕張文虎《校刊史記集解索隱正義札記》卷5，中華書局，1977年版，第529頁。

十』作『北』。」〔註 785〕慶長本《正義》亦作「西北一里」，當作「西北二十一里」。《太平寰宇記》卷 44 作「高平縣北二十一里」，則又脫「西」字。《元和郡縣志》卷 19：「長平即今州北高平縣西北二十一里長平故城是也。」

（2）割韓垣雍、趙六城以和（7／2822）

《正義》：《釋地名》云：「卷縣所理垣雍城。」

按：《正義》所引書名當作《釋例地名》，《魏世家》、《絳侯周勃世家》《正義》引作《釋例地名》，此當據補「例」字。指晉杜預所撰《春秋釋例地名譜》。又「理」當是「治」避諱字。

（3）荊兵數出挑戰，終不出（7／2827）

按：瀧川資言曰：「《類聚》引《史》『數』下無『出』字。」〔註 786〕施之勉曰：「《書鈔》卷 160、《御覽》卷 51、311 引《史》，『數』下亦無『出』字。」〔註 787〕王叔岷曰：「《御覽》卷 330 引此亦無『出』字，《通鑑》同，蓋涉下文而衍。」〔註 788〕李人鑒曰：「『挑戰』上『出』字衍，上文云『秦數挑戰，趙兵不出』，下文云『荊數挑戰，而秦不出』，《絳侯世家》云『吳兵乏糧，饑，數欲挑戰，終不出』，《廉頗藺相如列傳》云『秦數挑戰，廉頗不肯』（『肯』字疑『出』字之誤）。諸言『挑戰』者，其上皆無『出』字。《類聚》卷 8 引此傳無『出』字。」〔註 789〕《類聚》見卷 6，李氏誤記。王、李說是也。《事類賦注》卷 7 引「數」下亦無「出」字，《後漢書·馬成傳》「憲數挑戰，成堅壁不出」，文例亦同。《通典》卷 155、《冊府元龜》卷 398、419、《古史》卷 44、《永樂大典》卷 8339 引同今本，「數」下已衍「出」字。

《孟子荀卿列傳》

（1）淳于髡、慎到、環淵、接子、田駢、騶奭之徒（7／2837）

《索隱》：劉向《別錄》「環」作姓也。古著書人之稱號。

按：「劉向《別錄》環作姓也」不知何等語。黃善夫本、乾道本、淳熙

〔註 785〕水澤利忠《史記會注考證校補》，廣文書局，1972 年版，第 2521 頁。
〔註 786〕瀧川資言《史記會注考證》，北嶽文藝出版社，1999 年版，第 3591 頁。
〔註 787〕施之勉《史記會注考證訂補》，華岡出版有限公司，1976 年版，第 1236 頁。
〔註 788〕王叔岷《史記斠證》，中華書局，2007 年版，第 2311 頁。
〔註 789〕李人鑒《太史公書校讀記》，甘肅人民出版社，1998 年版，第 1100 頁。

本、元刻本、慶長本《索隱》無此語，作：「環淵、接子，古著書人之稱號也。」

（2）然而承意觀色為務（7／2837）

按：王叔岷曰：「《白帖》卷8引『承』上有『以』字。《御覽》卷776引『承』作『秉』。」〔註790〕《古史》卷34、《記纂淵海》卷48、《古今合璧事類備要》外集卷59引「承」上亦有「以」字。當據補「以」字，與「為」字呼應，《老子列傳》「其學以自隱無名為務」，《蘇秦列傳》「逐什二以為務」，《酷吏列傳》「吏之治以斬殺縛束為務」，《日者列傳》「以便國家利眾為務」，《韓子·制分》「善以止姦為務」，《漢書·匡衡傳》「以求賢為務」，皆其文例（《蘇秦列傳》是其變例），不勝枚舉。《御覽》卷776、《事類賦注》卷引已脫「以」字。《御覽》「秉」是「乘」形訛，「乘」是「承」借音字。又《冊府元龜》卷788、《記纂淵海》卷49引「意」作「顏」。

（3）而趙亦有公孫龍為堅白同異之辯（7／2840）

《集解》：《晉太康地記》云：「汝南西平縣有龍淵水可用淬刀劍，特堅利，故有堅白之論，云『黃，所以為堅也；白，所以為利也』。或辯之曰『白，所以為不堅；黃，所以為不利』。」

《索隱》：即仲尼弟子名也。此云趙人，《弟子傳》作衛人，鄭玄云楚人，各不能知其真也。

《校勘記》：弟子傳，疑當作「家語」。《仲尼弟子列傳》：「公孫龍字子石。」《索隱》：「鄭玄云楚人，《家語》衛人。」（7／2842）

按：「《弟子傳》」當作「《弟子解》」，《家語》有《七十二弟子解》，彼舉書名，此則舉篇名耳。《集解》所引《晉太康地記》，《蘇秦列傳》《索隱》引《晉太康地理》同。考《呂氏春秋·別類》：「相劍者曰：『白，所以為堅也；黃，所以為牣也。黃白雜則堅且牣，良劍也。』難者曰：『白，所以為不牣也；黃，所以為不堅也。黃白雜則不堅且不牣也。』」此《晉太康地記》所本。「利」當據《呂氏》作「牣」，「牣」同「韌」。「牣」形誤作「㓞」，又改作「利」。「堅」與「牣」相對。《地記》「堅利」當作「堅牣」，「堅」、「牣」二字當互易，當作「黃，所以為牣也；白，所以為堅也」、「白，所

〔註790〕王叔岷《史記斠證》，中華書局，2007年版，第2321頁。

以為不韌；黃，所以為不堅」。「白，所以為堅」，故稱作「堅白之辯」、「堅白之論」。

（4）蓋墨翟，宋之大夫，善守禦，為節用（7／2841）

《集解》：《墨子》曰：「公輸般之攻械盡，墨子之守固有餘。」

《校勘記》：固，《墨子·公輸》作「圉」。（7／2842）

按：「固」必是「圉」形誤。圉、圉，正、借字。《漢藝文志考證》卷8、《兩漢刊誤補遺》卷10引已誤作「固」。

《孟嘗君列傳》

（1）明年，楚伐敗齊師於徐州（7／2845）

按：《古史》卷45引「伐」下有「齊」字，當據補，讀作：「楚伐齊，敗齊師於徐州。」《楚世家》作「楚威王伐齊，敗之於徐州」（「之」指代齊），亦其確證。《吳太伯世家》「吳王不聽，遂北伐齊，敗齊師於艾陵」、《越王勾踐世家》「吳王弗聽，遂伐齊，敗之艾陵」、《陳杞世家》「王夫差伐齊，敗之艾陵」、《魏世家》「與秦、趙、韓、燕共伐齊，敗之濟西」、《韓世家》「厥與郤克將兵八百乘伐齊，敗齊頃公於鞍」，並是同一文法。

（2）秦昭王後悔出孟嘗君，求之已去，即使人馳傳逐之（7／2849）

按：當「求之」二字句，其下加逗號。

（3）客之居下坐者有能為雞鳴，而雞齊鳴，遂發傳出（7／2849）

按：而雞，王叔岷據《類聚》卷6、《記纂淵海》卷68、97所引，校作「而群雞」〔註791〕。齊鳴，宋元各本及慶長本、四庫本、殿本作「盡鳴」，《古史》卷45、《通志》卷94、《記纂淵海》卷97、《事文類聚》前集卷24、《合璧事類備要》前集卷34、《古文苑》卷6《函谷關賦》章樵注引同。是宋人舊本皆作「盡鳴」，未見有引作「齊鳴」者，當復其宋版之舊。杭世駿《疏證》引《史詮》曰：「一本『盡』作『齊』。」瀧川資言引陳仁錫說同〔註792〕。作「齊鳴」者，乃宋代以後人所臆改。群雞鳴者，有時間差，不能齊鳴，只能盡鳴。

〔註791〕王叔岷《史記斠證》，中華書局，2007年版，第2343頁。引者按：《記纂淵海》卷68未引作「群雞」，王氏失檢。

〔註792〕杭世駿《史記疏證》，收入《續修四庫全書》第264冊，上海古籍出版社，2002年版，第429頁。瀧川資言《史記會注考證》，北嶽文藝出版社，1999年版，第3621頁。

（4）孟嘗君聞之，怒。客與俱者下，斫擊殺數百人，遂滅一縣以去（7／2850）

按：景祐本、慶長本有句讀，都讀「客與俱者」句，「下斫擊殺數百人」句，瀧川資言《考證》本同〔註793〕。當讀作：「客與俱者下斫，擊殺數百人。」

（5）召諸取錢者，能與息者皆來，不能與息者亦來，皆持取錢之券書合之。齊為會，日殺牛置酒（7／2855）

按：景祐本有句讀，以「齊」字屬上句，「日」字亦屬上句，讀作：「為會日，殺牛置酒。」池田、張森楷讀同。池田曰：「蓋言合左右兩券而齊之耳。」〔註794〕張森楷曰：「《玉篇》：『齊，整也。』『齊』字句絕，言券書整齊，乃為會日。」施之勉從張說〔註795〕。慶長本有句讀，讀作：「齊為會日，殺牛置酒。」瀧川資言、王叔岷讀同。王氏云：「『齊』字不必屬上絕句。齊為會日，猶言『同為會日』。齊，同也。」〔註796〕慶長本讀「齊為會日」為句是也。齊，讀為次，猶至也。次為會日，猶言到了聚會之日。為會者一日而已，不必每日殺牛置酒，故「日」字不屬下句也。

（6）君獨不見夫趣市朝者乎（7／2857）

《校勘記》：趣市朝，原作「朝趣市」。王念孫《雜志》：「引之曰：『朝趣市』當作『趣市朝』，下文『過市朝者』正承此文言之。」今據改。（7／2859）

按：張文虎、張森楷、池田亦從王引之說〔註797〕。水澤利忠曰：「趣，景、井、蜀、紹、慶、彭、凌、殿、金陵『趨』。」〔註798〕王叔岷曰：「朝

〔註793〕瀧川資言《史記會注考證》，北嶽文藝出版社，1999 年版，第 3622 頁。

〔註794〕池田四郎次郎《史記補注（下編）》（池田英雄增補），日本明德出版社，1975 年版，第 104 頁。

〔註795〕張森楷《史記新校注》，中國學典館復館籌備處，1967 年版，第 4268 頁。施之勉《史記會注考證訂補》，華岡出版有限公司，1976 年版，第 1254 頁。

〔註796〕瀧川資言《史記會注考證》，北嶽文藝出版社，1999 年版，第 3631 頁。王叔岷《史記斠證》，中華書局，2007 年版，第 2351 頁。

〔註797〕張文虎《校刊史記集解索隱正義札記》卷 5，中華書局，1977 年版，第 537 頁。張森楷《史記新校注》，中國學典館復館籌備處，1967 年版，第 4270 頁。池田四郎次郎《史記補注（下編）》（池田英雄增補），日本明德出版社，1975 年版，第 105 頁。

〔註798〕水澤利忠《史記會注考證校補》，廣文書局，1972 年版，第 2557 頁。

趣市，景祐本、黃善夫本、殿本皆作『朝趨市』。趣、趨古通。王氏校作『趨市朝』，其說甚精。」〔註799〕乾道本、慶長本、四庫本亦作「朝趨市」，《文選·藉田賦》李善注、《古史》卷45、《通志》卷94、《記纂淵海》卷40、《野客叢書》卷1、《蘆浦筆記》卷7、《事文類聚》前集卷24、《合璧事類備要》前集卷34引同。二王說非是。「朝趨市」不誤，「朝」是「朝暮」之朝，指早晨，下文云「明旦，側肩爭門而入；日暮之後，過市朝者掉臂而不顧。非好朝而惡暮」，「朝趨市」即指明旦爭門而入，「朝」與「暮」字對舉。下文「市朝」（此「朝」非「朝暮」之朝，乃「朝廷」之朝）即指此文「市」而言，不足證此文「朝趨市」當作「趨市朝」。

《平原君虞卿列傳》

（1）及鄒衍過趙言至道，乃絀公孫龍（7／2866）

《集解》：劉向《別錄》曰：「彼天下之辯有五勝三至，而辭正為下……杼意通指，明其所謂……及至煩文以相假，飾辭以相惇，巧譬以相移，引人聲使不得及其意。」

按：水澤利忠曰：「《集解》『移』，紹『務』。」〔註800〕王叔岷曰：「《集解》『杼意』，殿本作『抒意』。《通鑒》亦作『抒』，古字通用。相惇，《韓詩外傳》卷6作『相悖』，『惇』乃『悖』之誤（孫詒讓《札迻》卷2有說）。」〔註801〕作「務」字誤。王說是也，《冊府元龜》卷833二字亦作「抒」、「悖」。《鄧析子·無厚》「若飾詞以相亂，匿詞以相移，非古之辯也」，悖亦亂也，此其切證。又「辭正為下」，《冊府》同，《外傳》「正」作「置」。「正」當作「至」，「辭至」是「三至」之一，「置」是「至」同音借字。

（2）虞卿誠能盡秦力之所至乎，誠知秦力之所不能進（7／2868）

按：李人鑒曰：「此作『盡』，費解，疑從《新序》作『量』是。《趙策三》亦作『盡』，『盡』下有『知』字。此殆以《趙策三》作『盡』字費解而憑臆增入一『知』字也。」〔註802〕李說未確。此文「盡」下當據《策》補「知」字。《新序·善謀》「盡知」作「量」，省「盡」字，「量」、「知」義近。下句「誠知」與此對文。

〔註799〕王叔岷《史記斠證》，中華書局，2007年版，第2352頁。

〔註800〕水澤利忠《史記會注考證校補》，廣文書局，1972年版，第2563頁。

〔註801〕王叔岷《史記斠證》，中華書局，2007年版，第2362頁。

〔註802〕李人鑒《太史公書校讀記》，甘肅人民出版社，1998年版，第1130頁。

（3）他日三晉之交於秦，相善也。今秦善韓、魏而攻王，王之所以事秦必不如韓、魏也（7／2868）

按：「相善」之善，瀧川資言曰：「《新序》『善』作『若』，若猶同也，義長。」〔註803〕水澤利忠曰：「善，南化、梅、高『若』。」〔註804〕王叔岷曰：「《新序》『善』作『若』，義同。《爾雅》：『若，善也。』」〔註805〕李人鑒曰：「『相善』當作『相若』，《新序・善謀上》作『相若』。《傳》文作『相善』者，後人據《趙策三》之誤文而改之也。」〔註806〕李說是，王說非也。黃善夫本上方校記云：「善，一乍（作）『若』。」「相善」當是「相若」之形誤，《策》誤同。「交於秦」下逗號當刪去，「相善也」下改作逗號。言以前韓、魏、趙三家與秦交相等，今秦善韓、魏而不善趙，乃趙事秦不如韓、魏之事秦也。下文「齊交韓、魏」，齊亦同也，等也，言與秦交與韓、魏相等。

《春申君列傳》

（1）今大國之地，徧天下有其二垂（7／2886）

按：王叔岷曰：「『徧天下』三字，當屬『有其二垂』為句。《秦策》『徧』作『半』，《長短經・七雄略》注從之。史公說『半』為『徧』耳。」〔註807〕徐仁甫曰：「『徧』為『半』之聲誤。」〔註808〕李人鑒亦據《策》及《張儀列傳》「秦地半天下」，謂「徧」是「半」誤〔註809〕。王說非是，當「今大國之地徧天下」為句。徧，《新序・善謀》同，讀作半，非誤字。天下四垂，大國之地有其二垂，故云半天下也。《刺客列傳》「秦地徧天下」，亦然。

（2）昔智氏見伐趙之利而不知榆次之禍（7／2888）

《正義》：注《水經》云：「榆次縣南洞渦水側有鑿臺。」

按：張文虎曰：「官本『洞渦』，與《水經注》合。各本譌『同遇』。」〔註810〕四庫本、殿本作「洞渦水」，黃善夫本、元刻本、慶長本作「同遇

〔註803〕瀧川資言《史記會注考證》，北嶽文藝出版社，1999 年版，第 3653 頁。
〔註804〕水澤利忠《史記會注考證校補》，廣文書局，1972 年版，第 2565 頁。
〔註805〕王叔岷《史記斠證》，中華書局，2007 年版，第 2365 頁。
〔註806〕李人鑒《太史公書校讀記》，甘肅人民出版社，1998 年版，第 1130 頁。
〔註807〕王叔岷《史記斠證》，中華書局，2007 年版，第 2382 頁。
〔註808〕徐仁甫《史記注解辨正》，四川大學出版社，1993 年版，第 136 頁。
〔註809〕李人鑒《太史公書校讀記》，甘肅人民出版社，1998 年版，第 1141～1142 頁。
〔註810〕張文虎《校刊史記集解索隱正義札記》卷 5，中華書局，1977 年版，第 542 頁。

水」。當作「同過水」,《水經・洞過水》:「洞過水西過榆次縣南。」《水經注》云:「(榆次)縣南側水有鑿臺,韓、魏殺智伯瑤於其下。」俗本亦改作「洞渦水」。考《魏書・地形志》「同過水出木瓜嶺,一出沾嶺,一出大廉山,一出原過祠下,五水合道,故曰同過。」《正義》舊本必作「同過」,《通鑑》卷4胡三省注引《正義》正如此,故黃本等形誤作「同遇」也。

（3）還為越王禽三渚之浦（7／2888）

《正義》:《吳俗傳》云:「越軍得子胥夢,從東入伐吳,越王即從三江北岸立壇,殺白馬祭子胥,杯動酒盡,乃開渠曰示浦,入破吳王於姑蘇,敗干隧也。」

按:「吳俗傳」不是書名,不當加書名號,其下引號亦當刪去。吳俗傳云,猶言吳俗相傳有此說也。《循吏列傳》《集解》引《皇覽》:「民傳孫叔敖曰。」《漢書・郊祀志》「此三神山者,其傳在勃海中」,臣瓚注:「世人相傳云爾。」即此「傳」字之義。正文「禽」下當據《秦策四》、《新序・善謀》補「於」字。

（4）人民不聊生,族類離散,流亡為僕妾者,盈滿海內矣（7／2889）

按:「離散」下逗號當刪去,十字作一句讀。

《范雎蔡澤列傳》

（1）至湖,望見車騎從西來（7／2903）

按:各本「湖」下並有「關」字。王念孫說刪「關」字,張文虎、張森楷、池田皆取王說,施之勉補舉《御覽》卷432為證〔註811〕。此徑刪「關」字,當出《校勘記》。

（2）秦王之國危於累卵（7／2903）

《正義》:《說苑》云「……鄰國謀議將興……」

按:《正義》所引《說苑》佚文,《後漢書・呂布傳》李賢注、《類聚》

〔註811〕 王念孫《史記雜志》,收入《讀書雜志》卷2,中國書店,1985年版,本卷第103～104頁。張文虎《校刊史記集解索隱正義札記》卷5,中華書局,1977年版,第545頁。張森楷《史記新校注》,中國學典館復館籌備處,1967年版,第4305～4306頁。池田四郎次郎《史記補注(下編)》(池田英雄增補),日本明德出版社,1975年版,第122頁。施之勉《史記會注考證訂補》,華岡出版有限公司,1976年版,第1279頁。

卷 24、《冊府元龜》卷 741 引作「鄰國謀議將興兵」，《文選・魏都賦》、《西征賦》李善注引作「鄰國將欲興兵」，《御覽》卷 456 引作「隣國謀議，將欲興兵」（張文虎已指出《類聚》、《御覽》有「兵」字〔註812〕）。當據補「欲」、「兵」二字。

（3）北有甘泉、谷口（7／2909）

《正義》：《括地志》云：「甘泉山一名鼓原，俗名磨石嶺。」

按：《太平寰宇記》卷 31、《長安志》卷 20「鼓原」上有「石」字，當據補。《雍錄》卷 2 引《十道志》：「甘泉出石鼓西原也。」

（4）夫以秦卒之勇，車騎之眾，以治諸侯，譬若施韓盧而搏蹇兔也（7／2909）

《索隱》：《戰國策》云：「韓盧者，天下之壯犬也。」是韓呼盧為犬，謂施韓盧而搏蹇兔，以喻秦彊，言取諸侯之易。

按：王念孫曰：「治，讀為殆。殆，危也。『治諸侯』即『殆諸侯』。」〔註813〕張文虎曰：「《索隱》本『施』，與《策》合。各本作『馳』，後人所改。」〔註814〕瀧川資言曰：「馳，《索隱》本作『施』，《類聚》、《御覽》作『縱』。」〔註815〕水澤利忠曰：「秘閣『馳』字作『施』，金陵『施』。《索》『是韓呼盧為犬』，耿、慶、彭、游、凌、殿無『呼』字。」〔註816〕張森楷曰：「《索隱》，《評林》本『馳』誤『施』。」〔註817〕施之勉曰：「《通鑑》『馳』作『走』，《事類賦》作『縱』。」〔註818〕王叔岷曰：「《類聚》卷 94、95、《御覽》卷 904、907、《記纂淵海》卷 98 引『馳』皆作『縱』，義並同。《秦策》鮑本『馳』作『施』，蓋改從《索隱》本。《長短經・七雄略》注作『放』，《通鑑》作『走』，『馳』與『施』、『放』、『走』，義亦相符。」

〔註812〕張文虎《校刊史記集解索隱正義札記》卷 5，中華書局，1977 年版，第 546 頁。

〔註813〕王念孫《荀子雜志》，收入《讀書雜志》卷 11，中國書店，1985 年版，本卷第 48 頁。

〔註814〕張文虎《校刊史記集解索隱正義札記》卷 5，中華書局，1977 年版，第 547 頁。

〔註815〕瀧川資言《史記會注考證》，北嶽文藝出版社，1999 年版，第 3716 頁。

〔註816〕水澤利忠《史記會注考證校補》，廣文書局，1972 年版，第 2600 頁。

〔註817〕張森楷《史記新校注》，中國學典館復館籌備處，1967 年版，第 4312 頁。

〔註818〕施之勉《史記會注考證訂補》，華岡出版有限公司，1976 年版，第 1280 頁。《事類賦注》見卷 23。

〔註 819〕李人鑒曰：「作『馳』是，作『施』於文義欠合。張文虎常以《索隱》本之誤文為是，殊不足取也。《類聚》卷 94、95 引作『縱』，與今本不同，不知何以致然？」〔註 820〕宋元各本及慶長本都作「馳」，姚本《秦策三》同；《類聚》卷 25、《御覽》卷 460（凡二引）引《策》亦作「放」。施，讀作馳，古字相通，王叔岷但說「義亦相符」，是未達通借也，李人鑒亦然。作「縱」作「放」作「走」，皆易作近義詞耳。《秦策三》「搏」作「逐」。塞兔，鮑本《秦策》作「駕兔」，《類聚》卷 25 引《策》作「狡兔」；《御覽》卷 460 凡二引《策》文，一作「駕兔」，一作「狡兔」。乾道本、慶長本《索隱》亦無「呼」字，此衍，當刪去。

（5）夫擅國之謂王，能利害之謂王，制殺生之威之謂王（7／2912）

按：《秦策三》「利害」上有「專」字，當據補，專、擅同義對文。《風俗通義・皇霸》：「夫擅國之謂王，能制割之謂王，制殺生之威之謂王。」盧文弨校「制割」作「專利害」〔註 821〕，是也。「專」或作「剸」，因而形誤作「制」；「害」誤作「割」，又脫「利」字。

（6）臣竊為王恐，萬世之後，有秦國者非王子孫也（7／2912）

按：王念孫曰：「《秦策》作『臣竊為王恐，恐萬世之後，有國者非王子孫也』。此脫一『恐』字，則與下文義不相屬。」〔註 822〕張森楷從其說〔註 823〕。王叔岷曰：「『恐』字如不疊，則『恐』上當刪『為王』二字。」〔註 824〕王念孫說是，日本宮內廳藏舊抄本「恐」下有重文符號。

（7）然公之所以得無死者，以綈袍戀戀，有故人之意，故釋公（7／2915）

按：「以綈袍戀戀有故人之意」十字作一句讀，「戀戀」當屬「有故人之意」連文。

〔註 819〕王叔岷《史記斠證》，中華書局，2007 年版，第 2407 頁。

〔註 820〕李人鑒《太史公書校讀記》，甘肅人民出版社，1998 年版，第 1153～1154 頁。

〔註 821〕盧文弨《群書拾補・風俗通義》，收入《續修四庫全書》第 1149 冊，上海古籍出版社，2002 年版，第 467 頁。

〔註 822〕王念孫《史記雜志》，收入《讀書雜志》卷 2，中國書店，1985 年版，本卷第 105～106 頁。

〔註 823〕張森楷《史記新校注》，中國學典館復館籌備處，1967 年版，第 4315 頁。

〔註 824〕王叔岷《史記斠證》，中華書局，2007 年版，第 2412 頁。

（8）三歲不上計（7 / 2916）

《集解》：司馬彪曰：「凡郡掌治民，進賢，勸功，決訟，檢姦。常以春行所至縣，勸民農桑，振救乏絕……歲盡遣吏上計。」

《校勘記》：至，疑當作「主」。《後漢書·百官志》作「常以春行所主縣」，《後漢書·鄭弘傳》李賢注：「太守常以春行所主縣，勸人農桑，振救乏絕。見《續漢志》也。」（7 / 2928）

按：「至」字不誤，「所至縣」屬下句。《校勘記》所引「主」字，轉當據此校正。《後漢書·崔駰傳》李賢注引《續漢志》：「郡國常以春行，至縣勸人農桑，振救乏絕。」《文選·景福殿賦》李善注引司馬彪《續漢書》：「凡郡國掌治民，常以春行，所至縣勸民農桑。」《御覽》卷19引《續漢書》：「太守常以春行縣，所至縣勸人農桑，振救乏絕。」

（9）百日之內持國秉（7 / 2919）

《索隱》：《左傳》「國子實執齊秉」，服虔曰：「秉，權柄也。」

按：宋元各本及慶長本「秉」下有「政」字，宮內廳藏舊抄本作「持國康（秉）權」。王念孫曰：「『政』字後人所加。《索隱》本出『持國秉』三字而釋之曰：『案：《左傳》云「國子寔執齊秉」（見《哀十七年傳》，今本『秉』作『柄』）。服虔曰：「秉，權柄也。」』據此則『秉』下本無『政』字，『持國秉』即『持國柄』也。《絳侯世家》『許負相條侯曰「君後三歲而侯，侯八歲為將相，持國秉」』，是其明證矣（《說文》：『柄，或作棅。』書傳通作『秉』）。後人不知『秉』為『柄』之借字，故妄加『政』字。《御覽·方術部》引此作『持國秉政』，亦後人依《史記》加之。《人事部》引此正作『持國柄』。」〔註825〕張文虎、瀧川資言、張森楷、池田、王叔岷並從王說，瀧川又指出：「祕閣本、楓、三本『國』下有『權』字，各本有『政』字。」〔註826〕水澤利忠曰：「持國秉，秘閣『持國康權』，景、井、蜀、紹、

〔註825〕王念孫《史記雜志》，收入《讀書雜志》卷2，中國書店，1985年版，本卷第106頁。

〔註826〕張文虎《校刊史記集解索隱正義札記》卷5，中華書局，1977年版，第549頁。瀧川資言《史記會注考證》，北嶽文藝出版社，1999年版，第3735頁。張森楷《史記新校注》，中國學典館復館籌備處，1967年版，第4322頁。池田四郎次郎《史記補注（下編）》（池田英雄增補），日本明德出版社，1975年版，第130頁。王叔岷《史記斠證》，中華書局，2007年版，第2420頁。

耿、慶、彭、游、凌、殿『持國秉（紹本作『乘』）政（南化、楓、三、梅本『政』改『權』）』。按紹本『秉』誤『乘』。」〔註827〕施之勉曰：「《白帖》卷9引作『持國令』。」〔註828〕宋元各本及慶長本「秉」下有「政」字，《冊府元龜》卷772、860、《古史》卷49、《通志》卷93同。黃善夫本上方校記云：「政，本作『權』。」祕閣本「權」不在「國」下，瀧川氏誤校，「康」是「秉」形誤。王念孫說是也，「持國秉」或「持國柄」是漢人成語。王楙《野客叢書》卷2據本文誤本，謂「《亞夫傳》『持國秉』下脫一『政』字」，俱矣。此刪「政」字，當出《校勘記》作說明。

（10）吾持粱刺齒肥（7／2919）

《集解》：持粱，作飯也。「刺齒」二字當作「齧」，又作「齰」也。

《索隱》：持粱謂作粱米飯而持其器以食也。按：「刺齒」二字字誤，當為「齧」字也。齧肥謂食肥肉也。

　按：李元吉曰：「刺（引者按：李氏所見本作『剌』）齒肥，謂肥肉刺之齒間也，何必作『齧』？」〔註829〕方以智謂「刺齒」猶言「剔齒」〔註830〕。梁玉繩曰：「《集解》、《索隱》並言『刺齒』當作『齧』，以為一字誤二字也。」〔註831〕張文虎曰：「『刺齒』二字，《御覽》卷383又729引並作『齧』。」〔註832〕瀧川資言曰：「刺齒，祕閣本、《御覽》改作『齧』。」〔註833〕陳直曰：「『刺齒』二字為『齧』字之誤，《集解》說是也。後人因上半『韧』字寫作『判』字，與『刺』字相似，遂分析成『刺齒』二字。又《鹽鐵論·取下篇》『搏粱齧肥』，亦可證明『刺齒』為『齧』之誤字。」〔註834〕王叔岷曰：「《御覽》卷383、《記纂淵海》卷87引此並作『吾持粱齧肥』。粱、梁，正、假字。《御覽》卷729引『刺齒』亦作『齧』。《集解》

〔註827〕水澤利忠《史記會注考證校補》，廣文書局，1972年版，第2615頁。

〔註828〕施之勉《史記會注考證訂補》，華岡出版有限公司，1976年版，第1287頁。

〔註829〕李元吉《讀書囈語》卷10，收入《續修四庫全書》第1143冊，第528頁。

〔註830〕方以智《通雅》卷34，收入《方以智全書》第1冊，上海古籍出版社，1988年版，第1034頁。

〔註831〕梁玉繩《史記志疑》卷30，中華書局，1981年版，第1289頁。

〔註832〕張文虎《校刊史記集解索隱正義札記》卷5，中華書局，1977年版，第549頁。

〔註833〕瀧川資言《史記會注考證》，北嶽文藝出版社，1999年版，第3367頁。

〔註834〕陳直《史記新證》，天津人民出版社，1979年版，第139頁。

『又作齘』，義同。《說文》：『齘，齧也。』」〔註835〕《古史》卷49引亦作「齧肥」。正文及注文「刾」，四庫本、殿本同；景祐本、黃善夫本、紹興本、乾道本、淳熙本、元刻本、慶長本都作「刺」，《文選·歸田賦》李善注、宋刊《冊府元龜》卷860引同〔註836〕。當作「刺」為是，「刺齒」是「齧」字誤分為二字（參見下引胡吉宣說），與「齧」義近。「齧」是「齘」改易聲符的異體字，《說文》：「齘，齒分骨聲，讀若刺。」字亦作齸、齾，P.2011王仁昫《刊謬補缺切韻》：「齾，齧堅聲。」《集韻》：「齘，《說文》：『齒分骨聲。』或作齸。」又「齾，齧齾，齧物聲。」《玉篇》：「齧齾，上盧葛切，下胡葛切，齧物聲。」「齾」當從葛作「齾」，是「齧」俗訛字，「齧齾」雙聲連語。蔣斧印本《唐韻殘卷》：「齾，齧聲，或作齸。」又「齸，齧聲。」《集韻》：「齾，噍聲，或作齾。」胡吉宣曰：「『齧』與『齸』同，『齾』與『齘』同。《蔡澤傳》『刺齒』二字即『齧』之誤離者。齘，齧骨聲。」〔註837〕胡氏說「齾與齘同」非是，餘說皆是也。

（11）主之威蓋震海內（7／2923）

按：《秦策三》作「威蓋海內」。此文「蓋」當是衍文，後人旁記《策》之異文，而混入正文。「威震（或「振」）海內」是漢人成語。

（12）語曰「日中則移，月滿則虧」。物盛則衰，天地之常數也（7／2923）

按：「物盛則衰」亦是語曰，當放在引號內。《田叔列傳》：「夫月滿則虧，物盛則衰，天地之常也。」馬王堆帛書《經法·四度》：「極而反，盛而衰，天地之道也，人之李（理）也。」《淮南子·道應篇》：「夫物盛而衰，樂極則悲，日中而移，月盈而虧。」《文子·九守》「夫物盛則衰，日中則移，月滿則虧，樂終而悲。」《列女傳》卷3：「物盛必衰，日中必移，盈而蕩，天之道也。」移，讀為㢞，或省作施，日衺行也。

（13）夏育（7／2923）

《索隱》：夏育，賁育也。

〔註835〕王叔岷《史記斠證》，中華書局，2007年版，第2422頁。

〔註836〕《冊府元龜》卷772、860二引，宋刊本卷772模糊不可辨。四庫本、周勳初校訂本（底本是明刻本）二卷皆誤作「刾」，周氏亦失校宋刊本。《冊府元龜（校訂本）》（周勳初等校訂），鳳凰出版社，2006年版，第8937、10017頁。

〔註837〕胡吉宣《玉篇校釋》，上海古籍出版社，1989年版，第1098~1099頁。

按：《索隱》王叔岷讀作：「夏育，賁、育也。」指出「即賁、育之育」〔註838〕，是也。「賁、育」即上文「孟賁、夏育」二人，「賁」下當加頓號。

《樂毅列傳》

（1）樂毅知燕惠王之不善代之，畏誅，遂西降趙（7／2934）

按：「代之」當二字為句。「不善」謂惠王不善己。

（2）脩法令，慎庶孽（7／2937）

按：瀧川資言曰：「慎，《燕策》、《新序》作『順』。順庶孽，謂不亂適庶之分。」〔註839〕李人鑒曰：「『修法令』三字，《國策》及《新序》皆作『循法令』。『修』字乃『循』字之誤。」〔註840〕景祐本、紹興本作「脩」，黃善夫本、乾道本、淳熙本、元刻本、慶長本作「修」，《燕策二》、《新序·雜事三》作「循」。李說是也，字當作「循」，遵循也。形誤作「脩」，又易作「修」，石光瑛亦作訂正〔註841〕。

（3）故敢獻書以聞，唯君王之留意焉（7／2937）

《集解》：夏侯玄曰：「觀樂生遺燕惠王書，其殆庶乎知機合道，以禮始終者與……豈其局迹當時，止於兼併而已哉……舉國不謀其功，除暴不以威力，此至德全於天下矣。邁全德以率列國，則幾於湯武之事矣。樂生方恢大綱以縱二城，收民明信以待其獘……然則求仁得仁，即墨大夫之義；仕窮則徙，微子適周之道。開彌廣之路，以待田單之徒……道光宇宙，賢智託心……敗於垂成，時運固然。若乃逼之以威，劫之以兵……」

按：①《四庫考證》引張照曰：「按《集解》所引，與今所傳王羲之帖小有異同，互有長短。至『其殆庶乎知機合道』句，帖作『庶乎幾合乎道』者是，『庶乎幾』義見《易·繫辭》。」〔註842〕張照說非也，《易·繫辭下》「顏氏之子，其殆庶幾乎」，亦不是「庶乎幾」。帖作「庶乎幾合乎道」，當據《集解》所引校正，張氏偏其反而。「其殆庶乎知機合道」句，《類聚》卷22、《冊府元龜》卷829引同，宋刊《長短經·臣行》引

〔註838〕王叔岷《史記斠證》，中華書局，2007年版，第2427頁。

〔註839〕瀧川資言《史記會注考證》，北嶽文藝出版社，1999年版，第3760頁。

〔註840〕李人鑒《太史公書校讀記》，甘肅人民出版社，1998年版，第1171頁。

〔註841〕石光瑛《新序校釋》，中華書局，2001年版，第379頁。

〔註842〕《史記考證》卷80，景印文淵閣《四庫全書》第244冊，臺灣商務印書館，1986年初版，第505頁。

脫「庶」字，《記纂淵海》卷 52 引「庶」下有「幾」字，餘同，可證《集解》所引不誤。「其殆」是副詞，表示不肯定的語氣。「庶乎」同「庶幾乎」，亦作「庶幾於」，表示相近。「知機」同「知幾」，出《易·繫辭下》：「子曰：『知幾其神乎！君子上交不諂，下交不瀆，其知幾乎！幾者動之微，吉之先見者也。君子見幾而作，不俟終日。』」②「局迹」之「局」，《長短經》引同，景祐本、黃善夫本、元刻本、慶長本作「局」，紹興本、乾道本作「局」，淳熙本作「🔲」，《類聚》引亦作「局」，皆「局」俗訛字（「局」字從口從尺）。「局迹」即「局蹐」、「跼蹐」〔註843〕，語出《詩·正月》：「謂天蓋高，不敢不局；謂地蓋厚，不敢不蹐。」《釋文》：「局，本又作跼。」③「全於天下」之「全」，《長短經》未引，《類聚》引作「令」。《類聚》是也。④「邁全德」之「全」，《類聚》引作「至」，《長短經》引作「令」。《類聚》是也，「邁至德」承上文「此至德令於天下」而言。⑤水澤利忠曰：「《集解》『網』，景、井、耿、慶、彭、毛、凌、殿『綱』。」〔註844〕「恢大綱」之「綱」，宋刊《類聚》引同；元刻本、慶長本誤作「網」（元刻本即彭本，水澤氏誤校），《長短經》引誤同。⑥仕窮則徙，景祐本同；黃善夫本、紹興本、乾道本、淳熙本、元刻本、慶長本、四庫本誤作「仕窮則從」，《冊府元龜》卷 829 同；《長短經》未引，《類聚》引誤作「任窮則從」。⑦「彌廣之路」之「彌」，《類聚》引同，《長短經》引作「弘」。⑧賢智託心，《長短經》未引，《類聚》引作「智者宅心」。宅亦託也。託心，猶言歸心附從。⑨時運固然，《類聚》引同，《長短經》引作「時變所然」。⑩「逼之以威，劫之以兵」句，《類聚》未引，《長短經》引「威」、「兵」二字誤倒。

《廉頗藺相如列傳》

（1）舍相如廣成傳（8／2945）

《索隱》：廣成是傳舍之名。

　　按：王念孫曰：「『傳』下本無『舍』字，此涉《索隱》『傳舍』而誤衍也。《索隱》本出『廣成傳』三字而釋之曰：『廣成是傳舍之名。』若正文本作『廣成傳舍』，則《索隱》為贅語矣。《御覽·居處部》引此有

〔註843〕參見方以智《通雅》卷 7，收入《方以智全書》第 1 冊，上海古籍出版社，1988 年版，第 299 頁。
〔註844〕水澤利忠《史記會注考證校補》，廣文書局，1972 年版，第 2635 頁。

『舍』字，則所見本已誤。左思《魏都賦》『廣成之傳無以疇』，張載注引此作『舍相如廣成傳』，與小司馬本同，足正今本之誤。」〔註845〕張森楷從王說〔註846〕。張文虎曰：「各本『傳』下衍『舍』字，《索隱》本無。」〔註847〕瀧川資言從張說，又指出：「《類聚》引亦無。」〔註848〕施之勉曰：「《合璧事類》卷62引『傳』下亦無『舍』字。」〔註849〕李人鑒曰：「有『舍』字者是也。」〔註850〕《文選‧魏都賦》劉淵林註引作「秦舍相如廣城傳」，王氏誤記。《御覽‧居處部》即卷194，《類聚》見卷84。《合璧事類備要》外集卷62引「傳」下有「舍」字，施氏亦誤記。宋元各本及慶長本都作「傳舍」，《御覽》卷530、《冊府元龜》卷657、《古史》卷51、《通志》卷94引同。此徑刪「舍」字，當出《校勘記》作說明。然「舍」字非衍文，王說未確。《酈生列傳》「沛公至高陽傳舍」，《平原君列傳》「邯鄲傳舍吏子李同說平原君曰」，「高陽」、「邯鄲」是地名，此文小司馬特地指出「廣成」是傳舍名，不是地名，《索隱》不為贅語也。

（2）匈奴每入，烽火謹，輒入收保，不敢戰（8／2954）

按：輒，《通典》卷153、194、《冊府元龜》卷429、《通鑒》卷6同，《御覽》卷294引《戰國策》作「趣」。「趣」字是也，上文云「匈奴即入盜，急入收保」，趣亦急也。

（3）秦攻番吾（8／2956）

《索隱》：番吾，縣名。《地理志》在常山。音婆，又音盤。

《正義》：在相州房山縣東二十里也。

《校勘記》：相州，疑當作「恒州」。按：《趙世家》《正義》兩引《括地志》皆作「恒州」。《元和志》卷17恒州屬縣有房山。（8／2958）

〔註845〕王念孫《史記雜志》，收入《讀書雜志》卷2，中國書店，1985年版，本卷第109頁。

〔註846〕張森楷《史記新校注》，中國學典館復館籌備處，1967年版，第4343頁。

〔註847〕張文虎《校刊史記集解索隱正義札記》卷5，中華書局，1977年版，第553頁。

〔註848〕瀧川資言《史記會注考證》，北嶽文藝出版社，1999年版，第3774頁。

〔註849〕施之勉《史記會注考證訂補》，華岡出版有限公司，1976年版，第1297頁。

〔註850〕李人鑒《太史公書校讀記》，甘肅人民出版社，1998年版，第1178～1179頁。

按：《元和志》見卷 21。「相州」是「恒州」形訛，不必疑也。王叔岷曰：「《正義》『相州』黃善夫本作『桓州』，亦並『恒州』之誤。」〔註851〕黃善夫本、元刻本、慶長本《正義》作「桓」，乃「桓」缺筆字，非「相」字，「桓」亦是「恒」形誤。據《元和志》，房山縣本漢蒲吾縣屬地，隋開皇十六年析出置房山縣。《漢書·地理志》常山郡有蒲吾縣，「番吾」是「蒲吾」音轉。「常山」即「恒山」，恒州因恒山得名。

（4）然士或怯懦而不敢發（8／2957）

《集解》：徐廣曰：「一作『掘懦』。」

按：張文虎曰：「怯懦，二字疑『猲㦦』之譌。舊刻作『悏懦』。」〔註852〕池田從張說〔註853〕。水澤利忠曰：「《集解》『悏』，井、紹、衲、慶、彭、毛、游、凌『掘』。」〔註854〕《長短經·臣行》引正文「怯懦」同。《集解》「掘」，乾道本、淳熙本、慶長本亦同；景祐本、四庫本、殿本、瀧川《考證》本作「悏」。字當作「悏」，「怯」從劫省聲（非從去得聲），與「悏」一聲之轉，故為異文。《玉篇》：「悏，服也。」《廣韻》：「悏，心伏也。」《文選·馬汧督誄》：「悏悏窮城，氣若無假。」李善注：「王逸《楚辭》〔注〕曰：『悏悏，小息，畏罹患禍者也。』」其本字當作「疢」，同音借字。《說文繫傳》：「疢，病小息也。」（大徐本脫「小」字）字亦作㾼，《說文》：「㾼，一曰少氣也。」P.3693V《箋注本切韻》：「㾼，少氣少力。」《集韻》：「㾼，氣劣皃。」字亦作㾖，蔣斧印本《唐韻殘卷》：「㾖，少氣。」《玉篇》：「㾖，病少氣。」由少氣引申作恐怯、懾服義。字又作㥊、㥦，《玄應音義》卷12：「㥦腹：又作㥊。同，虛頰反。《說文》：『丘涉反，恐息也。』經文作『攝』，非也。」「攝」同「懾」，與「㥊（㥦）」亦是一聲之轉，並非誤字。今本《說文》作「㥦，思皃」，「思」當是「息」形誤。佛經「腹」是「伏」借音字，宋本即作「儡伏」。俗字亦作悏，《集韻》：「悏，怯也。」《舊唐書·劉太真傳》「郎性怯懦詭隨」，《御覽》卷218引作「悏懦」，與此正同。

〔註851〕王叔岷《史記斠證》，中華書局，2007 年版，第 2465 頁。

〔註852〕張文虎《校刊史記集解索隱正義札記》卷 5，中華書局，1977 年版，第555 頁。

〔註853〕池田四郎次郎《史記補注（下編）》（池田英雄增補），日本明德出版社，1975 年版，第 145 頁。

〔註854〕水澤利忠《史記會注考證校補》，廣文書局，1972 年版，第 2648 頁。

《田單列傳》

（1）即墨人從城上望見，皆涕泣，俱欲出戰，怒自十倍（8／2961）

按：張文虎曰：「舊刻『俱』，各本譌『其』。」〔註855〕池田從張說〔註856〕。水澤利忠曰：「俱，景、井、蜀、紹、耿、慶、彭、毛、游、凌『其』，殿『共』。」〔註857〕王叔岷曰：「《記纂淵海》卷60引『望』作『遙』，『俱』作『其』，『自』作『皆』，《御覽》卷282引《國策》同。景祐本、黃善夫本『俱』亦作『其』，《通鑒》卷4、《容齋續筆》卷1並同。《長短經》『俱』亦作『共』（一本作『其』），『自』亦作『皆』。竊疑本作『其欲出戰』。『其』乃『期』之借字。」〔註858〕李人鑒曰：「百衲本、黃善夫本作『其欲出戰』，殿本作『共欲出戰』。《通鑒》作『共欲出戰』，則作『共』字者是。」〔註859〕《通鑒》作「其」，李氏失檢。南宋刊《長短經·掩發》「俱」作「其」。宋刊《記纂淵海》在卷32，《通典》卷159同。乾道本、慶長本、四庫本亦皆作「其」字，《孫子集註·作戰》何氏注、《冊府元龜》卷361、411、《古史》卷52、《通志》卷93同。作「俱」無早期版本依據，舊本當作「其」，王說是也，但所釋則誤。其，讀作綦，極也，甚也。

（2）奇正還相生（8／2962）

《正義》：猶當合也。言正兵當陣，張左右翼掩其不備，則奇正合敗敵也。

按：水澤利忠曰：「南化、幻、楓、棭、三、梅、狩有『《正義》本生字作當』七字注。慶、彭、凌、殿『猶當』二字互倒。」〔註860〕施之勉曰：「黃善夫本、凌本《正義》『當』在『猶』上。張森楷曰：『王、秦本「當」在「猶」上。』」〔註861〕王叔岷曰：「《淮南子·兵略篇》：『奇正之相應，若水火金木之代為雌雄也。』《正義》首句作『當猶合也』，是。」

〔註855〕張文虎《校刊史記集解索隱正義札記》卷5，中華書局，1977年版，第556頁。

〔註856〕池田四郎次郎《史記補注（下編）》（池田英雄增補），日本明德出版社，1975年版，第146頁。

〔註857〕水澤利忠《史記會注考證校補》，廣文書局，1972年版，第2649～2650頁。

〔註858〕王叔岷《史記斠證》，中華書局，2007年版，第2468～2469頁。

〔註859〕李人鑒《太史公書校讀記》，甘肅人民出版社，1998年版，第1187頁。

〔註860〕水澤利忠《史記會注考證校補》，廣文書局，1972年版，第2651頁。

〔註861〕施之勉《史記會注考證訂補》，華岡出版有限公司，1976年版，第1308頁。

〔註862〕王說是也，所引《淮南》，《文子‧上禮》同。慶長本《正義》亦作「當猶合也」。黃善夫本下方校記亦云：「《正義》『生』作『當』也。」《正義》本「生」作「當」，故注云「當猶合也」。乙作「猶當合也」，則不知所云。「當」與《淮南》、《文子》「應」字同義。

《魯仲連鄒陽列傳》

（1）好奇偉俶儻之畫策（8／2967）

《正義》：《魯仲連子》云：「齊辯士田巴，服狙丘，議稷下，毀五帝，罪三王，服五伯，離堅白，合同異，一日服千人。有徐劫者，其弟子曰魯仲連，年十二，號『千里駒』，往請田巴曰：『臣聞堂上不奮，郊草不芸，白刃交前，不救流矢，急不暇緩也。今楚軍南陽，趙伐高唐，燕人十萬，聊城不去，國亡在旦夕，先生奈之何？若不能者，先生之言有似梟鳴，出城而人惡之，願先生勿復言。』田巴曰：『謹聞命矣。』巴謂徐劫曰：『先生乃飛兔也，豈直千里駒！』巴終身不談。」

按：①王叔岷曰：「《文選‧詠史詩》注、《東方朔畫贊》注、《一切經音義》卷89、95、《史通‧點煩》引『俶』皆作『倜』，『倜』與『俶』同，《類聚》卷36引嵇康《高士傳》亦作『倜』。」〔註863〕明刊本《類聚》卷36引作魏隸《高士傳》（宋刊本適殘「魏隸」二字），非嵇康《高士傳》。六臣本《文選‧東方朔畫贊》李善注引仍作「俶儻」。②《魯連子》「服狙丘……服五伯」，二「服」字重，當有誤。《御覽》卷385、464引《魯連子》：「辯於狙丘，議於稷下，毀五帝，罪三王，訾五伯，離堅白，合同異。」其文當是，上「服」作「辯」，與「議」對文；下「服」作「訾」，與「毀」、「罪」對文。曹子建《與楊德祖書》：「昔田巴毀五帝，罪三王，訾五霸於稷下，一旦而服千人。」李善注引《魯連子》：「齊之辯者曰田巴，辯於狙丘，而議於稷下，毀五帝，罪三王，一日而服千人。」「訿」同「訾」。可證亦是作「辯」、「訾」二字。③《魯連子》「堂上不奮」，《漢藝文志考證》卷5引《正義》引《魯連子》「奮」作「糞」，當據改正。糞，猶言掃除。《荀子‧彊國》：「堂上不糞，則郊草不瞻曠芸。」楊倞注：「曠，空也，空謂無草也。芸，謂有草可芸鋤也。堂上猶未糞除，則不暇瞻視郊野之草有無也。魯連子謂田巴曰：『堂上不糞者，郊草不芸也。』」尤其確證。「瞻曠」二字是衍

〔註862〕王叔岷《史記斠證》，中華書局，2007年版，第2470頁。
〔註863〕王叔岷《史記斠證》，中華書局，2007年版，第2473頁。

文。《御覽》卷 464 引《魯連子》作「臣聞堂上之糞不除，郊草不芸」，此雖誤以「糞」為名詞，又增「除」字，然亦可證本是「糞」字。④《魯連子》「急不暇緩也」，《意林》卷 1 引同，《御覽》卷 927 引作「急不暇救援（緩）也」，又卷 464 引作「急者不救，則緩者非務」。⑤《魯連子》「出城而人惡之」，《御覽》卷 385、《記纂淵海》卷 50 引作「出聲人皆惡之」，《御覽》卷 464、927 引作「出聲而人惡之」。「出城」當據校正作「出聲」。《晏子春秋・內篇雜下》「齊景公曰：『有梟昔者鳴，聲無不為也，吾惡之。』」《說苑・辨物》同。《易林・豫之恒》、《蠱之恒》並云：「梟鳴室北，聲醜可惡。」此皆梟鳴其聲可惡之證。⑥《魯連子》「先生乃飛兔也，豈直千里駒」，此贊魯仲連，非贊徐劫，當有脫文。《御覽》卷 385、464 引作「先生之駒乃飛兔騕褭也，豈特千里哉」（卷 464「飛」作借字「非」），則「先生」下當補「之駒」二字。「先生之駒」指魯仲連。

（2）臧獲且羞與之同名矣（8／2977）

《集解》：《方言》曰：「荊、淮、海、岱、燕、齊之閒罵奴曰臧，罵婢曰獲。」

按：《方言》卷 3：「荊、淮、海、岱、雜齊之間罵奴曰臧，罵婢曰獲。」郭璞注：「俗不純為雜。」是郭注本作「雜齊」，《御覽》卷 466、500 引同。「燕」當據校作「雜」，宋元各本及慶長本均誤。

（3）故去感忿之怨，立終身之名；棄忿悁之節，定累世之功（8／2977）

按：《齊策六》「感忿」同，王念孫據《荀子・議兵》楊倞註引，校作「感忽」，王叔岷從其說〔註864〕，是也。《齊策六》、《長短經・七雄略》「悁」作「恚」，一聲之轉。韓兆琦曰：「悁，通『狷』，狹隘、急躁。」〔註865〕非是。

（4）是以業與三王爭流，而名與天壤相獘也（8／2977）

《正義》：天壤，天地也。《齊策》「名與天壤相敝也」。言天壤敝，此名乃敝。（據瀧川《考證》本）

按：《正義》本「獘」作「敝」。景祐本、黃善夫本、紹興本、乾道本、淳熙本、元刻本作「獘」，慶長本、四庫本作「弊」，《文選・詠史詩》李善

〔註864〕王叔岷《史記斠證》，中華書局，2007 年版，第 2486 頁。
〔註865〕韓兆琦《史記箋證》，江西人民出版社，2009 年版，第 4491 頁。

注、《類聚》卷25、《長短經‧七雄略》、《古史》卷54引作「弊」,《御覽》卷328引作「獘」,《齊策六》作「敝」。「獎」當作「獘」,俗「弊」字,同「敝」,猶言極也,終也,盡也。字亦作蔽,《龜策列傳》:「壽蔽天地。」字或作幣,清‧陳介祺藏、宣哲輯《簠齋藏鏡》卷下《來言鏡》:「壽幣金石西王母,常安作。」〔註866〕江紹原曰:「敝、弊、蔽,皆『比』之借字。」〔註867〕其說非是。又《選》注引「相」作「俱」。

(5) 王奢去齊之魏,臨城自剄以卻齊而存魏 (8/2981)

《集解》:《漢書音義》曰:「王奢,齊人也,亡至魏。」

按:《集解》「齊人」,《四庫全書考證》:「刊本『臣』訛『人』,據《漢書》注改。」〔註868〕王叔岷又補充指出「《文選》注引《漢書音義》亦作『齊臣』」〔註869〕。《治要》卷17引《漢書》注亦作「齊臣」。

(6) 兩主二臣,剖心坼肝相信 (8/2981)

按:張文虎曰:「中統、游本『坼』作『折』。舊刻作『析』,《御覽》卷475引同。」〔註870〕水澤利忠曰:「坼,景、井、蜀、耿、慶、彭、毛、凌『拆』,殿『折』。」〔註871〕沈家本曰:「坼,《漢書》、《文選》作『析』。」〔註872〕池田本作「拆」,說同沈氏〔註873〕。吳國泰曰:「按肝不可言折,當為『析』字之訛,《漢書》作『析肝』可證也。」〔註874〕王叔岷曰:「景祐本、黃善夫本『坼』並作『拆』,殿本作『折』,《御覽》卷475引亦作『折』。『拆』乃『坼』之俗誤,『折』又『拆』之誤也。《新序》、《漢書》、《文選》皆作『析』,『坼』、『析』同義。《廣雅》:『坼,分也。』《漢書》師古注:『析,

〔註866〕此例承沈培教授檢示,謹致謝忱。

〔註867〕江紹原《讀呂氏春秋雜記(二)》,《中法大學月刊》第5卷第3期,1934年版,第8頁。

〔註868〕《四庫全書考證》卷24《史記下》,景印文淵閣《四庫全書》第1498冊,臺灣商務印書館,1986年初版,第33頁。

〔註869〕王叔岷《史記斠證》,中華書局,2007年版,第2490頁。

〔註870〕張文虎《校刊史記集解索隱正義札記》卷5,中華書局,1977年版,第559頁。

〔註871〕水澤利忠《史記會注考證校補》,廣文書局,1972年版,第2668頁。

〔註872〕沈家本《史記瑣言》卷3,收入《二十五史三編》第2冊,嶽麓書社,1994年版,第828頁。

〔註873〕池田四郎次郎《史記補注(下編)》(池田英雄增補),日本明德出版社,1975年版,第154頁。

〔註874〕吳國泰《史記解詁》第3冊,1933年成都居易簃叢著本,本冊第41頁。

分也。』」〔註875〕李人鑒曰：「作『析』字是也。」〔註876〕韓兆琦曰：「坼，
裂。」〔註877〕紹興本、乾道本、百衲本亦作「拆」，淳熙本、慶長本亦作
「折」（淳熙本即耿本，水澤氏誤校），宋刊《記纂淵海》卷131引作「析」，
又卷165引作「折」，《永樂大典》卷3004引作「拆」。宋本《新序》作「折」，
明刊本作「析」。宋刊《御覽》卷475引《史記》作「折」，王校是，張文
虎所據乃俗本。古鈔本《治要》卷17引《漢書》作「折」（天明刊本作『析』）。
石光瑛曰：「《說文》：『析，破木也，一曰折也，從木從斤。』則『析』、『折』
之通用明矣。」〔註878〕「析」、「折」皆會意字，以斤破木為析，以斤斷草
為折。此文當以「析」為正字，吳、李說是，《文選·詣建平王上書》李善
注引鄒陽《獄中上書》作「析」。「折」、「坼」、「拆」都是形誤字，「坼」訓
分者，分裂義，非分析義，王說非是。《老子指歸·其安易持章》：「當此之
時，尊賢下眾，折肝膽，聽微諫，求過於己。」「折」亦當作「析」。

（7）挾孤獨之位（8 / 2983）

按：周尚木曰：「《漢書·鄒陽傳》『位』作『交』。按作『交』者是也。
此作『位』，乃『佼』字之誤，『佼』與『交』同，古多通用。『佼』與『位』
以形近而誤。」〔註879〕瀧川資言曰：「楓、三本、《漢書》、《文選》『位』
作『交』。『位』字為長。」〔註880〕張森楷、池田並指出《漢書》「位」作
「交」〔註881〕，施之勉指出《新序》「位」作「交」〔註882〕，俱無按斷。
王叔岷曰：「《漢紀》作『挾孤特之位』。獨、特同義。」〔註883〕《漢紀》
作「挾孤特之交」，王氏失檢。周說近是，瀧川說非。此字當作「交」，《冊
府元龜》卷872、《通志》卷97都作「交」，「挾孤獨之交」與上句「捐朋黨

〔註875〕王叔岷《史記斠證》，中華書局，2007年版，第2492頁。
〔註876〕李人鑒《太史公書校讀記》，甘肅人民出版社，1998年版，第1197頁。
〔註877〕韓兆琦《史記箋證》，江西人民出版社，2009年版，第4500頁。
〔註878〕石光瑛《新序校釋》，中華書局，2001年版，第402頁。
〔註879〕周尚木《史記識誤》，收入《二十四史訂補》第1冊，書目文獻出版社，
　　　　1996年版，第506頁。
〔註880〕瀧川資言《史記會注考證》，北嶽文藝出版社，1999年版，第3825頁。
〔註881〕張森楷《史記新校注》，中國學典館復館籌備處，1967年版，第4376頁。
　　　　池田四郎次郎《史記補注（下編）》（池田英雄增補），日本明德出版社，
　　　　1975年版，第154頁。
〔註882〕施之勉《史記會注考證訂補》，華岡出版有限公司，1976年版，第1316
　　　　頁。
〔註883〕王叔岷《史記斠證》，中華書局，2007年版，第2492頁。

之私」相應，謂不結黨營私也。「交」形誤作「立」，又改作「位」。

（8）眾口鑠金（8／2983）

《索隱》：《風俗通》云「或說有美金於此，眾人或共詆訛，言其不純金，賣者欲其必售，因取鍛燒以見其真，是為眾口鑠金也」。

按：王叔岷曰：「《御覽》卷811引《風俗通》佚文云：『眾口鑠金。俗說：有美金〔於〕此，眾人咸共詆訛，言其不純。賣金者欲其售，因取鍛燒以見真，此為眾口鑠金。』《索隱》所引『金賣者』（《考證》本妄以『金』字屬上絕句），乃『賣金者』之誤倒。」〔註884〕王說是矣，宋刊《記纂淵海》卷78、《事文類聚》別集卷21引《風俗通》均作「賣金者」〔註885〕。又「或共」，亦當據《御覽》、《淵海》、《事文類聚》校作「咸共」，形近致訛耳，王氏失校。《索隱》引《風俗通》「因取」，《御覽》、《淵海》同，黃善夫本、乾道本、淳熙本、元刻本、慶長本《索隱》都誤作「同取」。又《淵海》引「以見真」下有「偽」字。

（9）則五伯不足稱，三王易為也（8／2983）

按：李笠曰：「稱讀為相稱之稱，所謂『五伯不足比』也。《漢傳》、《文選》、《新序》『稱』並作『侔』，義同。又『稱揚』字本作『偁』，與『侔』字形近，或誤『侔』為『偁』，復轉為『稱』歟？」〔註886〕池田從李說〔註887〕。瀧川資言曰：「《漢書》、《文選》『稱』作『侔』，《文選》『為』下有『比』字。」〔註888〕施之勉曰：「《新序》『稱』作『侔』，『為』下有『比』字。」〔註889〕王叔岷曰：「『為』下有『比』字，乃與上句相儷。《漢書》無『比』字，王氏《補注》引宋祁云：『一本「為」字下有「比」字。』有『比』字是。」〔註890〕李笠前說是，王說亦是也。《學林》卷2引《史記》「為」下有「比」字。不足，猶言不難，與「易為」同義〔註891〕。稱，

〔註884〕王叔岷《史記斠證》，中華書局，2007年版，第2495頁。
〔註885〕四庫本《記纂淵海》在卷50。
〔註886〕李笠《廣史記訂補》卷8，復旦大學出版社，2001年版，第221頁。
〔註887〕池田四郎次郎《史記補注（下編）》（池田英雄增補），日本明德出版社，1975年版，第154頁。
〔註888〕瀧川資言《史記會注考證》，北嶽文藝出版社，1999年版，第3828頁。
〔註889〕施之勉《史記會注考證訂補》，華岡出版有限公司，1976年版，第1318頁。
〔註890〕王叔岷《史記斠證》，中華書局，2007年版，第2497頁。
〔註891〕參見裴學海《古書虛字集釋》，中華書局，1954年版，第645頁。

讀去聲，猶言相當。比，並也，與「侔」、「稱」同義。「五伯不足稱，三王易為比」與《春申君列傳》「三王不足四，五伯不足六」（《秦策四》、《秦策五》亦有此語）同義。《治要》卷 17 引《漢書》已脫「比」字。《冊府元龜》卷 872 用《漢書》有「比」字。

（10）此鮑焦所以忿於世而不留富貴之樂也（8／2988）

《集解》：如淳曰：「《莊子》云『鮑焦飾行非世，抱木而死』。」

《索隱》：晉灼云：「《列士傳》鮑焦怨世不用己，採疏於道。子貢難曰：『非其代而採其疏，此焦之有哉？』棄其疏，乃立枯洛水之上。」案：此事見《莊子》及《說苑》、《韓詩外傳》，小有不同耳。

按：《列士傳》「非其代」，黃善夫本、乾道本、淳熙本、元刻本、慶長本、四庫本《索隱》「代」作「世」，《文選》李善注引《列士傳》同，《韓詩外傳》卷 1、《新序‧節士》亦同，當據改。「非其世」即上文之「怨世」。《莊子‧盜跖》云「飾行非世」，亦其確證。又各本《索隱》「此焦之有」，《文選》李善注引同，《漢書》顏師古注亦同（未言出處）；《韓詩外傳》、《新序》作「誰」，亦當據改，石光瑛已校正〔註892〕。

《屈原賈生列傳》

（1）巧匠不斲兮，孰察其揆正（8／3000）

《正義》：揆正，賢能。（據瀧川《考證》本，黃善夫本下方校記亦引之）

按：沈家本曰：「《楚詞》『揆』作『撥』。王逸注：『撥，治也。』『揆』字誤。」〔註893〕孫詒讓曰：「撥謂曲枉，與『正』對文。《管子‧宙合篇》云『夫繩扶撥以為正。』《淮南子‧本經訓》亦云：『扶撥以為正。』高注云：『撥，枉也。』《修務訓》云：『琴或撥刺枉橈。』注云：『撥刺，不正也。』《荀子‧正論篇》云：『不能以撥弓曲矢中。』《戰國策‧西周策》云：『弓撥矢鉤。』皆其證也。王釋為『治』，失之。《史記》作『揆』，亦誤。」〔註894〕瀧川資言曰：「揆正，《正義》本作『撥正』，與《楚辭》合。作『揆』義長。」〔註895〕

〔註892〕參見石光瑛《新序校釋》，中華書局，2001 年版，第 451 頁。

〔註893〕沈家本《史記瑣言》卷 3，收入《二十五史三編》第 2 冊，嶽麓書社，1994 年版，第 829 頁。

〔註894〕孫詒讓《札迻》卷 12，中華書局，1989 年版，第 403 頁。

〔註895〕瀧川資言《史記會注考證》，北嶽文藝出版社，1999 年版，第 3851 頁。

王叔岷曰：「《楚辭》『揆』作『撥』，王注：『撥，治也。』姜亮夫云：『撥，《史記》作「揆」，朱本同，引一本作「撥」。孫說極確。』按『揆』乃『撥』之形誤，《正義》本是。惟釋『撥正』為『賢能』，亦非。孫云『撥謂曲枉』，是也。惟『撥』無曲枉義，『撥』乃『癹』之借字。《說文》：『癹，足剌癹也。』剌癹，不正也。」〔註896〕韓兆琦曰：「揆正，端詳得準確。揆，端詳、相度。」孫、王說至確，馬其昶從孫說〔註897〕，瀧川及韓氏不通訓詁。惟王氏說「撥」訓不正之本字為「癹」，前人亦早言之〔註898〕。字或作「發」，《周禮·考工記》：「居幹之道，菑栗不迆，則弓不發。」王引之曰：「發，當讀為撥。撥者，枉也。」又引以上《管》、《淮》、《策》、《荀》為證〔註899〕。朱駿聲曰：「發，叚借為癹。按：猶《荀子》之『撥弓曲矢』，謂匡剌也。」〔註900〕郭嵩燾解「撥正」為「撥而反之正」〔註901〕，非也。宋元各本及慶長本均誤作「揆」，當作《校勘記》說明。《李斯列傳》「事來有以揆之」，《集解》引徐廣曰：「揆，一作撥也。」是其相訛之例。

（2）鳳皇在笯兮（8 / 3000）

《集解》：徐廣曰：「笯，一作郊。」駰案：王逸曰：「笯，籠落也。」

《索隱》：籠落謂藤蘿之相籠絡。

《正義》：《應瑞圖》云：「黃帝問天老曰：『鳳鳥何如？』天老曰：『鴻前而麟後，蛇頸而魚尾，龍文而龜身，燕頷而雞喙，首戴德，頸揭義，背負仁，心入信，翼俠順，足履正，尾繫武，小音金，大音鼓，延頸奮翼，五色備舉。』」

《校勘記》：應瑞圖，疑當作「瑞應圖」。《孝文本紀》《集解》、《孝武本紀》《集解》並引《瑞應圖》。《南齊書·祥瑞志》：「黃門郎蘇侃撰聖皇《瑞應記》，永明中庾溫撰《瑞應圖》。」《隋書·經籍志》：「《瑞應圖》三卷。」（8 / 3020）

〔註896〕 王叔岷《史記斠證》，中華書局，2007年版，第2529頁。
〔註897〕 馬其昶《屈賦微》卷下，收入《叢書集成續編》第24冊，新文豐出版公司，1988年印行，第616頁。
〔註898〕 參見朱駿聲《說文通訓定聲》，武漢市古籍書店，1983年版，第680頁。陶鴻慶《讀淮南子札記》，收入《讀諸子札記》，中華書局，1959年版，第62頁。楊樹達《淮南子證聞》，上海古籍出版社，2006年版，第71頁。
〔註899〕 王引之《經義述聞》卷9，江蘇古籍出版社，1985年版，第228頁。
〔註900〕 朱駿聲《說文通訓定聲》，武漢市古籍書店，1983年版，第680頁。
〔註901〕 郭嵩燾《史記札記》，商務印書館，1957年版，第293頁。

按：張文虎曰：「翼俟順，『俟』字疑誤。《類聚》作『翼挾義』，今本《韓詩外傳》亦有『挾義』二字。」〔註902〕池田引恩田蕙樓曰：「『落』與『箈』通，以竹為藩也。《索隱》非。」〔註903〕王叔岷曰：「《應瑞圖》，當作《瑞應圖》。其說又見《韓詩外傳》卷8、《說苑・辨物篇》，略見《說文》。《外傳》、《說苑》『俟』並作『挾』，『俟』蓋『挾』之誤。《御覽》卷915引《外傳》、《說苑》『色』並作『光』（今本《外傳》作『彩』）。黃本《正義》亦作『光』。」〔註934〕王校未盡，且有錯誤。①校「《應瑞圖》」作「《瑞應圖》」，是也。考《白氏六帖事類集》卷28引《瑞應圖》：「鳳，王者之嘉祥。」又「（鳳）負信、戴仁、挾義、膺文、苞智。」與《正義》所引相近。但《校勘記》所引諸證，只足證明古有《瑞應圖》一書，不能證明《正義》所引就是《瑞應圖》。事實上，古代也有《應瑞圖》一書〔註905〕。《開元占經》卷5、《太平廣記》卷229並引孫氏《應瑞圖》，恐也當作孫氏《瑞應圖》。《舊唐書・經籍志》云：「《瑞應圖記》二卷，孫柔之撰。」②燕鴿而雞喙，黃善夫本、元刻本、慶長本作「燕頷而雞啄」（慶長本『啄』作俗訛字『啄』），元刊《外傳》作「燕頷而雞喙」，《說苑》作「燕喙（頷）雞嘴」，《說文》「鳳」字條作「燕頷雞啄」，《禽經》張華註作「鷰頷雞喙」。「啄」與「嘴」同，義同「喙」。宋刊《類聚》卷99、《御覽》卷79、915引《外傳》「頷」作「鴿」。「頷」指下巴，《說文》作「頜」。「鴿」當是「頷」俗分別字，專指鳥的下巴，與《集韻》鳥名「鴿」者是同形異字。《廣雅》「鳳皇雞頭、燕頷、虵頸」，《慧琳音義》卷4引「頷」作「鴿」。③翼俟順，《說苑》作「翼挾義，衷抱忠」，二句對文，《正義》脫「衷抱忠」三字。《外傳》卷8作「抱中（忠）挾義」，是其省文（《類聚》卷99引《外傳》作「翼挾義」，《說文繫傳》「鳳」字條引《外傳》作「心抱忠，翼挾信」）。《爾雅釋文》引《毛詩草木疏》作「翼挾信，心抱忠」，《禽經》張華註作「心抱忠，翼挾信」。考《山海經・南山經》：「鳳皇首文曰德，翼文曰義，背文曰禮，膺文曰仁，腹文曰信。」

〔註902〕張文虎《校刊史記集解索隱正義札記》卷5，中華書局，1977年版，第562頁。

〔註903〕池田四郎次郎《史記補注（下編）》（池田英雄增補），日本明德出版社，1975年版，第160頁。

〔註934〕王叔岷《史記斠證》，中華書局，2007年版，第2530～2531頁。

〔註905〕《舊唐書・經籍志》：「《孝經應瑞圖》一卷。」《新唐書・藝文志》、《通志》卷63、72、《玉海》卷41「孝經類」並云「《應瑞圖》一卷」。

又《海內經》:「鳳鳥首文曰德,翼文曰順,膺文曰仁,背文曰義。」二說略有不同。《廣雅》作:「五色以文曰德,翼文曰順,背文曰義,腹文曰信,膺文曰仁。」據《南山經》「翼文曰義」,則《說苑》、《外傳》作「翼挾義」不誤。據《海內經》及《廣雅》「翼文曰順」,則《瑞應圖》作「翼」與「順」連文。《外傳》、《說苑》作「挾義」自通,王叔岷改《瑞應圖》作「挾順」則不辭。所謂「俟」字,檢黃善夫本、元刻本、慶長本作「侯」。「侯」是「候」借字。《獨斷》卷上:「侯者,候也,候逆順也。」《白虎通・德論》同。《公羊傳・隱公元年》徐彥疏引《春秋說》:「侯之言候,候逆順兼伺候王命矣。」作「翼挾信」,則無據矣。④五色備舉,黃善夫本、元刻本、慶長本作「五備舉」,脫一字,並非黃本「色」作「光」,王氏失校。《外傳》作「五彩俗舉」(今本「舉」與下文「明」誤倒),《說苑》作「五光備舉」,《說文》「鳳」字條作「五色備舉」,《類聚》卷99、《事類賦注》卷18引《外傳》亦作「五色備舉」。⑤恩田說是也。《說文》:「笈,鳥籠也。」洪興祖《楚辭補注》引作「笈,籠也,南楚謂之笈」,疑今本《說文》有脫文。《玉篇》:「笈,籠笝也。」「笝」同「落」,竹籠。王逸注「籠落」即「籠笝」,《索隱》說非是。「笈」亦是屈子所用古楚語。《方言》卷13:「籠,南楚江沔之閒謂之篸,或謂之笈。」

(3)羌不知吾所臧(8/3000)

《索隱》:王師叔云:「羌,楚人語辭。言卿何為也。」

按:王叔岷曰:「王師叔,當從殿本作『王叔師』。」〔註906〕徐仁甫亦乙作「王叔師」,指出王逸字叔師,蘇芃說同〔註907〕。又「言」字上當據《離騷》王逸注補「猶」字。讀作:「羌,楚人語辭,〔猶〕言卿,何為也。」「羌,猶言卿」是聲訓,《廣雅》、《玉篇》並云:「羌,卿也。」「何為也」是釋義。

(4)誹駿疑桀兮,固庸態也(8/3001)

《集解》:王逸曰:「千人才為俊,一國高為桀也。庸,廝賤之人也。」

《索隱》:《尹文子》云「千人曰俊,萬人曰桀」。今乃誹俊疑傑,固是

〔註906〕王叔岷《史記斠證》,中華書局,2007年版,第2531頁。

〔註907〕徐仁甫《史記注解辨正》,四川大學出版社,1993年版,第153頁。蘇芃《司馬貞〈史記索隱〉「王師叔」正訛》,《圖書館理論與實踐》2011年第2期,第68~69頁。

庸人之態也。

按：《楚辭·懷沙》「誹駿疑桀」作「非俊疑傑」。《索隱》所引《尹文子》，「尹」字當為衍文。今本《文子·上禮》作：「智過萬人者謂之英，千人者謂之儁，百人者謂之傑，十人者謂之豪。」《淮南子·泰族篇》「儁」作「俊」，「傑」、「豪」互易。

（5）重仁襲義兮（8 / 3001）

《集解》：王逸曰：「重，累也。襲，及也。」

《正義》：襲，亦重也。（據瀧川《考證》本，黃善夫本上方校記亦引之）

按：沈家本曰：「《楚詞》注『及』作『仍』。按『襲』有『仍』、『及』二義，此以『仍』義為長。」〔註908〕瀧川資言曰：「《集解》『及』當作『仍』。」〔註909〕瀧川說是也。仍亦重也。

（6）賢聖逆曳兮，方正倒植（8 / 3006）

《索隱》：胡廣云：「逆曳，不得順隨道而行也。」

按：胡廣說「順隨道而行」，黃善夫本、乾道本、淳熙本、元刻本、慶長本、四庫本《索隱》並作「順而行」，《文選·弔屈原文》李善注引作「順道而行」。《選》注是，此本衍「隨」字，黃本等脫「道」字。《韓詩外傳》卷7云「正直者順道而行，順理而言」，方正倒植（置）者則反之，逆曳不得順道而行。《初學記》卷22引後漢李尤《鞍銘》：「驅騖馳逐，騰躍覆跇。」「逆曳」即「覆跇」，猶言倒躍也。

（7）驥垂兩耳兮服鹽車（8 / 3006）

《索隱》：《戰國策》曰：「夫驥服鹽車上太山，中阪遷延，負轅不能上，伯樂下車哭之也。」

《正義》：服猶駕也。（據瀧川《考證》本，黃善夫本下方校記引「猶」作「控」。）

按：張森楷曰：「太山，殿本、《評林》本『行』誤『山』。」〔註910〕施之勉從張說，又指出：「《戰國策》『太山』作『太行』。《文選·弔屈原文》

〔註908〕沈家本《史記瑣言》卷3，收入《二十五史三編》第2冊，嶽麓書社，1994年版，第829頁。

〔註909〕瀧川資言《史記會注考證》，北嶽文藝出版社，1999年版，第3852頁。

〔註910〕張森楷《史記新校注》，中國學典館復館籌備處，1967年版，第4397頁。

注引亦作『太行』。」〔註911〕王叔岷曰：「《戰國策》見《楚策四》。『太山』乃『太行』之誤。」〔註912〕張、王說是，《文選‧廣絕交論》、《七發》李善注二引《策》都作「太行」，《類聚》卷93、《御覽》卷896、《事類賦注》卷21引同，無作「太山」者。《鹽鐵論‧訟賢》：「騏驥之輓鹽車，垂頭於太行。」正用《策》典。《墨子‧耕柱》「子墨子曰：『我將上大行，駕驥與羊，我將誰歐？』」「大行」即「太行」，《類聚》卷7、《白氏六帖事類集》卷2、《御覽》卷40引《墨子》作「太行」。墨子之驥上太行，取譬正與《策》同，亦可作旁證。服，讀作犕。

（8）嗟苦先生兮，獨離此咎（8／3006）

《集解》：應劭曰：「嗟，咨嗟。苦，勞苦。言屈原遇此難也。」

按：王叔岷曰：「黃善夫本《集解》『勞苦』上無『苦』字，下無『言』字，與《漢書》應注合。『勞苦屈原』即是釋『苦先生』。」〔註913〕景祐本、紹興本、乾道本、淳熙本、元刻本、慶長本、四庫本《集解》均同黃善夫本。當刪「苦」、「言」二字。《文選‧弔屈原文》李善注引應說無「言」字，但衍「苦」字。

（9）襲九淵之神龍兮（8／3008）

《集解》：鄧展曰：「襲，重也。」或曰：襲，覆也，猶言察也。

《索隱》：襲，復也。《莊子》曰「千金之珠必在九重之淵，而驪龍頷下」，故云「九淵之神龍」也。

《正義》：顧野王曰：「襲，合也。」（據瀧川《考證》本，黃善夫本校記亦引之。）

按：《索隱》「襲，復也」三字是復舉《集解》，則「復」當校作「覆」。《文選‧弔屈原文》李善注引張晏曰：「《音義》曰：『襲，覆也，猶言察也。《莊子》曰「千金之珠必九重之淵，而驪龍頷下」。』」此小司馬所本，字亦作「覆」。

（10）榿如囚拘（8／3014）

《集解》：徐廣曰：「榿音華板反，又音皖。」

《索隱》：榿音和板反。《說文》云「榿，大木柵也」。《漢書》作「僪」，

〔註911〕施之勉《史記會注考證訂補》，華岡出版有限公司，1976年版，第1334頁。
〔註912〕王叔岷《史記斠證》，中華書局，2007年版，第2541頁。
〔註913〕王叔岷《史記斠證》，中華書局，2007年版，第2541頁。

音去隕反。

《校勘記》：樞如囚拘，錢大昕《考異》卷5：「《說文》無『摳』字。《漢書》作『傮』，而蘇林音欺全反，與『圜』音相近。」〔註914〕（8／3023）

按：張森楷從錢大昕說〔註915〕。顏師古注：「李奇曰：『傮，音塊。』蘇林曰：『皆人肩傴傮爾，音欺全反。』師古曰：蘇音是。」李善注：「窘，囚拘之貌，求殞切。」《集韻》：「傮，拘員切，困也。《漢書》『傮若囚拘』，蘇林讀。」王觀國《學林》卷9：「摳乃摮束之意。《字書》：『窘亦作傮。』然則『摳』、『傮』二字雖不同音而其義則皆有囚束拘繫之意，於文無嫌也。」《說郛》卷85引釋適之《金壺字考》：「摳，音綰，繫也。」楊慎《丹鉛餘錄》卷15：「『窘』當音渠隕反，『摳』當音斯（欺）全反。『摳』即今『拴』字也。《史記》、《漢書》所見異辭，當各從本文解之。」張文虎曰：「《索隱》本『樞』，各本作『摳』。《說文》『樞』、『摳』、『傮』三字皆無，以字音字義求之，於『圈』字為近。」〔註916〕沈欽韓曰：「《玉篇》『傮』求敏、口窘二切，引此文謂『肩傴傮也』，與蘇林音異義同。《荀子·儒效篇》『偔然若終身之虜』，楊倞云：『「偔」《字書》無所見，蓋環繞囚拘之貌。』則與此『傮』字同。《文選》作『窘』，《廣韻》：『窘，痺也。』《史記》作『摳』，義與『樞』同，《集韻》：『閉門機也。』」〔註917〕朱駿聲曰：「摳，即『纙』之別字也。」〔註918〕吳承仕曰：「《漢書》作『傮若囚拘』……君聲、睘聲皆屬真部，《文選·鵩鳥賦》字正作『窘』，而《吳都賦》李注則引作『傮』。作『傮』、作『摳』皆『窘』之異文耳，音義自相近也。徐廣音摳華板反，蘇林音傮欺全反，部居略同；李奇音塊，則由真轉脂，《類篇》『傮』字有『苦會』一切，本此。」黃侃曰：「《說文》有『㮶』、『樞』、『梱』，皆與『樞』形近，然無大木柵之訓，或『梱』之別義與（歟）？『摳』、『傮』以音義求之，於『困』或『窘』字為近。」〔註919〕瀧川資言引中井積德曰：「『摳』

〔註914〕《嘉定錢大昕全集（二）》「摳」誤作「摮」，江蘇古籍出版社，1997年版，第87頁。

〔註915〕張森楷《史記新校注》，中國學典館復館籌備處，1967年版，第4404頁。

〔註916〕張文虎《校刊史記集解索隱正義札記》卷5，中華書局，1977年版，第566～567頁。

〔註917〕沈欽韓《漢書疏證》卷28，收入《續修四庫全書》第266冊，上海古籍出版社，2002年版，第787頁。

〔註918〕朱駿聲《說文通訓定聲》，武漢市古籍書店，1983年版，第760頁。

〔註919〕吳承仕《經籍舊音辨證》卷4《史記裴駰集解、司馬貞索隱》，後附黃侃

蓋繫執之義。」〔註920〕池田引錢大昕、張文虎說，又引子潤曰：「摳，《漢書》作『窘』（引者按：當是『僂』）。《莊子‧天地篇》：『睆睆（引者按：當是『睆睆』）然在纆繳之中。』《荀子‧儒效篇》：『偨然若終身之虜。』皆古字通用。徐音是也，共為執拘之貌。《索隱》『木柵』，誤矣。」〔註921〕施之勉曰：「《漢書》『摳』作『僂』，《文選》作『窘』。梁章鉅曰：《學林》云云。」〔註922〕王叔岷曰：「《索隱》單本『摳』作『楄』，注同。《說文》既訓『大木柵』，則其字當從木（今本《說文》『楄』、『摳』二字並無）。『楄』義為大木柵，引申有困窘義。『摳』乃『楄』之俗變，實非今『拴』字也。」〔註923〕宋元各本及慶長本、四庫本「楄」作「摳」。《集解》「睆」，景祐本、乾道本、淳熙本、元刻本、四庫本作「睆」，黃善夫本、紹興本、慶長本作「睆」，《班馬字類》卷 3《補遺》引亦作「睆」。①考《集韻》：「摳，木柵也。《史記》『摳若囚拘』，劉伯莊讀。」小司馬說當本劉伯莊，「說文」乃「說者」之誤。小司馬引或說，有不稱其名（或其名已佚），以「說者」目之者〔註924〕。②楊慎說「摳」同「拴」，沈欽韓說「摳」同「楄」，皆是也。「楄」俗作「栓」、「拴」。朱駿聲說「摳」即「纆」亦不誤，以木拘止曰楄，以繩拘止曰纆（繯），其義一也。《荀子‧儒效篇》「偨然」，楊倞注引《莊子》「睆然在纆之中」，出《莊子‧天地》「睆睆然在纆繳之中而自以為得」。徐廣「摳」音睆，亦是也。《莊子》「睆」，即「纆」借音字，亦即此文「摳」字，亦即《荀子》「偨」字。音轉亦作溷、圂，朱起鳳曰：「《春秋繁露‧竹林篇》：『已反國，復在位矣，而《春秋》猶有不君之辭，況其溷然方獲而虜邪？』『偨』、『睆』音義並同，《竹林篇》段作『溷』，『溷』與『偨』一聲之轉。」〔註925〕北大秦簡《禹九策》：「圂若縠（繫）囚。」「圂」同「溷」。

《經籍舊音辨證箋識》，中華書局，2008 年版，第 319、400 頁。
〔註920〕瀧川資言《史記會注考證》，北嶽文藝出版社，1999 年版，第 3869 頁。
〔註921〕池田四郎次郎《史記補注（下編）》（池田英雄增補），日本明德出版社，1975 年版，第 164 頁。
〔註922〕施之勉《史記會注考證訂補》，華岡出版有限公司，1976 年版，第 1338 頁。
〔註923〕王叔岷《史記斠證》，中華書局，2007 年版，第 2558 頁。
〔註924〕《高祖本紀》《索隱》：「說者以為天子賜姓命氏，諸侯命族，族者氏之別名也。」《建元已來王子侯者年表》，《索隱》：「說者或以為琅邪被縣，恐不然也。」《刺客傳》《索隱》：「說者云以馬屎燻令失明。」《張叔傳》《索隱》：「說者云刑名家即太史公所說六家之二也。」《司馬相如傳》《索隱》：「說者以雲罕為旌旗，非也。」皆是其例。
〔註925〕朱起鳳《古歡宅雜識》，《辭書研究》1980 年第 2 期，229 頁。

③《文選・張茂先・答何邵》：「吏道何其迫，窘然坐自拘。」李善注引《鵬鳥賦》「愚士繫俗，窘若囚拘」以證之。是張茂先所據本，亦作「窘」字。窘（僒），讀為稇，俗作捆，以繩束縛之也，與「纏」亦是聲轉。

（11）細故懘薊兮，何足以疑（8／3014）

《集解》：韋昭曰：「懘音士介反。」

《索隱》：薊音介。《漢書》作「介」。張楫云：「懘介，鯁刺也。以言細微事故不足懘介我心，故云『何足以疑』也。」

《正義》：懘，忍邁反。薊，加邁反。

按：錢大昕曰：「『薊』不成字，當作『薊』。『薊』、『芥』聲相近，故《漢書》作『芥』。」〔註926〕張文虎、沈家本、池田、張森楷、施之勉從其說，沈氏並有申說〔註927〕。《集解》「士介反」，景祐本、紹興本作「土介反」，「土」是「士」形誤。黃善夫本、乾道本、淳熙本、元刻本、慶長本《索隱》二「懘」並作「懘」，無「故」字，當據刪、改。黃善夫本、元刻本、慶長本《正義》「忍」作「刃」，「加」作「如」。黃善夫本下方校記云：「『如邁』之『如』，《正義》作『加』。」「薊」是「薊」俗字（見《玉篇》），「薊」是「芥」音轉，屬見母字，注音「如」是「加」形誤，見母字。

《呂不韋列傳》
（1）往來販賤賣貴（8／3025）

《索隱》：王劭賣音作育。案：「育」、「賣」義同，今依義。

按：王叔岷指出黃善夫本、殿本《索隱》並作：「王劭賣作鬻，音育。案：育、賣義同，今如字讀。」乾道本、淳熙本、元刻本、慶長本、四庫本《索隱》均同黃本，當據校正。又黃善夫本、元刻本正文「貴」形誤作「買」，《玄應音義》卷6、《御覽》卷471、829引皆作「貴」字。

〔註926〕錢大昕《史記考異》卷5，收入《二十二史考異》卷5，《嘉定錢大昕全集（二）》，江蘇古籍出版社，1997年版，第87頁。

〔註927〕張文虎《校刊史記集解索隱正義札記》卷5，中華書局，1977年版，第566頁。沈家本《史記瑣言》卷3，收入《二十五史三編》第2冊，嶽麓書社，1994年版，第830頁。池田四郎次郎《史記補注（下編）》（池田英雄增補），日本明德出版社，1975年版，第164頁。張森楷《史記新校注》，中國學典館復館籌備處，1967年版，第4405頁。施之勉《史記會注考證訂補》，華岡出版有限公司，1976年版，第1338頁。

《刺客列傳》

（1）此所謂「資怨而助禍」矣（8／3053）

按：張文虎曰：「舊刻有『所』字。」〔註928〕瀧川資言曰：「『此』下『所』字，依舊刻補。」〔註929〕水澤利忠曰：「景、井、蜀、紹、耿、慶、彭、毛、游、凌、殿無『所』字。」〔註930〕王叔岷曰：「景祐本、黃善夫本、殿本皆無『所』，《通鑑》有『所』字。」〔註931〕《通鑑》卷6「此謂」作「所謂」，非「此」下有「所」字，王校未晰。乾道本、慶長本、四庫本亦均無「所」字，《冊府元龜》卷848、《古史》卷59、《通志》卷180、《文章正宗》卷18同。不必補「所」字，瀧川說非是。即使補「所」，也當出《校勘記》作說明。《韓世家》「此謂『時紲舉贏』」，文例同。

（2）以順適其意（8／3055）

《索隱》：《燕丹子》曰：「軻與太子遊東宮池，軻拾瓦投黿，太子捧金丸進之。」

按：《燕丹子》「軻與太子遊東宮池」句有脫文，《初學記》卷27引作「太子與荊軻之東宮，臨池而觀」，《類聚》卷83、《御覽》卷475引作「後日與軻之東宮，臨池而觀」，《御覽》卷188引作「荊軻之東宮，臨池」，《御覽》卷949引作「日與軻之東宮，臨池而觀」，此「池」上當補「臨」字。金丸，《初學記》卷27引同，當據《御覽》卷188引校作「金瓦」。

（3）見燕使者咸陽宮（8／3058）

《正義》：《三輔黃圖》云：「秦始兼天下，都咸陽，因北陵營宮殿，則紫宮象帝宮，渭水貫都以象天漢，橫橋南度以法牽牛也。

按：今本《三輔黃圖》卷1「帝宮」作「帝居」，《初學記》卷6（凡二引）、《太平寰宇記》卷26、《長安志》卷3引同，當據校正。

（4）軻既取圖奏之秦王，發圖，圖窮而匕首見（8／3059）

按：水澤利忠曰：「奏，南化、楓、三『奉』。」〔註932〕宋元各本及慶長本作「奏」，《冊府元龜》卷210、848同；《永樂大典》卷4909引作「奉」，

〔註928〕張文虎《校刊史記集解索隱正義札記》卷5，中華書局，1977年版，第572頁。
〔註929〕瀧川資言《史記會注考證》，北嶽文藝出版社，1999年版，第3915頁。
〔註930〕水澤利忠《史記會注考證校補》，廣文書局，1972年版，第2734頁。
〔註931〕王叔岷《史記斠證》，中華書局，2007年版，第2601頁。
〔註932〕水澤利忠《史記會注考證校補》，廣文書局，1972年版，第2740頁。

《燕策三》同。「奏」是「奉」形訛，上文云「誠得樊將軍首與燕督亢之地圖，奉獻秦王，秦王必說見臣」，是其切證。

    （5）因左手把秦王之袖，而右手持匕首揕之……拔劍，劍長，操其室（8／3059）

    《索隱》：室謂鞘也。

    《正義》：《燕丹子》云：「左手揕其胸。秦王曰：『今日之事，從子計耳。乞聽瑟而死。』召姬人鼓琴，琴聲曰：『羅縠單衣，可裂而絕；八尺屏風，可超而越；鹿盧之劍，可負而拔。』王於是奮袖超屏風走之。」

    按：①《索隱》「鞘」，黃善夫本、乾道本、淳熙本、元刻本作「鞘」，字同。②《正義》所引《燕丹子》「左手揕其胸」有脫文，《書鈔》卷 128、《類聚》卷 85、《御覽》卷 344、816 引作「左手把秦王袖，右手揕其胷」（《類聚》、《御覽》「揕」誤作「楗」），《意林》卷 2、《御覽》卷 364 引作「左手把其袖，右手揕其胷」（《戰國策·燕策三》、《御覽》卷 371 引《春秋後語》同，《御覽》卷 364「揕」誤作「楗」），《御覽》卷 577、《事類賦注》卷 11 引作「左把秦王〔袖〕，右揕其胷」（二書出處誤作《史記》），P.2011 王仁昫《刊謬補缺切韻》、《廣韻》亦引《史記》「右手揕其胸」。《正義》所引《燕丹子》「左手」下當補「把秦王袖右手」六字或「把其袖右手」五字。③P.2011 王仁昫《刊謬補缺切韻》：「揕，擬擊。」（《廣韻》同）「揕」是「扰」俗字。《說文》：「扰，深擊也。」《廣雅》：「扰，刺也。」字亦作扗，俗字亦作扗、戡、戡。④黃善夫本「聽瑟」，元刻本、慶長本、四庫本作「聽琴」。下文云「鼓琴」，則當作「聽琴」。《御覽》卷 577、《事類賦注》卷 11 引作「聽琴」，《書鈔》、《類聚》、《意林》、《御覽》卷 344、691、816、《永樂大典》卷 4908、10309 引均作「聽琴聲」。⑤裂，《書鈔》、《類聚》、《御覽》卷 344、577、《事類賦注》引同，《御覽》卷 691 作「製」，《意林》、《御覽》卷 816、《永樂大典》卷 4908、10309 引作「掣」。作「掣」是，引拉也。「製」、「裂」均是「掣」形訛。《御覽》卷 701 引《三秦記》：「王美人彈琴作語曰：『三尺羅衣何不掣？四面屏風何不越？』王因掣衣而走，得免。」是作「掣」之證。《韓子·十過》「裂帷幕」，《太平廣記》卷 203 引王子年《拾遺記》「裂」作「掣」，亦其相訛之例。⑥負而拔，《類聚》引「拔」誤作「伏」。

    （6）事所以不成者，以欲生劫之，必得約契以報太子也（8／3059）

    《集解》：漢《鹽鐵論》曰：「荊軻懷數年之謀而事不就者，尺八匕首

不足恃也。秦王操於不意，列斷賁、育者，介七尺之利也。」

按：《鹽鐵論·論勇》「操」作「憚」。盧文弨、王佩諍、王利器均但出異文，未作按斷〔註933〕。「操」是「憚」形譌。《廣雅》：「憚，驚也。」

《李斯列傳》

（1）昔繆公求士，西取由余於戎，東得百里奚於宛，迎蹇叔於宋，來丕豹、公孫支於晉（8 / 3070）

《索隱》：公孫支，所謂子桑也，是秦大夫，而云自晉來，亦未見所出。

按：梁玉繩所據湖本「來」作「求」，云：「『求』乃『來』之譌文。」〔註934〕張森楷從梁說〔註935〕。洪頤煊曰：「《文選》『求』作『來』。《索隱》『而云自晉來』，《史記》亦當作『來』字。」〔註936〕張文虎曰：「《索隱》本『來』，各本作『求』」〔註937〕瀧川資言曰：「來，各本作『求』，與上文『求士』複。今從《索隱》本、《文選》。」〔註938〕水澤利忠曰：「來，蜀、紹、慶、凌、殿『求』。按《索隱》本、《通志》『求』作『來』。」〔註939〕池田曰：「求，《索隱》本作『來』，是也。」〔註940〕施之勉：「《類聚》卷 24 引作『來』。」〔註941〕王叔岷曰：「景祐本、黃善夫本、殿本『來』皆誤『求』，《通鑒》亦誤『求』。」〔註942〕乾道本、淳熙本、元刻本、慶長本、四庫本亦均作「求」，《冊府元龜》卷 890、《古史》卷 56、《小學紺珠》卷 5、《事文類聚》前集卷 24、《合璧事類備要》前集卷 34 同；《通志》卷 94 作「來」。此徑改作「來」，當出《校勘記》作說明。

〔註933〕 盧文弨《群書拾補·鹽鐵論校正》，收入《續修四庫全書》第 1149 冊，上海古籍出版社，2002 年版，第 396 頁。王佩諍《鹽鐵論校記》，商務印書館，1958 年版，第 189 頁。王利器《鹽鐵論校注》，中華書局，1992 年版，第 538 頁。

〔註934〕 梁玉繩《史記志疑》卷 31，中華書局，1981 年版，第 1318 頁。

〔註935〕 張森楷《史記新校注》，中國學典館復館籌備處，1967 年版，第 4447 頁。

〔註936〕 洪頤煊《讀書叢錄》卷 18，收入《續修四庫全書》第 1157 冊，上海古籍出版社，2002 年版，第 721 頁。

〔註937〕 張文虎《校刊史記集解索隱正義札記》卷 5，中華書局，1977 年版，第 575 頁。

〔註938〕 瀧川資言《史記會注考證》，北嶽文藝出版社，1999 年版，第 3936 頁。

〔註939〕 水澤利忠《史記會注考證校補》，廣文書局，1972 年版，第 2752 頁。

〔註940〕 池田四郎次郎《史記補注（下編）》（池田英雄增補），日本明德出版社，1975 年版，第 182 頁。

〔註941〕 施之勉《史記會注考證訂補》，華岡出版有限公司，1976 年版，第 1356 頁。

〔註942〕 王叔岷《史記斠證》，中華書局，2007 年版，第 2622 頁。

（2）有隨、和之寶（8／3072）

《正義》：《說苑》云「昔隨侯行遇大蛇中斷，疑其靈，使人以藥封之，蛇乃能去，因號其處為斷蛇丘。葳餘，蛇銜明珠，徑寸，絕白而有光，因號隨珠」。

按：《正義》所引《說苑》，今本《說苑》無之。其文見於《搜神記》卷20，「絕白」句作「純白而夜有光明」，《類聚》卷84、《玄應音義》卷8、《慧琳音義》卷28、《御覽》卷803、《事類賦注》卷9引作「純白而夜光」，《太平廣記》卷402引作「純白夜有光明」。當據校「絕」作「純」，並補「夜」字。

（3）鄭、衛、桑閒、昭、虞、武、象者，異國之樂也（8／3072）

《集解》：徐廣曰：「昭，一作韶。」

按：《文選》「昭」作「韶」。李善注：「《樂動聲儀》曰：『舜樂曰簫韶。』又曰：『周樂，伐時曰武象。』宋均曰：『武象，象伐時用干戈也。』徐廣曰：『韶，一作昭也。』」張銑注：「韶虞，舜樂。武象，周樂也。」然則「武象」當連文。「昭虞」亦作「韶護」，一說是殷樂。《荀子·儒效》「於是武象起而韶護廢矣」，楊倞注：「武象，周武王克殷之後樂名。韶護，殷樂名。《左氏傳》曰：『吳季札見舞韶護者。』蓋殷時兼用舜樂武。」《荀子·正論》「步中武象，驤中韶護」，楊倞注：「武象、韶護，皆樂名也。」考《淮南子·氾論篇》：「堯大章，舜九韶，禹大夏，湯大濩，周武象，此樂之不同者也。」「濩」同「護」，「韶護」是二樂名，「武象」則是一樂名。

（4）今逐客以資敵國，損民以益讎（8／3074）

按：李人鑒曰：「『損』字似為『捐』字之誤。『捐民以益讎』即上文所謂『棄黔首以資敵國』。捐民者，謂捐棄其民也。」〔註943〕李說是，《文選》亦誤作「損」。上文云「今乃棄黔首以資敵國，卻賓客以業諸侯」，即此文之誼。

（5）吾聞之荀卿曰「物禁大盛」（8／3076）

按：宋元各本及慶長本「大」作「太」，《書鈔》卷50、《初學記》卷18、《御覽》卷470引同。作「太」是其舊本。

〔註943〕李人鑒《太史公書校讀記》，甘肅人民出版社，1998年版，第1236頁。

（6）君侯自料能孰與蒙恬？功高孰與蒙恬？（8 / 3078）

按：瀧川資言曰：「楓、三本無『高』字，以上文推之，無者是。」
〔註944〕王叔岷曰：「《長短經》『能』上有『才』字，《通鑒》『能』上有
『材』字。『才能孰與蒙恬？功高孰與蒙恬？』文正相儷。則楓、三本之無
『高』字，蓋由不知上文脫一『才』字而妄刪者矣。」〔註945〕施之勉從王
說〔註946〕，徐仁甫說同王氏〔註947〕，是也，《通志》卷 94、179 並作「材
能」。崔適曰：「各本『能』下脫『多』字。『能多』與下文『功高』、『謀遠』
句相對，今補。」〔註948〕池田從崔說〔註949〕。崔氏亦看出有脫文，但補字
與唐、宋人所見本不合。

（7）長子剛毅而武勇，信人而奮士（8 / 3078）

按：池田引子潤曰：「奮士，言奮起於士節也。」〔註950〕王叔岷曰：「《長
短經》『士』作『事』，古字通用。」〔註951〕宋刊《長短經・懼誠》「奮士」
作「舊事」。「奮」是「舊」形誤，「事」是「士」音誤。上文云「長子舊而
信之」，此文與之對應。信人而舊士，言信人但信其故舊之人。李人鑒疑「舊
而信之」之「舊」當作「尊」〔註952〕，非是。

（8）蓋聞聖人遷徙無常，就變而從時（8 / 3079）

按：梁玉繩曰：「《文選・東方朔畫贊》注引《史》作『龍變而從之』。」
〔註953〕張森楷從梁說〔註954〕。張文虎曰：「毛本『就』作『龍』。」〔註955〕

〔註944〕瀧川資言《史記會注考證》，北嶽文藝出版社，1999 年版，第 3948 頁。

〔註945〕王叔岷《史記斠證》，中華書局，2007 年版，第 2629～2630 頁。

〔註946〕施之勉《史記會注考證訂補》，華岡出版有限公司，1976 年版，第 1360
～1361 頁。

〔註947〕徐仁甫《史記注解辨正》，四川大學出版社，1993 年版，第 165 頁。

〔註948〕崔適《史記探源》卷 7，中華書局，1986 年版，第 195 頁。

〔註949〕池田四郎次郎《史記補注（下編）》（池田英雄增補），日本明德出版社，
1975 年版，第 185 頁。

〔註950〕池田四郎次郎《史記補注（下編）》（池田英雄增補），日本明德出版社，
1975 年版，第 185 頁。

〔註951〕王叔岷《史記斠證》，中華書局，2007 年版，第 2630 頁。

〔註952〕李人鑒《太史公書校讀記》，甘肅人民出版社，1998 年版，第 1238 頁。

〔註953〕梁玉繩《史記志疑》卷 31，中華書局，1981 年版，第 1319 頁。

〔註954〕張森楷《史記新校注》，中國學典館復館籌備處，1967 年版，第 4455 頁。

〔註955〕張文虎《校刊史記集解索隱正義札記》卷 5，中華書局，1977 年版，第
576 頁。

瀧川資言說同張氏〔註956〕。水澤利忠曰:「就,南化、井、耿、彭、毛『龍』。」〔註957〕丁晏曰:「龍變,王、柯本作『就變』,是。毛誤作『龍』。」〔註958〕施之勉從丁說,又指出:「景祐本、黃善夫本並作『就變』,《長短經》亦作『就變』。」〔註959〕王叔岷曰:「殿本亦作『就變』。周校《長短經》作『龍變』。驗以《文選》注所引,作『龍變』乃此文之舊。《莊子·山木篇》:『一龍一蛇,與時俱化。』《淮南子·俶真篇》:『一龍一蛇,盈縮卷舒,與時變化。』」〔註960〕王氏校「就」作「龍」是也,二字形誤,丁說非是。宋刊《長短經·懼誡》作「龍變而從時」,《選》注「之」是「時」音誤。紹興本、淳熙本、慶長本作「龍變」,黃善夫本下方校記謂小板(版)「就」作「龍」。乾道本亦誤作「就變」,《古史》卷56、《通志》卷179誤同,元刻本「常龍」二字殘缺。《華陽國志》卷3「龍歸之曲」,《古文苑》卷4章樵注引《成都古今記》「龍」誤作「就」。S.2072《琱玉集》「作《就虵之哥(歌)》」,「就」是「龍」形訛。皆其相譌之例。龍者善變,故謂之「龍變」。《外戚世家》褚先生曰:「丈夫龍變。」《淮南子·人間篇》:「所以貴聖人者,以其能龍變也。」《賈子·容經》:「龍變無常,能幽能章。」

(9)故吾願賜志廣欲,長享天下而無害(8/3083)

按:①張文虎曰:「『賜』字蔡本、中統、游、王、毛本並同。《字類補遺》引此文亦作『賜』。《方言》:『賜,盡也。』義自可通。今本作『肆』者,疑後人以『賜志』不經見而改。」〔註961〕水澤利忠、池田從張說,水澤氏又指出:「肆,蔡、慶、中統、彭、毛、金陵『賜』。南化《校記》『肆』。」〔註962〕丁晏曰:「賜志,王本同;柯本作『肆志』,陳本同。」〔註963〕張森

〔註956〕瀧川資言《史記會注考證》,北嶽文藝出版社,1999年版,第3950頁。

〔註957〕水澤利忠《史記會注考證校補》,廣文書局,1972年版,第2759頁。

〔註958〕丁晏《史記毛本正誤》,收入《二十五史三編》第1冊,嶽麓書社,1994年版,第990頁。

〔註959〕施之勉《史記會注考證訂補》,華岡出版有限公司,1976年版,第1361頁。

〔註960〕王叔岷《史記斠證》,中華書局,2007年版,第2630~2631頁。

〔註961〕張文虎《校刊史記集解索隱正義札記》卷5,中華書局,1977年版,第577頁。

〔註962〕水澤利忠《史記會注考證校補》,廣文書局,1972年版,第2764頁。池田四郎次郎《史記補注(下編)》(池田英雄增補),日本明德出版社,1975年版,第188頁。

〔註963〕丁晏《史記毛本正誤》,收入《二十五史三編》第1冊,嶽麓書社,1994年版,第990頁。

楷曰：「毛本『肆』誤『賜』。」〔註964〕李人鑒引《始皇本紀》「肆意極欲」及此篇下文「不為安肆志」駁張文虎說〔註965〕。乾道本、慶長本亦作「賜」；景祐本、紹興本、淳熙本、四庫本作「肆」，《治要》卷12、《古史》卷56、《通志》卷94、《習學記言》卷20引同。黃善夫本上方校記「賜」作「肆」，慶長本「賜」字旁改「肆」字。北宋本即作「肆」，非後人所改，張文虎說非也。張森楷、李人鑒說是，「賜」是「肆」音誤，《周禮·小子》鄭玄注：「肆，讀為鬄。」是其證也。肆，放縱，與「廣」同義對舉。「肆志」是《史記》成語。《方言》卷3：「澌，盡也……鋌、賜、撲、澌，皆盡也。」《廣雅》：「澌，盡也。」王念孫引此文為證，謂「澌、斯、賜並通」〔註966〕，錢繹從其說〔註967〕，此張文虎說所本，然其說不長也。②王叔岷曰：「《治要》引『享』作『亨』。亨，讀為享。」〔註968〕古鈔本《治要》卷12引仍作「享」，王氏所據乃晚出之天明刊本。③害，憂患也。

（10）《韓子》曰「慈母有敗子而嚴家無格虜」（8／3084）

《索隱》：格，彊扞也。虜，奴隸也。言嚴整之家本無格扞奴僕也。

《正義》：劉曰：「格，彊悍也。虜，奴隸也。按嚴整之家無彊悍似奴虜，子弟皆勤也。」（據瀧川《考證》本，黃善夫本下方校記亦引之，惟「悍」作「扞」。）

按：瀧川資言曰：「《韓非子·顯學篇》『格虜』作『悍虜』。『格虜』《索隱》是。」〔註969〕池田引中井積德曰：「格，拒也。謂不順承而怫逆違拒焉。」〔註970〕吳國泰曰：「格者，悍字之借。」〔註971〕王叔岷曰：「格猶悍也。格借為垎，《說文》：『垎，一曰堅也。』引申有『彊悍』義。」〔註972〕《索隱》二「扞」字，黃善夫本、乾道本、淳熙本、元刻本、慶長本、四

〔註964〕張森楷《史記新校注》，中國學典館復館籌備處，1967年版，第4459頁。
〔註965〕李人鑒《太史公書校讀記》，甘肅人民出版社，1998年版，第1241頁。
〔註966〕王念孫《廣雅疏證》，收入徐復主編《廣雅詁林》，江蘇古籍出版社，1992年版，第108頁。
〔註967〕錢繹《方言箋疏》卷3，上海古籍出版社，1984年版，第233～234頁。
〔註968〕王叔岷《史記斠證》，中華書局，2007年版，第2636頁。
〔註969〕瀧川資言《史記會注考證》，北嶽文藝出版社，1999年版，第3960頁。
〔註970〕池田四郎次郎《史記補注（下編）》（池田英雄增補），日本明德出版社，1975年版，第188頁。
〔註971〕吳國泰《史記解詁》第3冊，1933年成都居易簃叢著本，本冊第52頁。
〔註972〕王叔岷《史記斠證》，中華書局，2007年版，第2637頁。

庫本作「悍」字。道藏本《韓子‧顯學》作「悍虜」，校宋本誤作「悍勇」。
《鹽鐵論‧周秦》亦作「悍虜」，與《韓子》同。王說非是。「垎」訓堅指
硬土，無彊悍義。《長短經‧適變》、《晉書‧閻纘傳》《理湣懷太子冤書》
引亦作「格」。「格」亦無彊悍義，當讀為挌，字亦作敋，猶言打鬥、爭鬥。
今本《韓非》作「悍」者，讀作扞，俗作捍，猶言抵拒，與「格（挌）」義
近。《釋名》：「寒，捍也。捍，格也。」《禮記‧學記》「發然後禁，則扞格
而不勝」，孔疏：「扞謂拒扞也。」「扞格」近義連文。《韓子》作「悍虜」，
即「捍虜」，李斯引作「格虜」，其義相同。嚴家無格虜，言嚴家無爭鬥拒
扞不遵命之奴隸也。

（11）故商君之法，刑棄灰於道者（8／3084）

《正義》：《韓子》云：「殷之法，棄灰於衢者刑。子貢以為重，問之。
仲尼曰：『灰棄於衢必燔，人必怒，怒則鬥，鬥則三族，雖刑之可也。」

按：《正義》引《韓子》有脫文。校宋本《韓子‧內儲說上》「衢」作
「街」，「燔」作「掩人」，「掩人」重文，「三族」下有「相殘也」三字；《初
學記》卷20引《韓子》「衢」作「街」，「燔人」下復有「人」字，「三族」
下有「相殺」二字；《御覽》卷636引《韓子》「衢」作「術」，「燔人」重
文，「三族」下有「相殺」二字。此當作「灰棄於衢必燔人，〔燔人〕必怒，
怒則鬥，鬥則三族〔相殘（或『相殺』）〕」。

（12）是故城高五丈，而樓季不輕犯也（8／3085）

《集解》：許慎曰：「樓季，魏文侯之弟。」王孫子曰：「樓季之兄也。」

按：「王孫子」當加書名號。《漢書‧藝文志》：「《王孫子》一篇」，注：
「一曰《巧心》。」《隋書‧經籍志》：「梁有《王孫子》一卷，亡。」《文選‧
舞賦》、《征西官屬送於陟陽候作詩》李善注二引《王孫子》，《類聚》卷2、
62、84、85四引《王孫子》，《類聚》卷24、72又稱作《王孫子新書》。

《蒙恬列傳》

（1）則太子獨從，周旋天下（8／3099）

按：瀧川資言曰：「楓、三本『獨』下有『少』字，『旋』作『遊』。」
〔註973〕水澤利忠曰：「旋，南化、楓、三『遊』。」〔註974〕黃善夫本上方校

〔註973〕瀧川資言《史記會注考證》，北嶽文藝出版社，1999年版，第3983頁。
〔註974〕水澤利忠《史記會注考證校補》，廣文書局，1972年版，第2778頁。

記云：「旋，本作『遊』。」「旋」是「遊（游）」形誤。《大戴禮記·曾子事父母》「趨翔周旋，俯仰從命」，《淮南子·詮言篇》誤作「周遊」，是其比。《秦始皇本紀》：「三十七年十月癸丑，始皇出游。左丞相斯從，右丞相去疾守。少子胡亥愛慕請從，上許之。」《李斯列傳》：「始皇三十七年十月，行出游會稽……丞相斯、中車府令趙高兼行符璽令事，皆從……少子胡亥愛，請從，上許之。餘子莫從。」皆作「游」字之證。

（2）且夫順成全者，道之所貴也；刑殺者，道之所卒也（8／3099）

按：瀧川資言曰：「楓、三本『卒』作『末』。」〔註975〕水澤利忠曰：「南化、梅無『所卒』二字，而有『末』字。卒，楓、三『末』。」〔註976〕吳國泰曰：「隸卒為人之卑賤者，故引申之，『卒』有賤義。『順成全』三字中當衍一字。」〔註977〕黃善夫本上方校記亦標示「卒」一作「末」。王叔岷曰：「《能改齋漫錄》卷5引此無『全』字，『卒』作『棄』。」〔註978〕「全」字衍文，「順成」是秦漢成語。「棄」俗作「棄」，「卒」、「棄」是「末」形誤。末，小也，賤也，與「貴」對舉成文。

《張耳陳餘列傳》

（1）斬陳餘泜水上（8／3115）

《集解》：徐廣曰：「在常山。音遲，一音丁禮反。」

《索隱》：徐廣音遲，蘇林音祇。晉灼音丁禮反，今俗呼此水則然。案：《地理志》音脂，則蘇音為得。

按：據《索隱》所引，「丁禮反」乃晉灼音，非徐廣音。當標點作：「徐廣曰：『在常山。音遲。』一音丁禮反。」「一音丁禮反」當放在引號外面，裴氏暗引晉音耳。《漢書》顏師古注：「蘇林曰：『泜音祇也。』晉灼曰：『問其方人音柢。』師古曰：蘇、晉二說皆是也。蘇音祇敬之祇，音執夷反，古音如是。晉音根柢之柢，音丁計反，今其土俗呼水則然。」

（2）貫高曰：「所以不死一身，無餘者，白張王不反也。」（8／3118）

按：「一身」當屬下句，讀作「一身無餘者」，瀧川資言正如此讀〔註979〕，

〔註975〕瀧川資言《史記會注考證》，北嶽文藝出版社，1999年版，第3984頁。

〔註976〕水澤利忠《史記會注考證校補》，廣文書局，1972年版，第2779頁。

〔註977〕吳國泰《史記解詁》第3冊，1933年成都居易簃叢著本，本冊第54頁。

〔註978〕王叔岷《史記斠證》，中華書局，2007年版，第2652頁。

〔註979〕瀧川資言《史記會注考證》，北嶽文藝出版社，1999年版，第4013頁。

得之。

《黥布列傳》

（1）陳嬰以項氏世為楚將，迺以兵屬項梁，渡淮南，英布、蒲將軍亦以兵屬項梁（8 / 3134）

《校勘記》：瀧川資言《會注》：「楓、三本無『南』字，此疑衍。」（8 / 3145）

按：水澤利忠曰：「南化、楓、梅、三無『南』字。」[註980] 施之勉曰：「此云『渡淮南』者，謂嬰以兵屬項梁，從淮南渡淮而西也。」[註981] 王叔岷曰：「楓、三本無『南』字，蓋據《漢書》刪。」[註982] 施說非是，《漢書·黥布傳》無「南」字，「南」字衍文，宋元各本及慶長本均衍。此文「迺以兵屬項梁」下當用句號或分號。渡淮者，指項梁渡淮，而非陳嬰渡淮。下文「項梁涉淮而西」，即承此文而言。《項羽本紀》：「嬰乃不敢為王，謂其軍吏曰⋯⋯於是眾從其言，以兵屬項梁。項梁渡淮，黥布、蒲將軍亦以兵屬焉。」《漢書·陳勝項籍列傳》同。《秦楚之際月表》：「梁渡江，陳嬰、黥布皆屬。」是其確證矣。又《淮陰侯列傳》「及項梁渡淮，信杖劍從之」，其事與英布、蒲將軍亦類。

（2）布又大喜過望（8 / 3138）

《正義》：高祖以布先分為王，恐其自尊大，故峻禮令布折服⋯⋯

按：《正義》說全本《漢書·黥布傳》顏師古注。顏注「分為王」作「久為王」，當據校正。

（3）陛下安枕而臥，漢無事矣（8 / 3141）

《集解》：桓譚《新論》曰：「世有圍碁之戲，或言是兵法之類也。及為之上者，遠碁疏張置，以會圍，因而成多，得道之勝；中者，則務相絕遮要，以爭便求利，故勝負狐疑，須計數而定。下者，則守邊隅，趨作罫，以自生於小地，然亦必不如。察薛公之言上計，云取吳、楚，并齊、魯及燕、趙者，此廣道地之謂。中計云取吳、楚，并韓、魏，塞成皋，據敖倉，此趨遮要爭利者也。下計云取吳、下蔡，據長沙以臨越，此守邊隅，趨作

〔註980〕水澤利忠《史記會注考證校補》，廣文書局，1972 年版，第 2802 頁。

〔註981〕施之勉說轉引自王叔岷《史記斠證》，中華書局，2007 年版，第 2679 頁。施之勉《史記會注考證訂補》無此文，蓋已自刪其說矣。

〔註982〕王叔岷《史記斠證》，中華書局，2007 年版，第 2679 頁。

罰者也。」

按：《集解》所引桓譚《新論》，《長短經·三國權》、《文選·博奕論》李善注、《意林》卷 3 引同，《御覽》卷 753 引作「《新語》」，《古文苑》卷 5《圍碁賦》章樵注引作「陸賈《新語》」。桓譚《新論》一名《新語》，章氏誤記以為陸賈之《新語》耳。「察薛公之言」句，「上計」屬下句。遠碁疏張置，《長短經》引作「遂基疏張置」，《意林》、李善注、章樵注引作「張置疏遠」，疑當作「碁張置疏遠」。自生，《長短經》引同，《意林》引作「目生」，李善注引作「白生」，作「目生」是也。據長沙，《長短經》、《意林》、李善注引同，《御覽》及章樵注引誤作「據長江」。

（4）且兵法，諸侯戰其地為散地（8／3142）

按：王叔岷曰：「《漢書》、《漢紀》、《通鑒》『戰』上有『自』字，與《孫子·九地篇》合。」〔註983〕李人鑒據《漢書》、《孫子·九地》補「自」字〔註984〕，是也。《淮陰侯列傳》：「齊、楚自居其地戰，兵易敗散。」《戰國策·中山策》：「楚人自戰其地，咸顧其家，各有散心，莫有鬬志。」亦足印證。

《淮陰侯列傳》

（1）諸母漂（8／3142）

《集解》：韋昭曰：「以水擊絮為漂，故曰漂母。」

按：《莊子·逍遙遊》《釋文》引韋昭曰：「以水擊絮為漂。」《漢書·韓信傳》顏師古注引韋昭曰：「以水擊絮曰漂。」「故曰漂母」非韋昭語，乃裴氏補注，當放在引號外面。漂，讀為潎，音轉亦作拂，擊也。《說文》：「潎，於水中擊絮也。」《莊子·逍遙遊》《釋文》引「潎」作「敝」，《御覽》卷 826 引「潎」作「漂」。《廣雅》：「漂，潎也。」此乃聲訓。王念孫曰：「漂、潎一聲之轉。漂之言摽，潎之言撆，皆謂擊也。」〔註985〕王說是矣，《說文》：「撆，一曰擊也。」又「摽，擊也。」故水中擊絮之專字從水作「潎」或「漂」，此「漂」與「漂浮」之「漂」是同形異字。字亦作縹，《御覽》卷 59 引《吳越春秋》：「女子擊縹瀨水之上。」字亦作蔽，《說文》：

〔註983〕王叔岷《史記斠證》，中華書局，2007 年版，第 2687 頁。

〔註984〕李人鑒《太史公書校讀記》，甘肅人民出版社，1998 年版，第 1277 頁。

〔註985〕王念孫《廣雅疏證》，收入徐復主編《廣雅詁林》，江蘇古籍出版社，1992 年版，第 394 頁。

「篊，蔽絮簀也。」P.2011 王仁昫《刊謬補缺切韻》、《廣韻》並云：「篊，漂絮簀也。」「蔽絮」即「潎絮」、「漂絮」。王筠曰：「蔽者，障也，斷也。絮在水中以篊自下承之，是障之義。一篊之絮成一紙，不復與餘絮相連，是斷之義。」〔註986〕其說非是。

（2）農夫莫不輟耕釋耒，褕衣甘食，傾耳以待命者（8／3157）

《索隱》：褕，鄒氏音踰，美也。恐滅亡不久，故廢止作業而事美衣甘食，日偷苟且也。慮不圖久故也。《漢書》作「靡衣婾食」也。

《正義》：魏、趙之農夫，恐滅之（亡）不久，乃止耕釋耒，但美衣甘食，側耳待將軍之美命也。（據黃善夫本右側校記所引，瀧川《考證》本失錄此條。）

按：《四庫全書考證》：「《索隱》『《漢書》作「靡衣婾食」』，刊本『靡』訛『美』，據毛本及《漢書》改。」〔註987〕朱駿聲曰：「褕，段借為羭。《史記·淮陰侯傳》『褕衣甘食』，《索隱》：『美也。』按：《左僖四傳》疏：『美善之字皆从羊，故羭為美也。』或曰：借為緰，美布也。」〔註988〕水澤利忠指出《索隱》所引《漢書》「慶、中統、彭、凌、殿」本「靡衣」作「美衣」〔註989〕。吳國泰曰：「《索隱》前說是也。褕者，緰字之借。緰衣，謂精緆之衣也，故《漢書》作『美衣』也。」〔註990〕王叔岷曰：「『褕』與『羭』通，朱說是。《漢書》作『靡衣婾食』，靡、美，古、今字。師古注：『婾與偷字同。偷，苟且也。』即《索隱》一曰所本。婾亦當借為羭，此文作『甘』，甘亦美也。又黃善夫本、殿本《索隱》所引《漢書》『靡衣』作『美衣』，不知《索隱》單本本作『靡衣』也。」〔註991〕水澤及王氏所校未盡，黃善夫本、乾道本、淳熙本、元刻本、慶長本、四庫本、殿本《索隱》「音踰」作「音瑜」，「日偷苟且也」作「一曰：偷，苟且也」，當據校正，今本「一曰」脫誤作「日」字。乾道本、慶長本、四庫本《索隱》引《漢書》都作「美衣」，淳熙本作「靡衣」。《長短經·霸圖》、《通鑑》卷10同此文作「褕

〔註986〕 王筠《說文解字句讀》，中華書局，1988 年版，第 163 頁。
〔註987〕 《四庫全書考證》卷 24《史記下》，景印文淵閣《四庫全書》第 1498 冊，臺灣商務印書館，1986 年初版，第 35 頁。
〔註988〕 朱駿聲《說文通訓定聲》，武漢市古籍書店，1983 年版，第 358 頁。
〔註989〕 水澤利忠《史記會注考證校補》，廣文書局，1972 年版，第 2821 頁。
〔註990〕 吳國泰《史記解詁》第 3 冊，1933 年成都居易簃叢著本，本冊第 59 頁。
〔註991〕 王叔岷《史記斠證》，中華書局，2007 年版，第 2711 頁。

衣甘食」，胡三省注：「褕，音瑜，靡也。此言當時之人畏信之威聲，不能自得其生業，皆輟耕釋耒，褕靡其衣，甘毳其食以苟生於旦夕，不復為久遠計。」《漢書》作「靡衣媮食」，師古注：「靡，輕麗也。『媮』與『偷』字同。偷，苟且也。言為靡麗之衣，苟且而食，恐懼之甚，不為久計也。」《廣韻》：「媮，靡也。」此文「褕衣」即《漢書》「靡衣」，靡麗之衣也。焦循曰：「《聘義》『瑕不掩瑜，瑜不揜瑕』，注云：『瑜，其中央美者。』《說文》：『瑜，美玉也。』然則從俞之字，自有美義，不必因羊也。」〔註992〕俞之言孚俞也，有光彩義，引申則有美好義。美衣曰褕，美玉曰瑜，美石曰瑜（碔），美目曰睮（音轉亦作睮），和樂曰愉，女巧黠曰媮，其義一也。音轉亦作妹、袾〔註993〕，美也，好也（特指美女）。《集韻》：「袾，衣好也。」又「褕，衣美也。」「褕衣」即「袾衣」也。「瑜」非衣好義本字。

（3）漢兵二千里客居，齊城皆反之，其勢無所得食，可無戰而降也（8／3159）

按：瀧川資言曰：「楓、三本『居』下有『齊』字，與《漢書》合。」〔註994〕李慈銘、張森楷據《漢書》補「齊」字〔註995〕，池田從李說〔註996〕。施之勉曰：「《御覽》卷321引『居』下有『齊』字。」〔註997〕王叔岷曰：「《通典》卷160『居』下亦有『齊』字。《通鑑》引『居』下有『齊地』二字。《漢紀》作『客居其間』，猶謂客居齊地也。」〔註998〕當據補「齊」字，《長短經·水火》亦脫。黃善夫本下方校記標一「齊」字，即謂「客居」下脫「齊」字。

〔註992〕 焦循《春秋左傳補疏》卷2，收入《續修四庫全書》第124冊，上海古籍出版社，2002年版，第455頁。

〔註993〕 《山海經·大荒南經》「離俞」，郭璞注：「即離朱。」《莊子·達生》「紫衣而朱冠」，《釋文》：「朱冠，司馬本作『俞冠』，云：『俞國之冠也，其制似螺。』」均是其證。

〔註994〕 瀧川資言《史記會注考證》，北嶽文藝出版社，1999年版，第4071頁。

〔註995〕 李慈銘《史記札記》，收入《越縵堂讀史札記全編》，北京圖書館出版社，2003年版，第42頁。張森楷《史記新校注》，中國學典館復館籌備處，1967年版，第4522頁。

〔註996〕 池田四郎次郎《史記補注（下編）》（池田英雄增補），日本明德出版社，1975年版，第216頁。

〔註997〕 施之勉《史記會注考證訂補》，華岡出版有限公司，1976年版，第1391頁。

〔註998〕 王叔岷《史記斠證》，中華書局，2007年版，第2716頁。

（4）蓋聞天與弗取，反受其咎；時至不行，反受其殃。願足下孰慮之（8／3163）

按：《意林》卷1引《太公金匱》太公曰：「且天與不取，反受其咎；時至不行，反受其殃。」《國語・越語下》范蠡曰：「臣聞之：『得時無怠，時不再來；天予不取，反為之灾。』」是「天與……其殃」云云是引古語，當加引號。

（5）且臣聞勇略震主者身危，而功蓋天下者不賞（8／3164）

按：《漢書・蒯通傳》、《漢紀》卷3同（《漢紀》「震」作「振」）。「勇略」二句云云，亦當是古語，當加引號。《漢書・霍光傳》：「故俗傳之曰：『威震主者不畜。』」

（6）故知者決之斷也，疑者事之害也（8／3164）

按：王念孫曰：「『知者決之斷』當作『決者知之斷』。下句『疑者事之害』正與此相反也。有智而不能決，適足以害事。故下文又申之曰『智誠知之決，弗敢行者，百事之禍也』。」〔註999〕張文虎、張森楷、池田、韓兆琦從其說〔註1000〕。王叔岷引《後漢書・馮衍傳》「夫決者，智之君也；疑者，事之役也」以證成王說〔註1001〕。二王說是也，「決者」與「疑者」對文，《鬼谷子・決篇》：「謂疑者本其利善，而決者隱其利善之情。」亦其證。宋刊《長短經・懼誡》已誤倒作「故智者決之斷也」。此處當出《校勘記》。

（7）智誠知之，決弗敢行者，百事之禍也（8／3164）

按：「決」字屬上讀。《漢書・蒯通傳》作「計誠知之而決」。宋刊《長短經・懼誡》「誠」作「成」，省借字。

（8）舍人弟上變，告信欲反狀於呂后（8／3168）

按：「變告」連文，十三字作一句讀。變，讀為辯，亦告也。《漢書・

〔註999〕 王念孫《史記雜志》，收入《讀書雜志》卷3，中國書店，1985年版，本卷第15頁。
〔註1000〕 張文虎《校刊史記集解索隱正義札記》卷5，中華書局，1977年版，第592頁。張森楷《史記新校注》，中國學典館復館籌備處，1967年版，第4528頁。池田四郎次郎《史記補注（下編）》（池田英雄增補），日本明德出版社，1975年版，第219頁。
韓兆琦《史記箋證》，江西人民出版社，2009年版，第4857頁。
〔註1001〕 王叔岷《史記斠證》，中華書局，2007年版，第2726頁。

韓信傳》作「舍人弟上書變告信欲反狀於呂后」（《御覽》卷 494 引無「變」字），增一「書」字，其義尤顯。《張耳陳餘列傳》：「貫高怨家知其謀，乃上變告之。」亦其例。《漢紀》卷 4 作「其舍人告之」，則用單詞「告」。

《韓信盧綰列傳》

（1）及其鋒東鄉，可以爭天下（8／3174）

《集解》：文穎曰：「鋒銳欲東向。」

按：水澤利忠曰：「鄉，景、井、蜀、紹、耿、慶、中統、彭、毛、凌、殿『嚮』。」〔註1002〕「東鄉」二字當屬下句，文穎說非是。《高祖本紀》作「及其鋒而用之，可以有大功。天下已定，人皆自寧，不可復用。不如決策東鄉，爭權天下」，《漢書·高帝紀》「鄉」作「向」，無「爭權天下」四字。是「東鄉」不屬「及其鋒」為句之明證也。《索隱》單本作「鄉」，《漢書·韓王信傳》同，宋元各本及慶長本、四庫本作「嚮」，《長短經·時宜》作「向」。顏師古曰：「鄉，讀曰嚮。」

（2）卒罵者斬之，不罵者黥之（8／3184）

按：杭世駿《疏證》引金甡曰：「《高紀》云『不罵者原之』。」〔註1003〕王念孫曰：「『黥』當從《高紀》作『原』。原之者，謂宥人也。若不罵者黥之，則人皆不免於罪矣。」〔註1004〕瀧川資言、張森楷、陳直從王說，陳氏指出「『黥』字在漢代可簡寫作『京』，《史記》『原』字，傳鈔時誤作『京』，後人又改『京』作『黥』也。」〔註1005〕梁玉繩曰：「《紀》作『原之』，疑此誤。」〔註1006〕李笠曰：「劉季斬罵卒，足見其睚眥必報，黥不罵者，尤為慘無人道……梁說誤也。一說『黥』或是『矜』之聲誤，『矜』與『原』義同，亦非。」〔註1007〕李慈銘曰：「『原』字誤也。不罵者原之，

〔註1002〕 水澤利忠《史記會注考證校補》，廣文書局，1972 年版，第 2836 頁。

〔註1003〕 杭世駿《史記疏證》卷 48，收入《續修四庫全書》第 264 冊，上海古籍出版社，2002 年版，第 468 頁。

〔註1004〕 王念孫《史記雜志》，收入《讀書雜志》卷 3，中國書店，1985 年版，本卷第 16 頁。

〔註1005〕 瀧川資言《史記會注考證》，北嶽文藝出版社，1999 年版，第 4107 頁。
　　　　　張森楷《史記新校注》，中國學典館復館籌備處，1967 年版，第 4544 頁。
　　　　　陳直《史記新證》，天津人民出版社，1979 年版，第 152 頁。

〔註1006〕 梁玉繩《史記志疑》卷 32，中華書局，1981 年版，第 1336 頁。

〔註1007〕 李笠《廣史記訂補》卷 9，復旦大學出版社，2001 年版，第 245 頁。所引一說，未詳所出。

自是常事，但書『罵者斬之』一句足矣。惟不罵者亦黥之，方見高帝恨怒之甚，淫刑以逞也。班《紀》但有『卒罵者斬之』一句，從略耳。」〔註1008〕李人鑒駁王說，亦謂「原」當作「黥」〔註1009〕。王叔岷曰：「《漢書》無下句，正由『不罵者原之』，故可略。若作『不罵者黥之』，則不當略矣。即此亦可證『黥』當作『原』。」〔註1010〕二王及梁、陳說是也，此處當出《校勘記》。「原」、「京」形近易誤，《國語・晉語八》：「趙文子與叔向遊於九京。」韋昭注：「『京』當為『原』。九原，晉墓地。」《水經注・汾水》引作「九原」。《禮記・檀弓下》：「以從先大夫於九京也。」鄭玄注：「晉卿大夫之墓地在九原。『京』蓋字之誤，當為『原』。」《御覽》卷174引作「九原」。均其相譌之例。後人見「京之」不辭，妄改作「黥之」，而不顧其文義之不通矣。

《樊酈滕灌列傳》

（1）徐行面雍樹乃馳（8／3212）

《集解》：服虔曰：「高祖欲斬之，故嬰圍樹走也。面，向樹也。」

按：《集解》當「面向樹也」四字句，服氏以複詞「面向」訓「面」字。

《張丞相列傳》

（1）張蒼為計相時，緒正律曆（8／3231）

《集解》：文穎曰：「緒，尋也。或曰緒，業也。」

按：《漢書・任敖傳》顏師古注引文穎曰：「緒，尋也，謂本其統緒而正之。」則「或曰緒業也」非文穎說，當放在引號外面。

（2）廣國賢有行，故欲相之（8／3233）

按：「賢」下當加逗號，「有行」二字句。

（3）張蒼文學律曆，為漢名相，而絀賈生、公孫臣等言正朔服色事而不遵，明用秦之《顓頊曆》，何哉（8／3236）

《集解》：張晏曰：「不考經典，專用《顓頊曆》，何哉？」

《校勘記》：梁玉繩《志疑》卷32：「『而不遵』云云，句不可解。《漢傳贊》作『專遵用秦之顓頊厤』。」按：六朝寫本無「不」字。（8／3242）

〔註1008〕李慈銘《史記札記》，收入《越縵堂讀史札記全編》，北京圖書館出版社，2003年版，第45頁。

〔註1009〕李人鑒《太史公書校讀記》，甘肅人民出版社，1998年版，第1310頁。

〔註1010〕王叔岷《史記斠證》，中華書局，2007年版，第2749頁。

按：吳國泰曰：「明者，盲字之借。」〔註1011〕王叔岷曰：「古寫本無『不』字。『明』字蓋『用』字之誤而衍者。此本作『而遵用秦之顓頊曆』，《漢傳贊》無『不』字及『明』字，正存此文之舊。」〔註1012〕李人鑒謂「不」當作「專」，「明」字衍文〔註1013〕。王說是也，「不」為「而」字形誤致衍。此文當於「服色事」下斷句。遵，遵循。「遵用」是漢人成語。古寫本「秦之」誤作「奏之」，諸家皆失校。

（4）相工曰：「此子貴，當封。」（8／3237）

按：王叔岷曰：「古寫本『封』下有『侯』字，《類聚》卷45、《御覽》卷204、729引皆同。」〔註1014〕《御覽》卷729引「侯」形誤作「俟」，王氏失檢。《冊府元龜》卷860、《職官分紀》卷3引亦有「侯」字，當據補。本篇下文云「而相工本謂之當為侯代父」，尤其確證。《類聚》卷75引下句作「亦當為丞相」。

（5）而長子有罪論，不得嗣（8／3237）

按：王叔岷曰：「『論』字當屬下『不得嗣』為句。《商君列傳》：『宗室非有軍功，論不得為屬籍。』與此『論』字用法同。論猶論量也。」〔註1015〕王說是。《書鈔》卷50引無「論」字。「論」字可省，《漢書·傅介子傳》：「介子薨，子敞有罪，不得嗣。」文例同。

《酈生陸賈列傳》

（1）辟陽侯急，因使人欲見平原君（8／3256）

按：瀧川資言曰：「高山寺本『因』作『困』，義長。」〔註1016〕施之勉曰：「《漢書》作『困急』。」〔註1017〕「因」是「困」形譌，屬上句。下文「辟陽侯之囚，欲見平原君」，日本石山寺藏六朝寫本「囚」作「困」，亦是也，王叔岷指出與此「急困」相應〔註1018〕。

〔註1011〕吳國泰《史記解詁》第3冊，1933年成都居易簃叢著本，本冊第65頁。
〔註1012〕王叔岷《史記斠證》，中華書局，2007年版，第2791頁。
〔註1013〕李人鑒《太史公書校讀記》，甘肅人民出版社，1998年版，第1332頁。
〔註1014〕王叔岷《史記斠證》，中華書局，2007年版，第2792頁。
〔註1015〕王叔岷《史記斠證》，中華書局，2007年版，第2792頁。
〔註1016〕瀧川資言《史記會注考證》，北嶽文藝出版社，1999年版，第4206頁。
〔註1017〕施之勉《史記會注考證訂補》，華岡出版有限公司，1976年版，第1437頁。
〔註1018〕王叔岷《史記斠證》，中華書局，2007年版，第2815頁。

《劉敬叔孫通列傳》

（1）婁敬曰：「臣衣帛，衣帛見；衣褐，衣褐見：終不敢易衣。」（8 / 3271）

按：「衣褐見」下冒號當改作句號。「終不敢易衣」五字是史公敘事語，當放在引號外面。

（2）叔孫通希世度務制禮，進退與時變化，卒為漢家儒宗（8 / 3283）

按：舊版讀作「叔孫通希世度務，制禮進退，與時變化」〔註1019〕，池田讀同〔註1020〕，不誤。制禮進退者，言叔孫通制作禮儀，使群臣知所進退也。「與時變化」為古成語。

《季布欒布列傳》

（1）楚人諺曰：「得黃金百，不如得季布一諾。」（8 / 3290）

《校勘記》：「百」下原有「斤」字。王念孫《雜志》：「『百』與『諾』為韻，『斤』字後人所加也。《漢書・季布傳》無『斤』字。」今據刪。（8 / 3294）

按：張森楷、池田亦從王念孫說〔註1021〕。瀧川資言曰：「中井積德曰：『《漢書》無斤字，此蓋後人攙入，非《史記》之舊。』愚按：『百』、『諾』韻。」〔註1022〕瀧川說乃竊自王念孫。施之勉曰：「各本俱有『斤』字，《書鈔》卷85、《通志》卷95引亦有『斤』字。」〔註1023〕李人鑒謂「《史》所載諺語，未必皆有韻」，且舉《史記》5例無韻之諺語（例略）〔註1024〕。李說是。《御覽》卷495引《史記》亦有「斤」字，《類聚》卷83、《御覽》卷430、《記纂淵海》卷156、165引《漢書》亦有「斤」字〔註1025〕。《文選・陶徵士誄》李善注引《漢書》「百」下有「兩」字，《御覽》卷463、495

〔註1019〕 《史記》，中華書局，1959年版，第2726頁。

〔註1020〕 池田四郎次郎《史記補注（下編）》（池田英雄增補），日本明德出版社，1975年版，第261頁。

〔註1021〕 張森楷《史記新校注》，中國學典館復館籌備處，1967年版，第4629頁。
池田四郎次郎《史記補注（下編）》（池田英雄增補），日本明德出版社，1975年版，第262～263頁。

〔註1022〕 瀧川資言《史記會注考證》，北嶽文藝出版社，1999年版，第4253頁。

〔註1023〕 施之勉《史記會注考證訂補》，華岡出版有限公司，1976年版，第1447頁。

〔註1024〕 李人鑒《太史公書校讀記》，甘肅人民出版社，1998年版，第1360頁。

〔註1025〕 《記纂淵海》據宋刊本，四庫本分別在卷63、65。

引《漢書》「百」下有「鎰」字，《漢紀》卷3亦有「鎰」字。均非韻語。

《袁盎鼂錯列傳》

（1）盎曰：「臣聞千金之子坐不垂堂，百金之子不騎衡。」（8 / 3300）

《索隱》：張晏云「衡木行馬也」。

按：張晏說「衡」下當加逗號，讀作「衡，木行馬也」。張晏以「木行馬」訓「衡」。瀧川《考證》本不誤〔註1026〕。

（2）數上書孝文時，言削諸侯事，及法令可更定者（8 / 3306）

按：「數上書孝文時」不辭，「時」字當屬下句，猶言常也。上文云「（袁盎）時說王曰毋反而已」，「時言」即「時說」也。李人鑒以「時」屬上句，改「時」作「帝」〔註1027〕，無版本依據。

《張釋之馮唐列傳》

（1）於是釋之言秦漢之閒事，秦所以失而漢所以興者久之。文帝稱善，乃拜釋之為謁者僕射（9 / 3311）

按：「興者」下當加句號。「久之」二字句，其下加逗號，池田正如此讀〔註1028〕。

（2）以北山石為槨，用紵絮斮陳，蕠漆其閒，豈可動哉（9 / 3313）

《集解》：徐廣曰：「斮，一作錯。」駰案：《漢書音義》曰：「斮絮，以漆著其閒也。」

《索隱》：斮陳絮漆其閒。斮音側略反。絮音女居反。案：斮陳絮以漆著其閒也。

《校勘記》：蕠，景祐本、《索隱》本作「絮」，《漢書・張釋之傳》、《楚元王傳》同。按：《御覽》卷552引《史記》無「絮」字，疑「蕠」即「絮」之衍譌。（9 / 3323）

按：黃善夫本校記引幻云云：「蕠，當作『如』，又與『茹』通。〔《韻會》〕上聲御韻：『茹，忍與切，雜糅也。』」《四庫全書史記考證》：「蕠，《集韻》音袽，黏著也。《漢書》、《水經注》皆去此字。」〔註1029〕杭世駿

〔註1026〕瀧川資言《史記會注考證》，北嶽文藝出版社，1999年版，第4265頁。

〔註1027〕李人鑒《太史公書校讀記》，甘肅人民出版社，1998年版，第1369頁。

〔註1028〕池田四郎次郎《史記補注（下編）》（池田英雄增補），日本明德出版社，1975年版，第270頁。

〔註1029〕《史記考證》，景印文淵閣《四庫全書》第244冊，臺灣商務印書館，1986

說同〔註 1030〕，蓋《考證》即杭氏所作也，張森楷從《考證》說〔註 1031〕。
王筠曰：「班無『藙』字。」〔註 1032〕張文虎曰：「《御覽》卷 552 引無『藙』
字，《漢書》本傳及《楚元王傳》劉向說此事亦無，《漢紀》並無此二字。
舊刻『藙』作『絮』，與《索隱》本同。」〔註 1033〕龍良棟從張說〔註 1034〕。
李笠曰：「《御覽》引無『藙』字，亦涉《漢書》也。考『藙』字《說文》
不載。《玉篇》『藙蘆草也』，義異。《集韻》音袘，『黏箸也』，則『絮』、『漆』
義同，故云『漆著其間也』。古人引書，多取大意，不依原文。今『斲』、
『陳』義同，『藙』、『漆』義同，故或省去『陳藙』字也。小司馬既分『絮』、
『藙』為二音，復云『斲陳』，則以『藙』為『絮』，誤甚矣。舊刻單本改
『藙』為『絮』，尤謬。」〔註 1035〕瀧川資言引中井積德曰：「斲，切之也。
陳，布列之也。用紵絮斲陳，言切紵及絮而布列於槨縫也，乃沃之以漆，
堅如石也。『藙』字疑衍。」〔註 1036〕池田從張文虎及中井說〔註 1037〕。水
澤利忠曰：「藙，景、索『絮』。」〔註 1038〕王駿觀曰：「斲，古文『斬』字，
訓斬斷之也。『間』當音去聲，謂間隙也。《玉篇》云：『藙，音如，藙蘆
草也〔註 1039〕，亦作茹。』《爾雅·釋草》注：『今之蒨草也，其汁可以染
絳色。』斬碎之，其黏如膠。」〔註 1040〕施之勉曰：「《書鈔》卷 160 引《史》

年初版，第 675 頁。所引《水經注》出《渭水》。

〔註 1030〕 杭世駿《史記考證》，收入《二十五史三編》第 1 冊，嶽麓書社，1994
年版，第 150 頁。杭世駿《史記疏證》，收入《續修四庫全書》第 264 冊，
上海古籍出版社，2002 年版，第 482 頁。

〔註 1031〕 張森楷《史記新校注》，中國學典館復館籌備處，1967 年版，第 4648 頁。

〔註 1032〕 王筠《史記校》，收入《二十五史三編》第 1 冊，嶽麓書社，1994 年版，
第 957 頁。

〔註 1033〕 張文虎《校刊史記集解索隱正義札記》卷 5，中華書局，1977 年版，第
617 頁。

〔註 1034〕 龍良棟《景祐本史記校勘記》，收入《二十四史訂補》第 1 冊，書目文獻
出版社，1996 年版，第 975 頁。

〔註 1035〕 李笠《廣史記訂補》卷 10，復旦大學出版社，2001 年版，第 263～264 頁。

〔註 1036〕 瀧川資言《史記會注考證》，北嶽文藝出版社，1999 年版，第 4287 頁。

〔註 1037〕 池田四郎次郎《史記補注（下編）》（池田英雄增補），日本明德出版社，
1975 年版，第 271 頁。

〔註 1038〕 水澤利忠《史記會注考證校補》，廣文書局，1972 年版，第 2957 頁。

〔註 1039〕 引者按：當「藙蘆」連文，原文誤作「藙，蘆草也」。《爾雅》：「茹藘，
茅蒐。」《釋文》：「茹，音如，字亦作藙。」此《玉篇》所本。

〔註 1040〕 王駿圖、王駿觀《史記舊註平義》卷 10，正中書局，1936 年版，第 369
頁。

無『蘽』字。」〔註1041〕王叔岷曰：「《通鑒》亦無『蘽』字。北宋監本『蘽』作『絮』。『絮』疑本作『絜』，此文蓋本有『絜』字，與上『絮』字相亂而作『絮』，俗又加艸作『蘽』耳。《廣雅》：『絜，塞也。』（今本『絜』誤『絮』，王氏《疏證》有說）。《玉篇》：『絜，塞也。繆絜，相著皃。』『塞』與『著』義近。《集解》引《漢書音義》『以漆著其閒』，疑《漢書》『漆』上原亦有『絜』字。」〔註1042〕《漢書・張釋之傳》、《楚元王傳》無「蘽」字，《校勘記》說《漢書》二篇作「絮」，乃是誤記。《漢書・楚元王傳》顏師古注引應劭曰：「斲，斬也。陳，施也。」又引孟康曰：「斲絮以漆著其閒也。」黃善夫本、紹興本、乾道本、淳熙本、元刻本、慶長本、殿本作「蘽」，《班馬異同》卷 18 引作「絮」。《漢紀》卷 8 作「用紵絮，斲漆其堅」。此文「蘽」非「絮」衍譌，《四庫考證》及李笠說是，但尚未得其本字；中井說誤。《索隱》音女居反，是也，而字則脫誤作「絮」。《集韻》：「蘽，女居切，黏箸也。《史記》：『蘽漆其間。』」蘽訓黏箸者，蘽之言挐（《說文》作「拏」，云：「拏，牽引也。」），相連引也。字亦作敊，《方言》卷 2：「敊，黏也。」《說文》作「貀（刅）」，云：「貀，黏也。《春秋傳》曰：『不義不貀。』刅，貀或從刃。」《爾雅》：「刅，膠也。」字亦音轉作暱、昵、黏、黏，《玉篇》：「黏，黏也。」《集韻》：「黏，黏也。」「蘽漆其閒」謂黏連漆著其閒。王叔岷所引《玉篇》「繆絜，相著皃」者，P.2011 王仁昫《刊謬補缺切韻》同，「繆絜」即「諸挐」、「諸訬」、「偖挐」、「謵訬」〔註1043〕，特指絲絮相牽引皃。《集韻》：「繆、繕，繆絜，絲絮相箸也，或從奢。」

〔註1041〕施之勉《史記會注考證訂補》，華岡出版有限公司，1976 年版，第 1457 頁。

〔註1042〕王叔岷《史記斠證》，中華書局，2007 年版，第 2863 頁。

〔註1043〕「諸挐」見《說文》「諸」字條、《方言》卷 10 郭璞注、P.2011 王仁昫《刊謬補缺切韻》「諸」字條、裴務齊《正字本刊謬補缺切韻》「諸」字條，「諸訬」見《玉篇殘卷》「訬」字條引《埤蒼》、《集韻》「諸」字條，「偖挐」見 P.2011《切韻》、《廣韻》「偖」字條，「謵訬」見 S.2071《切韻箋注》、裴務齊《切韻》「謵」「訬」二字條、《廣韻》「謵」、「訬」二字條。胡吉宣已指出「繆絜」即「諸訬」。胡吉宣《玉篇校釋》，上海古籍出版社，1989 年版，第 5450 頁。

《萬石張叔列傳》

（1）郎官有譴，常蒙其罪，不與他將爭；有功，常讓他將（9／3333）

按：《漢書·衛綰傳》同。當讀作：「郎官有譴，常蒙其罪；不與他將爭有功，常讓他將。」「爭功」是《史記》常用詞。《記纂淵海》卷45引《漢書》「讓」作「遜」。

（2）上以為廉，忠實無他腸，乃拜綰為河閒王太傅（9／3333）

按：「忠」字當屬上句，「廉忠」成詞，不是「忠實」成詞。《魯世家》：「君子曰：『季文子廉忠矣。』」倒言則曰「忠廉」，《晏子春秋·內篇襍上》：「晏子曰：『寡君獻地，忠廉也。』」《呂氏春秋》有《忠廉》篇。「實」是副詞，「實無」云云，是《史記》常見句式，不煩舉證。

《田叔列傳》

（1）王非若主邪？何自敢言若主（9／3343）

按：吳國泰曰：「『何自』即『何以』。」〔註1044〕吳說非是。徐仁甫據《漢書》作「何敢自言」乙正〔註1045〕，是也。宋元各本及慶長本均誤倒，《漢紀》卷9亦作「何敢自言」。上文「魯相初到，民自言相，訟王取其財物百餘人」，「自言」即承之而言。言亦訟也。《集韻》：「言，訟也。」李笠、張森楷僅出《漢書》異文〔註1046〕，而未作按斷。

（2）以為任安為詳邪（9／3349）

《集解》：徐廣曰：「佯，或作『詳』也。」

《索隱》：詳音羊。謂詐受節不發兵，不傅會太子也。

按：《索隱》本作「詳」，宋元各本及慶長本作「佯」〔註1047〕。今正文作「詳」，則徐廣說「佯，或作詳」無根矣。黃善夫本、乾道本、淳熙本《索隱》「詳音羊」下，有「邪，弋奢反」，元刻本「弋」誤作「戈」，慶長本「弋」誤作「才」。各本《索隱》「謂」上復有「佯」字，當據補。

〔註1044〕吳國泰《史記解詁》第4冊，1933年成都居易簃叢著本，本冊第5頁。

〔註1045〕徐仁甫《史記注解辨正》，四川大學出版社，1993年版，第192頁。

〔註1046〕李笠《廣史記訂補》卷10，復旦大學出版社，2001年版，第269頁。張森楷《史記新校注》，中國學典館復館籌備處，1967年版，第4670頁。

〔註1047〕參見水澤利忠《史記會注考證校補》，廣文書局，1972年版，第2982頁。

《扁鵲倉公列傳》

（1）案扤毒熨（9 / 3354）

《索隱》：扤音玩，亦謂按摩而玩弄身體使調也。毒熨謂毒病之處以藥物熨帖也。

按：「扤」從兀不得音玩，當從元作「抏」。錢大昕曰：「『杬』當作『抏』，從手從元，轉寫譌為『杬』耳。」〔註1048〕張文虎、池田、張森楷從錢說，張文虎又曰：「抏，《索隱》、宋本、中統、游、凌、毛並作『杬』，王、柯譌『杭』，凌引一本作『兀』。」〔註1049〕梁玉繩引吳氏《別雅》：「『抏』與『玩』同，《倉公傳》『案扤』，注謂『案摩玩弄』，今本多訛。」〔註1050〕沈家本曰：「玩弄身體之說，於理頗疏。疑其字當從气從手作『扴』，或省作『扢』。扢，摩也。然則案扢猶按摩也。」〔註1051〕張驥曰：「按杬即按摩。」〔註1052〕吳國泰曰：「案者，按字之借。『抏』當為『扤』字之譌。『扤』借為『扷』，《說文》：『扷，折也。』『按扷』者，謂按摩折枝也。」〔註1053〕瀧川資言引多紀元簡曰：「『杬』、『抏』（引者按：據下文此字當作『扤』）同。《詩·小雅》『天之扤我』，傳：『扤，動也。』馬融《長笛賦》『動杬其根者』，李善注曰：『張揖注《上林賦》曰：「杬，搖也。」』『案杬』謂案其身而動搖也。其作『杭』或作『抏』，並非也。」〔註1054〕水澤利忠曰：「抏，景、蜀、蜀刻、中統、索、毛、凌、金陵『杬』，紹『祝』，慶、殿『杭』，南化校記『抏』。」〔註1055〕王叔岷曰：「北宋監本『抏』作『扤』，乃『抏』壞字。黃本、殿本『抏』並作『杭』，《索隱》『抏

〔註1048〕錢大昕《史記考異》，收入《二十二史考異》卷5，《嘉定錢大昕全集（二）》，江蘇古籍出版社，1997年版，第94～95頁。

〔註1049〕張文虎《校刊史記集解索隱正義札記》卷5，中華書局，1977年版，第625頁。池田四郎次郎《史記補注（下編）》（池田英雄增補），日本明德出版社，1975年版，第285頁。張森楷《史記新校注》，中國學典館復館籌備處，1967年版，第4680頁。

〔註1050〕梁玉繩《史記志疑》卷33，中華書局，1981年版，第1367頁。

〔註1051〕沈家本《史記瑣言》卷3，收入《二十五史三編》第2冊，嶽麓書社，1994年版，第835頁。

〔註1052〕張驥《〈史記·扁鵲倉公傳〉補注》卷上，民國癸酉成都張氏刊本，第12頁。

〔註1053〕吳國泰《史記解詁》第4冊，1933年成都居易簃叢著本，本冊第5頁。

〔註1054〕瀧川資言《史記會注考證》，北嶽文藝出版社，1999年版，第4343頁。

〔註1055〕水澤利忠《史記會注考證校補》，廣文書局，1972年版，第2987～2988頁。

音玩』，『抏』亦並作『杭』，乃『抏』之形誤。《御覽》卷 721 引『抏』亦
誤『杭』。作『杭（引者按：當作『杌』）』者，亦誤字。」〔註1056〕水澤氏
有誤校，景祐本作「抏」，不作「杭」；紹興本作「杌」，不作「祝」。淳熙
本亦作「抏」，乾道本、元刻本亦作「杭」（宋刊《冊府元龜》卷 858、《醫
說》卷 1、《通志》卷 181 引同（四庫本《元龜》作『杌』）），慶長本作「抗」，
《漢藝文志考證》卷 10 引同紹興本作「杌」。諸字皆「抏」形譌，亦按摩
義。黃善夫本下方校記云：「杭，當作『抏』。」《班馬字類》卷 4 引《史記》
正作「抏」。《古史》卷 58 引作「几」，《鶡冠子・世賢》陸佃注引作「机」，
尤誤。《漢書・食貨志》顏師古注：「抏，訛也。」《廣雅》：「釩，刓也。」
「抏」即「刓」；「訛」即「釩」，是「摩」聲轉。是「抏（刓）」亦有摩義。
《文選・上林賦》：「抏士卒之精」，李善注：「抏，損也。」抏訓摩，故李
注為「損也」，謂摩損。字亦作挽，聲轉作「刮」。《周禮・考工記》：「刮摩
之工五。」鄭玄注：「故書『刮』作『挽』。」故書作「挽摩」者，挽亦摩
也。《廣韻》：「挽，揳刮，摩也。」《集韻》：「挽，摩也。」《索隱》訓作玩
弄，非是。

（2）桓侯謂左右曰：「醫之好利也，欲以不疾者為功。」（9／3360）

按：瀧惟寅曰：「以，《韓子》作『治』，義尤明白。」池田從其說
〔註1057〕。瀧惟寅校語不確。《韓子・喻老》作「醫之好治不病以為功」，《新
序・雜事二》作「醫之好利也，欲治不疾以為功」。此文「不疾」上當據《韓
子》、《新序》補「治」字，宋元各本及慶長本均脫，《冊府元龜》卷 858、《御
覽》卷 721、《古史》卷 58、《通志》卷 181 引亦脫，《御覽》卷 738 引《春
秋後語》亦脫。「以……為功」即「以為功」，「以」與「為」呼應，不是「以」
作「治」。

（3）傳黃帝、扁鵲之脈書，五色診病，知人生死，決嫌疑，定可治，
及藥論書，甚精（9／3361，又 9／3363）

按：池田曰：「《御覽》作『定可否，治及藥論之書甚精妙』。」〔註1058〕

〔註1056〕 王叔岷《史記斠證》，中華書局，2007 年版，第 2896 頁。

〔註1057〕 瀧惟寅《扁鵲倉公列傳割解》卷上，明和六年（1769）刊本，本卷第 14
頁。池田四郎次郎《史記補注（下編）》（池田英雄增補），日本明德出版
社，1975 年版，第 287 頁。

〔註1058〕 池田四郎次郎《史記補注（下編）》（池田英雄增補），日本明德出版社，
1975 年版，第 288 頁。

《御覽》見卷721，《史通・雜說上》、《歷代名醫蒙求》卷下、《永樂大典》卷7518引「可」下亦有「否」字，當據補。「定可否」句，「治」屬下句。《六韜・龍韜・王翼》正有「決嫌疑，定可否」句，是為確證。《田叔列傳》「決嫌疑，定是非」，《太史公自序》「別嫌疑，明是非，定猶豫」，文例並同。《冊府元龜》卷858引已脫「否」字。

（4）此歲中亦除肉刑法（9／3362）

《正義》：班固詩曰：「太倉令有罪，就遞長安城。自恨身無子，困急獨焭焭……聖漢孝文帝，惻然感至情。百男何憒憒，不如一緹縈！」

《校勘記》：困急，原作「因急」，據黃本、彭本、柯本、凌本、殿本改。（9／3391）

按：張森楷曰：「『遞』當作『逮』。」施之勉從張說〔註1059〕。慶長本亦作「困急」，《文選・永明九年策秀才文》李善注引同。黃善夫本、元刻本、慶長本「憒憒」作「憤憤」。李善注引班詩「就遞」作「就逮」，「至情」作「至誠」，「憒憒」作「憤憤」。情、誠一聲之轉。「憒憒」、「憤憤」當是「憒憒」形譌。「就遞」不誤，遞訓驛傳。《史記》上文云「以刑罪，當傳西之長安」，即所謂「遞長安城」也。

（5）炙於火而以出見大風也（9／3375）

按：張文虎曰：「毛本『炙』作『炙』。」〔註1060〕景祐本、紹興本、四庫本作「炙」，黃善夫本、乾道本、淳熙本、元刻本、慶長本作「炙」，宋刊《冊府元龜》卷858引作「炙」（四庫本《元龜》作『炙』），《御覽》卷721、《醫說》卷10引亦作「炙」，《通志》卷181引作「炙」。「炙於火」不辭，《史記》舊點校本校「炙」作「炙」〔註1061〕，是也。「炙」、「炙」是「炙」俗譌字。敦煌寫卷「炙」作「炙」〔註1062〕。《龍龕手鏡》：「炙，之石反。燎炙也。《說文》從肉在火上。」「炙」正是「炙」字。《龍龕手鏡》「鑛」、「庹」，二字所從「炙」亦是「炙」。

〔註1059〕張森楷《史記新校注》，中國學典館復館籌備處，1967年版，第4687頁。施之勉《史記會注考證訂補》，華岡出版有限公司，1976年版，第1480頁。

〔註1060〕張文虎《校刊史記集解索隱正義札記》卷5，中華書局，1977年版，第630頁。

〔註1061〕《史記》（點校本），中華書局，1959年版，第2807頁。

〔註1062〕參見黃征《敦煌俗字典》，上海教育出版社，2005年版，第557頁。

《吳王濞列傳》

（1）且夫「察見淵中魚，不祥」（9／3397）

《索隱》：此語見《韓子》及《文子》。

按：語出《韓子·說林上》隰子引古諺「知淵中之魚者不祥」，又《列子·說符》趙文子引周諺「察見淵魚者不祥」（黃善夫本校記引《集覽》已及《列子》）。「文子」非書名，乃人名，書名號當改作人名專線。

《魏其武安侯列傳》

（1）乃劾魏其矯先帝詔，罪當棄市（9／3431）

按：梁玉繩引錢大昭曰：「『詔』下當有『害』字，《漢傳》可證。」〔註1063〕張森楷亦從錢說〔註1064〕。瀧川資言曰：「《漢書》『詔』下有『害』字，注：『鄭氏曰：矯詔有害、不害也。』愚按：《史》文自通，《漢書》補『害』字，非是。」〔註1065〕王叔岷曰：「《漢紀》無『害』字。有『害』字是，《漢書·武功臣表》如淳注：『律：矯詔大害，要斬。有矯詔害，矯詔不害。』《漢書·灌夫傳》王氏《雜志》有說甚詳。」〔註1066〕施之勉亦舉王氏《漢書雜志》說〔註1067〕。漢律，矯詔不害，則不腰斬，瀧川氏不明漢律。此文當據王、錢二氏說補「害」字。《書鈔》卷143、《御覽》卷646、742、847引《漢書》並脫「害」字。

《韓長孺列傳》

（1）於是單于穿塞將十餘萬騎，入武州塞（9／3441）

按：當讀作：「於是單于穿塞，將十餘萬騎入武州塞。」《匈奴列傳》：「單于信之，而貪馬邑財物，乃以十萬騎入武州塞。」《漢書·匈奴傳》同，足證「將十餘萬騎」屬下句。

（2）廷尉當恢逗橈，當斬（9／3443）

《索隱》：案：劭云「逗，曲行而避敵，音豆」。又音住，住謂留止也。

〔註1063〕梁玉繩《史記志疑》卷33，中華書局，1981年版，第1374頁。

〔註1064〕梁玉繩《史記志疑》卷33，中華書局，1981年版，第1374頁。張森楷《史記新校注》，中國學典館復館籌備處，1967年版，第4745頁。張氏誤作「錢大昕」說。錢說出處未知。

〔註1065〕瀧川資言《史記會注考證》，北嶽文藝出版社，1999年版，第4554頁。

〔註1066〕王叔岷《史記斠證》，中華書局，2007年版，第2939頁。

〔註1067〕施之勉《史記會注考證訂補》，華岡出版有限公司，1976年版，第1509頁。

《校勘記》:《漢書·韓安國傳》顏師古注:「應劭曰:『逗,曲行避敵也。橈,顧望也。軍法語也。』蘇林曰:『逗音豆。』師古曰:『逗,謂留止也。逗又音住。』」(9／3446)

按:據《漢書》注,《索隱》「音豆」是蘇林說,非應劭說,二字當放在引號外面。「音豆,又音住,住謂留止也」云云,乃小司馬採用蘇林、顏師古說。

《李將軍列傳》

(1) 及出擊胡,而廣行無部伍行陳,就善水草屯,舍止,人人自便 (9／3449)

按:當讀作「就善水草屯舍止」,瀧川資言、池田正作此讀。瀧川曰:「《漢書》『屯』作『頓』,無『止』字。顏師古曰:『頓,止也。舍,息也。』」〔註1068〕王叔岷曰:「《漢紀》卷11、《白帖》卷15『屯舍止』亦並作『頓舍』(屯、頓古通。《王翦傳》亦云『三日三夜不頓舍』。),《記纂淵海》卷80引此作『屯舍』,《通典》卷148作『屯止』,《通鑑》作『舍止』。『屯、舍、止』三字疊義,皆止也。略其一字,則是兩字疊義。」〔註1069〕李人鑒曰:「『屯舍』即『頓舍』,下不當復有『止』字。」〔註1070〕王說是也,然有失校。《白氏六帖事類集》卷15凡三引,二作「頓舍」,一作「屯舍」。王氏所據《記纂淵海》乃四庫本,在卷80;宋刊本在卷180,引此同今本作「屯舍止」。

(2) 而廣身自以大黃射其裨將 (9／3453)

《集解》:孟康曰「《太公六韜》曰『陷堅敗強敵,用大黃連弩』」。

按:「《太公六韜》」當標作「太公《六韜》」。據宋鈔本《六韜·虎韜·軍用》,「陷堅」下當補「陳」字,「連弩」上補「參」字〔註1071〕。《漢書·李廣傳》顏師古注引孟康說引太公曰作「陷堅卻敵,以大黃參連弩也」,「參」

〔註1068〕瀧川資言《史記會注考證》,北嶽文藝出版社,1999年版,第4480頁。池田四郎次郎《史記補注(下編)》(池田英雄增補),日本明德出版社,1975年版,第320頁。

〔註1069〕王叔岷《史記斠證》,中華書局,2007年版,第2951～2952頁。

〔註1070〕李人鑒《太史公書校讀記》,甘肅人民出版社,1998年版,第1432頁。

〔註1071〕《類聚》卷60、《書鈔》卷121、125、《初學記》卷22、《御覽》卷349、《事類賦注》卷13引《六韜》「陳」作「陣」,又《書鈔》卷125「敗」作「攻」,《御覽》卷349脫「敗」字。

字尚未脫。《書鈔》卷 125 引《漢書》注引太公曰作「陷堅服強，用大黃參連弩也」。

《匈奴列傳》

（1）兒能騎羊，引弓射鳥鼠；少長則射狐兔：用為食（9／3461）

按：王筠曰：「用為食，班作『肉食』。」〔註1072〕瀧川資言曰：「《漢書》『為』作『肉』，義異。」〔註1073〕瀧川校語不確。「用為食」各本同，《文選‧四子講德論》李善注引同；《漢書‧匈奴傳》作「肉食」。顏師古曰：「言無米粟，惟食肉。」王念孫曰：「師古說非也。『肉食』二字若承上文『少長』言之，則肉食固匈奴之俗，自幼時已然，不待少長也。若不承『少長』言之，則『肉食』二字與上下文皆不相屬。今案：『肉食』當為『用食』，字之誤也。用猶以也，言射狐兔以食也。《史記》作『少長則射狐兔用為食』，是其明證也……『用』可讀為『以』，故與『以』字通用……此言匈奴習於騎射，自為兒時已能騎羊射鳥鼠，少長，則射狐兔，及長而為士，則力能彎弓者盡為甲騎，非記其飲食之事也。下文云『自君王以下咸食畜肉』，乃始言食肉耳。」〔註1074〕王念孫說均是也，本書作「用為」，猶言以為，與《漢書》作「用」同義。本書「用為食」當屬上句作一句讀，冒號應當刪去。

（2）周西伯昌伐畎夷氏（9／3463）

《索隱》：《山海經》云「黃帝生苗龍，苗龍生融吾，融吾生弄明，弄明生白犬。」

按：張文虎曰：「弄明，單本與《大荒北經》合，下同。各本作『並明』。」〔註1075〕水澤利忠曰：「並，索『弄』。」〔註1076〕施之勉曰：「單本《索隱》、凌本《索隱》『並明』作『弄明』。《漢書‧匈奴傳》注引亦作『弄明』。」〔註1077〕王叔岷曰：「《周本紀》《正義》引《山海經》，『並明』亦作『弄明』，

〔註1072〕王筠《史記校》，收入《二十五史三編》第 1 冊，嶽麓書社，1994 年版，第 959 頁。

〔註1073〕瀧川資言《史記會注考證》，北嶽文藝出版社，1999 年版，第 4499 頁。

〔註1074〕王念孫《漢書雜志》，收入《讀書雜志》卷 6，中國書店，1985 年版，本卷第 100 頁。

〔註1075〕張文虎《校刊史記集解索隱正義札記》卷 5，中華書局，1977 年版，第 648 頁。

〔註1076〕水澤利忠《史記會注考證校補》，廣文書局，1972 年版，第 3063 頁。

〔註1077〕施之勉《史記會注考證訂補》，華岡出版有限公司，1976 年版，第 1520 頁。

見《大荒北經》。郭注：『弄，一作卞。』《海內北經》注作『卞明』。『並明』疑『弁明』之誤，『弁』、『卞』古通。」〔註1078〕黃善夫本、乾道本、淳熙本、元刻本、慶長本、殿本《索隱》都作「並明」。明刊本《大荒北經》作「弄明」，有注「弄，一作卞」，《御覽》卷904引亦作「弄明」；道藏本《大荒北經》作「卞明」，無注，《路史》卷33引《伯益經》亦作「卞明生白犬」。《周本紀》《正義》引《山海經》，瀧川《考證》本作「弄明」，黃善夫本、元刻本、慶長本、四庫本、殿本作「並明」。王說「並」是「弁」形誤，是也。「弄」俗字作「卡」，因而「卞」形誤作「卡（弄）」。

（3）匈奴單于曰頭曼（9／3470）

《集解》：《漢書音義》曰：「單于者，廣大之貌，言其象天單于然。」

《索隱》：《漢書》「單于姓攣鞮氏，其國稱之曰『撐黎孤塗單于』。而匈奴謂天為『撐黎』，謂子為『孤塗』。單于者，廣大之貌也。」言其象天，故曰「撐黎孤塗單于」。又《玄晏春秋》云「士安讀《漢書》，不詳此言，有胡奴在側，言之曰：『此胡所謂天子。』與古書所說符會也」。

按：王叔岷曰：「《集解》『音義』二字疑衍，所引乃《漢書》文也。」〔註1079〕王說是也。①《漢書・匈奴傳》：「單于姓攣鞮氏，其國稱之曰『撐犁孤塗單于』。匈奴謂天為『撐犁』，謂子為『孤塗』。單于者，廣大之貌也。言其象天單于然也。」則《索隱》所引「言其象天，故曰撐黎孤塗單于」亦是《漢書》之文，非小司馬語，當放在引號裏面，《史記》舊點校本不誤〔註1080〕。②《類聚》卷80引皇甫謐（字士安）《玄晏春秋》：「計君乂授與《司馬相如傳》，遂涉《漢書》，讀《匈奴傳》，不識『棠梨孤塗』之字。有胡奴執燭，顧而問之。奴曰：『棠梨，天子也。言匈奴之號單于，猶漢人有天子也。』予於是乎曠然發寤。」《御覽》卷870引略同，「棠梨」作「撐黎」。則「與古書所說符會也」乃小司馬語，非《玄晏春秋》之文，當放在引號外面，《史記》舊點校本亦誤。

（4）後有所愛閼氏（9／3471）

《索隱》：習鑿齒與燕王書曰：「山下有紅藍，足下先知不？北方人採取其花染緋黃，挼取其上英鮮者作烟肢，婦人將用為顏色。」

〔註1078〕王叔岷《史記斠證》，中華書局，2007年版，第2961頁。

〔註1079〕王叔岷《史記斠證》，中華書局，2007年版，第2963頁。

〔註1080〕《史記》（點校本），中華書局，1959年版，第2888頁。下同。

《校勘記》：採取，原作「探取」，據耿本、黃本、彭本、柯本、凌本、殿本改。（9／3508）

按：蘇芃曰：「疑『探』是『採』字形誤。《書鈔》卷 135、《御覽》卷 719 引習鑿齒《與燕王書》亦皆作『採』。」〔註1081〕乾道本、慶長本亦作「採取」，《北戶錄》卷 3、《演繁露》卷 7 引亦同。《索隱》「掭取」，黃善夫本、元刻本、慶長本、殿本同，《書鈔》、《演繁露》引亦同，《北戶錄》引作「掭」；乾道本、淳熙本作「接取」，《御覽》引作「接」。「接」當是「掭」形誤。「婦人將」之「將」，黃善夫本、乾道本、淳熙本、元刻本、慶長本、殿本作「採將」，《書鈔》引作「粉時」，《北戶錄》引作「裝時」，《御覽》引無。疑「將」是「妝」音誤，下脫「時」字。「妝」俗作「粧」，或借「裝」字為之，與「粉」義同。

（5）今以小吏之敗約故，罰右賢王，使之西求月氏擊之（9／3479）

按：下文云「今以小吏敗約故，罰右賢王使西擊月氏」，二文「故」字當屬下句，池田正作此讀〔註1082〕。《通鑑》卷 14 節引此文，以「故罰右賢王」接上文「離兄弟之親」，是亦以「故」字屬下句讀也。

（6）以天之福，吏卒良，馬彊力，以夷滅月氏，盡斬殺降下之。定樓蘭、烏孫、呼揭及其旁二十六國，皆以為匈奴（9／3479）

按：王筠曰：「班倒『之定』二字，似非。」〔註1083〕池田從其說，而誤作沈家本說〔註1084〕。張森楷曰：「《漢書》『定』在『之』上。」〔註1085〕王說非是，《通鑑》卷 14 從《漢書》「定」在「之」字前。下文約省此文作「盡定之」，足證此文當乙作「定之」也。《秦始皇本紀》「將軍蒙驁擊定之」，《六國年表》「義渠內亂，庶長操將兵定之」，皆「定之」屬文。「降下」作名詞，指降下者。「二十六國」下逗號當刪去。

〔註1081〕蘇芃《南宋黃善夫本〈史記〉校勘研究》，南京師範大學 2010 年博士學位論文，第 133 頁。
〔註1082〕池田四郎次郎《史記補注（下編）》（池田英雄增補），日本明德出版社，1975 年版，第 331 頁。
〔註1083〕王筠《史記校》，收入《二十五史三編》第 1 冊，嶽麓書社，1994 年版，第 959 頁。
〔註1084〕池田四郎次郎《史記補注（下編）》（池田英雄增補），日本明德出版社，1975 年版，第 331 頁。
〔註1085〕張森楷《史記新校注》，中國學典館復館籌備處，1967 年版，第 4788 頁。

（7）匈奴無入塞，漢無出塞，犯今約者殺之（9／3487）

《校勘記》：今約，原作「令約」。王念孫《雜志》：「『令約』當為『今約』，謂犯今日之約也。《漢書》正作『今約』。」今據改。（9／3511～3512）

按：張森楷、池田從王念孫說〔註1086〕。王叔岷曰：「景祐本『令』似作『今』，末筆模糊。」〔註1087〕李人鑒從王先謙說謂作「令約」是，並列式雙音詞〔註1088〕。宋元各本及慶長本《史記》俱作「令約」，《班馬異同》卷23引同。北宋景祐遞修本《漢書》作「今約」，《冊府元龜》卷978引同；南宋嘉定本、建安本、慶元本、四庫本《漢書》俱作「令約」。王先謙說是，王念孫未見宋刊《漢書》。「犯令」、「犯約」是秦漢習語，《史》、《漢》複合作「犯令約」。

（8）聶翁壹（9／3488）

《索隱》：顧氏云「壹，名也。老，故稱翁」，義或然也。

按：《漢書·匈奴傳》顏師古注：「姓聶，名壹。翁者，老人之稱也。」疑「顧氏」當作「顏氏」。以下各例疑亦誤同。《封禪書》《索隱》：「顧氏案：《國語》仲尼云『山川之守，足以紀綱天下者，其守為神。汪芒氏之君，守封禺之山也』。」（4／1666～1667）按《漢書·郊祀志》顏師古注：「山川之守，謂尊山川之神，令主祭祀也，即《國語》所云『汪芒氏之君，守封嵎之山也』。」《衛將軍驃騎列傳》《索隱》引顧氏云：「鄭季本妻編於民戶之間，故曰民母。」（9／3516）按《漢書·衛青傳》顏師古注：「言鄭季正妻本在編戶之間，以別於公主家也。」《朝鮮列傳》《索隱》：「顧氏潓音獲。」（9／3598）按《漢書·朝鮮傳》顏師古注：「潓音獲。」

（9）攻祁連山（9／3492）

《索隱》：《西河舊事》云「山在張掖、酒泉二界上，東西二百餘里，南北百里。」

按：「東西二百餘里，南北百里」也者，《御覽》卷50、《太平寰宇記》

〔註1086〕 張森楷《史記新校注》，中國學典館復館籌備處，1967年版，第4795頁。
池田四郎次郎《史記補注（下編）》（池田英雄增補），日本明德出版社，1975年版，第335頁。

〔註1087〕 王叔岷《史記斠證》，中華書局，2007年版，第2975頁。

〔註1088〕 李人鑒《太史公書校讀記》，甘肅人民出版社，1998年版，第1479頁。
王先謙說見《漢書補注》卷94，中華書局，1983年版，第1571頁。

卷 152 引《西河舊事》作「東西百餘里，南北二十里」，《御覽》卷 50 又引
《涼州記》同，《元和郡縣志》卷 40 亦同。《索隱》所引，「二百」之「二」
衍，「百里」當作「廿里」。

（10）地接匈奴以北（9／3495）

《正義》：匈奴舊以幕為王庭。今遠徙幕北，更蠶食之，漢境連接匈奴
舊地以北也。

按：王叔岷曰：「據上文『是後匈奴遠遁，而幕南無王庭』，則此《正
義》『舊以幕為王庭』，『幕』下蓋脫『南』字。」〔註 1089〕王說是也。

（11）軍中郭縱為護，維王為渠，相與謀曰：「及諸校尉畏亡將軍而
誅之，莫相勸歸。」（9／3499）

按：瀧川資言曰：「楓、三本無『曰』字。中井積德曰：『曰字衍。』」
〔註 1090〕水澤利忠補充指出南化本亦無「曰」字〔註 1091〕。王叔岷亦謂「曰」
字衍文〔註 1092〕。李人鑒謂「相與謀曰」四字衍文〔註 1093〕。中井說是也，
慶長本亦無「曰」字。當刪去引號，讀作「相與謀及諸校尉，畏亡將軍而
誅之」。

《衛將軍驃騎列傳》

（1）按榆谿舊塞（9／3518）

《集解》：如淳曰：「案，行也。榆谿，舊塞名。」或曰按，尋也。

《索隱》：如淳云：「按，行也，尋也。榆谷，舊塞名也。」

按：《漢書‧衛青傳》「按」作「案」。顏師古注引如淳曰：「案，尋也。
榆谿，舊塞名也。」是「按，尋也」亦如淳說，當放在引號裏面。如淳殆
有二說，《集解》、《索隱》俱引之，而顏注只引其後說耳。《集解》「案」，
黃善夫本、乾道本、淳熙本、元刻本、慶長本同；景祐本、紹興本、殿本
作「按」。

（2）執訊獲丑（9／3518）

按：此四字與上文「薄伐玁狁，至於太原」、「出車彭彭，城彼朔方」

〔註 1089〕王叔岷《史記斠證》，中華書局，2007 年版，第 2981 頁。

〔註 1090〕瀧川資言《史記會注考證》，北嶽文藝出版社，1999 年版，第 4559 頁。

〔註 1091〕水澤利忠《史記會注考證校補》，廣文書局，1972 年版，第 3096 頁。

〔註 1092〕王叔岷《史記斠證》，中華書局，2007 年版，第 2985 頁。

〔註 1093〕李人鑒《太史公書校讀記》，甘肅人民出版社，1998 年版，第 1487 頁。

皆是引《詩》，亦當加引號。

（3）於是以見為人臣不敢專權（9／3522）

按：池田曰：「《漢書》『見』作『風』，顏師古曰：『風讀曰諷。』」〔註1094〕王叔岷說同，又指出「《漢紀》作『諷』」〔註1095〕。李人鑒曰：「疑此《傳》衍『是』字，『見』字亦為『風』字之誤。」〔註1096〕李說是，宋元各本及慶長本均誤，《通鑒》卷19誤同。

（4）遂囚建詣行在所（9／3522）

《集解》：蔡邕曰：「天子自謂所居曰『行在所』，言今雖在京師，行所至耳。巡狩天下，所奏事處皆為宮。在長安則曰奏長安宮，在泰山，則曰奉高宮，唯當時所在。」

《校勘記》：奉，原作「奏」，據景祐本、紹興本、耿本、黃本、彭本、柯本、凌本、殿本改。按：蔡邕《獨斷》：「在京師曰奏長安宮，在泰山則曰奏奉高宮。」（9／3543～3544）

按：池田曰：「凌本『奉』作『奏奉』。『奉』宜作『奏』。」〔註1097〕乾道本、慶長本亦作「奉」。當據《獨斷》卷上作「在泰山則曰奏奉高宮」。「奉高宮」是宮名，其上亦當有「奏」字，與「奏長安宮」對舉成文。《通典》卷54引《晉太康郡國志》曰：「奉高戶千五百六戶。此為奉高者，以事東岳帝王禪代之處，是以殊之也。故有明堂，在縣西南四里，又有奉高宮。」景祐本等脫「奏」字，金陵本、瀧川《考證》本脫「奉」字。

（5）於是天子嘉驃騎之功曰：「驃騎將軍去病率師攻匈奴西域王渾邪，王及厥眾萌咸相犇，率以軍糧接食……」（9／3528）

按：王筠曰：「咸相犇率，班作『咸犇於率』。」〔註1098〕《漢書·霍去病傳》作：「票騎將軍去病率師征匈奴，西域王、渾邪王及厥眾萌咸犇於率，以軍糧接食。」顏師古曰：「『萌』字與『甿』同。犇，古奔字也。」王先

〔註1094〕池田四郎次郎《史記補注（下編）》（池田英雄增補），日本明德出版社，1975年版，第345頁。

〔註1095〕王叔岷《史記斠證》，中華書局，2007年版，第2999頁。

〔註1096〕李人鑒《太史公書校讀記》，甘肅人民出版社，1998年版，第1440頁。

〔註1097〕池田四郎次郎《史記補注（下編）》（池田英雄增補），日本明德出版社，1975年版，第345頁。

〔註1098〕王筠《史記校》，收入《二十五史三編》第1冊，嶽麓書社，1994年版，第961頁。

謙曰:「犇於率,謂犇於我所率之師也。《史記》作『咸相犇率』,則是相率來犇也。」〔註1099〕瀧川資言曰:「『率』如『率服』之率,相率來奔也。《漢書》『犇』下有『於』字,義異。」〔註1100〕池田曰:「『率』句。『率』與『律』通,軍法也。奔率,《商君傳》『秦人皆趨令』之意。」〔註1101〕王叔岷曰:「率有順從義。犇率,謂犇來順從也。《漢傳》作『犇於率』,於猶而也。」〔註1102〕瀧川氏竊王先謙說也。池田得其讀,未得其義。此文當讀作:「驃騎將軍去病率師攻匈奴,西域王、渾邪王及厥眾萌咸相犇率,以軍糧接食。」《漢書》「於」是衍文,「渾邪王」、「奔率」皆當連文。「率」是順從、服從義,王叔岷說是。

(6)居頃之,乃分徙降者邊五郡故塞外,而皆在河南,因其故俗,為屬國(9 / 3529)

《正義》:五郡謂隴西、北地、上郡、朔方、雲中,並是故塞外,又在北海西南。

按:《正義》「北海」,王先謙曰:「案『海』是『河』之誤。」〔註1103〕王說是也,正文明云「皆在河南」。《通鑒》卷 19 用此文,胡三省注:「所謂故塞外,其地在北河之南也。」正作「北河」。《漢書·宣帝紀》:「置西河北地屬國,以處匈奴降者。」亦其旁證。

《平津侯主父列傳》

(1)守成尚文,遭遇右武(9 / 3552)

《索隱》:小顏云:「右亦上也。言遭遇亂時則上武也。」

按:周壽昌曰:「瞿鴻禨云:『一本作「遭禍右武」,不作「遇」。』壽昌案:據顏注,則一本是也。」〔註1104〕李笠曰:「《漢書》『遇』作『禍』,師古注曰:『禍亂時則上武耳。』今以上句例之,小顏注或云『遭遇禍亂時則上武』。《史記》既誤『禍』為『遇』,注文遂亦脫去『禍』字,《漢書》

〔註1099〕王先謙《漢書補注》卷 55,中華書局,1983 年版,第 1144 頁。

〔註1100〕瀧川資言《史記會注考證》,北嶽文藝出版社,1999 年版,第 4589 頁。

〔註1101〕池田四郎次郎《史記補注(下編)》(池田英雄增補),日本明德出版社,1975 年版,第 348 頁。

〔註1102〕王叔岷《史記斠證》,中華書局,2007 年版,第 3007 頁。

〔註1103〕王先謙《漢書補注》卷 55,中華書局,1983 年版,第 1144 頁。

〔註1104〕周壽昌《漢書注校補》卷 40,收入《叢書集成新編》第 112 冊,新文豐出版公司,1985 年印行,第 279 頁。

注則並脫『遭遇』二字。」〔註 1105〕吳國泰曰:「王先謙《漢書補注》曰:『遇,官本作「禍」。疑「遇」字篆文與「禍」相涉,因譌「禍」為「遇」耳。』『遇』、『禍』聲近(古讀遇如遷)相假,非因形近而訛也。」〔註 1106〕瀧川資言曰:「『遭遇』當作『遭禍』,正與『守成』對文。『遇』、『禍』形似而訛,《漢書》一本作『遇(引者按:當作『遭』)禍』。」〔註 1107〕水澤利忠曰:「遇,紹『禍』。」〔註 1108〕張森楷曰:「《漢傳》『遇』作『禍』。」〔註 1109〕池田曰:「疑『遭遇』二字有誤。」〔註 1110〕王叔岷曰:「《漢傳》此句同。師古注:『右亦上也。禍亂時則上武耳。』《補注》:『遇,官本作「禍」。據顏注,亦當是「禍」字。《史記》作「遭遇」,《索隱》引顏云「言遭遇亂時而上武也」,又與此注異。疑「遇」字篆文與「禍」相涉,因譌「禍」為「遇」耳。』『遇』為『禍』之誤,王說是。師古所據本本作『禍』,官本存其舊。《索隱》引師古注,因正文『禍』誤『遇』,乃改師古注之『禍亂』為『遇亂』耳。」〔註 1111〕吳國泰說非是,古書未見相通之例。二王及李氏說是,但猶可補正。瀧川說則全竊自王先謙《補注》。《漢書》北宋景祐遞修本作「遇」,南宋嘉定本、建安本、慶元本都作「禍」,不獨官本作「禍」也。《冊府元龜》卷 318、《文章正宗》卷 2 亦作「遭禍」。水澤氏誤校,本書宋元各本及慶長本都作「遇」,《白氏六帖事類集》卷 12 同(未言出處)。「遇」是「過」形誤,「過」、「禍」古通。又《孔叢子‧獨治》:「武者可以進取,文者可以守成。」亦足與本文參證。

(2)臣聞圖王不成,其敝足以安(9 / 3558)

按:《漢書‧徐樂傳》同。「圖王不成,其敝足以安」是當時成語,當加引號。《論衡‧氣壽》引語曰:「圖王不成,其弊可以霸。」《御覽》卷 77 引桓譚《新論》同。《意林》卷 3 引崔元始(崔寔)《正論》:「圖王不成,弊猶足霸;圖霸不成,弊將如何?」《後漢書‧隗囂傳》王元說囂曰:「圖

〔註 1105〕 李笠《廣史記訂補》卷 10,復旦大學出版社,2001 年版,第 290 頁。

〔註 1106〕 吳國泰《史記解詁》第 4 冊,1933 年成都居易簃叢著本,本冊第 24 頁。

〔註 1107〕 瀧川資言《史記會注考證》,北嶽文藝出版社,1999 年版,第 4620 頁。

〔註 1108〕 水澤利忠《史記會注考證校補》,廣文書局,1972 年版,第 3131 頁。

〔註 1109〕 張森楷《史記新校注》,中國學典館復館籌備處,1967 年版,第 4844 頁。

〔註 1110〕 池田四郎次郎《史記補注(下編)》(池田英雄增補),日本明德出版社,1975 年版,第 355 頁。

〔註 1111〕 王叔岷《史記斠證》,中華書局,2007 年版,第 3025 頁。

王不成，其弊猶足以霸。」

（3）轉輸運糧，未見休時（9／3560）

按：王筠曰：「班『運』作『軍』，是。」李人鑒說同〔註1112〕。瀧川資言引中井積德曰：「運糧，《漢書》作『軍糧』。」池田說同〔註1113〕。王、李說是，既言「轉輸」，無煩復言「運」。

（4）卜式試於芻牧，弘羊擢於賈豎，衛青奮於奴僕，日磾出於降虜，斯亦曩時版築飯牛之朋矣（9／3565）

按：水澤利忠曰：「朋，景、井、蜀、蜀刻、中統、毛『明』。」〔註1114〕張森楷曰：「《漢書》『試』作『拔』。衲本『朋』誤『明』。」〔註1115〕施之勉曰：「《文選》『朋矣』作『明也』。」〔註1116〕王叔岷曰：「《漢傳贊》、《文選》『試』並作『拔』。景祐本、黃善夫本『朋矣』並作『明矣』。《漢傳贊》作『明已』，與《文選》同。《補注》：『明，官本作「朋」，是。《史贊》同。』《文選考異》：『何云「明，《漢書》作『朋』。陳云「明，『朋』誤」，是也，各本皆誤。」惟《史》、《漢》故本、《文選》皆作『明』，則作『朋』，蓋後人不得其義而改之耳。明猶證也。」〔註1117〕①《治要》卷18、《書鈔》卷7、《類聚》卷45、《初學記》卷9引《漢書》「試」均作「拔」。「試」當作「拔」，涉上「式」字而誤，《漢紀》卷20誤同。「拔、擢、奮、出」四字同義對舉。②王叔岷說非是。《史記》紹興本、乾道本、淳熙本、慶長本亦作「明」，元刻本、四庫本、殿本作「朋」。黃本下方校記標注：「朋矣：《漢書》。」《漢書》景祐遞修本作「明」，南宋嘉定本、建安本、四庫本、慶元本都作「朋」，《類聚》卷45、《治要》卷18、《玉海》卷134、《文章正宗》卷14、宋鈔本《平齋文集》卷29引《漢書》亦作「朋」。《文選》國圖藏宋

〔註1112〕 王筠《史記校》，收入《二十五史三編》第1冊，嶽麓書社，1994年版，第962頁。李人鑒《太史公書校讀記》，甘肅人民出版社，1998年版，第1467頁。

〔註1113〕 瀧川資言《史記會注考證》，北嶽文藝出版社，1999年版，第4634頁。池田四郎次郎《史記補注（下編）》（池田英雄增補），日本明德出版社，1975年版，第359頁。

〔註1114〕 水澤利忠《史記會注考證校補》，廣文書局，1972年版，第3142頁。

〔註1115〕 張森楷《史記新校注》，中國學典館復館籌備處，1967年版，第4857頁。

〔註1116〕 施之勉《史記會注考證訂補》，華岡出版有限公司，1976年版，第1562頁。

〔註1117〕 王叔岷《史記斠證》，中華書局，2007年版，第3035～3036頁。

刻本、宋淳熙八年尤刻本、宋明州本、宋紹興三十一年陳八郎刊本、重刊天聖明道本、四部叢刊影南宋本、明吳勉學刻本、慶長十二年活字印本、寬永二年活字印本作「明」，韓國漢城大學藏奎章閣本〔註 1118〕、日本宮內廳藏南宋刊宋元遞修本、明嘉靖吳裝嘉趣堂覆廣都裴氏本〔註 1119〕、明嘉靖元年金臺汪諒刊本、朝鮮正德四年刻本、朝鮮木活字印本作「朋」。孫志祖曰：「潘校『明』改『朋』。何云『《漢書》作「朋」』。」〔註 1120〕梁章鉅曰：「《漢書》『明』作『朋』，是也，此傳寫誤。」胡紹煐從梁說〔註 1121〕。黃侃曰：「《漢書》『明』作『朋』。」〔註 1122〕諸說改「明」作「朋」，是也。《史記》所附班贊錄自《漢書》，《文選》亦然。《漢書》之唐、宋版本皆作「朋」，南宋以後形誤作「明」。《漢紀》卷 20 作「亦當時板築牧牛之徒明矣」，「徒」即是「朋」訓詁，又誤衍「明」字。謂卜式、弘羊、衛青、日磾等人亦是前時版築飯牛之朋類耳。褚遂良《兒寬贊》作「明」，是「明」俗字，褚氏所見本亦誤。

（5）……皆有功迹見述於後。累其名臣，亦其次也（9／3565）

按：杭世駿《疏證》引《史詮》：「《漢書》『累』作『參』。」〔註 1123〕姚範曰：「余疑『累』作『絫』，後訛為『糸』耳。」〔註 1124〕瀧川資言曰：「《漢書》『後累』作『世參』，以『世』字為句。」〔註 1125〕張森楷曰：「《漢書》『後累』作『世參』，誼並可通。」〔註 1126〕施之勉曰：「《文選》『後累』亦作『世參』，以『世』字為句。」〔註 1127〕王叔岷曰：「《文選》『後』下有

〔註 1118〕 奎章閣本《文選》所據底本是明宣德三年活字印本，而活字本出自北宋本，是今所見各本之祖本。參見俞紹初等《新校訂六家注文選》前言，鄭州大學出版社，2013 年版，第 2 頁。

〔註 1119〕 廣都裴氏本是北宋刊本

〔註 1120〕 孫志祖《文選考異》卷 4，收入《清代文選學名著集成》第 6 冊，廣陵書社，2013 年版，第 754 頁。

〔註 1121〕 梁章鉅《文選旁證》卷 41，福建人民出版社，2000 年版，第 1126 頁。胡紹煐《文選箋證》卷 31，黃山書社，2007 年版，第 836 頁。

〔註 1122〕 黃侃《文選平點》，中華書局，2006 年版，第 599 頁。

〔註 1123〕 杭世駿《史記疏證》，收入《續修四庫全書》第 264 冊，上海古籍出版社，2002 年版，第 503 頁。

〔註 1124〕 姚範《援鶉堂筆記》卷 23，收入《續修四庫全書》第 1148 冊，第 618 頁。

〔註 1125〕 瀧川資言《史記會注考證》，北嶽文藝出版社，1999 年版，第 4645 頁。

〔註 1126〕 張森楷《史記新校注》，中國學典館復館籌備處，1967 年版，第 4858 頁。

〔註 1127〕 施之勉《史記會注考證訂補》，華岡出版有限公司，1976 年版，第 1563 頁。

『世』字，『絫』亦作『參』。『絫』蓋本作『絫』，『參』誤為『絫』，復易為『絫』耳。」〔註1128〕王說是也，「參」俗作「糸」，形近而誤作「絫」。《類聚》卷45、《治要》卷18引《漢書》「後」下有「世」字。古鈔本《治要》卷18、《御覽》卷445引《漢書》「參」作「糸」（天明刊本《治要》作「參」）。《漢紀》卷20脫「述」字，「後」下有「世」字，「絫」作「糸」。《御覽》引「其」形誤作「莫」。

《南越列傳》

（1）秦時用為南海龍川令（9／3569）

《正義》：顏師古云：「龍川，南海縣也，即今之循州也。」裴氏《廣州記》云：「本博羅縣之東鄉，有龍穿地而出，即穴流泉，因以為號也。」

按：據《漢書·地理志》顏師古注，裴氏《廣州記》云云是顏氏所引，當放在引號裏面。而今本《漢書》顏注無「龍川，南海縣也，即今之循州也」語。《書鈔》卷158引裴氏《廣州記》：「龍州縣，本是博羅縣〔之東鄉〕。龍於藏遺山穿地出，負嗇夫而升天，即穴流泉，因以為號。穴口周迴可百步，今猶潺然。」

（2）嘉見耳目非是，即起而出（9／3575）

按：張森楷曰：「《漢書》『起』作『趨』，無『而』字。」〔註1129〕《漢紀》卷14亦作「趨出」。「趨」俗字作「趍」，形誤作「起」耳，宋元各本及慶長本均誤，《通鑑》卷20誤同。《新序·雜事一》「黃起而出」，《類聚》卷24、《御覽》卷457引「起」作「趨」，《呂氏春秋·自知》同。《韓詩外傳》卷2「晏子起而出，授綏而乘」，《晏子春秋·內篇雜上》作「趨出」，《新序·義勇》作「趍出」。《外傳》卷8「范昭起出門」，《晏子春秋·內篇雜上》作「趨而出」。《新序·雜事一》「諸大夫起而出」，《外傳》卷7作「出走」，當乙作「走出」，走亦趨也。

（3）乃陰與大臣作亂（9／3575）

按：王叔岷曰：「《漢傳》『作』上有『謀』字，《漢紀》、《通鑑》並同，是也。若無『謀』字，則與下文『數月不發』不符矣。」〔註1130〕王說是，

〔註1128〕王叔岷《史記斠證》，中華書局，2007年版，第3036頁。
〔註1129〕張森楷《史記新校注》，中國學典館復館籌備處，1967年版，第4865頁。
〔註1130〕王叔岷《史記斠證》，中華書局，2007年版，第3041頁。

李人鑒亦據《漢書》補「謀」字〔註1131〕。

（4）樓船將軍兵以陷堅為將梁侯（9／3580）

按：瀧川資言曰：「『兵以』當作『以兵』，《漢書》作『以推鋒』。」〔註1132〕張森楷曰：「《漢書》無『兵』字，『以』下有『椎鋒』二字。」〔註1133〕池田曰：「履軒曰：『兵』字疑衍，班史無。』《漢書》『以』字下有作『推鋒』二字。」〔註1134〕王叔岷曰：「『兵』字疑涉上文而衍，《漢傳》無『兵』字，『以陷堅』作『以推鋒陷堅』。」李人鑒說同王氏〔註1135〕。中井積德（履軒）及王、李說是也，然尚未盡。《漢書・南粵傳》景祐遞修本、元大德刻本明遞修本、明嘉靖汪文盛刻本作「推」，南宋嘉定本、建安本、慶元本作「椎」。楊樹達曰：「推當讀為摧，即上文之『挫粵鋒』也。《說文》：『摧，折也。』」〔註1136〕「推」、「椎」當作「摧」，形近而譌〔註1137〕，摧、陷同義對舉，《冊府元龜》卷348、《通志》卷198正作「摧」，無「兵」字。《漢書》上文云「樓舩將軍將精卒先陷尋陜，破石門，得粵舩粟，因推而前，挫粵鋒」，本書同。「摧鋒陷堅」即承「先陷尋陜，挫粵鋒」而言，摧亦挫也。《鹽鐵論・論勇》「推鋒拊（折）銳」，「推」亦當作「摧」，折也。《楚辭・惜賢》：「折銳摧矜。」注：「摧，挫也。」是其比也。《建元以來侯者年表》「以樓船將軍擊南越，椎鋒卻敵侯」（3／1242），瀧川《考證》本作「摧」。張文虎曰：「宋本『椎』字，與《漢表》合。王、柯、凌作『推』，舊刻、毛本作『摧』，蓋『椎』譌為『推』，因改『摧』耳。」〔註1138〕水澤利忠曰：「摧，井『椎』，紹、

〔註1131〕 李人鑒《太史公書校讀記》，甘肅人民出版社，1998年版，第1495頁。

〔註1132〕 瀧川資言《史記會注考證》，北嶽文藝出版社，1999年版，第4664頁。

〔註1133〕 張森楷《史記新校注》，中國學典館復館籌備處，1967年版，第4870頁。

〔註1134〕 池田四郎次郎《史記補注（下編）》（池田英雄增補），日本明德出版社，1975年版，第367頁。

〔註1135〕 王叔岷《史記斠證》，中華書局，2007年版，第3044頁。李人鑒《太史公書校讀記》，甘肅人民出版社，1998年版，第1498頁。

〔註1136〕 楊樹達《漢書窺管》卷10，收入《楊樹達文集》之十，上海古籍出版社，1984年版，第756頁。

〔註1137〕 《說文》：「捼，推也。一曰兩手相切摩也。」《玉篇》、《廣韻》、《文選・長笛賦》李善注引「推」作「摧」，《玄應音義》卷12、15、16、22凡四引，《慧琳音義》卷48、55、62、63、64、65凡六引，皆作「摧」。

〔註1138〕 張文虎《校刊史記集解索隱正義札記》卷2，中華書局，1977年版，第248頁。

耿、慶、中統、凌、殿、金陵『推』。」〔註 1139〕紹興本作「椎」,水澤氏誤校。景祐本、乾道本、慶長本亦作「推」,水澤氏失校。與「卻」字對舉,當作「摧」為正,謂挫敵之鋒也。《初學記》卷 18 引趙岐《三輔決錄》「二仲皆推廉逃名」,《文選·田南樹園激流植援》、《歸去來》李善注引作「挫廉」,則「推」亦當作「摧」,與「挫」同義。

《東越列傳》

（1）閩越王（9 / 3585）

《索隱》:《說文》云「閩,東越蛇種也」,故字從虫。

按:今本《說文》作「閩,東南越,蛇種也」。此引脫「南」字,又「越」下當加逗號。《說文》:「蠻,南蠻,蛇種。」文例同。《慧琳音義》卷 96 引《說文》作「閩,南越,蛇種也」,則脫「東」字。

（2）樓船將軍率錢唐轅終古斬徇北將軍,為御兒侯（9 / 3589）

按:張文虎曰:「王、柯、凌本『終』譌『絡』。」〔註 1140〕瀧川資言引中井積德曰:「『率』當作『卒』,《漢書》可徵。」〔註 1141〕施之勉曰:「《建元侯表》『率』作『卒』。」〔註 1142〕王叔岷曰:「《通鑒》『率』亦作『卒』,形近易譌。」〔註 1143〕張氏、中井氏說是也,池田、李人鑒亦據《漢書》及《建元以來侯者年表》(《漢表》同)校作「卒」〔註 1144〕。下文云樓船將軍「自兵未往」,則非「率」字明矣,宋元各本及慶長本均誤作「率」。謂錢唐人轅終古是樓船將軍之卒也。黃善夫本、元刻本、慶長本「終」亦誤作「絡」,景祐本、紹興本、乾道本、淳熙本不誤。《淮南子·俶真篇》「智終天地,明照日月」,《御覽》卷 464 引「終」作「絡」,《纘義》本《文子·精誠》同。是其相譌之例。

〔註 1139〕水澤利忠《史記會注考證校補》,廣文書局,1972 年版,第 1127 頁。

〔註 1140〕張文虎《校刊史記集解索隱正義札記》卷 5,中華書局,1977 年版,第 671 頁。

〔註 1141〕瀧川資言《史記會注考證》,北嶽文藝出版社,1999 年版,第 4675 頁。

〔註 1142〕施之勉《史記會注考證訂補》,華岡出版有限公司,1976 年版,第 1571 頁。

〔註 1143〕王叔岷《史記斠證》,中華書局,2007 年版,第 3051 頁。

〔註 1144〕李人鑒《太史公書校讀記》,甘肅人民出版社,1998 年版,第 1503 頁。池田四郎次郎《史記補注(下編)》(池田英雄增補),日本明德出版社,1975 年版,第 369 頁。

《朝鮮列傳》

（1）以故滿得兵威財物侵降其旁小邑（9／3594）

按：王筠、吳國泰、李人鑒並據《漢書》「得」下補「以」字，李氏並舉《南越列傳》「佗因此以兵威財物賂遺閩越、西甌駱」（《漢書·南粵傳》同）為證〔註1145〕。王叔岷曰：「《御覽》卷780引『得』下有『以』字，《通鑒》同。《漢傳》亦有『以』字，惟作『目』耳。」〔註1146〕宋本《漢書·朝鮮傳》作「以」，王氏未見宋本耳。當據補「以」字，《西南夷列傳》「以兵威定屬楚」，又「上使王然於以越破及誅南夷兵威風喻滇王入朝」，又「南越以財物役屬夜郎」，亦有「以」字。本篇下文「乃使衛山因兵威往諭右渠」，《西南夷列傳》「恢因兵威使番陽令唐蒙風指曉南越」，「以兵威」即「因兵威」也。此文謂以兵威與財物侵降小邑，威德並施也。《南越列傳》「亦欲倚漢威，數勸王及群臣求內屬」，以、因亦倚也。

（2）真番、臨屯皆來服屬，方數千里（9／3594）

《正義》：《括地志》云：「朝鮮、高驪、貊、東沃沮五國之地，國東西千三百里，南北二千里。」

按：《括地志》有脫文，不合「五國」之數。據《後漢書·東夷傳》「高句驪在遼東之東千里，南與朝鮮、濊貊，東與沃沮，北與夫餘接，地方二千里。」「貊」上脫「濊」字，「東沃沮」下脫「夫餘」二字。

（3）漢使涉何譙諭右渠（9／3595）

《索隱》：《說文》云：「譙，讓也。」諭，曉也。譙音才笑反。

按：張文虎曰：「《索隱》本『譙』，與《御覽》卷780引合，各本作『誘』。」池田從張說，又指出「《漢書》亦作『譙』」〔註1147〕。瀧川資言曰：「譙，各本作『誘』，今從《索隱》本。」〔註1148〕瀧川乃竊張說

〔註1145〕王筠《史記校》，收入《二十五史三編》第1冊，嶽麓書社，1994年版，第962頁。吳國泰《史記解詁》第4冊，1933年成都居易簃叢著本，本冊第27頁。李人鑒《太史公書校讀記》，甘肅人民出版社，1998年版，第1505頁。「西甌駱」當連文，參見辛德勇《史記新本校勘》，廣西師範大學出版社，2017年版，第274～300頁。
〔註1146〕王叔岷《史記斠證》，中華書局，2007年版，第3055頁。
〔註1147〕張文虎《校刊史記集解索隱正義札記》卷5，中華書局，1977年版，第673頁。池田四郎次郎《史記補注（下編）》（池田英雄增補），日本明德出版社，1975年版，第371頁。
〔註1148〕瀧川資言《史記會注考證》，北嶽文藝出版社，1999年版，第4682頁。

也。水澤利忠曰：「譙，景、蜀、紹、蜀刻、耿、慶、中統、彭、毛、凌、殿『誘』。」〔註1149〕施之勉曰：「《御覽》卷780引作『譙』。」〔註1150〕王叔岷曰：「《漢傳》亦作『譙』（《通鑒》作『誘』）。師古注：『譙，責讓也。音才笑反。』即《索隱》『音才笑反』所本。又黃善夫本、殿本《索隱》，《說文》上有『誘，一作譙』四字，蓋因正文作『誘』而妄加也。」〔註1151〕《索隱》單行本作「譙」，乃據《漢書》也；宋元各本及慶長本、四庫本、殿本都作「誘」，《大事記解題》卷12引同。此據《索隱》本作「譙」，當出《校勘記》作說明。又各本《索隱》並同黃善夫本，有「誘一作譙」四字。

《西南夷列傳》

（1）其外西自同師以東（9／3601）

《索隱》：同師，韋昭云邑名。《漢書》作「桐師」。

按：水澤利忠曰：「師，耿、慶、中統、彭、凌、索、殿『鄉』。」〔註1152〕王叔岷曰：「黃善夫本、殿本《索隱》『師』並誤『鄉』，《索隱》單本亦誤『鄉』。」〔註1153〕乾道本、慶長本亦皆誤作「桐鄉」，此徑校正，當出《校勘記》作說明。

（2）欲歸報，會秦擊奪楚巴、黔中郡，道塞不通，因還，以其眾王滇，變服，從其俗以長之（9／3603）

按：王筠曰：「班『還』作『迺』，似譌。」池田從王說〔註1154〕。李笠曰：「『還』疑『遂』字之誤。《傳》言蹻至滇不返，不當用『還』字。《漢書》『還』作『迺』，不辭。」〔註1155〕因還，《荀子·議兵》楊倞注引同；《漢書·西南夷傳》作「因迺」（《御覽》卷791、宋刊《冊府元龜》卷956引同），《通典》卷187作「因西」。「西」是「迺」脫誤。時莊蹻欲歸報而未歸，

〔註1149〕水澤利忠《史記會注考證校補》，廣文書局，1972年版，第3162頁。
〔註1150〕施之勉《史記會注考證訂補》，華岡出版有限公司，1976年版，第1573頁。
〔註1151〕王叔岷《史記斠證》，中華書局，2007年版，第3056頁。
〔註1152〕水澤利忠《史記會注考證校補》，廣文書局，1972年版，第3167頁。
〔註1153〕王叔岷《史記斠證》，中華書局，2007年版，第3065頁。
〔註1154〕王筠《史記校》，收入《二十五史三編》第1冊，嶽麓書社，1994年版，第962頁。池田四郎次郎《史記補注（下編）》（池田英雄增補），日本明德出版社，1975年版，第374頁。
〔註1155〕李笠《廣史記訂補》卷10，復旦大學出版社，2001年版，第298頁。

不得言「因還」，當據《漢書》作「因迺」，形近而誤也。王筠說「迺」字
謂，偵矣。「因迺以其眾王滇」七字作一句讀。「因迺」同「因乃」，同義
複合連詞，猶言於是。《漢紀》卷 11 作「蹻因以其眾王靡漠」，則作單音詞
「因」。《韓子·說林上》：「湯以伐桀，而恐天下言己為貪也，因乃讓天下
於務光。」《呂氏春秋·行論》：「因乃發小使以反令燕王復舍。」不得謂
「因迺」不辭，李說非是。

（3）西夷後揃，剽分二方，卒為七郡（9 / 3608）

《索隱》：揃，音剪。揃謂被分割也。剽音匹妙反。言西夷後被揃迫逐，
遂剽居西南二方，各屬郡縣。剽亦分義。

《校勘記》：迫逐，耿本作「剖」，黃本、彭本、柯本、凌本、殿本作
「割」。按：疑作「剖」是。剖，分也。《索隱》上云「揃謂被分割也」，「割」
亦「剖」之誤。（9 / 3611）

按：水澤利忠曰：「耿、慶、中統、彭、凌、殿『迫逐』二字作『割』
字。」〔註 1156〕耿本作「剖」，水澤氏誤校。「割」字不誤，《校勘記》說非
是。各本「分割」同。《索隱》單行本作「迫逐」，乾道本、慶長本、四
庫本亦都作「割」，《文選補遺》卷 38 引同。《禮記·文王四子》鄭玄注：「翦，
割截也。」「翦」同「揃」，俗作「剪」，正訓作割。「翦割」蓋六朝唐人語
詞，《太平廣記》卷 74 引《仙傳拾遺》：「又能自以刀劍剪割手足，刳剔五
臟。」也倒作「割翦」，《晉書·劉聰載記》：「願陛下割翦凶醜。」《長短
經·君德》：「割剪枝葉。」

《司馬相如列傳》

（1）故相如繆與令相重，而以琴心挑之（9 / 3614）

《索隱》：其詩曰「鳳兮鳳兮歸故鄉，遊遨四海求其皇，有一豔女在此
堂，室邇人遐毒我腸，何由交接為鴛鴦」也。又曰「鳳兮鳳兮從皇棲，得
託子尾永為妃。交情通體必和諧，中夜相從別有誰」。

按：張文虎曰：「《索隱》單本、蔡本、中統、游本皆無『又曰』以下
三十三字（引者按：三十字）。」〔註 1157〕乾道本、淳熙本、元刻本《索隱》
亦未引下一首詩。《玉臺新詠》卷 9、《書鈔》卷 106、《類聚》卷 43、《御

〔註 1156〕水澤利忠《史記會注考證校補》，廣文書局，1972 年版，第 3173 頁。
〔註 1157〕張文虎《校刊史記集解索隱正義札記》卷 5，中華書局，1977 年版，第
    677 頁。

覽》卷 573、《樂府詩集》卷 60、《類說》卷 28、《成都文類》卷 10 俱引司馬相如《琴歌》，詳略各不同。①王叔岷已引《類聚》全詩，但「字尾」誤作「子尾」；王氏據《類聚》指出「《索隱》『必和諧』，『必』蓋『心』之誤」〔註1158〕。王說是也，《玉臺》、《樂府詩集》、《成都文類》亦作「心」。②毒我腸，《書鈔》、《御覽》、《樂府詩集》、《成都文類》同，《玉臺》、《類說》作「獨我傷」。「毒我腸」是其舊本。毒，猶言痛苦。③交接，《書鈔》、《類聚》、《御覽》同，《玉臺》、《樂府詩集》、《類說》、《成都文類》作「交頸」。④子尾，《玉臺》、《樂府詩集》、《成都文類》作「孳尾」，《類聚》作「字尾」，當據校「子」作「字」。「字尾」同「孳尾」，猶言交尾、交配，即前詩「交接」義。《漢語大詞典》「字尾」條引近代用例，據此可補。⑤別有，《玉臺》、《類聚》、《樂府詩集》、《成都文類》作「知者」。

（2）鶩於鹽浦，割鮮染輪（9／3617）

《集解》：郭璞曰：「鹽浦，海邊地多鹽鹵。鮮，生肉也。染，擩也。音而沿反，又音而悅反。擩之於輪，鹽而食之。鶩，馳也，音務。」

《索隱》：李奇云：「鮮，生肉也。染，濡也。切生肉濡鹽而食之。」「染」或為「淬」，與下文「胕割輪淬」意同也。

《校勘記》：而悅反，張文虎《札記》卷 5：「毛本『悅』作『兌』，疑『兊』字之譌。」（9／3700）

按：①《集解》「擩之於輪鹽而食之」八字當作一句讀。景祐本、黃善夫本、乾道本、淳熙本、元刻本、慶長本、日本早稻田大學藏古活字本（下省稱作古活字本）、四庫本《集解》作「而悅反」，紹興本作「而兌反」。「而沿反」、「而悅反」都是「擩」字之音〔註1159〕，非「染」字之音。張文虎改字，非也。②《索隱》單行本引李奇說，黃善夫本、乾道本、淳熙本、元刻本、慶長本、四庫本未引，蓋因與《集解》重複而省略。《漢書》顏師古注、《文選·子虛賦》李善注引李奇說並作：「鮮，生也。染，擩也。切生肉擩車輪鹽而食之也。」顏氏、李氏又云：「擩，搵也。」當據校二「濡」字作「擩」。《說文》：「擩，染也。」擩、染互訓。③《集解》所引郭璞說，疑僅「鹽浦，海邊地多鹽鹵」一語。其下乃裴駰闇引李奇說及自己所作注

〔註1158〕王叔岷《史記斠證》，中華書局，2007 年版，第 3072 頁。

〔註1159〕《漢書》顏師古注：「擩，音如閱反。」《禮記·少儀》《釋文》：「擩，本又作懦，而專反，又而悅反。」

解，不當放在引號內。④《索隱》說「染或為淬」者，下文「胏割輪淬」，《漢書》、《文選》「淬」作「焠」。「淬（焠）」即「擩」聲轉字，擩讀芮音，故音「而悅反」也。桂馥曰：「賦又云『胏割輪焠』，韋昭曰：『焠謂割鮮焠輪也。』郭璞曰：『焠，染也。』馥謂染輪，田獵血祭之禮。《春官·大祝》辨九祭，『六曰擩祭』注云：『擩讀為虞芮之芮。』馥謂『芮』、『焠』聲近，焠輪即擩祭。《說文》：『擩，染也。』《史記·荊軻傳》『使工以藥焠之』，《索隱》曰：『焠，染也。』《宋書》、《南史》以『蠕蠕』為『芮芮』。胡注《通鑒》：『芮芮即蠕蠕，魏呼柔然為蠕蠕，南人語轉為芮芮。』」〔註1160〕桂說是也。《集韻》：「抐，捽也。」此是聲訓。金國永曰：「焠，灼炙。」〔註1161〕非是。

（3）名曰雲夢（9／3618）

《索隱》：……則張揖云在華容者，指巴湖也。今安陸東見有雲夢城、雲夢縣……

《校勘記》：巴，耿本、黃本、彭本、殿本作「此」，疑是。（9／3701）

按：乾道本、慶長本、古活字本、四庫本亦作「此湖」，當據校正。又各本《索隱》「今」下有「案」字，亦當據補。

（4）射干（9／3618）

《索隱》：《廣雅》云「烏蓬，射干」。《本草》名烏扇。

《校勘記》：烏蓬，《廣雅》作「烏蕣」，疑是。（9／3701）

按：「烏蓬」誤，不必疑也。《廣雅》：「烏蓮，射干。」盧文弨曰：「《說文》：『篷，扇也。』故今定為『烏篷』。《史記索隱》引『烏蓬』，亦譌。」錢大昭曰：「……以《音釋》及《本草》證之，知『蓮』是『蕣』之譌也。今訂正。《索隱》引『烏蓬』，亦誤。」王念孫從盧說，訂作「烏蕣」，云：「《神農本草》云：『射干，一名烏扇，一名烏蒲，生南陽川谷。』」（引者按：見卷3）《名醫別錄》云：『射干，一名烏翣，一名烏吹，一名草薑。』……案：『翣』與『蕣』通。翣、扇一聲之轉。高誘注《淮南子·說林訓》云：『扇，楚人謂之翣。』字亦作篷。《方言》云：『扇，自關而東謂之篷。』」（引者按：見卷5）篷、蕣，皆從聿聲。射干之葉橫張如扇，故謂之烏扇，又

〔註1160〕桂馥《札樸》卷3，中華書局，1992年版，第129頁。胡三省注《通鑒》見卷125，原文作「芮芮即蠕蠕，南人語轉耳」。
〔註1161〕金國永《司馬相如集校注》，上海古籍出版社，1993年版，第26頁。

謂之烏蓮也。」〔註1162〕王氏說得其名義。「蓮」同「筳」，字亦作「篷」、「翣」、「籑」。《說文》：「翣，筳或從妾。」《爾雅翼》卷3：「春生，苗高二三尺，葉似蠻薑而狹長，排列如翅羽，故名烏翣、烏蒲、烏扇，翣亦扇也。」亦得其名義矣。《御覽》卷 992 引《廣雅》：「烏蓮，射干也。」《文選·高唐賦》李善注引郭璞曰：「射干，烏蓮草也。」是唐人所見，「蓮」已誤作「蓮」。作「蓬」者，又「蓮」字形譌。《御覽》卷33引崔寔《四民月令》「十二月，臘時祠祝炙蓬」，《齊民要術·種瓜》引「蓬」作「蓮」，一本作「蓮」；《齊民要術·雜說》引作「筳」，與此正可印證。

（5）東薔（9／3619）

《索隱》：《廣志》云「子色青黑，河西語云『貸我東薔，償我白粱』也」。

《校勘記》：語，耿本、黃本、彭本、柯本、凌本、殿本作「記」。（9／3701）

按：①《索隱》單行本作「語」是。王叔岷曰：「黃善夫本、殿本『語』並作『記』，恐非（《御覽》卷 842 引作『河西語』）。」〔註1163〕《御覽》卷842、《緯略》卷 4 引雖誤倒作「西河語」（王氏誤校《御覽》），但亦足證是「語」字，《齊民要術》卷 10、《爾雅翼》卷 8 引《本草》、《證類本草》卷26 引亦作「語」，乾道本、慶長本、古活字本亦誤作「記」。②《齊民要術》、《御覽》、《爾雅翼》、《緯略》、《證類本草》引「白粱」作「田粱」，當據校正，各本均誤。③各書引「河西語」皆與《廣志》平列，《本草綱目》卷 23引唐人陳藏器《本草拾遺》說，先引「河西人語」，再引《廣志》。則《索隱》引《廣志》只「子色青黑」四字，「河西語」不是轉引自《廣志》，不當放在引號內。

（6）纖阿為御（9／3624）

《索隱》：樂產曰：「纖阿，山名，有女子處其巖，月歷巖度，躍入月中，因名月御也。」

《校勘記》：樂產，耿本、黃本、彭本、柯本、凌本、殿本作「樂彥」。

按：乾道本、慶長本、古活字本、四庫本亦作「樂彥」。王叔岷曰：「巖

〔註1162〕錢大昭《廣雅疏義》，盧文弨《廣雅注》，王念孫《廣雅疏證》，並收入徐復主編《廣雅詁林》，江蘇古籍出版社，1992 年版，第 908～909 頁。

〔註1163〕王叔岷《史記斠證》，中華書局，2007 年版，第 3078 頁。

度，黃善夫本、殿本『岩度』並作『數度』（『岩』字涉上文『巖』字而誤）。」
〔註1164〕蘇芃說同〔註1165〕。乾道本、淳熙本、元刻本、慶長本、古活字本、
四庫本都作「數度」，當據校正。《御覽》卷4引《淮南子》：「月御曰望舒，
亦曰纖阿。」《文選・補亡詩》李善注引《淮南子》：「纖阿，月御也。」《淮
南子》無此文，當出《淮南萬畢術》。

（7）被阿錫（9 / 3627）

《集解》：《漢書音義》曰：「阿，細繒也。錫，布也。」

按：沈家本曰：「『緆』者正字，『錫』者叚借字。」池田從沈說〔註1166〕。
吳國泰曰：「阿錫者，『綺緆』之借。《說文》：『綺，文繒也。緆，細布也，
字亦作絼。』」〔註1167〕瀧川資言曰：「《文選》錫從糸，假借字。」〔註1168〕
王叔岷曰：「《類聚》、《司馬文園集》『錫』亦作『緆』。《淮南子・修務篇》
『衣阿錫』，高注：『阿，細穀。錫，細布。』《列子・周穆王篇》張湛注與
高注同。《漢書・禮樂志》如淳注：『阿，細繒。錫，細布。』《漢傳》張揖
注、《文選》注引張揖注並同。《集解》引《漢書音義》『布也』上蓋脫『細』
字。」〔註1169〕王氏補「細」字，是也。《御覽》卷819引此文作「阿緆」，
注：「阿，細繒。緆，細練也。」《說文》：「緆，細布也。絼，緆或從麻。」
《儀禮・大射儀》鄭玄注：「錫，細布也。今文錫或作緆。」

（8）襞積褰縐，紆徐委曲，鬱橈谿谷（9 / 3627）

《集解》：《漢書音義》曰：「襞積，簡齰也。褰，縮也。縐，裁也。其
縐中文理，萃鬱迟曲，有似於谿谷也。」

《索隱》：小顏云：「襞積，今之裙襇，古謂之素積。」蘇林曰「褰縐，
縮蹙之」是也。縐音側救反。齰音叉革反。裁音在代反。鬱橈谿谷，孟康
曰「其縐中文理，萃鬱迟曲，有似於谿谷也」。

按：《漢書音義》，李善注、顏師古注引作張揖說。①吳國泰曰：「襞

〔註1164〕 王叔岷《史記斠證》，中華書局，2007年版，第3081頁。
〔註1165〕 蘇芃《南宋黃善夫本〈史記〉校勘研究》，南京師範大學2010年博士學
　　　　　位論文，第139頁。
〔註1166〕 沈家本《史記瑣言》卷3，收入《二十五史三編》第2冊，嶽麓書社，1994
　　　　　年版，第840頁。池田四郎次郎《史記補注（下編）》（池田英雄增補），
　　　　　日本明德出版社，1975年版，第381頁。
〔註1167〕 吳國泰《史記解詁》第4冊，1933年成都居易簃叢著本，本冊第34頁。
〔註1168〕 瀧川資言《史記會注考證》，北嶽文藝出版社，1999年版，第4720頁。
〔註1169〕 王叔岷《史記斠證》，中華書局，2007年版，第3084頁。

積者，猶言有摺疊痕也。襃，綺也，字亦作袴。繉，蹙也。襃繉者，言以綺縠為襃，其紋蹙蹙然也。襲積襃繉者，猶後世之百摺裙也。」〔註1170〕吳氏未得「襃」字之誼。襲積，猶言積疊、摺疊，指有摺疊文理的裙褶。②張揖說「襉襜」者，段玉裁曰：「襉，俗作襉。」王筠、朱珔說同〔註1171〕。胡紹煐曰：「襉襜，謂襉而襜之也。襜之言笪也。今俗呼襃襀為襉，即此義。顏注『今之襃襩』，『襩』與『褶』通，『襃』亦作『綹』。《玉篇》：『綹，縮也。』《說文》：『繉，一曰蹙也。』『蹙』即『蹙』也。」〔註1172〕段、王、朱說是也，胡氏除未得「襉襜」之誼，餘說亦是。《玉臺新詠》卷7梁簡文帝《戲贈麗人》詩：「羅裙宜細襉，畫屧重高牆。」「襉」亦同「襉」，俗亦作「襉」。襉之言間也，謂間廁、間雜。襜之言錯也，亦謂間廁。《廣雅》：「錯，廁也。」襉襜指摺疊而錯雜的裙褶。③襃繉，猶言繉縮，蘇林說是。「繉」無裁義，「裁」當是「戚」形誤，段玉裁、鄭珍已訂作「戚」〔註1173〕。梁章鉅、高步瀛引段玉裁說謂「裁」當作「蹙」〔註1174〕。「戚」是「蹙」古字。蘇林說「襃繉，縮蹙之」者，考《詩·君子偕老》鄭玄箋：「繉絺，絺之蹙蹙者。」蘇說與鄭箋合。《說文》「繉，一曰蹙也」，「蹙」同「蹙（戚）」，亦與鄭、蘇說合，足證「裁」當作「戚」也。各本均誤，李善注、顏師古注引誤同，小司馬音在代反，則據誤字注音。

（9）錯翡翠之威蕤（9 / 3627）

《正義》：《博物志》云：「翡身通黑，唯胸前背上翼後有赤毛。翠身通青黃，唯六翮上毛長寸餘青。其飛則羽鳴翠翡翠翡然，因以為名也。」

按：《玄應音義》卷16引《南方異物志》：「翡大於鷰，小於烏，腰身通黑，唯臂前背上翼後有赤毛。翠通身青黃，唯六翮上毛長寸餘。其飛即羽鳴翠翠翡翡，因以名焉。」《慧琳音義》卷65轉錄，「翠翠翡翡」作「翡

〔註1170〕吳國泰《史記解詁》第4冊，1933年成都居易簃叢著本，本冊第34頁。

〔註1171〕段玉裁《說文解字注》「襃」字條，王筠《說文解字句讀》「襃」字條，並收入丁福保《說文解字詁林》，中華書局，1988年版，第8445頁。朱珔《文選集釋》卷9，光緒元年刻本，本卷第41頁。

〔註1172〕胡紹煐《文選箋證》卷9，黃山書社，2007年版，第246頁。

〔註1173〕段玉裁《說文解字注》「綹」字條，上海古籍出版社，1981年版，第656頁。鄭珍《說文新附考》卷1「蹙」字條，收入《續修四庫全書》第223冊，上海古籍出版社，2002年版，第279頁。

〔註1174〕梁章鉅《文選旁證》卷10，福建人民出版社，2000年版，第246頁。高步瀛《文選李注義疏》卷7，中華書局，1985年版，第1680頁。

翡翠翠」。《御覽》卷 924 引《南州異物志》：「翠唯六翮毛長寸餘，青茸。翡大於鷹，小於烏。」二者引書，一作《南方異物志》，一作《南州異物志》〔註1175〕，不詳孰是，要之二書名皆可省稱作《異物志》。《博物志》「翡翠」無考。《正義》誤記出處，《博物志》當作《異物志》，又「寸餘」後「青」下脫「茸」字，「翠翠翡翡」誤作「翠翡翠翡」。

（10）罔瑇瑁，釣紫貝（9／3629）

《正義》：《毛詩蟲魚疏》云：「貝，水之介蟲。大者魠，音下郎反。小者為貝，其白質如玉，紫點為文，皆成行列。當大者徑一尺，小者七八寸。今九真、交阯以為杯盤實物也。」

《校勘記》：皆成行列當，「當」上疑脫「相」字。《詩·巷伯》孔疏、《爾雅·釋魚》邢疏引陸璣《毛詩疏》並有「相」字。（9／3703）

按：①補「相」字是也，《類聚》卷 84、《御覽》卷 807、941、《說郛》卷 4 引《詩疏》亦有，但當讀「皆成行列〔相〕當」為句。②「大者」二句，《類聚》、《御覽》卷 807 引作「大者有徑一尺六寸」，《北戶錄》卷 2 引作「貝大者有一尺六七寸」，孔疏引作「其貝大者當有至一尺六七寸者」，邢疏引作「其貝大者當至一尺六七寸者」，《御覽》卷 941 引作「大者徑一尺七寸」，各本雖有小異，但皆無「小者」二字，此當刪去，「大者徑一尺七八寸」句。③實物，《御覽》卷 941 引同，《北戶錄》引作「實奇物」，《類聚》、孔疏、邢疏、《御覽》卷 807、《說郛》引作「寶物」。當據校正作「寶物」〔註1176〕，「寶物也」三字句。④王叔岷曰：「《文選》、《類聚》、《司馬文園集》『釣』皆作『鉤』。鉤亦釣也，《廣雅·釋器》：『釣，鉤也。』」〔註1177〕《廣雅》「釣」是名詞，指魚鉤。景祐本、紹興本、淳熙本、元刻本作「釣」，《漢書》同，《初學記》卷 7、《御覽》卷 807 引亦同；黃善夫本、乾道本、慶長本作「鉤」。紫貝是甲蟲，不可言釣，當作「鉤」，謂鉤取。《初學記》引「紫」形誤作「索」。

〔註1175〕據《隋書·經籍志》：「《異物志》一卷，後漢議郎楊孚撰。《南州異物志》一卷，吳丹陽太守萬震撰。」《新唐書·藝文志》：「楊孚《交州異物志》一卷。房千里《南方異物志》一卷。」房千里是唐代人。
〔註1176〕彭棟《〈史記正義〉引書校考》已據孔疏所引校正，南京師範大學 2018 年碩士學位論文，第 74 頁。
〔註1177〕王叔岷《史記斠證》，中華書局，2007 年版，第 3089 頁。

（11）膞割輪淬（9 / 3630）

《集解》：郭璞曰：「膞，膊。淬，染也。膞音臠也。」

按：王叔岷曰：「『膞音臠也』當是裴駰注，非郭注。《文選》注引郭注：『淬，染也。』李善曰：『膞音臠。』（本《集解》）若『膞音臠』是郭注，善當連引於郭注之下矣。」〔註1178〕王說有理，「膞音臠也」當放在引號外面。

（12）出乎椒丘之闕，行乎洲淤之浦（9 / 3634）

《集解》：郭璞曰：「椒丘，丘名，言有巖闕也，見《楚辭》。淤亦洲名，蜀人云，見《方言》。」

《索隱》：服虔云：「椒丘，丘名，《楚詞》曰『馳椒丘且焉止息』也。」案：兩山俱起，象雙闕。如淳云「丘多椒也」。

《校勘記》：蜀人云，此下疑脫「㙎」字。《方言》卷12：「水中可居為洲，三輔謂之淤，蜀漢謂之㙎。」（9 / 3704）

按：①謂「蜀人云」下有脫字，是也。但據今本《方言》補「㙎」則誤。洲不得謂之㙎。戴震曰：「㙎，各本訛作『㙎』。《玉篇》云：『㙎，水洲也。』《廣韻》於『㙎』字云：『蜀漢人呼水洲曰㙎。』皆本此，今據以訂正。」盧文弨、錢繹說同〔註1179〕。諸家說是矣，當據補「㙎」字。P.2011王仁昫《刊謬補缺切韻》：「㙎，蜀漢云水洲。」《蜀中廣記》卷58引《韻寶》：「蜀人呼平川為壩，呼水洲曰㙎。」《集韻》：「㙎，水中洲也。」㙎之言辟也，猶言旁側，指水旁可居之洲也〔註1180〕。②《文選·上林賦》李善注引郭璞曰：「椒丘，見《楚辭》，曰：『馳椒丘兮焉且。』」又引張揖曰：「淤，漫也。浦，水崖也。《方言》曰：『水中可居者曰洲，三輔謂之淤也。』」則《集解》「淤亦洲名，蜀人云〔㙎〕，見《方言》」乃裴氏暗引張揖說，非郭璞說，當放在引號之外。③王叔岷指出黃善夫本、殿本《索隱》並作：「服

<hr>

〔註1178〕 王叔岷《史記斠證》，中華書局，2007年版，第3090頁。

〔註1179〕 戴震《方言疏證》卷12，收入《戴震全集（5）》，清華大學出版社，1997年版，第2456頁。盧文弨《重校〈方言〉》卷12，收入《叢書集成初編》第1180冊，中華書局，1985年影印，第156頁。錢繹《方言箋疏》卷12，上海古籍出版社，1984年版，第715頁。

〔註1180〕 《集韻》：「㙎，水分流。」此㙎言擗（擘），猶言分也，故㙎為水分流。此同形異字。又《玉篇殘卷》「渳」字條引《楚辭》「吳醴白㙎和楚瀝」，此「㙎」是「㙎」形誤，今本《楚辭·大招》作俗字「蘖」，指酒麴。

虔云：『丘名也，案兩山俱起，象雙闕。故云「椒丘之闕」。《楚詞》曰「馳椒丘且焉止息」是也。』如淳云：『丘多椒也。』」〔註1181〕乾道本、淳熙本、元刻本、慶長本、四庫本《索隱》並同黃本。《漢書》顏師古注、《文選·上林賦》李善注引服虔曰：「丘名也。兩山俱起，象雙闕者也。」（顏注無下「也」字）則《索隱》「案兩山俱起象雙闕」亦是引服虔說，當放在引號之內。④「淤亦洲名」是說水中可居之洲亦稱作淤，非謂「淤」是洲之名稱。點校本於「洲淤」旁標專名線，亦當刪去。⑤浦，水旁崖岸也。浦、旁一聲之轉。《韓詩外傳》卷1「敢置之水浦」，《列女傳》卷6「浦」作「旁」〔註1182〕。

（13）觸穹石，激堆埼（9／3634）

《集解》：郭璞曰：「穹隆，大石貌。堆，沙堆。埼，曲岸頭，音祁。」

《索隱》：郭璞曰：「堆，沙堆。埼，曲岸頭也。」

《校勘記》：穹隆，疑當依正文作「穹石」。《漢書》顏師古注引張揖曰：「穹石，大石也。」（9／3704）

按：①「穹石」自可訓作「大石也」，但不得訓作「大石貌」，依正文改「穹隆」作「穹石」，非是。《山海經·西山經》「硌石」，郭璞注：「硌，磊硌，大石貌也。」又《北山經》「礨石」，郭璞注：「礨，音雷，或作壘。磈壘，大石貌。」依其體例，以連語釋單字，郭璞注當作：「穹，穹隆，大石貌。」②《漢書》顏師古注引張揖曰：「穹石，大石也。埼，曲岸頭也。」《文選·上林賦》李善注引同，又引郭璞曰：「堆，沙堆也。」則《集解》「埼，曲岸頭，音祁」乃裴氏暗引張揖說，又自加注音，當放在引號之外。《索隱》已莫辨其非郭璞說矣。③埼，《玉篇殘卷》「碕」字條、《文選·七發》李善注引作「碕」。指長曲之岸，字亦音轉作隑。下文相如上疏諫曰「臨曲江之隑州兮」，《集解》引《漢書音義》曰：「隑，長也。苑中有曲江之象，泉中有長洲也。」《索隱》：「隑音祈。隑即碕，謂曲岸頭也。張揖曰：『隑，長也。』」《廣雅》：「隑，長也。」《玉篇殘卷》：「碕，《楚辭》：『觸石碕而衡逝。』野王案：《埤蒼》：『曲岸頭也。』《上林賦》『激堆碕』是也。《淮南》：『積牒旋石，以純脩碕。』許叔重曰：『長邊。』」《文選·江賦》李善注引《埤蒼》同，《文選·吳都賦》、《江賦》李善注並引許慎《淮南子》

〔註1181〕王叔岷《史記斠證》，中華書局，2007年版，第3095頁。

〔註1182〕參見蕭旭《韓詩外傳校補》。

注亦同。《集韻》:「碕,曲岸,或作埼。」字亦作陭,《慧琳音義》卷94:「陭岸:《考聲》云:『陭,坂也。』」「陭岸」即《吳都賦》之「碕岸」。字亦音轉作圻、沂、磯〔註1183〕,《文選・富春渚》「臨圻阻參錯」,李善注:「《埤蒼》曰:『碕,曲岸頭也。』『碕』與『圻』同。」又《苦熱行》「焦煙起石圻」,李善注:「《埤蒼》曰:『碕,曲岸。』『碕』與『圻』同。」《類聚》卷41引同,《御覽》卷34引作「沂」,《樂府詩集》卷65作「磯」。④宋元各本及慶長本、古活字本皆無《索隱》。《集解》「大石」,慶長本、古活字本、四庫本同,景祐本誤作「伏以」,黃善夫本誤作「犬石」,紹興本、乾道本、淳熙本、元刻本誤作「伏石」。音祁,各本「祁」作「祈」。

（14）駉䲷鸀鳿（9／3634）

《集解》:郭璞曰:「鸀鳿,似鴨而大,長頸赤目,紫紺色也。」

《正義》:郭云:「似鴨而大,長頸赤目,紫紺色。辟水毒,生子在深谷澗中。若時有雨,鳴。雌者生子,善鬥。江東呼為燭玉。」

按:瀧川資言曰:「《漢書》、《文選》『鸀鳿』作『屬玉』。」〔註1184〕王叔岷曰:「《司馬文園集》『鸀鳿』亦作『屬玉』。《說文》無『鸀鳿』二字。」〔註1185〕《類聚》卷66作「鸀鳿」,與郭璞本同。《三輔黃圖》卷5:「屬玉,似鴨而大,長頸赤目,紫紺色。」此郭說所本。郭璞說只到「紫紺色」,《正義》「辟水毒」以下云云,非郭說,當放在引號外面。考《說文》:「鸑,鸑鷟,鳳屬神鳥也。《春秋國語》曰:『周之興也,鸑鷟鳴於岐山。』江中有鸑鷟,似鳧而大,赤目。」《本草綱目》卷47:「『鸀鳿』乃『鸑鷟』聲轉。」王氏失考。《山海經・大荒西經》:「有青鳥,身黃,赤足,六首,名曰䴅鳥。」「䴅鳥」是「鸀鳿」脫誤,《慧琳音義》卷4引正作「鸀鳿」,楊慎、王崇慶、汪紱、吳任臣、郝懿行、俞樾、袁珂並失校〔註1186〕。

〔註1183〕《釋名》:「旑,倚也。」是其音轉之證。

〔註1184〕瀧川資言《史記會注考證》,北嶽文藝出版社,1999年版,第4732頁。

〔註1185〕王叔岷《史記斠證》,中華書局,2007年版,第3102頁。

〔註1186〕楊慎《山海經補注》,王崇慶《山海經釋義》,並收入《山海經穆天子傳集成》第1冊,上海交通大學出版社,2009年版,第304、282頁。汪紱《山海經存》,收入《山海經穆天子傳集成》第2冊,上海交通大學出版社,2009年版,第118頁。吳任臣《山海經廣注》,收入景印文淵閣《四庫全書》第1042冊,臺灣商務印書館,1986年初版,第230頁。郝懿行《山海經箋疏》,中華書局,2019年版,第362頁。俞樾《讀〈山海經〉》,收入《春在堂全書》,《俞樓雜纂》卷23,光緒九年刻本。袁珂《山海經

（15）嶄巖嵾嵳（9／3640）

《正義》：嵾音楚林反。嵳楚宜反。

按：依文例，《正義》「嵳」下脫「音」字。《漢書》「嵾嵳」作「參差」，顏師古曰：「參音楚林反，差音楚宜反。」此《正義》所本。

（16）九嵏、巀嶭，南山峨峨（9／3640）

《集解》：《漢書音義》曰：「九嵏山在左馮翊谷口縣西。巀嶭山在池陽縣北。」

《正義》：嵏，子公反。巀，才切反。嶭，五結反。

按：新版點校本據《漢書音義》，以「巀嶭」為山名，故「九嵏」下加頓號，並於「巀嶭」旁標專名線。然《音義》說非是，顏師古亦誤。李善注引郭璞曰：「巀嶭，高峻貌也。」呂向注：「巀嶭、崣嵬，高峻貌。」朱珔從郭說〔註 1187〕。梁章鉅曰：「巀嶭，此處只當作高峻解。」〔註 1188〕瀧川資言從郭、梁說，高步瀛從朱、梁說〔註 1189〕。沈家本曰：「何義門取小顏說，然終以郭注為是。」〔註 1190〕諸說是，二句對文，「巀嶭」是形容詞，當點作「九嵏巀嶭，南山峨峨」。字亦作「巀嶭」、「巀嶭」、「巀嶭」，《文選·西征賦》：「九嵕巀嶭，太一巃嵸。」《初學記》卷 5 引作「巀嶭」，「巀嶭」與「巃嵸」亦是對文。《文選·南都賦》「阪坻巀嶭而成巘」，李善本作「巀嶭」，注引郭璞曰：「巀嶭，高峻也。」《慧琳音義》卷 98：「巀嶭：上前節反，下妍結反。毛詩《傳》曰：『巀嶭，高峻貌也。』」轉語則作「巀嶪」、「岌嶪」、「嶵嶫」、「礁礏」、「嵽葉」、「嵽業」、「嵽嵥」、「岌嶪」、「捷業」等形，本篇下文「嵯峨礁礏」，《漢書》、《文選》作「嵺嵺」，「嵯峨」亦是「礁礏」轉語。

（17）巖突洞房（9／3645）

《集解》：郭璞曰：「在巖穴底為室，潛通臺上者。」

《索隱》：郭璞曰：「言在巖突底為室，潛通臺上。」

校注》，巴蜀書社，1993 年版，第 477 頁。

〔註 1187〕朱珔《文選集釋》卷 10，光緒元年刻本，本卷第 11 頁。

〔註 1188〕梁章鉅《文選旁證》卷 11，福建人民出版社，2000 年版，第 258 頁。

〔註 1189〕瀧川資言《史記會注考證》，北嶽文藝出版社，1999 年版，第 4734 頁。高步瀛《文選李注義疏》卷 8，中華書局，1985 年版，第 1752 頁。

〔註 1190〕沈家本《史記瑣言》卷 3，收入《二十五史三編》第 2 冊，嶽麓書社，1994 年版，第 841 頁。

　　按：錢大昕曰：「《文選》『突』作『窔』。《漢傳》字譌為『突』。」〔註1191〕
梁玉繩曰：「《文選》『突』作『窔』，同，而《漢傳》作『突』。」〔註1192〕王
筠曰：「突，班作『突』。」〔註1193〕張文虎曰：「突，毛譌『突』。」〔註1194〕
池田引中井積德曰：「巖突之突，謂幽室如陶窯者，又無潛通之意。」〔註1195〕
水澤利忠曰：「突，蜀、紹、毛『突』。」〔註1196〕黃善夫本、乾道本、元刻
本、殿本作「突」，景祐本亦作「突」，淳熙本、慶長本、古活字本作「突」。
《文選・上林賦》李善注引郭璞說「巖穴」作「巖窔」。「突」是「突」俗字。
王念孫校《漢書》曰：「『突』當從《史記》作『突』，字之誤也。《文選》作
『窔』，李善引郭璞注曰：『言於巖窔底為室，潛通臺上也。』《說文》：『宦窔，
深篠兒。』『窔』與『突』同。巖突洞房，皆言其幽深，故下句曰『頹杳眇
而無見』。《甘泉賦》曰：『雷鬱律於巖窔兮。』（《文選》如是，《楊雄傳》作
『雷鬱律而巖突兮』，『而』字、『突』字皆誤，而師古無音，則所見本已作『突』
矣）《魯靈光殿賦》曰：『巖突洞出，逶迤詰屈。』皆其證也。師古不知『突』
為『突』之誤，乃曰『於巖穴底為室，若竈突然，潛通臺上』，襲郭注而小變
之，強為『突』字作解，斯為謬矣。」〔註1197〕錢大昕、王念孫說是也，朱
珔、高步瀛從王說〔註1198〕。惟王氏所引《魯靈光殿賦》「巖突洞出」，國圖
藏宋刻本、宋淳熙八年尤刻本、四部叢刊影南宋本、宋紹興三十一年陳八郎
刊本作「突」（宋刻本注：「五臣作穴。」），《類聚》卷62引同；宋明州本、
奎章閣藏本作「穴」（並有注：「善本作『突』。」）；李善注引此文亦作「突」。
「穴」、「突」並是「突」形誤。《集解》「巖穴」當作「巖突」，《索隱》不誤。

〔註1191〕　錢大昕《史記考異》，收入《二十二史考異》卷5，《嘉定錢大昕全集（二）》，
　　　　　　江蘇古籍出版社，1997年版，第100頁。
〔註1192〕　梁玉繩《史記志疑》卷34，中華書局，1981年版，第1417頁。
〔註1193〕　王筠《史記校》，收入《二十五史三編》第1冊，嶽麓書社，1994年版，
　　　　　　第964頁。
〔註1194〕　張文虎《校刊史記集解索隱正義札記》卷5，中華書局，1977年版，第
　　　　　　684頁。
〔註1195〕　池田四郎次郎《史記補注（下編）》（池田英雄增補），日本明德出版社，
　　　　　　1975年版，第387頁。
〔註1196〕　水澤利忠《史記會注考證校補》，廣文書局，1972年版，第3213頁。
〔註1197〕　王念孫《漢書雜志》，收入《讀書雜志》卷5，中國書店，1985年版，本
　　　　　　卷第102頁。
〔註1198〕　朱珔《文選集釋》卷10，光緒元年刻本，本卷第18頁。高步瀛《文選李
　　　　　　注義疏》卷8，中華書局，1985年版，第1780頁。

王說「窔與突同」者，「突」是「窔」俗字。《玉篇》：「宎，同『窔』，俗。」《廣韻》：「窔，亦作宎，東南隅謂之窔，俗作突。」《爾雅》：「東南隅謂之宎。」《御覽》卷 188 引《爾雅》作「窔」，亦是形誤。

（18）偓佺之倫暴於南榮（9 / 3645）

《索隱》：《列仙傳》云：「槐里採藥父也，食松，形體生毛數寸，方眼，能行追走馬也。」

按：水澤利忠曰：「追，蔡、慶、中統、彭、凌、殿『逮』。」〔註 1199〕乾道本、淳熙本、慶長本、古活字本、四庫本「追」亦作「逮」。《索隱》引《列仙傳》有脫文，「採藥父也」下數語，今本《列仙傳》卷上作「好食松實，形體生毛，長數寸，兩目更方，能飛行逐走馬」，《列仙傳》「逐」，《類聚》卷 78、唐‧王松年《仙苑編珠》卷上、《雲笈七籤》卷 108 引同，《文選‧甘泉賦》李善注、《類聚》卷 88、唐‧王題河《三洞珠囊》卷 3、8、《御覽》卷 953、《事類賦注》卷 24、《記纂淵海》卷 95 引作「逮」，《御覽》卷 671 引作「及」；《搜神記》卷 1 亦作「逐」，《法苑珠林》卷 62 引作「逮」〔註 1200〕。然則作「逮」固《索隱》舊本，《證類本草》卷 12 引「逮走馬」作「健走及馬」，「健」是「逮」形誤，又衍「及」字；《初學記》卷 28 引劉向《神仙傳》作「速如走馬」，亦是臆改。《索隱》「松」下脫「食」字，「行」上脫「飛」字。顏師古注引郭璞曰：「偓佺，仙人也，食松子而眼方。」「松實」即「松子」。《南史‧隱逸傳》：「（陶弘景）年逾八十而有壯容。仙書云：『眼方者壽千歲。』弘景末年一眼有時而方。」道家書「方眼」也稱作「方瞳」。「兩目更方」蓋即「眼有時而方」義。

（19）礬石袚崖（9 / 3645）

《集解》：徐廣曰：「袚音振。」

《索隱》：盤石袚厓。如淳曰：「袚音振，盛多也。」李奇曰：「袚，整也，整頓池外之厓，音之忍反也。」

按：①袚，宋元各本及慶長本、古活字本從示作「祳」；《漢書》景祐本、明嘉靖崇正書院刊本從衣作「裖」，南宋建安本、南宋慶元本、明嘉靖汪文盛刻本、明正統本從示作「祳」；《文選》作「振」。《集解》「音振」，黃善夫本、乾道本、淳熙本、元刻本、慶長本、古活字本「振」作

〔註 1199〕水澤利忠《史記會注考證校補》，廣文書局，1972 年版，第 3214 頁。

〔註 1200〕《法苑珠林》據大正藏本，明徑山寺本在卷 78。

「骬」。張文虎曰：「袗崖，《集解》音振：誤作『骬』，無此音，依《索隱》改。」〔註 1201〕「骬」當作「蚤」，二字《廣韻》同音時忍切，《集韻》同音是忍切。②顏師古注引孟康曰：「袗，砛致也。崖，廉也。以石致川之廉也。」師古曰：「袗、砛並音之忍反。謂重密而累積。」李善注引李奇曰：「振，整也，以石整頓池水之涯也。」李周翰注：「以盤石整渠岸也。」《增韻》：「袗，又與『縝』同。相如《賦》『盤石袗崖』，注：『袗，砛致也，謂重密而累積。』沈欽韓曰：「《集韻》：『袗，同「袗」。《說文》「玄服」。』於義非也。字當為啟，《廣韻》引《呂氏春秋》『汪殷殷，動而喜貌。』《文選》卷 46 注：『《呂氏春秋》曰：「舜為天子，輒輒啟啟，莫不戴悅。」』今《呂覽·慎人篇》作『振振殷殷』。《集韻》：『啟啟，喜而動皃，一曰擊也。』詳此，則啟崖者，聲之殷甚也，不當為『袗』。《集韻》：『砛，以石致川之廉也。』字又作砛，與此李奇（引者按：『李奇』當作『孟康』）語合。」〔註1202〕王先謙曰：「沈引《集韻》『砛』義是也。《集韻》又有『砛』字下云：『磥砛，石垂貌。』故孟訓為『砛致』矣。『砛致』猶今俗言『整緻』也（『致』與『緻』同）。《文選》作『振崖』，李善注引李奇曰：『振，整也，以石整頓池水之涯也。』（《索隱》引作『整頓池外之厓』，厓即水涯，不云『池外』，《索隱》誤。）與孟說『以石致川之廉』同意。」〔註1203〕朱駿聲曰：「袗，叚借為鎮。《索隱》：『整也，盛多也。』《漢書》注：『砛致也。』皆失之。」〔註 1204〕胡紹煐曰：「『袗』與『砛』同，謂砛致也。砛從彡會意，《說文》：『彡，稠髮也。』是『砛』為密緻之義，故《漢書》注引孟康曰：『袗，砛致也。』讀袗為砛。」〔註 1205〕吳國泰曰：「槃石者，聚石也。袗崖者，『砛涯』之借也。槃石砛涯者，謂聚石以築河隄也。」〔註 1206〕王叔岷曰：「《司馬文園集》作『磐石振崖』，與《文選》同。『袗』乃『袗』之重文，《說文》：『袗，一曰盛服。袗，袗或從辰。』段注：『彡，本訓稠髮，凡彡聲

〔註1201〕張文虎《校刊史記集解索隱正義札記》卷 5，中華書局，1977 年版，第684 頁。

〔註1202〕沈欽韓《漢書疏證》卷 29，收入《續修四庫全書》第 267 冊，上海古籍出版社，2002 年版，第 13 頁。

〔註1203〕王先謙《漢書補注》卷 57，中華書局，1983 年版，第 1175 頁。

〔註1204〕朱駿聲《說文通訓定聲》，武漢市古籍書店，1983 年版，第 822 頁。

〔註1205〕胡紹煐《文選箋證》卷 10，黃山書社，2007 年版，第 270 頁。

〔註1206〕吳國泰《史記解詁》第 4 冊，1933 年成都居易簃叢著本，本冊第 39 頁。

字多為濃重。《上林賦》「磐石裖崖」，孟康曰：「裖，砥致也，以石致川之廉也。」是裖與参、積字義同。』《漢傳補注》云云，『整頓』與『密緻（致）』非同意，王氏未深思。」〔註1207〕孟康注「砥」是「砥」形譌，《增韻》所引不誤。段玉裁說「裖」與「積」同，是也，胡紹煐說亦是，「振」亦借字。「積」訓密緻，字亦作「䆣」。孟康注「砥致」，即「積緻」、「䆣緻」，指聚物而密，堅固之義。謂池水崖岸以盤石密緻之也。③王先謙說《索隱》「池外」當據《文選》注引作「池水」，是也。

（20）雜昷其間（9／3645）

《集解》：徐廣曰：「雜，一云插。昷，一云逕。」

按：水澤利忠曰：「《集解》『昷，一云逕』：昷，井、蔡、慶、中統、毛、凌『插』，蜀、紹無『昷』字。」〔註1208〕王叔岷曰：「《司馬文園集》『昷』作『插』，古字通用。」〔註1209〕《集解》「昷，一云逕」之「昷」，景祐本同，乾道本、淳熙本、元刻本、慶長本、古活字本亦作「插」。「雜，一云插」無理，徐廣說當校訂作：「昷，一云插。插，一云逕。」是說「昷」有異文作「插」，「插」又有異文作「逕」（古活字本「逕」誤作「還」）。《漢書》、李善本《文選》正文亦作「昷」，五臣本《文選》作「捶」。顏師古、李善注引郭璞曰：「言雜廁崖石中。」「昷」是「沓」形誤，「沓」同「逕」，「捶」是「插」形誤。「雜沓」同「雜逕」，繁多貌。「沓」形誤作「昷」，又易作「插」，五臣本復誤作「捶」〔註1210〕。《魏志·文帝紀》裴松之注引《魏公卿上尊號奏》：「連理之木，同心之瓜，五采之魚，珍祥瑞物，雜沓於其間者，無不畢備。」《隸釋》卷19作「雜逕」。郭璞解作「雜廁」，非是。本篇下文「雜逕累輯」，《集解》引徐廣曰：「雜，一作插。」亦當是「逕，一作插」。

（21）楛樆荔枝（9／3647）

《索隱》：苔逕離支。……《廣志》云：「樹高五六丈，如桂樹，綠葉，冬夏青茂，有華朱色。」「離」字或作「荔」，音力致反。

〔註1207〕 王叔岷《史記斠證》，中華書局，2007年版，第3112頁。

〔註1208〕 水澤利忠《史記會注考證校補》，廣文書局，1972年版，第3215頁。

〔註1209〕 王叔岷《史記斠證》，中華書局，2007年版，第3113頁。

〔註1210〕 《御覽》卷456引《周書》「負操捶」，「捶」是「插」形誤，《新序·刺奢》作「鍤」，馬王堆帛書《戰國縱橫家書》作「昷」。景宋本《淮南子·要略》「禹身執虆臿」，道藏本「臿」誤作「垂」。

　　《校勘記》：廣志，原作「廣異志」，耿本、黃本、彭本、柯本、凌本、殿本無「異」字，今據刪。按：此文《索隱》屢引《廣志》。（9／3705）

　　按：乾道本、慶長本、古活字本、四庫本亦作「《廣志》」，《齊民要術》卷10、《類聚》卷87、《御覽》卷971、《爾雅翼》卷12引同。「冬夏青茂，有華朱色」八字，《齊民要術》、《御覽》引作「冬夏鬱茂，青華朱實」，《類聚》、《爾雅翼》引作「冬夏榮茂，青華朱實」（《南方草木狀》卷下同）。當據校「青」作「榮」，「有」作「青」，「色」作「實」。

　　（22）崔錯㠁㿡（9／3647）

　　《集解》：徐廣曰：「㠁音拔。」㿡，古「委」字。

　　《索隱》：崔錯㠁㿡，郭璞云「蟠戾相摎」。《楚詞》云林木。㠁音跋。㿡音委。

　　按：李善注引郭璞曰：「崔錯，交雜。㠁㿡，蟠戾也。」顏師古襲用郭說，又曰：「崔音千賄反。㠁音步葛反。㿡，古『委』字。」梁章鉅曰：「孫氏鑛曰：『《說文》：「㠁，以足蹋夷草也。」疑是傾倚貌。』按㠁亦作茇，本書《招隱》『林木茇㿡（㿡）』，是『㠁』、『茇』同聲相假也。」〔註1211〕沈欽韓曰：「淮南《招隱士》：『樹輪相糾兮，林木茂（茂）㿡。』《說文》：『㠁，以足蹋夷草也。』字當為茂，《說文》：『茂，草葉多也。』」瀧川資言從沈說〔註1212〕。王先謙曰：「沈欽韓云云。《集解》引徐廣曰『㠁音拔』。案如顏音，則讀如撥。《玉篇》：『㿡，骨曲也。』王逸釋『茂㿡』為枝條盤紆，沈謂㠁當作茂，是也。『㠁』乃借字。」〔註1213〕吳國泰曰：「崔錯㠁㿡者，『維道茂韡』之借也。《說文》：『維，箸絲於筟車也。』引申為連綴義。道，迒道也。茂，艸葉盛也。韡，盛也。」〔註1214〕王叔岷曰：「《索隱》郭璞引《楚詞》，『林木』下蓋脫『㠁㿡』二字。今傳《楚詞·招隱士》作『林木茂㿡』。洪校云：『茂，一作茇，一作枝，一作茂。』又補注云：『茇、枝、茂，並音跋。茂，木枝葉盤紆皃。通作茇。㿡音委。㿡骫，屈曲也。』彼正文已作『茂』，則注不得復云『一作茂』，疑『一作㠁』之誤。即此郭

〔註1211〕梁章鉅《文選旁證》卷11，福建人民出版社，2000年版，第264頁。
〔註1212〕沈欽韓《漢書疏證》卷29，收入《續修四庫全書》第267冊，上海古籍出版社，2002年版，第16頁。瀧川資言《史記會注考證》，北嶽文藝出版社，1999年版，第4744頁。
〔註1213〕王先謙《漢書補注》卷57，中華書局，1983年版，第1177頁。
〔註1214〕吳國泰《史記解詁》第4冊，1933年成都居易簃叢著本，本冊第40頁。

注引作『林木㲋髐』之本也。」〔註1215〕①《楚詞》乃小司馬所引，非郭璞引。王說稍疏。王說「林木」下脫「㲋髐」二字，是也，當據補。②孫鑛疑「㲋」是傾倚貌，無據。沈欽韓謂「㲋」正字作「茇」，引《說文》「茇，草葉多也」，「茇」與「髐曲」義不相因，沈說亦非是。「崔錯」是「璀璨」轉語，吳國泰說全誤。㲋、茇、茇、枝，並讀作癶。《說文》：「癶，足剌癶也，讀若撥。」《繫傳》：「兩足相背不順，故剌癶也。」引申為乖戾不正之義。「剌癶」倒言則作「撥剌」、「拔剌」，《淮南子·脩務篇》：「琴或撥剌枉橈，闊解漏越。」高誘注：「撥剌，不正。」《後漢書》張衡《思玄賦》：「彎威弧之撥剌兮，射嶓塚之封狼。」《文選》作「拔剌」。

（23）落英幡纚（9／3647）

《集解》：郭璞曰：「幡纚，偏幡也，音灑。」

《索隱》：張晏云：「飛揚兒。」纚音所綺反。

按：吳國泰曰：「幡纚，當借作『播灑』。」〔註1216〕《漢書》、《文選·上林賦》同。黃善夫本、乾道本、淳熙本、元刻本、慶長本、古活字本、四庫本《索隱》皆無「張晏云」三字，李善注引作張揖說。上文《索隱》引張晏曰：「揚，舉也……裁制貌也。」各本亦作張揖說，李善注引同。《相如列傳》《索隱》未引張晏說，疑《索隱》單行本此處亦誤「張揖」作「張晏」，當據李善注引校正。吳國泰說非是。纚，讀作灑。《樂府詩集》卷50沈約《秦箏曲》：「羅袖飄纚拂雕桐，促柱高張散輕宮。」纚亦借字。「幡纚」即「翻灑」。《類聚》卷8顧野王《虎丘山序》：「林花翻灑，乍飅颺於蘭皋；山禽囀響，時弄聲於喬木。」郭璞說「偏幡」即本賦下文之「翩幡」，字又作「翩翩」。

（24）蛭蜩蠼猱（9／3647）

《索隱》：蛭蜩蠼猱。蠼猱，獼猴也。顧氏云：「玃音塗卓反。《山海經》曰『皐塗山下有獸，似鹿，馬足人手，四角，名為玃』。玃猱即此也。字或作『獢』。郭璞云玃，非也。上已有蜼玃，此不應重見。」

《校勘記》：馬足人手，手，原作「首」，據《索隱》本改。按：《山海經·西山經》作「馬腳人手」。（9／3706）

按：《西山經》作「馬足人手」，《校勘記》引「足」誤作「腳」。乾道

〔註1215〕王叔岷《史記斠證》，中華書局，2007年版，第3117頁。
〔註1216〕吳國泰《史記解詁》第4冊，1933年成都居易簃叢著本，本冊第40頁。

本、淳熙本、元刻本作「手」不誤。《索隱》文字錯譌頗多。據黃善夫本、乾道本、淳熙本、元刻本、慶長本、古活字本、四庫本，當改作（括號中為正字）：玃（玀）音，名為玃（蠗），玃（玀）猱即此，字或作玃（蠼）。又《索隱》「蠼蝚」亦當作「蠗蝚」，各本均誤。吳承仕曰：「蠗蝚，《漢書》、《文選》作『蠼蝚』。承仕按：《史記》作『蠗』是也。《索隱》引顧音『玃』塗卓反，蓋本之《玉篇》。『玃』字屬魚部，並無『塗卓』之音，字應作『玀』。」黃侃曰：「《說文》：『蠗，禺屬。直角切。』然則此文作『蠗』誠是。然翟聲之字自有喉音，而『矍鑠』又為疊韻連語，則借『玃』為『蠗』未必遂譌。」〔註 1217〕吳說是，黃說非。字當從翟，此顧氏意也。改作矍，則顧氏云「上已有『蜼玃』，此不應重見」，全無著落。

（25）扈從橫行（9 / 3653）

《集解》：郭璞曰：「言跋扈縱恣，不安鹵簿矣。」

《索隱》：張揖曰：「跋扈縱橫，不案鹵簿也。」

按：李善注引張揖說同。《集解》「安」當作「案（按）」。天子車駕次第謂之鹵簿。謂不按次第也。

（26）射遊梟，櫟蜚虡（9 / 3654）

《集解》：郭璞曰：「梟，梟羊也。似人，長脣，反踵，被髮，食人。蜚虡，鹿頭龍身，神獸。櫟，梢也。」

按：王筠曰：「班『虡』作『遽』。」瀧川資言曰：「《漢書》、《文選》『虡』作『遽』。櫟，擊也。」〔註 1218〕顏師古注引張揖曰：「櫟，梢也。飛遽，天上神獸也，鹿頭而龍身。」又引郭璞曰：「梟，梟羊也，似人，長脣，被髮，食人。」則「蜚虡，鹿頭龍身，神獸。櫟，梢也」非郭璞注語，當放在引號外面。

（27）捎鳳皇（9 / 3657）

《正義》：京房《易傳》云：「鳳皇，鴈前麟後，雞喙燕頷，蛇頸龜背，魚尾駢翼，高丈二尺。」

按：《正義》引《易傳》「鴈前麟後」，《韓詩外傳》卷 8、《說苑・辨物》言鳳凰「鴻前麟後」，《說文》「鳳」字條作「鴻前麐後」。「鴈」是「鴻」

〔註 1217〕吳承仕《經籍舊音辨證》卷 4《史記裴駰集解、司馬貞索隱》，後附黃侃《經籍舊音辨證箋識》，中華書局，2008 年版，第 324、400 頁。

〔註 1218〕瀧川資言《史記會注考證》，北嶽文藝出版社，1999 年版，第 4750 頁。

形誤。

（28）掩焦明（9/3657）

《集解》：焦明似鳳。

《索隱》：張揖曰：「焦明似鳳，西方鳥。」《樂叶圖徵》曰：「焦明狀似鳳皇。」宋衷曰水鳥。

按：①方以智曰：「鷛即鳳……『鷛』又訛為『鴨』。《九歎》曰：『從玄鶴與鷫鴨。』《法言》曰：『鷫鴨遴集。』《上林賦》：『掩焦明。』《難蜀文》：『鷫鴨已翔寥廓。』韓愈詩：『啄場翽祥鴨。』指鳳明矣。好事者五方名之，『建武中，大鳥集東郡，五采備』，沈約曰：『焦鴨至，水之感也。』東方曰發明，南方曰焦明，西方曰鷫鴇，北方曰幽昌，中央曰鳳皇。」〔註1219〕王叔岷曰：「《類聚》卷66『焦明』作『鷫鷛』，《司馬文園集》作『焦鷛』。『焦』乃『鷫』之省，『明』蓋『朋』之誤。朱駿聲《定聲》云：『朋即鳳字，作明者誤。』後相如《難蜀父老文》『猶鷫明已翔乎寥廓』，《漢傳》作『焦鷛』（鷛，一作朋），《文選》作『鷫鴨』，《類聚》卷25作『鷫鷛』。『明』亦『朋』之誤，『鴨』乃『鷛』之誤。」〔註1220〕檢《法言·問明》「鷫明遴集」，宋咸注：「『明』當為『鷛』。鷫鷛，南方神鳥，似鳳也。」蓋方以智等說所本。諸說皆非是，宋元各本及慶長本、古活字本均作「明」，各宋本《漢書》同。「明」字不誤，增旁字作「鴨」。汪榮寶曰：「『焦明』、『蕭爽』等皆合二言為一名，俗施鳥旁，故有『鷛』字，此與古文以為『鳳』字之『鷛』絕不相涉也。」〔註1221〕高步瀛曰：「『焦明』義取南方鳥，乃鳳屬，不得與『朋』為象形『鳳』字相混。且《楚辭》作『鷫明』不作『鷫鷛』，故與『光』字韻。《吳都賦》亦作『鷫鴨』，不作『鷫鷛』。」〔註1222〕二氏說是也，「焦明」與「發明」、「鷫鴇」、「幽昌」取義相類，考《類聚》卷99引《尚書考靈曜》：「通天文者明，審地理者昌。明者天之時也，昌者地之財也。明王之治，鳳皇下之。」《御覽》卷915引同，有注：「明，於明（明於）天道也。昌猶盛也，盛於万物。」此即「昌」、「明」之說〔註1223〕。

〔註1219〕方以智《通雅》卷45，收入《方以智全書》第1冊，上海古籍出版社，1988年版，第1333頁。

〔註1220〕王叔岷《史記斠證》，中華書局，2007年版，第3130頁。

〔註1221〕汪榮寶《法言義疏》卷9，中華書局，1987年版，第196頁。

〔註1222〕高步瀛《文選李注義疏》卷8，中華書局，1985年版，第1841頁。

〔註1223〕《韓詩外傳》卷8言鳳凰「五彩備明」，《初學記》卷30引《帝王世紀》

諸說欲改「焦明」作「焦朋」，不知於「發明」之「明」又何說也？作「朋」或「鵬」是形誤，《文選》作「焦朋（鵬）」，宋刊《類聚》卷 66 作「鶬鵬」，均誤。復考《說文》：「鷫，鷫鷞也，五方神鳥也。東方發明，南方焦明，西方鷫鷞，北方幽昌，中央鳳皇。」《廣雅》：「鷦明，鳳皇屬也。」《玉篇》：「鷃，靡京切，鳥似鳳。」《廣韻》：「鷦，鷦鷃，南方神鳥，似鳳。」又「鷃，武兵切，鷦鷃，似鳳，南方神鳥。」《集韻》：「鷦，鷦鷃，神鳥，似鳳。」《楚辭・九歎・遠遊》：「從玄鶴與鷦明。」王逸注：「鷦明，俊鳥也。」又《九懷・陶壅》：「鷦鷃開路兮。」《文選・吳都賦》：「弋磻放，稽鷦鷃。」劉淵林注：「鷦鷃，鳥也。」《後漢書・五行志》劉昭注引《叶圖徵》：「似鳳有四，並為妖。一曰鷫鷞……二曰發明……三曰焦明……四曰幽昌。」《南齊書・五行志》引《樂緯叶圖徵》：「焦明鳥，質赤，至則水之感也。」《開元占經》卷 30 引《樂動聲儀》：「焦明至，則有雨備，以樂和之。」《御覽》卷 11、《事類賦注》卷 3 引《樂動聲儀》：「焦明至，為雨備。」（注：「焦明，水鳥。」）皆「明（鷃）」不誤之證。《難蜀父老文》「鷦明」，《文選》作「鷦鷃」，《玉篇殘卷》「鷢」字條引作「焦明」，均不誤；《漢書》誤作「焦朋」，《漢紀》卷 11、《文選》、《類聚》卷 25、《永樂大典》卷 12148 誤作「鷦鵬」〔註 1224〕，《文選・廣絕交論》、《暨使下都夜發新林至京邑贈西府同僚》李善注二引誤同；《蜀志・諸葛亮傳》裴松之注引作「鷗鵬」，尤誤。《類聚》卷 61 晉・庾闡《揚都賦》「鳥則鷦鵬孔翠，丹穴之羽」，亦誤。②據《說文》、《廣韻》，《索隱》引張揖說「焦明似鳳，西方鳥」，「西方」當作「南方」〔註 1225〕，顏師古、李善注引誤同。

（29）蹙石關，歷封巒，過鳷鵲，望露寒（9／3657）

《集解》：駰案：《漢書音義》曰：「皆甘泉宮左右觀名也。」

《校勘記》：石關，原作「石闕」。張文虎《札記》卷 5：「《漢書》作『關』，與下『巒』、『寒』韻。」按：《漢書・揚雄傳》「封巒石關施靡乎延屬」，今據改。（9／3707）

言鳳凰「體備五色」，又疑「焦明」蓋「昭明」轉語，謂其毛羽鮮明也。

〔註 1224〕唐鈔本《文選》已誤，《唐鈔文選集注彙存》，上海古籍出版社，2000 年版，第 715 頁。

〔註 1225〕桂馥《說文解字義證》「鷫」字條已經校正，齊魯書社，1987 年版，第 307 頁。楊明照《抱朴子外篇校箋》說同，中華書局，1991 年版，第 558 頁。

－738－

　　按：池田亦從張文虎說〔註1226〕。梁玉繩曰：「石闕，當作『石關』。」
〔註1227〕張森楷從梁說〔註1228〕。胡紹煐曰：「許氏慶宗曰：『關、闕義通，
此觀以石門山為名也。』紹煐按：此以石門山得名，不妨關、闕並稱，以
門闕言謂之石闕，以門關言謂之石關。本書《上林賦》：『蹷石關，歷封巒。』
善及《史記》作『闕』，《漢書》作『關』，亦闕、關互出可證也。」〔註1229〕
胡克家曰：「袁本、茶陵本『闕』作『關』，而不著校語。案：依此善與五
臣同作『關』也。《漢書》作『關』，《史記》作『闕』，善引張揖《漢書》
注則作『關』，未為非。恐此是尤延之依《史記》改。前卷及《漢書·楊雄
傳》俱作『關』字。」〔註1230〕瀧川資言曰：「石闕，《漢書》作『石關』，《文
選》及《漢書·揚雄傳》、《三輔黃圖》作『石闕』。梁玉繩、張文虎云云。
愚按：作『闕』為是，是句不必韻。」〔註1231〕施之勉曰：「五臣本作『石
關』。」〔註1232〕王叔岷曰：「《類聚》卷66、《司馬文園集》亦並作『石關』。
胡氏《文選考異》云云。」〔註1233〕《漢書·揚雄傳》作「石關」，瀧川誤
記。瀧川說「是句不必韻」，是也，「鵲」字不韻，下句「下棠梨，息宜春，
西馳宣曲，濯鷁牛首，登龍臺，掩細柳」亦不韻，張文虎以韻語斷之，不
可從。胡紹煐說「不妨關、闕並稱」得之，高步瀛說「闕、關兩通」〔註1234〕，
本書不宜遽改。宋元各本及慶長本、古活字本均作「石闕」，各宋本《漢書》
均作「石關」。《文選·上林賦》有不同版本，國圖藏宋刻本、宋明州本、
宋紹興三十一年陳八郎刊本、奎章閣藏本、四部叢刊影南宋本、重刊天聖
明道本、明吳勉學刻本、明嘉靖吳裴嘉趣堂覆廣都裴氏本作「關」，宋淳熙
八年尤刻本、嘉靖元年金臺汪諒刊本作「闕」。揚雄《甘泉賦》，《漢書》、《文
選》作「石關」，《三輔黃圖》卷5引作「石闕」。《古文苑》劉歆《甘泉宮

〔註1226〕池田四郎次郎《史記補注（下編）》（池田英雄增補），日本明德出版社，
　　　　　1975年版，第390頁。
〔註1227〕梁玉繩《史記志疑》卷34，中華書局，1981年版，第1417頁。
〔註1228〕張森楷《史記新校注》，中國學典館復館籌備處，1967年版，第4928頁。
〔註1229〕胡紹煐《文選箋證》卷8，黃山書社，2007年版，第218頁。
〔註1230〕胡克家《文選考異》卷2，嘉慶刊本，本卷第4頁。
〔註1231〕瀧川資言《史記會注考證》，北嶽文藝出版社，1999年版，第4752頁。
〔註1232〕施之勉《史記會注考證訂補》，華岡出版有限公司，1976年版，第1610
　　　　　頁。
〔註1233〕王叔岷《史記斠證》，中華書局，2007年版，第3131頁。
〔註1234〕高步瀛《文選李注義疏》卷8，中華書局，1985年版，第1843頁。

賦》，宋廿一卷本作「石闕」，《初學記》卷 24、《類聚》卷 62 引同，宋九卷
本作「石闕」。

（30）聽葛天氏之歌（9／3659）

《索隱》：張揖曰：「葛天氏，三皇時君號也。《呂氏春秋》云『其樂三
人持牛尾，投足以歌。八闋：一曰載人，二曰玄鳥，三曰遂草木，四曰奮
五穀，五曰敬天常，六曰建帝功，七曰依地德，八曰總禽獸之極』。」

按：王叔岷曰：「遂草木，《漢傳》張注『遂』作『育』，義同。建帝
功，張注『建』作『徹』，《呂氏春秋·古樂篇》作『達』，徹、達同義。」
〔註 1235〕「八闋」上句號當刪，「投足以歌八闋」作一句讀。李善注引張揖
說同顏師古，李氏又曰：《呂氏春秋》云：『葛天氏之樂以歌八闋，一曰載
民，三曰遂草木，六曰建帝功。』今注……以『遂』為『育』，以『建』為
『徹』，皆誤。」李說非是。遂、育一聲之轉。「建」是「達」形誤〔註 1236〕，
《初學記》卷 15、《御覽》卷 566、《路史》卷 7 羅苹注引《呂氏》亦作「達」，
達、徹亦一聲之轉〔註 1237〕。李善誤作「建」，小司馬又從之而誤，《玉海》
卷 59、106 引《呂氏》亦誤作「建」。

（31）靡曼美色於後（9／3659）

《索隱》：《韓子》「曼服皓齒」也。

按：王叔岷曰：「《韓非子·揚權篇》：『曼理皓齒。』《索隱》所引，『服』
乃『理』之誤。」〔註 1238〕王說是，宋元各本及慶長本均誤。

（32）邛、筰、冄、駹、斯榆之君皆請為內臣（9／3668）

《索隱》：斯，鄭氏音曳。張揖云「斯俞，國也」。案：今「斯」讀如
字，《益郡耆舊傳》謂之「斯臾」。《華陽國志》邛都縣有四部，斯臾一也。

《正義》：斯渝國，在蜀南，解在《西南夷傳》。（據瀧川《考證》本，
黃善夫本上方校記亦引之，但未言出《正義》）

按：「邛」下當作頓號，原誤作逗號。《索隱》引《華陽國志》當「四
部斯臾」連文，點作：「《益郡耆舊傳》謂之『斯臾』，《華陽國志》邛都縣

〔註 1235〕 王叔岷《史記斠證》，中華書局，2007 年版，第 3134 頁。

〔註 1236〕 「達」誤作「建」，例證參見王引之《經義述聞》卷 16，江蘇古籍出版社，
1985 年版，第 381 頁。

〔註 1237〕 參見王念孫《呂氏春秋雜志》，收入《讀書雜志》卷 16《餘編上》，中國
書店，1985 年版，本卷第 31 頁。

〔註 1238〕 王叔岷《史記斠證》，中華書局，2007 年版，第 3136 頁。

有『四部斯臾』，一也。」沈欽韓曰：「斯榆，今雅州府天全州。漢置徙縣，
音斯。《蜀志》作『斯都』，晉曰徙（徙）陽。」〔註1239〕①《文選·難蜀父
老》「略斯榆，舉苞蒲」，李善注：「鄭玄曰：『斯音曳。』張揖曰：『斯俞，
本俞國名也。』」此《索隱》引文所本。鄭玄斯音曳者，蓋以「斯榆」為「葉
榆」，也作「楪榆」。葉（楪）、曳音轉，故鄭氏讀「斯」音曳。《漢書·地
理志》益州郡有葉榆縣。《西南夷列傳》：「其外西自同師以東，北至楪榆，
名為巂、昆明。」《漢書》、《後漢書》作「葉榆」。②《索隱》單行本二「斯
臾」，黃善夫本、乾道本、淳熙本、元刻本、慶長本、古活字本、四庫本作
「斯叟」，是也。《初學記》卷7引《華陽國志》：「斯臾入南山〔出〕洞（銅），
溫水穴冬夏常熱，其源可以湯雞豚，下湯（流）澡洗療宿疾。」今本《華
陽國志》卷3：「卭都縣，郡治因卭邑名也。卭之初有七部，後為七部營軍，
又有四部斯兒。南山出銅，有溫泉穴冬夏〔常〕熱，其溫（源）可湯雞豚，
下流〔澡洗〕治疾病。」「兒」、「臾」亦是「叟」形譌。《華陽國志》卷3：
「章武三年，越巂叟大帥高定元稱王，恣睢。」又卷4：「越巂叟帥高定元
殺郡將軍焦璜。」又「晉寧郡，本益州也，元鼎初屬牂柯、越巂。漢武帝
元封二年，叟反，遣將軍郭昌討平之，因開為郡。」（《後漢書·光武帝紀》
李賢注引「叟反」作「叟夷反」）又卷9：「泰寧元年，越巂斯、叟反，攻圍
任回。」又「咸和元年夏，斯、叟破。」《御覽》卷791引《後漢書》「（張
翕）卒，夷人愛慕如喪父母，蘇祁、斯人、叟二百餘人齎牛羊送喪至翕本
縣，起墳祭祀。」〔註1240〕此皆「斯叟」之證。「叟」指蜀人。《後漢書·董
卓傳》「呂布軍有叟兵內反」，李賢注：「叟兵即蜀兵也，漢代謂蜀為叟。」
又《劉焉傳》「焉遣叟兵五千助之」，李賢注：「漢世謂蜀為叟。孔安國注《尚
書》云『蜀叟』也。」《蜀志·張嶷傳》：「初，越巂郡自丞相亮討高定之後，
叟夷數反。」此皆作「叟」字之確證。③《索隱》不用鄭玄說，讀「斯」
如字，則「斯、榆」是二地名。「斯」即「徙」，《漢書·地理志》蜀郡有徙
縣，師古曰：「徙，音斯。」《西南夷列傳》：「自巂以東北，君長以什數，
徙、筰都最大。」《正義》：「徙，音斯。」《大宛列傳》：「四道並出，出駹，
出冉，出徙，出卭、僰。」《索隱》引李奇曰：「徙，音斯，蜀郡有徙縣。」

〔註1239〕 沈欽韓《漢書疏證》卷29，收入《續修四庫全書》第267冊，上海古籍
　　　　　 出版社，2002年版，第18頁。
〔註1240〕 《後漢書·西南夷傳》脫「斯人」二字。

胡三省《通鑑釋文辯誤》卷 4：「《漢書‧西南夷傳》：『自巂以東北，君長以十數，徙、莋都最大。』顏師古注曰：『徙及莋都，二國也。徙音斯。』司馬相如《難蜀父老》曰『略斯榆』，謂斯與葉榆也。此『斯』即漢西南夷之斯種，蜀曰叟。孔安國《尚書》注所謂『蜀叟』者也。斯叟者，斯種及叟種也。」④斯榆，《書鈔》卷 40 引誤作「斯揄」。鄭玄說是也。《難蜀父老》「略斯榆，舉苞蒲」，《類聚》卷 52 王褒《上庸公陸騰勒功碑》「板楯酋豪，斯榆君長」，「斯榆」分別與「苞蒲」、「板楯」對舉，皆夷名，則「斯榆」當合文作一詞。

　　（33）躬胝無胈，膚不生毛（9 / 3672）

　　《集解》：徐廣曰：「胝音竹移反。胈，踵也。一作『腠』，音湊。膚，理也。胈音魃。」

　　《索隱》：躬湊胝無胈。張揖曰：「湊，作『戚』。躬，體也。戚，胨理也。」韋昭曰：「胈，其中小毛也。」

　　按：水澤利忠曰：「踵，蔡、慶、中統、凌、殿『種』，景、蜀『腄』，井、彭『腫』。」〔註 1241〕王叔岷曰：「《集解》『胈，踵也』，景祐本『踵』作『腄』，黃善夫本、殿本並作『種』。『踵』、『種』並『腄』之誤。《說文》：『胝，腄也。腄，瘢胝也。』又黃本、殿本《索隱》韋昭曰，『其中』作『戚中』，義並難通。《文選》注引韋注亦作『其中』。《漢傳補注》謂『《文選》注作「身中」，是』，未知所據何本。」〔註 1242〕①《集解》「踵」，紹興本亦作「腄」，淳熙本、慶長本、古活字本亦作「腫」，乾道本、元刻本亦作「種」（水澤氏誤校元刻本）。王叔岷引《說文》校「腫（種）」作「腄」，是也，「腄」形誤作「腫」，復誤作「踵」、「種」。注文「胈」當校作「胝」，訂正作「胝，腄也」。李善注引郭璞《三蒼解詁》：「胝，蹦也。」「蹦」是「繭」增旁俗字，指足繭，與「腄」義同。②乾道本、淳熙本、元刻本、慶長本、古活字本、四庫本《索隱》亦作「戚中」。《文選‧難蜀父老》唐鈔本、宋淳熙八年尤刻本、重刊天聖明道本、奎章閣藏本、嘉靖元年金臺汪諒刊本、朝鮮木活字印本作「其中」〔註 1243〕，國圖藏宋刻本、宋明州本、四部叢刊影南宋本、明嘉靖吳裝嘉趣堂覆廣都裴氏本、明吳勉學刻本、慶長十二年

〔註1241〕水澤利忠《史記會注考證校補》，廣文書局，1972 年版，第 3247 頁。
〔註1242〕王叔岷《史記斠證》，中華書局，2007 年版，第 3154 頁。
〔註1243〕《唐鈔文選集注彙存》，上海古籍出版社，2000 年版，第 698 頁。

活字印本、寬永二年活字印本、四庫本作「身中」，蔣斧印本《唐韻殘卷》、《廣韻》「胈」字條引韋昭說作「股上小毛也」。「其」是「身」形誤，作「戚」者承上而誤。

（34）遐邇一體，中外褆福（9 / 3673）

《集解》：徐廣曰：「提，一作褆，音支。」

《索隱》：褆福。《說文》云：「褆，安也。」

《校勘記》：褆，原作「提」，據《索隱》本改。《漢書》亦作「褆」。（9 / 3709）

按：王筠曰：「班『提』作『褆』，《史》殆傳譌。」〔註1244〕梁玉繩曰：「徐廣云『提』作『褆』，是，音支，安也。」〔註1245〕吳國泰曰：「提借作褆。」〔註1246〕《校勘記》改正文作「褆」，則徐廣校語「提，一作褆」沒有著落，不當遽改。《史記》徐廣本自作通借字「提」，《班馬字類》卷 1 引同；《漢書》、《漢紀》卷 11、《文選·難蜀父老》、《類聚》卷 25 自作正字「褆」。宋刊《類聚》卷 15 揚雄《皇后誄》：「遐邇蒙祉，中外提福。」《古文苑》卷 20 作「褆」。揚雄正本相如此文。

（35）勇期賁、育（9 / 3675）

《正義》：孟賁，古之勇士，水行不避蛟龍，陸行不避豺狼，發怒吐氣，聲音動天。夏育，亦古之猛士也。

按：《正義》說本《漢書》顏師古注，「聲音」當據顏注校作「聲響」。《御覽》卷 437 引《新序》：「夫勇士孟賁，水行不避蛟龍，陸行不避虎狼，發怒吐氣，聲響動天。」《御覽》卷 386、《後漢書·鄭太傳》李賢注引《說苑》略同，此又顏注所本。

（36）墳墓蕪穢而不脩兮，魂無歸而不食（9 / 3677）

按：《漢書》無「墳」字。宋祁曰：「姚本作『墳墓蕪穢而不修，魂魄亡歸而不食』。」姚本同宋刊《類聚》卷 40。本書上句既作雙音詞「墳墓」，則「魂」下當補「魄」字，《御覽》卷 596 引已脫。《漢書》則作單音詞「墓」、「魂」對舉。

〔註1244〕 王筠《史記校》，收入《二十五史三編》第 1 冊，嶽麓書社，1994 年版，第 966 頁。
〔註1245〕 梁玉繩《史記志疑》卷 34，中華書局，1981 年版，第 1419 頁。
〔註1246〕 吳國泰《史記解詁》第 4 冊，1933 年成都居易簃叢著本，本冊第 50 頁。

（37）掉指橋以偃蹇兮，又旖旎以招搖（9／3679）

《集解》：《漢書音義》曰：「指橋，隨風指靡。」

《索隱》：棹音徒弔反。指音居桀反。橋音矯。張揖曰：「指矯，隨風指靡。偃蹇，高兒。」應劭云：「旌旗屈撓之兒。」

按：池田引吳汝綸曰：「依《集解》，則『指』當為『披』字。依《索隱》，則『指』當為『揭』字。」〔註1247〕瀧川資言曰：「《索隱》本『指』作『揭』，故云『居桀反』。」〔註1248〕王叔岷曰：「《索隱》本『掉』誤『棹』。『指』作『揭』，疑亦形誤。」〔註1249〕「指」無居桀反讀音，吳汝綸說是，瀧川乃竊吳說耳〔註1250〕。黃善夫本、乾道本、淳熙本、元刻本、慶長本、古活字本《索隱》並無「指音居桀反」。《初學記》卷19引「指橋」誤作「指揮」。

（38）放散畔岸驤以孱顏（9／3679）

《索隱》：服虔曰：「馬仰頭，其口開，正孱顏也。」韋昭曰：「顏音吾板反。」《詩》云「兩服上驤」，注云「驤，馬」是也。

《正義》：畔岸，自縱之貌。（據瀧川《考證》本，黃善夫本上方校記引脫「岸」字。）

按：《漢書》同。顏師古注：「畔岸，自縱之貌也。驤，舉也。孱顏，不齊也。」吳國泰曰：「畔岸者，『蹯驒』之借。《集韻》：『馬作足橫行也。《易》「賁如蹯如」董遇說。』實借為般也。驒，《說文》『馬突也』，字亦作馯。參彥（孱顏）者，『駿驒』之借。《說文》：『駿，馬疾行貌。驒，馬疾步也。』」〔註1251〕①《索隱》引《詩》注「驤，馬」，黃善夫本、乾道本、元刻本、慶長本、古活字本、四庫本同，獨淳熙本「馬」作「駕」。考《詩·大叔于田》「兩服上襄」，鄭玄箋：「襄，駕也。」鄭說本於《爾雅》。則「馬」

〔註1247〕池田四郎次郎《史記補注（下編）》（池田英雄增補），日本明德出版社，1975年版，第398頁。

〔註1248〕瀧川資言《史記會注考證》，北嶽文藝出版社，1999年版，第4783頁。

〔註1249〕王叔岷《史記斠證》，中華書局，2007年版，第3164頁。

〔註1250〕《高祖功臣侯者年表》及《十二諸侯年表》，瀧川《考證》曾三引吳汝綸說，《考證》附錄《史記總論·史記資材》亦引過吳汝綸說，則瀧川見過吳氏著作，不得謂瀧川說與吳說暗合。瀧川資言《史記會注考證》，北嶽文藝出版社，1999年版，第897、1296、1298頁，附錄第51頁。

〔註1251〕吳國泰《史記解詁》第4冊，1933年成都居易簃叢著本，本冊第52～53頁。原文「孱顏」誤作「參彥」。

是「駕」脫誤，與顏說「舉」義同。②「畔岸」是「半岸」、「畔岸」、「騈駢」轉語，又音轉作「半漢」，《文選·東京賦》：「龍雀蟠蜿，天馬半漢。」③服虔、吳國泰說非是，顏說「屛顏，不齊也」是也。《慧琳音義》卷 96 引《考聲》亦云：「屛顏，不齊貌也。」「屛顏」音轉亦作「棧齴」、「嶙峋」，《文選·西京賦》：「坻崿鱗眴，棧齴巉嶮。」《廣韻》：「嶙，嶙峋，山形。」《集韻》：「嶙，嶙峋，山兒。」又「嶙，嶙峋，山峻兒。」又「齴，棧齴，高峻兒。」亦音轉作「儳巖」、「嶻嶭」、「嶻礏」、「嶄巖」、「巉巖」、「覽儆」、「嵁巖」。

（39）橫厲飛泉以正東（9 / 3681）

《正義》：厲，渡也。張云：「飛泉，谷也，在崑崙山西南。」

按：施之勉曰：「《漢書》注引張說，『谷』上有『飛』字。」〔註 1252〕徐仁甫曰：「『正』假為『征』。正東即征東，征東即往東也。」〔註 1253〕王叔岷曰：「《楚辭·遠遊篇》洪《補注》引張注，『谷』上亦有『飛』字。」〔註 1254〕「谷」上當據補「飛」字。黃善夫本、慶長本、四庫本《正義》引張說作「泉，飛谷也」，「泉」上脫「飛」字，而「谷」上不脫。徐仁甫說是，字亦作延，行也。《楚辭·九歎·遠逝》：「結余軨於西山兮，橫飛谷曰南征。」王逸注：「飛谷，日所行道也。言乃旋我車軨，橫度飛泉之谷以南行也。」

（40）反太一而從陵陽（9 / 3682）

《集解》：《漢書音義》曰：「仙人陵陽子明也。」

《正義》：《列仙傳》云：「子明於沛銍縣旋溪釣得白龍，放之，後白龍來迎子明去，止陵陽山上百餘年，遂得仙也。」

按：新版點校本於「陵陽子明」旁標專名線，蓋以為人名，非是。《列仙傳》卷下：「陵陽子明者，銍鄉人也。好釣魚於旋溪，釣得白龍。子明懼，解釣，拜而放之……三年龍來迎去，止陵陽山上百餘年。」《元和郡縣志》卷 29：「石埭縣，陵陽山在縣北三十里，竇子明於此得仙。」又「涇縣，陵陽山在縣西南一百三十里，陵陽子明得仙處。」《御覽》卷 67 引《郡國志》：「陵

〔註 1252〕 施之勉《史記會注考證訂補》，華岡出版有限公司，1976 年版，第 1623 頁。
〔註 1253〕 徐仁甫《史記注解辨正》，四川大學出版社，1993 年版，第 220 頁。
〔註 1254〕 王叔岷《史記斠證》，中華書局，2007 年版，第 3169 頁。

陽山在石碌（埭）縣北三〔十〕里，按《輿地志》：『陵陽令竇子明於溪側釣魚，一日釣得白龍，子明隣（憐）而放之。』」其人姓竇，名子明，成仙於陵陽山。則「陵陽」與「子明」當分別標專名線，一為山名，一為人名。

（41）左玄冥而右含靁兮（9／3682）

《集解》：《漢書音義》曰：「含靁，黔羸也，天上造化神名也。或曰水神。」

按：顏師古注引張揖曰：「黔雷，黔羸也，天上造化神名也。《楚辭》曰『召黔羸而見之』。或曰水神也。」梁玉繩曰：「含靁，《漢書》作『黔雷』。」〔註1255〕王筠校同〔註1256〕。各本《集解》均作「黔羸」，《漢書》各宋本亦同。所引《楚辭·遠遊》「黔羸」，黃靈庚校云：「羸，《四庫章句》本作『嬴』。《集注》、《永樂大典》卷 8845 作『嬴』，引一作『羸』。《文選·上林賦》注引作『嬴』。嬴、羸古字通用。」〔註1257〕「嬴」、「羸」形譌，非通假，黃說非是。《文選·上林賦》注未引「黔羸」，黃氏亦失檢。朱熹《集注》本作「黔嬴」，注云：「黔，其炎反；嬴，從羊，倫為反。一從女，余徑反，未知孰是？然二字《史記》作『含雷』，《漢書》作『黔雷』，則當為從羊之『嬴』矣。」沈家本曰：「按《楚辭》，則注中『黔羸』之『羸』當作『嬴』，『含』、『黔』同聲，『靁』、『嬴』聲相近。」瀧川資言從沈說，沈欽韓、李笠說略同沈氏，池田從李說〔註1258〕。諸家定作「嬴」，是也。北魏《魏孝文帝弔比干文》：「聆廣莫之颾瑟兮，覿黔嬴而迴凝。」其字作「🈯」，分明從羊（原字省一橫從羊）作「嬴」。

（42）西望崑崙之軋沕洸忽兮（9／3683）

《正義》：《括地志》云：「崑崙在肅州酒泉縣南八十里。《十六國春秋》後魏昭成帝建國十年，涼張駿酒泉太守馬岌上言：『酒泉南山即崑崙之體，

〔註1255〕梁玉繩《史記志疑》卷 34，中華書局，1981 年版，第 1421 頁。

〔註1256〕王筠《史記校》，收入《二十五史三編》第 1 冊，嶽麓書社，1994 年版，第 967 頁。

〔註1257〕黃靈庚《楚辭集校》，上海古籍出版社，2009 年版，第 987 頁。

〔註1258〕沈家本《史記瑣言》卷 3，收入《二十五史三編》第 2 冊，嶽麓書社，1994 年版，第 843 頁。瀧川資言《史記會注考證》，北嶽文藝出版社，1999 年版，第 4786 頁。沈欽韓《漢書疏證》卷 29，收入《續修四庫全書》第 267 冊，上海古籍出版社，2002 年版，第 20 頁。李笠《廣史記訂補》卷 11，復旦大學出版社，2001 年版，第 317 頁。池田四郎次郎《史記補注（下編）》（池田英雄增補），日本明德出版社，1975 年版，第 399 頁。

周穆王見西王母，樂而忘歸，即謂此山。有石室王母堂，珠璣鏤飾，煥若神宮。』」軋沕洸忽，不分明貌。（「軋沕」八字據瀧川《考證》本）

按：王筠曰：「洸忽，班作『荒忽』，蓋即『怳忽』。」〔註 1259〕沈家本曰：「洸，《漢書》作『荒』。《遠遊》曰：『覽方外之荒忽兮。』」〔註 1260〕水澤利忠曰：「洸，井、紹『恍』。」〔註 1261〕吳國泰曰：「洸借作恍。」〔註 1262〕王叔岷曰：「景祐本『洸』作『恍』，『洸』蓋『恍』之誤。前《上林賦》『瞋盼軋沕，芒芒恍忽』，與此作『恍』同。」〔註 1263〕王叔岷說是也。黃善夫本上方校記引《正義》：「軋沕恍忽，不明兒。」亦作「恍」字。《正義》馬岌上言「石室王母堂」，今本《十六國春秋》卷 75 同，《御覽》卷 38、124 引亦同；《晉書·張駿傳》、《太平寰宇記》卷 152 引作「石室玉堂」，疑是。

（43）吾乃今目睹西王母（9 / 3683）

按：王筠曰：「班『目』作『日』。」〔註 1264〕瀧川資言曰：「楓、三本『目』作『日』，與《漢書》合。」〔註 1265〕水澤利忠曰：「目，南化、楓、三、景、井、蜀『日』」〔註 1266〕池田曰：「目，《漢書》作『日』，似當從而改。」〔註 1267〕施之勉曰：「景祐本『目』作『日』。」〔註 1268〕王叔岷謂「目」是「日」形誤，引《晏子春秋》、《叔孫通傳》相同文例證之〔註 1269〕。池田及王說是也，紹興本、慶長本亦作「日」，《類聚》卷 78 引同。黃善夫本、乾道本、淳熙本、元刻本、古活字本、四庫本誤作「目」，黃本上方校記云：

〔註 1259〕王筠《史記校》，收入《二十五史三編》第 1 冊，嶽麓書社，1994 年版，第 967 頁。

〔註 1260〕沈家本《史記瑣言》卷 3，收入《二十五史三編》第 2 冊，嶽麓書社，1994 年版，第 844 頁。

〔註 1261〕水澤利忠《史記會注考證校補》，廣文書局，1972 年版，第 3264 頁。

〔註 1262〕吳國泰《史記解詁》第 4 冊，1933 年成都居易簃叢著本，本冊第 55 頁。

〔註 1263〕王叔岷《史記斠證》，中華書局，2007 年版，第 3173 頁。

〔註 1264〕王筠《史記校》，收入《二十五史三編》第 1 冊，嶽麓書社，1994 年版，第 967 頁。

〔註 1265〕瀧川資言《史記會注考證》，北嶽文藝出版社，1999 年版，第 4790 頁。

〔註 1266〕水澤利忠《史記會注考證校補》，廣文書局，1972 年版，第 3265 頁。

〔註 1267〕池田四郎次郎《史記補注（下編）》（池田英雄增補），日本明德出版社，1975 年版，第 400 頁。

〔註 1268〕施之勉《史記會注考證訂補》，華岡出版有限公司，1976 年版，第 1623 頁。

〔註 1269〕王叔岷《史記斠證》，中華書局，2007 年版，第 3174 頁。

「目，本乍（作）『日』。」

（44）皪然白首，載勝而穴處兮（9／3683）

《正義》：張云：「西王母，其狀如人，豹尾，虎齒，蓬鬢，皪然白首。石城金穴，居其中。」

按：王叔岷曰：「《漢傳》『皪』作『暠』。」《類聚》卷 78、《御覽》卷 920 引「皪」作「皓」，《開元占經》卷 113 引《帝王世紀》同。顏師古注引張揖曰：「西王母其狀如人，豹尾，虎首，蓬髮，暠然白首，石城金室，穴居其中。」考《山海經・西山經》：「西王母其狀如人，豹尾，虎齒，而善嘯，蓬髮戴勝。」《開元占經》卷 113 引《帝王世紀》：「昆崙之北，玉山之神，人身，虎首，豹尾，蓬頭，戴勝，執几杖，皓然白〔首〕，石城金室而居。」則作「虎齒」與「虎首」各有所本。又考《淮南子・時則篇》：「西方之極，自崑崙絕流沙、沈羽，西至三危之國，石城金室。」則《正義》所引，「金」下脫「室」字，當據顏注引補，「穴」字屬下句。「穴居其中」即賦文之「穴處」也。

（45）是以業隆於繈褓而崇冠於二后（9／3688）

《集解》：《漢書音義》曰：「周公負成王致太平，功德冠於文武者，道成法易故也。」

按：又見《漢書》、《文選・封禪文》。《集解》「負」，顏師古注引孟康說同，李善注引音誤作「輔」。《集解》「道」，顏師古、李善注引孟康說並作「遵」，是也，當據校正，宋元各本及慶長本、古活字本均誤。

（46）上暢九垓，下泝八埏（9／3689）

《集解》：《漢書音義》曰：「暢，達。垓，重也。泝，流也。埏音延，地之際也。言其德上達於九重之天，下流於地之八際也。」

按：《集解》「地之際也」，顏師古、李善注引孟康說「際」上有「八」字，當據補，下文「下流於地之八際」亦有「八」字。

（47）徼麋鹿之怪獸（9／3689）

《集解》：《漢書音義》曰：「徼，遮也。麋鹿得其奇怪者，謂獲白麟也。」

按：王叔岷曰：「《文選》注引《漢書音義》，『麋』上有『遮』字，《集解》缺。」〔註1270〕當據李善注引補「遮」字。

〔註1270〕王叔岷《史記斠證》，中華書局，2007 年版，第 3183 頁。

（48）符瑞眾變，期應紹至，不特創見（9／3691）

《集解》：徐廣曰：「不但初顯符瑞而已，蓋將終以封禪之事。」

《索隱》：文穎曰：「不獨一物，造次見之。」胡廣云：「符瑞眾多，應期相繼而至也。」

按：①宋祁曰：「期應，浙本作『斯應』。予謂疑當作『應期』。」宋說是，胡廣云云，正作「應期」，五臣本《文選·封禪文》同，「應期」是漢人成語。宋元各本及慶長本均誤倒作「期應」，《漢書》各宋本誤同。②水澤利忠曰：「蔡、慶、中統、彭、凌、殿『造次見之』四字作『初創見也』四字。」〔註1271〕《索隱》單行本作「造次見之」，乾道本、淳熙本、慶長本、古活字本、四庫本亦作「初創見也」。李善注引文穎曰：「不獨一物造見也。創，初創也。」據李善注引，「造」下「次」字是衍文。創，始造也，「造次」非其誼。

（49）詩大澤之博，廣符瑞之富（9／3694）

《集解》：《漢書音義》曰：「詩，歌詠功德也，下四章之頌也。大澤之博，謂『自我天覆，雲之油油』。廣符瑞之富，謂『斑斑之獸』以下三章，言符瑞廣大富饒也。」

按：王叔岷曰：「《類聚》卷10『廣』作『演』，義同。《集解》引《漢書音義》，乃孟康注，孟注『歌』上有『所以』二字。」〔註1272〕「演」是「廣」形誤。《集解》引《漢書音義》有脫文，據《文選·封禪文》李善注引，當補作：「大澤之博，謂『自我天覆，雲之油油』。廣，〔博也〕。符瑞之富，謂『斑斑之獸』以下三章，言符瑞廣大富饒也。」顏師古注引亦脫「博也」二字。

（50）滋液滲漉，何生不育（9／3695）

《索隱》：《說文》云：「滲漉，水下流之皃也。」

按：王先謙曰：「《文選》注：『《說文》：滲，下漉也。』又曰：『漉，水下貌。』』」〔註1273〕王叔岷曰：「《索隱》云云，合而引之也。」〔註1274〕《索隱》有脫文，非合而引之也。當補作：「《說文》云：『滲，〔下漉也〕。

〔註1271〕水澤利忠《史記會注考證校補》，廣文書局，1972年版，第3273頁。
〔註1272〕王叔岷《史記斠證》，中華書局，2007年版，第3191頁。
〔註1273〕王先謙《漢書補注》卷57，中華書局，1983年版，第1197頁。
〔註1274〕王叔岷《史記斠證》，中華書局，2007年版，第3191頁。

漉，水下流之皃也。』」

（51）《易》本隱之以顯（9／3698）

《集解》：韋昭曰：「《易》本隱微妙，出為人事乃顯著也。」

《索隱》：韋昭曰：「《易》本陰陽之微妙，出為人事乃更昭著也。」虞喜《志林》曰：「《易》以天道接人事，是本隱以之明顯也。」

按：張文虎曰：「『之以』《漢書》作『以之』。據《索隱》，則所見本《史》本與《漢書》同，今本誤倒，並單本所出正文而改之矣。」池田從張說〔註1275〕。郭嵩燾曰：「《漢書》作『本隱以之顯』，此云『之以顯』者，誤。」〔註1276〕瀧川資言曰：「中井積德曰：『「之以」當作「以之」。』愚按：『以』字疑衍。顏師古曰：『之，往也。』」〔註1277〕徐仁甫曰：「以，於也。謂《易》本隱之於顯也。或謂『之以』，亦非。」〔註1278〕王叔岷曰：「『之以』乃『以之』之誤倒，『以』字非衍。殿本作『以之』，《長短經・是非篇》引同，與《漢傳》合。」〔註1279〕張文虎等說是也，宋元各本及慶長本均誤倒。《易・繫辭下》：「夫《易》彰往而察來，而微顯闡幽。」晉・韓康伯注：「《易》無往不彰，無來不察，而微以之顯，幽以之闡。闡，明也。」晉・陸機《文賦》：「或本隱以之顯，或求易而得難。」亦足佐證。以之，猶言因之，「之」是代詞，代《易》。顏師古說「之，往也」，非是。

《淮南衡山列傳》

（1）漢亦使曲城侯將兵救淮南：淮南以故得完（10／3720）

《集解》：徐廣曰：「曲城侯姓蟲名捷，其父名逢，高祖功臣。」

按：「淮南」下冒號改作逗號。《集解》「逢」，張森楷、王叔岷校作「達」，施之勉從張說〔註1280〕，皆是也。《史記》宋元版本，獨淳熙本作「達」不

〔註1275〕張文虎《校刊史記集解索隱正義札記》卷5，中華書局，1977年版，第694頁。池田四郎次郎《史記補注（下編）》（池田英雄增補），日本明德出版社，1975年版，第405頁。

〔註1276〕郭嵩燾《史記札記》，商務印書館，1957年版，第398頁。

〔註1277〕瀧川資言《史記會注考證》，北嶽文藝出版社，1999年版，第4806頁。

〔註1278〕徐仁甫《史記注解辨正》，四川大學出版社，1993年版，第221頁。

〔註1279〕王叔岷《史記斠證》，中華書局，2007年版，第3197頁。

〔註1280〕張森楷《史記新校注》，中國學典館復館籌備處，1967年版，第4974頁。王叔岷《史記斠證》，中華書局，2007年版，第3207頁。施之勉《史記會注考證訂補》，華岡出版有限公司，1976年版，第1636頁。

誤，其餘各本均誤。《漢書・淮南王傳》晉灼注：「《功臣表》蟲達也。」顏師古曰：「晉說非。此蟲達之子耳，名捷。達已先薨也。」《古文苑》卷 13 班固《十八侯銘》，其中「曲成侯蟲達第十六」，亦其確證。《廣韻》：「蟲，又姓，漢《功臣表》有曲成侯蟲進。」「進」亦誤字。

（2）為中訽長安（10／3721）

《索隱》：孟康曰：「訽音偵。西方人以反閒為偵。」

按：「為偵」之「偵」，《玉篇殘卷》「訽」字條引孟康說作「訽」，《漢書・淮南王傳》顏師古注引同。所釋字是「訽」，自當作「西方人以反閒為訽」。

（3）王乃詳為怒太子，閉太子使與妃同內三月，太子終不近妃（10／3721）

按：王筠曰：「內者，房之別名也，故傳多云『內中』，亦謂房中也。」〔註1281〕王說是，「同內」即上文「令詐弗愛，三月不同席」之「同席」，猶言同房，其下當加逗號，池田正於此讀斷〔註1282〕，是也。「三月」二字句，屬下讀。

（4）王令人衣衛士衣，持戟居庭中，王旁有非是，則刺殺之（10／3722）

按：「王旁」當屬上句，言令人持戟居庭中王旁也。池田正於此讀斷〔註1283〕。《漢書・淮南王傳》作「令人衣衛士衣，持戟居王旁，有非是者，即刺殺之」。

（5）臣聞聰者聽於無聲，明者見於未形（10／3724）

按：《漢書・伍被傳》同。「聰者」二句是當時成語，當加引號。《漢書・匈奴傳》揚雄上書諫曰：「夫明者視於無形，聰者聽於無聲。」《說苑・說叢》：「明者視於冥冥，謀於未形；聰者聽於無聲。」

（6）此所謂因天心以動作者也（10／3724）

按：因，順承也。「作」當作「化」，形近而誤，宋元各本及慶長本皆

〔註1281〕王筠《史記校》，收入《二十五史三編》第 1 冊，嶽麓書社，1994 年版，第 968 頁。

〔註1282〕池田四郎次郎《史記補注（下編）》（池田英雄增補），日本明德出版社，1975 年版，第 410 頁。

〔註1283〕池田四郎次郎《史記補注（下編）》（池田英雄增補），日本明德出版社，1975 年版，第 410 頁。

誤，《漢書・伍被傳》各宋本誤同。宋刊《長短經・懼誡》脫「動」字，而「化」字尚不誤〔註1284〕。復考《淮南子・泰族篇》：「故聖人者懷天心，聲然能動化天下者也。」又「故聖人養心，莫善於誠，至誠而能動化矣。」又「故不言而信，不施而仁，不怒而威，是以天心動化者也。」《文子・精誠》：「寂然無聲，一言而大動天下，是以天心動化者也。」皆作「動化」之明證。

（7）夫以吳越之眾，不能成功者何（10／3725）

按：張文虎曰：「『越』疑『楚』字之譌，上、下文並作『吳楚』。」〔註1285〕王叔岷曰：「張氏疑『越』為『楚』字之譌，是也。《長短經・懼誡》正作『吳楚』。」〔註1286〕二氏說是，當據校正。

《循吏列傳》

（1）孫叔敖者（10／3741）

《正義》：《說苑》云：「孫叔敖為令尹，一國吏民皆來賀。有一老父衣麤衣，冠白冠，後來，弔曰：『有身貴而驕人者，民亡之；位已高而擅權者，君惡之；祿已厚而不知足者，患處之。』叔敖再拜，敬受命，願聞餘教。父曰：……」

按：《正義》所引《說苑》，據《說苑・敬慎》：「（老父）後來弔。孫叔敖正衣冠而出見之，謂老父曰：『……子獨後來弔，豈有說乎？』父曰：『有說。身已貴而驕人者，民去之……』孫叔敖再拜曰：『敬受命，願聞餘教。』」《正義》省去孫叔敖出見而問之之語，「身已貴」句脫「已」字，與下文不諧。又「再拜」下脫「曰」字。

（2）故三得相而不喜，知其材自得之也；三去相而不悔，知非己之罪也（10／3742）

《集解》：《皇覽》曰：「孫叔敖冢在南郡江陵故城中白土里。民傳孫叔敖曰『葬我盧江陂，後當為萬戶邑』。去故楚都郢城北三十里所。或曰孫叔敖激沮水作雲夢大澤之池也」。

〔註1284〕《長短經》四庫本同，讀畫齋叢書本「化」作「動作」，蓋據《史》、《漢》而改耳。

〔註1285〕張文虎《校刊史記集解索隱正義札記》卷5，中華書局，1977年版，第697頁。

〔註1286〕王叔岷《史記斠證》，中華書局，2007年版，第3216頁。

按：《司馬相如傳》「名曰雲夢」，《索隱》引裴駰云「孫叔敖激沮水作此澤」。則「或曰孫叔敖激沮水作雲夢大澤之池也」是裴駰《集解》說，不是所引《皇覽》語，不當放在引號內。

《汲鄭列傳》

（1）然好學，游俠，任氣節（10 / 3748）

按：瀧川資言曰：「《漢書》無『學』字，此疑衍。」〔註1287〕池田引中井積德曰：「『學』字衍，班史無。」〔註1288〕瀧川竊中井說耳。李人鑒亦說「學」字疑衍〔註1289〕。中井說是也，「好游俠」是二漢人成語。下文云：「上曰：『人果不可以無學，觀黯之言也日益甚。』」是汲黯非好學者也。

《儒林列傳》

（1）余讀功令，至於廣厲學官之路，未嘗不廢書而歎也（10 / 3759）

按：李笠曰：「『厲』疑即『廣』字之誤衍。」〔註1290〕瀧川資言曰：「『厲』字涉下文衍。」〔註1291〕施之勉曰：「厲，起也。起，啟也。啟，開也。廣厲，廣開也。『厲』字非衍。」〔註1292〕王叔岷曰：「施氏謂『厲字非衍』，是也。惟『厲』不必轉訓為開。厲謂獎勵。」〔註1293〕黃慶萱曰：「厲，叚借為勵，獎勵也。」〔註1294〕李人鑒曰：「『廣』下不當有『厲』字。《三王世家》云『廣賢能之路』，語言結構正同。」〔註1295〕韓兆琦曰：「厲，通『勵』，磨煉。」〔註1296〕施氏輾轉為訓，不可信，「厲」無開義。李說「厲」、「廣」形誤而致衍，是也；瀧說「厲」涉下文而衍，非是。《漢書·賈山

〔註1287〕瀧川資言《史記會注考證》，北嶽文藝出版社，1999年版，第4866頁。
〔註1288〕池田四郎次郎《史記補注（下編）》（池田英雄增補），日本明德出版社，1975年版，第420頁。
〔註1289〕李人鑒《太史公書校讀記》，甘肅人民出版社，1998年版，第1550頁。
〔註1290〕李笠《廣史記訂補》卷12，復旦大學出版社，2001年版，第329頁。
〔註1291〕瀧川資言《史記會注考證》，北嶽文藝出版社，1999年版，第4882頁。
〔註1292〕施之勉《史記會注考證訂補》，華岡出版有限公司，1976年版，第1652頁。
〔註1293〕王叔岷《史記斠證》，中華書局，2007年版，第3250頁。
〔註1294〕黃慶萱《〈史記〉〈漢書·儒林列傳〉疏證》，花木蘭文化出版社，2008年版，第4頁。
〔註1295〕李人鑒《太史公書校讀記》，甘肅人民出版社，1998年版，第1555頁。
〔註1296〕韓兆琦《史記箋證》，江西人民出版社，2009年版，第5942頁。

傳》「廣諫爭之路」，又《路溫舒傳》「廣箴諫之路」，又《丙吉傳》「廣賢聖之路」，又《夏侯勝傳》「廣道術之路」，趙岐《孟子題辭》「廣游學之路」，文例並同。

（2）以秦焚其業，積怨而發憤於陳王也（10／3761）

按：周尚木曰：「『焚』當為『禁』，字之誤也……《漢書》正作『禁』。」〔註1297〕池田曰：「焚，《漢書》作『禁』，似是。」〔註1298〕張森楷曰：「『焚』、『禁』形近誼通。」〔註1299〕黃慶萱曰：「焚其業，謂焚其書冊也。」〔註1300〕周說是也，宋元各本及慶長本均誤。《鹽鐵論・褒賢》：「陳王赫然奮爪牙為天下首事……自孔子以至於茲，而秦復重禁之，故發憤於陳王也。」亦其明證。《漢書・儒林傳》「及秦禁學，《易》為筮卜之書，獨不禁」，「禁」字義同。下文「秦時焚書，伏生壁藏之」，《漢書》「焚」亦作「禁」。

（3）太常議，與博士弟子，崇鄉里之化，以廣賢材焉（10／3763）

按：周尚木曰：「『廣』當依《漢書》作『厲』，以字形相近而誤也，下云『崇化厲賢』即承此言。」瀧川資言、池田說同，李人鑒從周說〔註1301〕。王叔岷曰：「『廣』乃『厲』之誤。厲，謂獎厲也。」〔註1302〕周氏等校「廣」作「厲」，是也。《漢紀》卷12「夏六月，詔禮官勸學、明禮、崇化、舉遺逸，以厲賢才」，亦作「厲」字。「厲」是「勸」借字。《太史公自序》「義足以言廉，行足以厲賢」，亦其證。《平津侯主父列傳》「厲賢予祿」，《集解》引徐廣曰：「厲，一作廣也。」一本作「廣」亦是形誤。

〔註1297〕 周尚木《史記識誤》卷下，收入《二十四史訂補》第1冊，書目文獻出版社，1996年版，第512頁。

〔註1298〕 池田四郎次郎《史記補注（下編）》（池田英雄增補），日本明德出版社，1975年版，第426頁。

〔註1299〕 張森楷《史記新校注》，中國學典館復館籌備處，1967年版，第6489頁。

〔註1300〕 張森楷《史記新校注》，中國學典館復館籌備處，1967年版，第17頁。

〔註1301〕 周尚木《史記識誤》卷下，收入《二十四史訂補》第1冊，書目文獻出版社，1996年版，第512頁。瀧川資言《史記會注考證》，北嶽文藝出版社，1999年版，第4889頁。池田四郎次郎《史記補注（下編）》（池田英雄增補），日本明德出版社，1975年版，第427頁。李人鑒《太史公書校讀記》，甘肅人民出版社，1998年版，第1558頁。

〔註1302〕 王叔岷《史記斠證》，中華書局，2007年版，第3255～3256頁。

（4）（申公）對曰：「為治者不在多言，顧力行何如耳。」（10 / 3766）

按：張文虎曰：「在，中統、王、柯、凌〔本〕誤『至』。」〔註 1303〕
郭嵩燾曰：「不至，《漢書》作『不在』，南監本、金陵本亦作『在』字。」
〔註 1304〕水澤利忠曰：「在，景、井、蜀、紹、蔡、慶、中統、彭、毛、
凌『至』。」〔註 1305〕池田曰：「至，《索隱》本作『在』字，與《漢書》
合，此誤。」〔註 1306〕施之勉曰：「景祐本、黃善夫本『在』作『至』，《御
覽》卷 383 引亦作『至』。」〔註 1307〕王叔岷曰：「《漢傳》『在』亦作『至』。
《補注》引王念孫曰：『「不至」一作「不在」。景祐本作「不至」，是也。
今作「不在」者，後人以意改之耳。舊本《書鈔·設官部八》（引者按：
卷 56）、《御覽·人事部百一十五》（引者按：卷 474）引此並作「不至」，
《史記》、《通鑑》同，《漢紀》作「不致」（引者按：卷 10）。』故本作『至』
耳。」〔註 1308〕二王氏說「不至」是其舊本，是也，當據復其舊，李人
鑒亦有說〔註 1309〕。乾道本、淳熙本、慶長本亦作「不至」（元刻本殘，
水澤氏說彭本作「至」，非也），《漢書》北宋景祐本、南宋嘉定本、建安
本、慶元本亦皆作「不至」，宋刊《冊府元龜》卷 835 同（四庫本作「不
在」），郭嵩燾、池田所見皆俗本。唐·陸希聲《道德真經傳》卷 1：「故
為治不至多言。多言而無敬，則動而數窮矣，未若處無為之事，行不言
之教。」亦是「不至」，元人劉惟永《道德真經集義》卷 10 引，則改作
「不在」。

（5）碭魯賜至東海太守（10 / 3766）

按：新版《史記》點校本於「碭魯賜」旁標人名專名線。「碭」是地名，
「魯賜」是人名，當分別標示地名、人名專名線。「碭魯賜」與下文「蘭陵
繆生」文例同。《元和姓纂》卷 6：「漢魯賜，碭人也。」

〔註1303〕 張文虎《校刊史記集解索隱正義札記》卷 5，中華書局，1977 年版，第
704 頁。

〔註1304〕 郭嵩燾《史記札記》，商務印書館，1957 年版，第 411 頁。

〔註1305〕 水澤利忠《史記會注考證校補》，廣文書局，1972 年版，第 3337 頁。

〔註1306〕 池田四郎次郎《史記補注（下編）》（池田英雄增補），日本明德出版社，
1975 年版，第 429 頁。

〔註1307〕 施之勉《史記會注考證訂補》，華岡出版有限公司，1976 年版，第 1655
頁。

〔註1308〕 王叔岷《史記斠證》，中華書局，2007 年版，第 3261 頁。

〔註1309〕 李人鑒《太史公書校讀記》，甘肅人民出版社，1998 年版，第 1559 頁。

（6）食肉不食馬肝（10／3767）

《正義》：《論衡》云：「氣熱而毒盛，故食馬肝殺人。又盛夏馬行多渴死，殺氣為毒也。」

按：王叔岷曰：「《正義》引《論衡》云云，見《言毒篇》（《封禪書》《索隱》亦引前二句）。『盛夏馬行』云云，今本作『盛夏暴行，暑喝而死，熱極為毒也』，言人，非言馬。」〔註1310〕《封禪書》《索隱》引《論衡》「馬肝」上有「走」字，當據補，今本《論衡・言毒》作「火困而氣熱，〔氣熱〕血（而）毒盛〔註1311〕，故食走馬之肝殺人，氣困為熱也」。食馬肝未必殺人，食走馬之肝則殺人，故「走」字不可少。楊樹達曰：「《倉公傳》云：『淳于司馬曰：「我之王家食馬肝。」』知馬肝未嘗不可食也。」〔註1312〕司馬所食，蓋非走馬之肝，故可食也。

（7）是時遼東高廟災，主父偃疾之，取其書奏之天子（10／3773）

《索隱》：《漢書》以為遼東高廟及長陵園殿災也。仲舒為災異記，草而未奏，主父偃竊而奏之。

按：《索隱》所引《漢書》，據《漢書・董仲舒傳》，「園」上當補「高」字。《漢書・武帝紀》：「六年春二月乙未，遼東高廟災。夏四月壬子，高園便殿火。」

《酷吏列傳》

（1）即下戶羸弱，時口言，雖文致法，上財察（10／3786）

按：當點作：「時口言：『雖文致法，上財察。』」「雖文致法，上財察」是張湯見上口奏之言。《漢書・張湯傳》「財」作「裁」，正字。

（2）縱一捕鞫，曰「為死罪解脫」（10／3792）

《集解》：《漢書音義》曰：「縱鞫相贍飽者二百人為解脫死罪，盡殺也。」

按：《集解》「贍」，當據各宋本《漢書・酷吏傳》顏師古注引孟康說作「赂」，宋本《冊府元龜》卷697引同。赂飽，謂贈送食物，與上文「賓客昆弟私入相視」相應，今言探監。

〔註1310〕王叔岷《史記斠證》，中華書局，2007年版，第3263頁。
〔註1311〕據孫人和說校補。孫人和《論衡舉正》卷4，上海古籍出版社，1990年版，第115頁。
〔註1312〕楊樹達《漢書窺管》，上海古籍出版社，1984年版，第697頁。

（3）其頗不得失，之旁郡國，黎來，會春，溫舒頓足歎（10 / 3795）

按：黃侃曰：「此以『其頗不得失』為一句，『不得』即『失』，而古人自有複語，《西南夷傳》『道塞不通』即其比類。『之旁郡國追求』為一句。」徐仁甫從其說〔註1313〕。池田亦謂「失」字為句，云：「言有罪者逃亡，捕之不得，失其蹤跡，往傍郡國索之，比捕得逃亡者來，正會春也。」〔註1314〕「失」字當屬下句，瀧川《考證》本、舊版點校本皆不誤〔註1315〕。失，讀為佚、逸，猶言逃亡。之，至也。言或有豪姦之人不曾逮捕到，而逃亡到治境之外者，等到遣人捕捉到，卻恰逢春季，王溫舒頓足恨不能行刑。《漢書·張騫傳》「遣之旁國」，與「失之旁郡國」文例同。《漢書》「黎來」作「追求」，當據此訂〔註1316〕。錢大昕、王筠謂當從《漢書》作「追求」〔註1317〕，俱矣。董志翹謂「黎來」當作「黎求」，與「追求」意近，王華寶從其說〔註1318〕，亦未得。

（4）（尹齊）遷為關內都尉，聲甚於寧成（10 / 3795）

按：王先謙曰：「《史記》『關』下多『內』字，當依此訂。」池田引中井積德說同，王叔岷從王說〔註1319〕。瀧川資言竊王氏及中井說〔註1320〕。

〔註1313〕 黃侃《讀〈漢書〉〈後漢書〉札記》，《文史》第 1 輯，中華書局，1962年版，第 49 頁。徐仁甫《史記注解辨正》，四川大學出版社，1993 年版，第 234 頁。

〔註1314〕 池田四郎次郎《史記補注（下編）》（池田英雄增補），日本明德出版社，1975 年版，第 442 頁。

〔註1315〕 瀧川資言《史記會注考證》，北嶽文藝出版社，1999 年版，第 4942 頁。《史記》（點校本），中華書局，1959 年版，第 3148 頁。

〔註1316〕 參見瞿方梅《史記三家注補正》卷 8，《學衡》第 58 期，1926 年版，第 22 頁。

〔註1317〕 錢大昕《三史拾遺·史記》，收入《嘉定錢大昕全集（四）》，江蘇古籍出版社，1997 年版，第 27 頁。王筠《史記校》，收入《二十五史三編》第 1 冊，嶽麓書社，1994 年版，第 970 頁。

〔註1318〕 董志翹《〈史記〉校點疑誤（續）》，收入《訓詁類稿》，四川大學出版社，1999 年版，第 283 頁。王華寶《〈史記〉金陵書局本與點校本校勘研究》，鳳凰出版社，2019 年版，第 282～283 頁。

〔註1319〕 王先謙《漢書補注》卷 90，中華書局，1983 年版，第 1538 頁。池田四郎次郎《史記補注（下編）》（池田英雄增補），日本明德出版社，1975年版，第 443 頁。王叔岷《史記斠證》，中華書局，2007 年版，第 3298頁。

〔註1320〕 瀧川資言《史記會注考證》，北嶽文藝出版社，1999 年版，第 4943 頁。

當據刪「內」字，《書鈔》卷 37 引已衍。上文云「上乃拜成為關都尉」，寧成為關都尉，尹齊亦為關都尉，而聲威過之。《漢書・百官公卿表》云「關都尉尹齊為中尉，一年抵罪」，亦無「內」字。又據《公卿表》，「關都尉」乃漢代承用秦官名，而無「關內都尉」官名。

（5）京兆無忌、馮翊殷周蝮鷙（10 / 3802）

《索隱》：上音蝮虵，下音鷙鷹也。言其酷比之蝮毒鷹攫。

按：《索隱》當點作：「上音蝮，虵。下音鷙，鷹也。」

《大宛列傳》

（1）東則扜罙、于寘（10 / 3808）

《集解》：徐廣曰：「《漢紀》曰：『拘彌國去于寘三百里。』」

《索隱》：扜罙，國名也，音汙彌二音。《漢紀》，謂荀悅所譔《漢紀》。拘音俱，彌即罙也，則拘彌與扜罙是一也。

按：張文虎曰：「扜罙，『扜』字《索隱》音汙，《漢書》注音烏，字當從于，而各本多作『扞』，非。罙，毛本作『采』，下同。」〔註 1321〕池田從張說〔註 1322〕。李慈銘曰：「《漢書・西域傳》作『扜彌』是，『扜』與『拘』音近，作『扞』者誤。」〔註 1323〕瀧川資言曰：「『扜罙』即『扜彌』。《西域傳》云『扜彌國王治扜彌城』。」〔註 1324〕王叔岷曰：「景祐本、黃善夫本、殿本『扜』皆作『扞』，黃本、殿本《索隱》同。此正文、《索隱》皆作『扜』，蓋依《漢書・西域傳》改之，是也。《西域傳》『扜彌國』，《補注》徐松曰：『《史記》作「扞罙」，按扞即扜字之譌，彌、罙音同。』《後書》有《傳》，改號『拘彌』。」〔註 1325〕景祐本、黃善夫本、紹興本、乾道本、元刻本、慶長本作「扜罙」，淳熙本作「扞采」。《索隱》「扜罙」，黃善夫本、慶長本、乾道本、元刻本作「扜罙」，淳熙本作「扞采」。其國名既或作「拘彌」，則當依《索隱》作「扜罙」，上字從于得聲，下字從米得聲（淳熙本、毛本不

〔註 1321〕張文虎《校刊史記集解索隱正義札記》卷 5，中華書局，1977 年版，第710 頁。

〔註 1322〕池田四郎次郎《史記補注（下編）》（池田英雄增補），日本明德出版社，1975 年版，第 448 頁。

〔註 1323〕李慈銘《史記札記》，收入《越縵堂讀史札記全編》，北京圖書館出版社，2003 年版，第 56 頁。

〔註 1324〕瀧川資言《史記會注考證》，北嶽文藝出版社，1999 年版，第 4963 頁。

〔註 1325〕王叔岷《史記斠證》，中華書局，2007 年版，第 3311 頁。

誤）。「扞」、「宷」都是形譌。裴務齊《正字本刊謬補缺切韻》「采」、「彌」同音武移反，《廣韻》同，《集韻》同音縣批切。

（2）北有奄蔡、黎軒（10 / 3811）

《正義》：宋膺《異物志》云：「秦之北附庸小邑，有羊羔自然生於土中……擊物驚之，乃驚鳴，臍遂絕，則逐水草為群。」

按：陳冠明據《隋書‧經籍志》、《舊唐書‧經籍志》、《新唐書‧藝文志》均著錄朱應《扶南異物志》一卷，指出「宋膺」是「朱應」之誤〔註1326〕，其說非是。《太平御覽經史圖書綱目》曾列所引書目有「宋膺《異物志》」，《通典》卷 192、193、《御覽》卷 793、《廣川畫跋》卷 4、《玉海》卷 16、《路史》卷 4、《太平寰宇記》卷 181、182、186 亦引其書，與「朱應《扶南異物志》」自是二書。《異物志》「為群」，《通典》卷 193、《太平寰宇記》卷 184、《通志》卷 196 並作「無群」。「為」當是「無」形誤，謂生於土中之羊羔，臍絕之後，逐水草而無群也。

（3）其東南有身毒國（10 / 3814）

《正義》：明帝夢金人，長大，頂有光明，以問群臣。浮屠經云：「臨兒國王生隱屠太子。父曰屠頭邪，母曰莫邪。」

《校勘記》：隱屠太子，《三國志‧烏丸鮮卑東夷傳》裴松之注引《浮屠經》作「浮屠太子」，《御覽》卷 797 引《魏略》同。屠頭邪，裴松之注引《浮屠經》作「屑頭邪」，《御覽》卷 797 引《魏略》、《寰宇記》卷 183 引《晉宋浮圖經》同。（10 / 3834）

按：《正義》「金人」下逗號當刪去，「長大」當連上句。蘇芃指出「隱屠」當作「浮屠」〔註1327〕，是也。「浮屠」亦作「浮圖」，謂佛也。「浮屠經」、「晉宋浮圖經」皆非書名，泛言晉、宋時的佛經，不當加書名號。裴松之注引《魏略》，《魏略》引浮屠經耳。《世說新語‧文學》劉孝標注引《魏略‧西戎傳》：「天竺城中有臨兒國，浮屠經云：『其國王生浮圖，浮圖者，太子也。父曰屑頭邪，母曰莫邪。」《通典》卷 193 引晉、宋時浮圖經云：

〔註1326〕　陳冠明《〈史記〉校讀釐正》，《古籍整理研究學刊》1997 年第 6 期，第 37 頁。
〔註1327〕　蘇芃《〈史記〉校點發正》，《古籍整理研究學刊》2010 年第 1 期，第 112 頁；又蘇芃《南宋黃善夫本〈史記〉校勘研究》，南京師範大學 2010 年博士學位論文，第 149 頁。

「臨倪國，其王生浮圖太子也，父曰屑頭耶，母曰莫耶。」

（4）是歲漢遣驃騎破匈奴西域數萬人，至祁連山（10／3817）

《校勘記》：西域，原作「西城」。王念孫《雜志》：「『城』當為『域』，字之誤也。《漢書》作『破匈奴西邊，殺數萬人』。」今據改。（10／3835）

按：《校勘記》既從王說，校「城」為「域」；而王氏又云《史記》脫『殺』字」〔註1328〕，不知何故不引，亦不從補？

（5）令外國客徧觀各倉庫府藏之積，見漢之廣大（10／3823）

《校勘記》：「各」原作「名」。張文虎《札記》卷5：「『名』字譌，當從《漢書》作『各』。」今據改。（10／3836）

按：瀧川資言、張森楷、池田皆從張文虎說〔註1329〕。施之勉引張森楷曰：「李、余、監、殿、局、石本『名』作『各』，句自易解。此從蜀、衲、元、王、秦、湖、《評林》、凌、毛、舊鈔本作，則不但觀之而已，並為之名以夸之，則誼似較長。」〔註1330〕王叔岷曰：「景祐本、黃善夫本『各』並作『名』，《通鑑》同。此文蓋本作『名』。名倉庫，猶言大倉庫。《漢傳》『名』作『各』，蓋淺人所改，或『名』之形誤。張氏從作『名』之本，是矣，惟未得『名』字之義。」〔註1331〕王說是也，「名」即「名山」、「名都」之名。宋元各本及慶長本均作「名」，《漢書・張騫傳》北宋景祐本、南宋嘉定本、建安本、慶元本、元大德本、明嘉靖汪文盛刻本、明正統本同，《玉海》卷154亦同。是《史》、《漢》舊本皆作「名」字，張文虎所見《漢書》作「各」乃後世俗本，王叔岷亦未見其善本。

（6）而多出食食給漢軍（10／3828）

按：王叔岷曰：「《漢傳》無『給』字，《通鑑》從之。竊疑此文『食』字乃誤疊，或後人據《漢傳》於『給』旁注『食』字，傳寫誤入正文耳。

〔註1328〕 王念孫《史記雜志》，收入《讀書雜志》卷3，中國書店，1985年版，本卷第49頁。

〔註1329〕 瀧川資言《史記會注考證》，北嶽文藝出版社，1999年版，第4986頁。張森楷《史記新校注》，中國學典館復館籌備處，1967年版，第5064頁。池田四郎次郎《史記補注（下編）》（池田英雄增補），日本明德出版社，1975年版，第454頁。

〔註1330〕 施之勉《史記會注考證訂補》，華岡出版有限公司，1976年版，第1679頁。

〔註1331〕 王叔岷《史記斠證》，中華書局，2007年版，第3323頁。

上文亦云『出食給軍』，《漢紀》此文亦作『出食給軍』，並不疊『食』字。」〔註1332〕李人鑒謂「出食食給」當作「出食給食」或「出食給」〔註1333〕。王說是，李說亦通。「食給」不辭，當據《漢書‧李廣利傳》刪一「食」字。上文又云「給漢軍食」（《漢書》同），又「給食其軍」，亦足佐證。「給食」是《史記》成語。

（7）郁成食不肯出，窺知申生軍日少，晨用三千人攻，戮殺申生等（10 / 3828）

按：池田引中井積德曰：「『日』字疑衍，班史無。」〔註1334〕淳熙本、慶長本、四庫本、殿本作「日」，黃善夫本、紹興本、乾道本、元刻本作「曰」。中井說是，景祐本正無此字，各宋本《漢書‧李廣利傳》、宋刊《冊府元龜》卷982亦無。

（8）弟、桀等逐及大將軍（10 / 3828）

按：瀧川資言曰：「《漢書》『逐』作『追』。」〔註1335〕瀧校未確，《漢書‧李廣利傳》「逐」作「遂追」。「逐及」非二漢人語，「逐」是「遂」形誤，又脫「追」字。

《游俠列傳》

（1）《集解》：荀悅曰：「立氣齊，作威福，結私交，以立彊於世者，謂之游俠。」（10 / 3837）

按：施之勉引張森楷曰：「立氣齊，《荀紀》作『立氣勢』。『氣齊』傳刻譌誤也。」〔註1336〕「氣齊」不辭，當據荀悅《漢紀》卷10作「氣勢」，《長短經‧正論》、《御覽》卷473、《通鑒》卷18、《永樂大典》卷4909引同。

（2）少時陰賊，慨不快意，身所殺甚眾（10 / 3842）

《正義》：慨，苦代反，慷慨。言不合意則殺之。（據瀧川《考證》本，

〔註1332〕王叔岷《史記斠證》，中華書局，2007年版，第3327頁。

〔註1333〕李人鑒《太史公書校讀記》，甘肅人民出版社，1998年版，第1598頁。

〔註1334〕池田四郎次郎《史記補注（下編）》（池田英雄增補），日本明德出版社，1975年版，第456頁。

〔註1335〕瀧川資言《史記會注考證》，北嶽文藝出版社，1999年版，第4996頁。

〔註1336〕施之勉《史記會注考證訂補》，華岡出版有限公司，1976年版，第1682頁。張森楷說見《史記新校注》，中國學典館復館籌備處，1967年版，第5075頁。

黃善夫本下方校記亦引之）

按：《漢書·游俠傳》「慨」作「嘆」，其上有「感」字。王先謙曰：「《史記》無『感』字，蓋脫。」〔註1337〕王說是，當據補「感」字，「感慨」即狀不快意。

（3）吏逐之，跡至籍少公（10／3845）

按：周尚木曰：「『之』字淺人妄加。逐跡者，言蹤跡解之所至，思捕治之也。《漢書》正無『之』字。」〔註1338〕王叔岷曰：「『跡』字當屬上絕句。『之』猶其也。」〔註1339〕王說是。

《佞幸列傳》

（1）故孝惠時郎侍中皆冠鵕鸃，貝帶，傅脂粉，化閎、籍之屬也（10／3849）

按：宋元各本及慶長本均作「化」，《書鈔》卷129引同，《漢書·佞幸傳》各宋本亦同。《初學記》卷26、《御覽》卷684、《事類賦注》卷12引「化」作「比」。「化」字無義，當是「比」形誤。比，副詞，猶言皆。《漢書·郊祀志》「皆六宗之屬也」，文例同。

《滑稽列傳》

（1）甌窶滿篝（10／3858）

《索隱》：甌窶猶杯樓也。窶音如婁，古字少耳。言豐年收掇易，可滿篝籠耳。

按：《索隱》「易」字屬下句，「易可」同義複詞，中古語詞，猶言容易。《御覽》卷736引注作：「甌窶猶梧樓也。言豐年採掇，易滿篝籠也。篝音口（缺一字）。」

（2）請為大王六畜葬之（10／3861）

按：王叔岷曰：「《類聚》卷93、《御覽》卷894引此並作『請為王言六畜之葬』。」〔註1340〕《事類賦注》卷21引亦同《類聚》，乃臆改也。宋刊《冊府元龜》卷947引同今本，《左傳·昭公二十九年》孔疏、《治要》卷

〔註1337〕 王先謙《漢書補注》卷92，中華書局，1983年版，第1551頁。

〔註1338〕 周尚木《史記識誤》，收入《二十四史訂補》第1冊，書目文獻出版社，1996年版，第513～514頁。

〔註1339〕 王叔岷《史記斠證》，中華書局，2007年版，第3347頁。

〔註1340〕 王叔岷《史記斠證》，中華書局，2007年版，第3369頁。

12 引作「請大王以六畜葬之」〔註1341〕。《渚宮舊事》卷 1 引作「請大王以六畜禮葬之」，當據補「以」、「禮」二字。「以六畜禮葬之」與上文「以大夫禮葬之」、「以人君禮葬之」對言。

（3）優孟曰：「請歸與婦計之，三日而為相。」（10／3862）

按：「請歸與婦計之三日而為相」十一字作一句讀。《初學記》卷 18 引作「請與婦計之三日而來」。

（4）孟曰：「婦言慎無為，楚相不足為也。」（10／3862）

按：「楚相」二字屬上讀。《初學記》卷 18 引作「婦言慎勿為楚相」，《御覽》卷 451 引作「婦言慎無為楚相」，均未引「不足為也」四字。下文云「安可為也」、「不足為也」，亦足證此「不足為也」為句。

（5）優旃曰：「善。多縱禽獸於其中，寇從東方來，令麋鹿觸之足矣。」（10／3863）

按：「足」是副詞，而非名詞。「之」下當加逗號，「足矣」二字為句。

（6）時詔賜之食於前。飯已，盡懷其餘肉持去，衣盡汙（10／3866）

按：瀧川資言曰：「楓山本『食』作『飯』，與凌一本同。」〔註1342〕王叔岷曰：「殿本『食』亦作『飯』。」〔註1343〕慶長本、四庫本「食」亦作「飯」。《書鈔》卷 145 引「食」作「肉」，「已」作「既」。「食」字是，宋元各本並作「食」，《書鈔》卷 143、《御覽》卷 847、宋刊《冊府元龜》卷 836 引同，「賜食」是《史》、《漢》習語。「盡」當屬上句，言飯已喫盡，則懷其餘肉持去。《書鈔》卷 143 引「餘肉」誤作「飯肉」。

（7）諸侯賓服，威振四夷，連四海之外以為席（10／3867）

《正義》：言四海之外皆賓服，如席之相連環繞。（據瀧川《考證》本，黃善夫本上方校記亦引之）

按：沈家本曰：「《漢書》『席』作『帶』。此蓋由俗書『席』下為『帶』，而『帶』譌為『席』。」〔註1344〕李笠曰：「局本『帶』作『席』。」〔註1345〕

〔註1341〕《治要》據天明刊本，古鈔本脫「大王」二字。
〔註1342〕瀧川資言《史記會注考證》，北嶽文藝出版社，1999 年版，第 5046 頁。
〔註1343〕王叔岷《史記斠證》，中華書局，2007 年版，第 3377 頁。
〔註1344〕沈家本《史記瑣言》卷 3，收入《二十五史三編》第 2 冊，嶽麓書社，1994 年版，第 845 頁。
〔註1345〕李笠《廣史記訂補》卷 12，復旦大學出版社，2001 年版，第 347 頁。

池田曰：「《漢書・東方朔傳》『席』作『帶』，顏師古曰：『言如帶之相連也。』」
〔註1346〕王叔岷曰：「《文選》『席』作『帶』（與《漢傳》同）。『帶』乃『𧜀』
之壞字。𧜀，俗席字。《史記》作『席』，正可證《漢書》、《文選》作『帶』
之誤。」〔註1347〕沈說是，王說俱矣，宋元各本及慶長本均誤作「席」。宋
刊《冊府元龜》卷769、《通志》卷99、《百官箴》卷2作「帶」。《文選》
李周翰曰：「言連如衣帶也。」謂四海之外連於中國，如衣帶也。吳國泰說
「帶」借為「地」〔註1348〕，不可信。

（8）傳曰：「天下無害菑，雖有聖人，無所施其才；上下和同，雖
有賢者，無所立功。」（10／3867）

按：瀧川資言曰：「『立』上（下）『其』字各本無，今從楓山、三條
本。《淮南子・本經訓》：『世無災害，雖神無所施其德；上下和輯，雖賢
無所立其功。』」〔註1349〕水澤利忠曰：「無所立其功，南化、楓、梅、三
校補『其』。」〔註1350〕王叔岷曰：「《淮南子》云云，亦見《文子・精誠篇》，
『神』作『聖』，與此文作『聖人』較合。《文選》作：『傳曰：天下無害，
雖有聖人，無所施才；上下和同，雖有賢者，無所立功。』《考異》稱袁
本、茶陵本『害』下有『菑』字。」〔註1351〕瀧川說是，「立」下當補「其」
字，黃善夫本下方校記標一「其」字。「無所立其功」與「無所施其才」
文例相同，《淮南》、《文子》是也。或刪「施」下「其」字亦可，「無所立
功」與「無所施才」文例相同，《文選》是也。《長短經・論士》：「天下無
災害，雖有賢德，無所施才。」《淮南》作「神」，即謂「聖人」。《法言・
修身》：「聖人曰神。」《莊子・外物》郭象注：「神人，即聖人也。聖言其
外，神言其內。」又《文子》「和輯」作「和睦」。

（9）張緹絳帷（10／3872）

《正義》：顧野王云：「緹，黃赤色也。又音啼，厚繒也。」

按：《玉篇》：「緹，帛赤色也。」「又音啼，厚繒也」非顧野王說，是

〔註1346〕池田四郎次郎《史記補注（下編）》（池田英雄增補），日本明德出版社，
　　　　　1975年版，第470頁。
〔註1347〕王叔岷《史記斠證》，中華書局，2007年版，第3379頁。
〔註1348〕吳國泰《史記解詁》第4冊，1933年成都居易簃叢著本，本冊第75頁。
〔註1349〕瀧川資言《史記會注考證》，北嶽文藝出版社，1999年版，第5049頁。
〔註1350〕水澤利忠《史記會注考證校補》，廣文書局，1972年版，第3418頁。
〔註1351〕王叔岷《史記斠證》，中華書局，2007年版，第3380頁。

《正義》語，不當放在引號內。

（10）皆叩頭，叩頭且破，額血流地，色如死灰（10／3873）

按：「額」字屬上句。《書鈔》卷 39 引作「皆叩頭破額」，未引「血流地」。

《日者列傳》

（1）昔先王之定國家，必先龜策日月，而後乃敢代；正時日，乃後入家；產子必先占吉凶，後乃有之（10／3882～3883）

《索隱》：謂若卜之不祥，則式不收也。卜吉而後有，故云「有之」。

按：張文虎曰：「《類聚》卷 75 引『有』作『育』。」〔註1352〕瀧川資言曰：「岡白駒曰：『乃敢代，代天而為政也。乃後入，事不苟，必正之時日。言入，則出亦可知矣。』愚按：楓山本『代』作『伐』，義較長。入，戰勝振旅也。」〔註1353〕水澤利忠曰：「代，南化、楓、棭『伐』。」〔註1354〕①黃善夫本下方校記云：「代，本乍（作）『伐』。」宋元各本及慶長本作「代」，《類聚》卷 75、景宋本《御覽》卷 725、《班馬異同》卷 34 引同；宋刊《冊府元龜》卷 833 作「伐」（明刊本、四庫本作「代」）。「伐」字是，指出征。「入」指戰勝而不佔領其地。瀧川說「入」指戰勝振旅，無據；而以「家」字屬下句，則得之，池田亦得其讀〔註1355〕。《春秋·隱公二年》：「夏五月，莒人入向。」《公羊傳·隱公二年》：「入者何，得而不居也。」何休注：「入者，以兵入也。已得其國而不居，故云爾。」②宋元各本及慶長本作「有之」，宋刊《冊府元龜》卷 833、景宋本《御覽》卷 725 引同。「育」是形誤。

（2）傳曰：「富為上，貴次之；既貴各各學一伎能立其身。」（10／3886）

按：瀧川資言「既貴」二字讀斷〔註1356〕，是也，其下當加逗號。

〔註1352〕張文虎《校刊史記集解索隱正義札記》卷 5，中華書局，1977 年版，第 726 頁。

〔註1353〕瀧川資言《史記會注考證》，北嶽文藝出版社，1999 年版，第 5072 頁。

〔註1354〕水澤利忠《史記會注考證校補》，廣文書局，1972 年版，第 3429 頁。

〔註1355〕池田四郎次郎《史記補注（下編）》（池田英雄增補），日本明德出版社，1975 年版，第 476 頁。

〔註1356〕瀧川資言《史記會注考證》，北嶽文藝出版社，1999 年版，第 5077 頁。

（3）故曰：「非其地，樹之不生；非其意，教之不成。」（10／3886）

按：當讀作：「非其地樹之；不生；非其意教之，不成。」《家語‧六本》：「是以非其人告之，弗聽；非其地樹之，弗生。」《說苑‧雜言》仲尼曰：「非其地而樹之，不生也；非其人而語之，弗聽也。」

《龜策列傳》

（1）明月之珠，出於四海；鐫石拌蚌，傳賣於市（10／3899）

《集解》：徐廣曰：「鐫音子旋反。拌音判。」

《索隱》：拌音判。判，割也。

按：吳國泰曰：「拌，假作判。」〔註1357〕韓兆琦曰：「拌，通『叛』，分割，剖開。」〔註1358〕①吳說是。《索隱》「判，割也」，「割」當是「剖」形誤，黃善夫本、乾道本、淳熙本、元刻本、慶長本均誤。《說文》：「剖，判也。」《廣雅》：「剖，半也。」「半」即「判」。《廣韻》：「判，剖判。」《文選‧吳都賦》「剖巨蚌於迴淵，濯明月於漣漪」，又《羽獵賦》「剖明月之胎珠」，《弘明集》卷1引漢‧牟子《理惑論》「剖三寸之蚌，求明月之珠」，《三國志‧秦宓傳》「剖蚌求珠」，《類聚》卷8引晉‧潘岳《滄海賦》「剖蚌而珠出」，《御覽》卷941引《交州異物志》「剖蜯探（採）珠」，諸文皆足證此文「拌蚌」即「剖蚌」。明月之珠育於巨蚌，故剖蚌乃能得之也。《文選‧雪賦》「若馮夷剖蚌列明珠」，《類聚》卷2引同，《初學記》卷3引「剖」誤作「割」。《御覽》卷248引《長沙耆舊傳》：「夫採名珠求之於蚌……或割百蚌不得一珠，不可捨蚌求之於魚。」「割」亦當作「剖」。景宋本《淮南子‧泰族篇》：「卵剖於陵」，《初學記》卷30、《白氏六帖事類集》卷29、《御覽》卷930引同，道藏本、漢魏叢書本、明刻本「剖」誤作「割」。②傳，讀為轉。

（2）陰兢活之，與之俱亡（10／3900）

《集解》：徐廣曰：「兢，一作竟。」

按：《集解》「竟」，景祐本、紹興本作「竟」，黃善夫本、乾道本、淳熙本、元刻本、四庫本作「競」。「竟」是「競」俗字。當據校「竟」作「竟」。《說文》云「兢，競也」，此是聲訓，故「兢」一作「競」也。

〔註1357〕吳國泰《史記解詁》第4冊，1933年成都居易簃叢著本，本冊第77頁。
〔註1358〕韓兆琦《史記箋證》，江西人民出版社，2009年版，第6241頁。

（3）貪很而驕（10／3901）

按：張文虎曰：「游、柯本『很』，它本譌『狼』。」〔註1359〕張說非是，宋元各本及慶長本、四庫本、殿本作「貪狼」，上文亦云「教為無道，勸以貪狼」，當據校正。

（4）是故明有所不見，聽有所不聞（10／3903）

按：瀧川資言引中井積德曰：「『聽』當作『聰』。」〔註1360〕中井說是。《漢書·東方朔傳》《答客難》：「冕而前旒，所以蔽明；黈纊充耳，所以塞聰。明有所不見，聰有所不聞。」《文選》同。

（5）蝟辱於鵲（10／3903）

《集解》：郭璞曰：「蝟能制虎，見鵲仰地。」《淮南萬畢》曰：「鵲令蝟反腹者，蝟憎其意而心惡之也。」

按：①古書多言鵲能制蝟（亦作猬、彙）。《淮南子·說山篇》：「鵲矢（屎）中蝟。」高誘注：「中亦殺也。」《說苑·辨物》：「鵲食蝟。」《論衡·物勢》：「鵲食蝟皮。」《易林·乾之萃》：「如蝟見鵲，不敢拒格。」又《兌之隨》：「如蝟見鵲，偃視恐伏，不敢拒格。」又《比之豐》：「李耳彙鵲，更相恐怯，偃爾以腹，不能距格。」《埤雅》卷4：「（蝟）見鵲，便仰腹受啄，中其矢輒爛，故《淮南子》云『鵲矢中蝟』，此理之不可推也。」又卷9引《類從》：「鵲鳴在上，蝟反不行。」《證類本草》卷21引《唐本〔草〕》注：「蝟極獰鈍，大者如小犿，小者猶爪大，或惡鵲聲，故反腹令啄，欲掩取之，猶蚌鷸。」《爾雅翼》卷21：「《緯書》曰：『火爍金，故鵲啄蝟。』宋均曰：『蝟有兵刺，故謂金。鵲處高得火氣也。蝟見鵲，便自仰腹受喙（啄）。』或曰：蝟極獰鈍，或惡鵲聲，故反腹令啄，欲掩取之，猶蚌鷸耳，非有畏也。」②《集解》「意」當作「音」，字之誤也。「憎其音」即「惡鵲聲」也。

（6）當勝，首仰足開身正，內自橋，外下；不勝，足肣首仰，身首內下外高（10／3908）

按：「內下」下當加逗號，「外高」與「外下」對文，當二字為句。下文云「執，首仰足開，內外自橋，外自垂；不執，足肣首仰有外」（點校本「橋」下脫逗號，「外自垂」即「外下」，當三字為句），又「命曰橫吉內外

〔註1359〕張文虎《校刊史記集解索隱正義札記》卷5，中華書局，1977年版，第730頁。

〔註1360〕瀧川資言《史記會注考證》，北嶽文藝出版社，1999年版，第5106頁。

自橋」，又「命曰橫吉內外相應自橋榆仰上柱足胅」，文例皆同。「內自橋」當作「內外自橋」，脫「外」字。下文云「吉，足開首仰，身正，內自橋；不吉，首仰，身節折，足胅有外，若無漁」，下文又云「得，首仰足開，內自橋；不得，首仰足胅有外」，亦脫「外」字。

《貨殖列傳》

（1）都國諸侯所聚會（10／3931）

按：水澤利忠曰：「都，南化、楓、梅、三『郡』。」〔註1361〕池田引中井積德曰：「都國，特舉帝城近側也。」〔註1362〕李人鑒曰：「『都』字疑『郡』字之誤。」〔註1363〕韓兆琦曰：「都，建都。」〔註1364〕黃善夫本上方校記云：「都，一乍（作）『郡』。」「郡」字是，宋元各本及慶長本均誤，《通典》卷11、《玉海》卷17引誤同。「都國諸侯」不辭，「郡國諸侯」是《史》、《漢》習語。

（2）女子則鼓鳴瑟，跕屣（10／3932）

《集解》：徐廣曰：「跕音帖。」張晏曰：「跕，屣也。」瓚曰：「躡跟為跕也。」

按：張晏語當「跕屣也」三字連文，以釋正文「跕」字。裴務齊《正字本刊謬補缺切韻》、蔣斧印本《唐韻殘卷》、《廣韻》並云：「跕，跕屣。」《慧琳音義》卷88：「跕屣：上音帖。《考聲》云：『跕屣徐行也。』」《玉篇》：「跕，跕屣也。」張文虎曰：「《集解》『跕屣也』，『屣』字誤。據下引瓚曰，疑當為『躡』。」〔註1365〕張說非是，蓋張氏不知「跕屣」連讀以訓正文「跕」字，誤以為以「屣」訓「跕」，因改「屣」作「躡」耳。

（3）而民雕捍少慮（10／3934）

《索隱》：人雕悍。言如雕性之捷捍也。

按：黃生曰：「『雕』與『彫』通，樸之反也，今俗用『刁』字。」〔註1366〕

〔註1361〕水澤利忠《史記會注考證校補》，廣文書局，1972年版，第3464頁。
〔註1362〕池田四郎次郎《史記補注（下編）》（池田英雄增補），日本明德出版社，1975年版，第496頁。
〔註1363〕李人鑒《太史公書校讀記》，甘肅人民出版社，1998年版，第1627頁。
〔註1364〕韓兆琦《史記箋證》，江西人民出版社，2009年版，第6297頁。
〔註1365〕張文虎《校刊史記集解索隱正義札記》卷5，中華書局，1977年版，第741頁。
〔註1366〕黃生《義府》卷下，黃生、黃承吉《字詁義府合按》，中華書局，1954

胡文英曰：「雕，奸惡也，吳諺謂奸猾為雕。俗用『刁』，誤。」〔註1367〕
桂馥曰：「馥謂『刁』字省筆，吏胥苟趨簡易，用以代『雕』耳。」〔註1368〕
錢泳、梁章鉅從桂說〔註1369〕。陳直亦謂「雕」簡寫作「刁」〔註1370〕。吳
玉搢曰：「『捍』與『悍』同。」〔註1371〕吳國泰、瀧川資言說同吳氏〔註1372〕。
沈家本曰：「『捍』當讀『勇悍』之悍。雕捍少慮者，言其性如雕之勇捍而
無所顧慮。若訓為捷，則與下『少慮』之義不洽矣。」〔註1373〕《索隱》及
沈說是，潘吟閣從《索隱》說〔註1374〕。「雕」非謂奸惡，《漢書·地理志》
作「愚悍少慮」。《文選·吳都賦》「料其虓勇，則鵰悍狼戾」，「鵰」與「虓」、
「狼」對文，自是名詞。唐·楊弘真《一鶚賦》：「鷹揚者迎之而不逮，鵰
悍者攀之而不能。」「鵰」與「鷹」對文，亦謂如雕之捍。《索隱》「捷」當
作「健」，沈家本尚不知其為誤字。《貨殖列傳》《索隱》「其方人性若羊，
健捍而不均」，黃善夫本、乾道本、淳熙本、元刻本、慶長本、殿本亦誤作
「捷捍」，是其比。《潛夫論·明忠》：「權之為勢也，健悍以大。」

（4）是以廉吏久，久更富，廉賈歸富（10／3941）

按：當「廉吏久久更富」作一句讀。「久久」是時間副詞，猶言極久。
《漢紀》卷12「而久久稍弱」，《文選》崔瑗《座右銘》「行之苟有恒，久久
自芬芳」，皆是其例。

（5）千畦薑韭（10／3942）

《集解》：徐廣曰：「千畦，二十五畝。」駰案：韋昭曰「畦猶隴」。

《索隱》：韋昭云：「坼中畦猶隴也，謂五十畝也。」劉熙注《孟子》

年版，第191頁。

〔註1367〕胡文英《吳下方言考》卷5，收入《續修四庫全書》第195冊，上海古籍
出版社，2002年版，第44～45頁。

〔註1368〕桂馥《札樸》卷4，中華書局，1992年版，第146頁。

〔註1369〕錢泳《履園叢話》卷3，道光十八年刻本，本卷第14頁。梁章鉅《浪跡
續談》卷1，道光二十八年刻本，本卷第34頁。

〔註1370〕陳直《史記新證》，天津人民出版社，1979年版，第199頁。

〔註1371〕吳玉搢《別雅》卷4，收入《四庫全書》第222冊，臺灣商務印書館，1986
年初版，第728頁。

〔註1372〕吳國泰《史記解詁》第4冊，1933年成都居易簃叢著本，本冊第80頁。
瀧川資言《史記會注考證》，北嶽文藝出版社，1999年版，第5155頁。

〔註1373〕沈家本《史記瑣言》卷3，收入《二十五史三編》第2冊，嶽麓書社，1994
年版，第846頁。

〔註1374〕潘吟閣《〈史記·貨殖傳〉新詮》，商務印書館，1931年版，第29頁。

云：「今俗以二十五畝為小畦，五十畝為大畦。」王逸云：「畦猶區也。」

　　按：二十五畝為小畦，則「千畦」決非二十五畝，徐廣語「千」字乃衍文，宋元各本及慶長本均衍，或「小」字之誤。水澤利忠曰：「《集解》『隴』，景、井、耿、慶、彭、毛、凌、殿『壠』。」〔註1375〕乾道本、紹興本、慶長本《集解》亦作「壠」。《孟子・滕文公上》：「圭田五十畝。」「圭」即此文「畦」，是所謂大畦。《漢書・貨殖傳》顏師古注：「畦音攜。」俗字音轉作畽、埅〔註1376〕。

（6）蜀卓氏之先（10／3948）

《集解》：徐廣曰：「卓，一作淖。」

《索隱》：淖亦音泥淖，亦是姓，故齊有淖齒，漢有淖蓋，與卓氏同出，或以同音淖也。

　　按：「淖蓋」為人名無考，疑「淖」下脫「姬」字，「蓋」屬下句。《五宗世家》「淖姬」，《索隱》：「鄭氏音卓，蘇林音『泥淖』之淖，女教反。淖，姓也，齊有淖齒是。」《范雎列傳》「淖齒」，《索隱》：「淖，姓也，音泥教反，漢有淖姬是也。」彼二篇分別舉「淖齒」、「淖姬」之例，此篇則合舉二例，可以助證。「蓋與卓氏同出」者，小司馬不能必之，而用疑詞「蓋」。又《索隱》「音泥淖」下脫「之淖」二字。

（7）馬千匹（10／3952）

《索隱》：《風俗通》云：「馬稱匹者……或說馬夜行目照前四丈，故云一匹。」又《韓詩外傳》云：「孔子與顏回登山，望見一匹練，前有藍，視之果馬，馬光景一匹長也。」

　　按：《索隱》所引《風俗通》，《類聚》卷93、《御覽》卷897、《類說》卷38、《事文類聚》後集卷38、《侯鯖錄》卷6引「目」下有「明」字，當據補，「目明」二字為句。《索隱》所引《外傳》，《御覽》卷818引「藍」上有「生」字，《類聚》卷93、《御覽》卷897、《事類賦注》卷21、《永樂大典》卷2406引《論衡》同（今本《論衡・書虛》文不同），《太平寰宇記》卷91亦同。黃善夫本、乾道本、淳熙本、慶長本《索隱》「光景」上無「馬」字。

〔註1375〕水澤利忠《史記會注考證校補》，廣文書局，1972年版，第3476頁。

〔註1376〕參見蕭旭《〈說文〉疏證（三則）》，《北斗語言學刊》第7輯，2020年版，第110頁。

（8）皆非有爵邑奉祿弄法犯姦而富，盡椎埋去就，與時俯仰，獲其贏利，以末致財……故足術也（10／3953）

按：顧炎武曰：「『椎埋』當是『推移』二字之誤。」〔註1377〕《四庫考證》及杭世駿、何義門、朱起鳳、劉光蕡、潘吟閣、林茂春從顧說〔註1378〕。錢大昕駁顧說云：「『椎埋』漢人語，不可輕改。先生亦微染俗學。」〔註1379〕梁玉繩曰：「『椎埋』乃『推理』譌文，言推測物理也。《日知錄》謂『推移』之誤，非也。」〔註1380〕潘吟閣小字注按語則又取梁說。高步瀛、池田從梁說〔註1381〕。姚範曰：「『椎埋』疑為『推理』字之誤。」〔註1382〕韓國人金昌翕曰：「『椎埋』當作『推理』，嘗聞谿谷亦如此解。蓋因上文『攻剽椎埋』而為混錯也。」〔註1383〕郭嵩燾曰：「前云『攻剽椎埋』，皆劫掠之名。椎者，搏擊。埋者，藏匿。言其規時去就，與椎埋之術同也。」〔註1384〕瀧川資言曰：「各本『推理』作『椎埋』。凌稚隆曰：『二字疑有誤。』顧炎武曰：『當是「推移」之誤。』中井積德曰：『當作「推理」。』愚按：楓、三本正作『推理』，今依改。推理，言推測物理也。」〔註1385〕張森楷曰：「梁

〔註1377〕 顧炎武《日知錄》（陳垣校注）卷27，安徽大學出版社，2007年版，第1534頁。

〔註1378〕 《史記考證》，收入《四庫全書》第244冊，臺灣商務印書館，1986年初版，第941頁。杭世駿《史記考證》，收入《二十五史三編》第1冊，嶽麓書社，1994年版，第157頁。杭世駿《史記疏證》卷59，收入《續修四庫全書》第264冊，上海古籍出版社，2002年版，第549頁。何焯《義門讀書記》卷14，中華書局，1987年版，第236頁。朱起鳳《辭通》卷2，上海古籍出版社，1982年版，第85頁。劉光蕡《史記・貨殖列傳注》，收入《二十五史三編》第2冊，嶽麓書社，1994年版，第777頁。潘吟閣《〈史記・貨殖傳〉新詮》，商務印書館，1931年版，第55頁。林茂春《史記拾遺》，收入《二十四史訂補》第1冊，書目文獻出版社，1996年版，第683頁。

〔註1379〕 錢大昕說轉引自黃汝成《日知錄集釋》卷27，嶽麓書社，1994年版，第956頁。

〔註1380〕 梁玉繩《史記志疑》卷35，中華書局，1981年版，第1462頁。

〔註1381〕 高步瀛《兩漢文舉要》，中華書局，1990年版，第159頁。池田四郎次郎《史記補注（下編）》（池田英雄增補），日本明德出版社，1975年版，第503頁。

〔註1382〕 姚範《援鶉堂筆記》卷16，收入《續修四庫全書》第1148冊，上海古籍出版社，2002年版，第564頁。

〔註1383〕 金昌翕《三淵集》卷36，景仁文化社出版，本卷第23頁。

〔註1384〕 郭嵩燾《史記札記》，商務印書館，1957年版，第459頁。

〔註1385〕 瀧川資言《史記會注考證》，北嶽文藝出版社，1999年版，第5177頁。

作『推理』者，但云『推測物理』猶不盡合，據《晉書‧恒沖傳》『當相料理』，則此似是推測料理其去就也。」〔註1386〕施之勉曰：「《通典》卷11、《御覽》卷471引作『推理』。」〔註1387〕王叔岷曰：「黃善夫本亦作『椎埋』。景祐本南宋補版『椎』作『推』。顧氏得其半矣。作『椎』當是形誤耳。」〔註1388〕景祐本作「推理」，黃善夫本、紹興本、乾道本、淳熙本、元刻本、慶長本作「椎埋」，《班馬異同》卷35同。當從梁氏等說作「推理」，形近致譌，《史記》「推」字多處誤作「椎」；李鼎芳說同〔註1389〕，而不知前人已及之。但梁氏解作「推測物理」則不得，瀧川竊其說而不知有誤。張森楷說殊誤，全未得校書之法。推，因也，順也，循也。下句「與」字同義對舉，亦因也，隨也。推理，猶言循其理。《淮南子‧兵略篇》「是故扶義而動，推理而行，掩（按）節而斷割，因資而成功」，「推」與「扶」、「掩（按）」、「因」對舉。《鹽鐵論‧訟賢》「奉法推理，不避強禦，不阿所親」，「推理」與「奉法」對舉，「推」正遵循之義，與本文同。《太史公自序》：「循執理。」此言商人致富，皆循理取捨，自不是遊俠椎埋攻剽所得。《漢書‧貨殖傳》「然常循守事業，積累贏利，漸有所起」，可作此文解釋。錢氏拘於漢人語「椎埋」，而不顧文義之不安，其說殊誤。

《太史公自序》

（1）上會稽，探禹穴（10／3971）

《正義》：《括地志》云：「石箐山一名玉笥山，又名宛委山，即會稽山一峯也，在會稽縣東南十八里。《吳越春秋》云：『禹案黃帝中經九山，東南天柱，號曰宛委，赤帝左闕之填，承以文玉，覆以盤石，其書金簡，青玉為字，編以白銀，皆瑑其文。』」

《校勘記》：赤帝左闕之填，《吳越春秋‧越王無余外傳》作「赤帝左闕其巖之巔」。（10／4003）

按：①《吳越春秋‧越王無余外傳》作「赤帝在闕其巖之巔」，《校勘記》引「在」誤作「左」。《初學記》卷5引「在」作「左」，與《正義》合。②黃善夫本、元刻本作「瑑」，今《吳越春秋》各本同，《書鈔》卷160、《類

〔註1386〕張森楷《史記新校注》，中國學典館復館籌備處，1967年版，第5174頁。
〔註1387〕施之勉《史記會注考證訂補》，華岡出版有限公司，1976年版，第1728頁。
〔註1388〕王叔岷《史記斠證》，中華書局，2007年版，第3459頁。
〔註1389〕李鼎芳《讀史箋札》，《河北大學學報》1984年第1期，第147頁。

聚》卷 11 引亦同；慶長本、殿本作「琢」，《初學記》卷 5 引同。「琢」是形譌。③《初學記》卷 8 引《會稽志》：「射的北有石帆壁立……有似張帆，又名玉笥山，又曰石簣山。」《御覽》卷 47 引賀循《〔會稽〕記》：「石簣山，其形似簣，在宛委山上。《吳越春秋》云：『九山東南曰天柱山，號宛委，承以文玉……禹乃齋，登石簣山，果得其文。』」（今本「石簣山」作「宛委山」）。孫利政據上引二文，指出「箐」當作「簣」〔註 1390〕，是也。《雲笈七籤》卷 7 引孔靈符《會稽記》：「會稽山南有宛委山，其上有石，俗呼為石簣，壁立干雲，累梯然後至焉。昔禹治洪水，厥功未就，齋於此山，發石簣，得金簡字，以知山河體勢。」《太平寰宇記》卷 99 溫州永嘉縣：「石簣山去州東一百八十里，上有方石，形狀如簣，云昔皇帝緘玉版金縢篆冊之秘。」亦是其證。又作「石匱山」，《嘉泰會稽志》卷 9：「宛委山在縣東南一十五里。舊經云：『山上有石簣，壁立干雲。升者累梯而至。』《十道志》：『石匱山，一名宛委，一名玉笥。有懸崖之險，亦名天柱山。』」考「簣」是盛土的竹器，亦通用「匱」字；「笥」是盛衣服或飯食的竹器，故「石簣山」一名「玉笥山」，作「箐」則無所關涉矣。此乃「簣」是而「箐」誤的訓詁理據，名物訓詁有益於校勘，信哉！

（2）尼困鄒、薛、彭城（10／3971）

《索隱》：白褒《魯記》云「靈帝末，有汝南陳子游為魯相。子游，太尉陳蕃子也」。

《正義》：《括地志》云：「漢末陳蕃子逸為魯相。白褒《魯記》曰『靈帝末，汝南陳子㳺為魯相，陳蕃子也』。」

按：《三國志‧武帝紀》裴松之注引司馬彪《九州春秋》：「於是陳蕃子逸與術士平原襄、楷會於芬坐。」《宋書‧州郡志》：「漢末太傅陳蕃子逸為魯相。」《括地志》「子逸」不誤，《魯記》誤作「子游（㳺）」。「逸」形誤作「遊」，又易作「游（㳺）」。《左傳‧襄公四年》《釋文》及孔疏引白褒《魯國記》亦誤作「陳子游」。

〔註 1390〕孫利政《〈史記正義〉勘誤一則》，《讀書》2019 年第 12 期，第 168 頁。

《史記》論稿

說說「范雎」的名字

1. 《史記》卷 79《范雎傳》:「范雎者，魏人也，字叔。」「雎」字舊點校本從目作「雎」，新點校本從且作「雎」。《通鑒》卷 5 作「雎」，胡三省注:「雎，音雖。」「雎」從隹得聲，「雎」從且得聲，判然二字，音義全別。張文虎《札記》曰:「宋本、毛本『雎』字並作『雎』。」中華書局點校本《札記》案語:「『范雎』之『雎』本應作『雎』。錢大昕《跋尾》云云（見下引，此略）。金陵局刻初印本作『雎』，張氏於眉上朱筆標『雎』，蓋欲依宋本、毛本剜改也。然以後所印本皆未及剜改，仍作『雎』字。中華本依底本作『雎』，特於此附錢說備考。」〔註 1〕張文虎又曰:「『雎』字宋本、毛本作『雎（雎）』〔註 2〕（《漢書·人表》同），它本『雎』、『雎』雜出，黃刊姚本《戰國策》作『雎』，《通鑒》作『雎』，《集覽》音雖。案《武梁祠堂畫像》有『范且』，錢氏《跋尾》云:『戰國、秦、漢人多名「且」（『穰且』、『豫且』、『夏無且』、『龍且』），或加「隹」旁（『范雎』、『唐雎』，案《魏策》『唐雎』亦作『唐且』）。』然則作「雎」者誤」〔註 3〕瀧川資言《考證》本作「雎」，注云:「慶長本標記云:『雎，七餘反。』蓋驪誕生音。中井積德曰:『范雎之雎，音且，文從且，非從目。』」又引張文虎《隨筆》

〔註 1〕張文虎《校刊史記集解索隱正義札記》，中華書局，1977 年版，第 545 頁。
〔註 2〕張氏《札記》作「作『雎』」，是也。
〔註 3〕張文虎《舒藝室隨筆》卷 4《史記》，收入《續修四庫全書》第 1164 冊，上海古籍出版社，2002 年版，第 359 頁。

說〔註 4〕。水澤利忠《校補》云:「瀧、慶、殿、凌,睢。毛,睢。按各本『范睢』下雜出。」〔註 5〕余所見《史記》各本,北宋景祐監本、宋乾道本、明毛晉汲古閣刻本《集解》及《索隱》並作「范睢」,南宋黃善夫本(即水澤氏所謂「慶」本)、南宋紹興刊本《集解》、南宋淳熙本、元至元二十五年彭刻本、明萬曆二十四年南京國子監刊本(清遞修本)、明萬曆四年刻本《評林》、光緒十九年廣雅書局翻刻本《索隱》、光緒二十九年五洲同文書局石印殿本、涵芬樓影印百衲本、日本宮內廳藏鎌倉寫本、日本慶長本並作「范睢」。

　　2.錢大昕曰:「按《史記索隱》、《正義》於『睢』字無音,依注(引者按:指胡三省注)讀,則字當從目旁,考《武梁祠畫像》作『范且』,『且』與『睢』同。字宜從且不從目矣。古人名『且』者甚多,如『穰且』、『豫且』、『龍且』、『夏無且』之類,皆讀子余切,『范睢』亦宜同此音。刊本作『睢(睢)』,蓋傳寫訛混,注讀為『雖』,失之甚矣。」〔註 6〕朱起鳳從其說,並指出「《韓非子‧外儲說左上》作『范且』,錢氏未引《韓非子》,亦其疏也」〔註 7〕。錢大昕又曰:「『范且』之後又有『魏須賈』一人,『賈』字雖泐其上半,猶可識。戰國、秦、漢人多以『且』為名,讀子余切。如『穰且』、『豫且』、『夏無且』、『龍且』皆是。『且』旁或加『隹』,如『范睢』、『唐睢』,文殊而音不殊也。胡身之注《通鑒》,輒音『范睢』之睢為雖,是誤認為目旁矣,據此碑可正胡注之誤。」〔註 8〕梁玉繩曰:「『范睢』始見《秦策》,『睢』又作『且』(《韓子‧外儲說左上》、《隸續‧武梁碑》)……按:古人每以『睢』為名,如《東周策》『馮睢』,《秦》、《楚》、《魏策》『唐睢』是已。而『睢』多作『且』,與《燕策》『夏無且』、《衛策》『殷順且』、

〔註 4〕瀧川資言《史記會注考證》,北嶽文藝出版社,1999 年版,第 3702 頁。瀧川所引張文虎《隨筆》頗多脫誤,於原文誤文亦不知訂正。

〔註 5〕水澤利忠《史記會注考證校補》,廣文書局,1972 年版,第 2589 頁。

〔註 6〕錢大昕《通鑒注辨正》卷 1,收入《嘉定錢大昕全集(四)》,江蘇古籍出版社,1997 年版,第 3 頁。

〔註 7〕朱起鳳《辭通》卷 3,上海古籍出版社,1982 年版,第 290 頁。

〔註 8〕錢大昕《潛研堂金石文跋尾》卷 1,收入《嘉定錢大昕全集(六)》,江蘇古籍出版社,1997 年版,第 31～32 頁。「穰且」,《史記‧司馬穰苴傳》作「穰苴」。岳慶平《「范睢」為「范睢」之誤》一文主要材料即是抄襲錢氏此文,無所新見,《中國史研究》1986 年第 4 期,又收入國務院古籍整理出版規劃小組編《古籍點校疑誤彙錄(四)》,中華書局,1990 年版,第 233～234 頁。

《史》《漢》『龍且』之類同。故『馮睢』、『唐睢』《策》元作『且』，范叔之名，可例觀也。鮑彪《衛策》注云『名且者皆子余反』，《魏世家索隱》云『七余反』。乃《通鑑》胡注、《秦策》吳注音范睢為雎。錢宮詹曰：『范睢音雎，是誤為目旁耳。』」〔註 9〕黃丕烈校《魏策四》「唐且」曰：「鮑改『且』為『睢』。吳氏補曰：『《新序》同，《史》作睢。』丕烈案：『且』、『睢』字同。」〔註 10〕《御覽》卷 383 引《戰國策》作「唐祖」。施之勉曰：「《韓非子・外儲說左上》作『范且』。顧光（廣）圻曰：『范睢（雎）也。且、雎同字。』」〔註 11〕王叔岷曰：「施之勉云云。《索隱》單本、黃善夫本『睢』並誤『雎』……《韓非子》作『范且』，雎、且古通，非同字。《魏世家》之『唐睢』，姚本《魏策四》、《新序・雜事五》並作『唐且』，亦同例。」〔註 12〕《新序・雜事三》、《說苑・奉使》、《後漢書・崔駰傳》亦作「唐且」。《後漢書》李賢注：「唐且即唐睢也。」石光瑛曰：「且、睢通用字。黃式三曰：『從目作睢，誤。』案：范睢、唐睢字均從且，俗或誤作睢，黃說是也。」〔註 13〕

諸家謂當從且作「睢」是也，中華書局《史記》新點校本已改作「睢」〔註 14〕。S.1439《春秋後語釋文》：「唐睢：七余反。」是其字從且得聲也。《戰國策・楚策一》、《楚策二》、《楚策三》有人名「昭睢」，亦當作「睢」為正。羅福頤《古璽彙編》0617 有人名「王鵙（睢）」〔註 15〕，《朝歌壺》有人名「上官𧥣」〔註 16〕，《陳鞀匝》有人名「陳鞀」〔註 17〕，皆其比。

〔註 9〕梁玉繩《漢書人表考》卷 5，收入《叢書集成初編》第 3710 冊，中華書局，1985 年影印，第 280～281 頁。

〔註 10〕黃丕烈《戰國策札記》卷下，收入《叢書集成新編》第 109 冊，新文豐出版公司，1985 年印行，第 782 頁。原文「睢」並誤作「雎」，據鮑、吳注本逕正。

〔註 11〕施之勉《史記會注考證訂補》，華岡出版有限公司，1976 年版，第 1277 頁。施氏所引顧廣圻說見《韓非子識誤》，收入《諸子百家叢書》，上海古籍出版社，1989 年影印浙江書局本，第 183 頁。

〔註 12〕王叔岷《史記斠證》，中華書局，2007 年版，第 2399 頁。

〔註 13〕石光瑛《新序校釋》，中華書局，2001 年版，第 324 頁。又第 406 頁引梁、錢說而從之。黃式三說見《周季編略》卷 8，收入《續修四庫全書》第 347 冊，上海古籍出版社，2002 年版，第 166 頁。

〔註 14〕司馬遷《史記》（修訂本），中華書局，2013 年 9 月版，第 2901 頁。

〔註 15〕羅福頤《古璽彙編》，文物出版社，1981 年版，第 85 頁。何琳儀《戰國古文字典》轉錄逕作「王睢」，中華書局，1998 年版，第 574 頁。

〔註 16〕轉引自何琳儀《戰國古文字典》，中華書局，1998 年版，第 570 頁。

錢鍾書於其人都寫作「范雎」〔註18〕，是失檢清人之考訂也。

3.其何以取「且（雎）」為名？胡漸逵曰：「乃因『且』即男性生殖器的象形字，『且』後來加『示』作偏旁為『祖』字，也就是說，『且』即『祖』字的初文。上古時，人們以生殖器的偶像為祖，父系社會，人們因崇拜男性生殖器，故男人名中多以『且』為名。其所以說古人以『且』表男性生殖器，其理由於下：其一，以字形證之，『且』字像男生殖器的外形。其二，以人名證之，如《史記・刺客列傳》的『夏無且』，乃因其『無且』（生殖器被閹割而不能舉），故可任秦王侍醫，出入後宮，近侍嬪妃。其三，以方言證之，當今多處方言仍稱男性生殖器為 jī，jī 即 jū 的一音之轉。其四，以范雎的名字含義相關證之，范雎字叔，金文『叔』與『弔（今作吊）』字同，『象人執弓矢形……故叔為男子之美稱』（吳大澂語），這正好印證范雎表偉男之意的名雎，與表美男之意的字叔，其含義相關。」〔註19〕宋前從其說〔註20〕。胡漸逵說雖於古字古音有徵，然以男性生殖器「且」取作人名，不合常理；又說秦王侍醫「夏無且」須閹割生殖器，亦未聞。至於方言稱男性生殖器為 jī，當是「屄」字〔註21〕。范雎字叔，胡氏讀叔為弔，也純是臆說。據《漢書》，枚乘、吳廣、張歐皆字叔，春秋時晉人籍談亦字叔〔註22〕，「叔」當以排行為字，四人當是行三。項羽季父項伯名纏，字伯；《莊子・人間世》中的匠石字伯〔註23〕，蓋排行最大。彭越、

〔註17〕轉引自何琳儀《戰國古文字典》，中華書局，1998 年版，第 575 頁。

〔註18〕錢鍾書《管錐編》凡三見，均寫作「范睢」，全書未見寫作「范雎」，可知不是筆誤；中華書局，1986 年版，第 255、322、1070 頁。查檢錢氏手跡，《錢鍾書手稿集》第 2 冊《容安館札記》卷 3，前二處確實誤作「范睢」（第三處未檢），商務印書館，2003 年版，第 2431、2445 頁。《管錐編》三聯書店，2007 年版第 423、521、1696 頁已經訂正作「范雎」，蓋三聯編輯所改正耳。

〔註19〕胡漸逵《「范雎」作「范睢」者誤》，《辭書研究》2001 年第 5 期，第 140頁；其說又見胡漸逵《〈船山全書〉點校勘誤》，甘肅文化出版社，2004 年版，余未見此書。

〔註20〕宋前《實事求是，勘誤精確——小談〈船山全書點校勘誤〉》，《船山學刊》2006 年第 2 期，第 22 頁。

〔註21〕章太炎曰：「《說文》：『屄，尻也。詰利切。』今人移以言陰器。天津謂之屄，其餘多云屄把。把者，言有柄可持也。」章太炎《新方言》卷 4，收入《章太炎全集（7）》，上海人民出版社，1999 年版，第 94 頁。

〔註22〕《左傳・昭公十五年》杜預注：「叔，籍談字。」

〔註23〕《莊子・人間世》《釋文》：「伯，匠石字也。」《文選・景福殿賦》、《洞簫賦》、《贈山濤》李善注並引司馬彪曰：「匠石字伯。」

蕭咸、嚴元皆字仲，嚴遂字仲子，蓋排行第二。展禽、劉邦、公孫弘、張釋之皆字季，蘇秦字季子，蓋排行最小。伯、仲、叔、季，均以排行為字，是其比。

4. 人名「且（雎）」的得名之由，余提出三個假說，以待考焉。

（1）「且（雎）」讀為疽，指瘭疽，膿瘡病名。馬王堆帛書《五十二病方》「雎病」即「疽病」，「雎癰」即「疽癰」，「痤雎」即「痤疽」，正借「雎」作「疽」。阜陽漢簡《蒼頡篇》C016：「癉疕疥癘，瘛瘍癰██。」「██」即「雎」，是「雎」形譌，借為「疽」，北大漢簡《蒼頡篇》簡 36 正作「疽」。《孟子・萬章上》：「或謂孔子於衛主癰疽，於齊主侍人瘠環。」《說苑・至公》「癰疽」作「雍雎（雎）」〔註24〕，《史記・孔子世家》、司馬遷《報任少卿書》、《家語・七十二弟子解》作「雍渠」，《韓子・難四》作「雍鉏」，「渠」、「鉏」亦借字，尤足證字當從且作「雎」。《管子・法法》：「毋赦者，痤雎之礦石也。」王念孫曰：「『雎』與『疽』同。」〔註25〕秦漢人喜以病名取作名字，如「李癰」、「蘇疥」、「王疕」、「陳瘁」等等〔註26〕。秦印中有人名「楊沮票」，「沮票」即是「瘭疽」倒言〔註27〕，單名則曰「且（雎）」，《說苑・善說》「承盆疽謂陶君曰」，是其例也。如果不指具體病名，泛稱則以「疾」或「病」為名，如「袁病」、「上官疾」是也。亦有以去除疾病為名的，如名「去病」、「去疾」、「棄疾」、「疾已」〔註28〕，劉釗指出「古人這種命名在寓意上正言若反」〔註29〕，可信。秦醫「夏無且」，即「無疽」，亦與「去疾」、「棄疾」的寓意相同。

（2）取水名作人名。雎，讀為沮，指沮水。

（3）雎，讀為駔，蓋取駿馬為義。秦漢人好以「駔」取名，如「王駔」、「任駔」、「甘駔」等等〔註30〕。《史記・酈商列傳》有「蘇駔」。

〔註24〕「雎」亦「雎」形譌，盧文弨《說苑校正》云「從目訛」，收入《群書拾補》，《續修四庫全書》第 1149 冊，上海古籍出版社，2002 年版，第 423 頁。

〔註25〕王念孫《廣雅疏證》，收入徐復主編《廣雅詁林》，江蘇古籍出版社，1992 年版，第 148 頁。

〔註26〕參見劉釗《關於秦印姓名的初步考察》，收入《書馨集——出土文獻與古文字論集》，上海古籍出版社，2013 年版，第 235～236 頁。

〔註27〕劉釗《關於秦印姓名的初步考察》認為「義訓待考」，第 232～233 頁。

〔註28〕參見劉釗《關於秦印姓名的初步考察》，第 230 頁。

〔註29〕劉釗《關於秦印姓名的初步考察》，第 237 頁。

〔註30〕參見劉釗《關於秦印姓名的初步考察》，第 242、252 頁。

《史記》「陳掾」解詁

1.《史記·貨殖列傳》：「故楊、平陽陳掾其閒，得所欲。」景祐本、紹興本、淳熙本從手作「陳掾」，黃善夫本、乾道本、元刻本、慶長本、《索隱》單行本從木作「陳椽」。各家說云：

（1）《索隱》：掾音逐緣反。陳掾，猶經營馳逐也。

（2）錢大昕曰：小司馬以「陳掾」為經營馳逐之意，予謂史記多古語，陳椽猶馳逐，皆雙聲〔註31〕。

（3）杭世駿曰：劉辰翁曰：「《索隱》注『陳椽，猶經營』，繆。當是楊姓、陳姓因緣其間，得所欲耳。『椽』、『緣』通。」余有丁曰：「按如劉說，則『楊』字當移在『平陽』之下，而又改『椽』為『緣』乃當。」愚按：「經營馳逐」以解「陳掾」，《索隱》固無所出，若以楊、陳為姓，不唯字義顛倒，且史公方論各方風俗，未暇以諸富人虱其間也。楊、陳縱為人姓，亦當如猗頓之鹽塩、郭縱之鐵冶，以暨後所言程鄭、卓王孫之屬，皆有業可稽，不當用空言相曉也。須溪之說不可從〔註32〕。

（4）姚範曰：畊南云：「『椽其間』即承上文，言楊、平陽、陳之地橫界於秦、翟、種、代之間也。《索隱》云『陳椽，猶經營馳逐也』，以『陳』字屬下讀，謬矣。」姪鼐云：「王文考《王孫賦》『扶嶔崟以櫟椽』，章叔道注引《史記》『櫟椽其間』。又王褒《僮約》『椽求用錢』，是椽當訓經營馳逐也。」愚按：《洞簫賦》「密漠迫以獤獄」，善注解為「相連延兒」，又引《字書》「獸逃走也」，疑與木旁同一義也〔註33〕。

〔註31〕錢大昕《十駕齋養新錄》卷19，上海書店，1983年版，第441頁。符定一《聯緜字典·戌集》從錢說，中華書局，1954年版，第109頁。

〔註32〕杭世駿《史記疏證》卷59，收入《續修四庫全書》第264冊，上海古籍出版社，2002年版，第547頁。題作「佚名《史記疏證》」，第1頁舊鈔卷首題記引邵位西（邵懿辰）《簡明目錄》眉端語，疑是沈欽韓所著，謂「此書既與《漢書疏證》連續合鈔，且行款體例亦復相同，當亦欽韓作也」（第1頁），其說未確。董恩林考證是杭世駿所作，巢彥婷又作補證，其說都可信，可為定讞。杭世駿《史記疏證》當是《史記考證》增訂本，以二書覆之，相同條目其說大同，而《疏證》所說尤詳。董恩林《佚名〈史記疏證〉、〈漢書疏證〉作者考》，《歷史研究》2010年第3期，第183～188頁。巢彥婷《杭世駿作〈史記疏證〉、〈漢書疏證〉補考》，《古典文獻研究》第20輯下卷，2017年版，第252～258頁。

〔註33〕姚範《援鶉堂筆記》卷16，收入《續修四庫全書》第1148冊，上海古籍出版社，2002年版，第563頁。

（5）梁玉繩曰：《索隱》解「陳掾」為經營馳逐，未確。劉辰翁謂「楊姓、陳姓因緣其閒」，改易字句，尤非。《史詮》引方農部云：「商肆之多，如陳列屋掾也。」〔註34〕

（6）朱駿聲曰：掾，叚借為緣。《史記·貨殖傳》：「陳掾其閒。」按：經營馳逐之謂，猶云贏緣也。即《考工》「陳篆必正」字，環繞不絕之意〔註35〕。

（7）張文虎曰：毛本「掾」，《集韻》「掾」下引此文同，它本並作「橼」〔註36〕。

（8）沈家本曰：《說文》：「掾，緣也。」段氏注：「緣者，衣純也。《既夕禮》注：『飾衣領袂口曰掾（純）。』〔註37〕引申為凡贏緣邊際之稱。掾者，緣其邊際而陳掾也。陳掾，猶經營也。」按：陳，列也。陳掾者，言布列市肆而贏緣為利也〔註38〕。

（9）郭嵩燾曰：《說文》：「掾，緣也。」謂楊、平陽、陳附著其間，如州郡之有掾屬，得分理其事也。《索隱》以「陳」字連下「掾」字讀，均牽強〔註39〕。

（10）程餘慶曰：陳橼，言商肆之多，如屋橼之陳列也〔註40〕。

（11）王叔岷曰：《索隱》單本、黃善夫本、殿本「掾」皆作「橼」，注同。掾、橼，正、假字。《說文》：「掾，緣也。」段注：「陳掾，猶經營也。」本《索隱》說。《索隱》釋為「經營馳逐」，劉氏釋為「陳姓因緣」，明所據本並作「陳掾」。惟劉氏不當分釋「陳」字為「陳姓」耳。方氏據作「陳橼」為說，可備一解，非勝義〔註41〕。

〔註34〕梁玉繩《史記志疑》卷35，中華書局，1981年版，第1460頁。日人川合粲山亦從方農部說，轉引自池田四郎次郎《史記補注（下編）》（池田英雄增補），日本明德出版社，1975年版，第496頁。張森楷《史記新校注》從梁說，中國學典館復館籌備處，1967年版，第5157頁。

〔註35〕朱駿聲《說文通訓定聲》，武漢市古籍書店，1983年版，第740頁。

〔註36〕張文虎《校刊史記集解索隱正義札記》卷5，中華書局，1977年版，第741頁。

〔註37〕引者按：「掾」當作「純」，段氏原文不誤

〔註38〕沈家本《史記瑣言》卷3，收入《二十五史三編》第2冊，嶽麓書社，1994年版，第845～846頁。高步瀛《兩漢文舉要》從沈說，中華書局，1990年版，第146頁。

〔註39〕郭嵩燾《史記札記》，商務印書館，1957年版，第455頁。

〔註40〕程餘慶《歷代名家評注史記集說》，三秦出版社，2011年版，第1466頁。

〔註41〕王叔岷《史記斠證》，中華書局，2007年版，第3439頁。

（12）韓兆琦曰：陳掾，猶言「因緣」、「憑藉」，謂利用其形勢進行謀利〔註42〕。

2.《索隱》解作「馳逐」是，《集韻》「掾」字條、錢大昕、朱駿聲、劉光蕡、潘吟閣從其說〔註43〕。劉辰翁、方農部、沈家本、郭嵩燾諸家皆望文生訓。姚鼐所引《王孫賦》、《洞簫賦》，與本文相關（詳下文）；而所引《僮約》「掾求用錢」，檢原文作「為府掾求用錢」，「掾」指掾吏，與本文無涉。守山閣叢書本《古文苑》卷 6 王延壽《王孫賦》：「扶嶔崟以橉梐，蹦危桌而騰舞。」宋九卷本（在卷 3）、廿一卷本作「摙梐」，《初學記》卷 29 引作「摙掾」，《事文類聚》後集卷 37 引作「嗹緣」，《事類備要》別集卷 79 引作「陣緣」，《文選補遺》卷 32 引作「橉掾」。章樵注：「橉梐，一作『陳掾』。《史記‧貨殖傳》『陳掾其間，得所欲』，司馬貞注：『掾，逐緣反。陳掾，猶經營馳逐也。』《初學記》作「摙掾」是，「摙」、「橉」當是「陳」的增旁俗字，「梐」當是「逐」形誤又增木旁。「摙掾」正馳逐義，足證《索隱》說不誤。然《索隱》未明其所以然。陳，讀為騰，跳走也。或讀為趁，追逐也。「掾」、「掾」並當作「豩」，本字是「彖」。《說文》：「彖，豕走也。」俗字作豭、豽，裴務齊《正字本刊謬補缺切韻》、蔣斧印本《唐韻殘卷》並云：「豭，走草。」《廣韻》：「豭，獸走草。」〔註44〕《集韻》：「豭、豽，走也。馬融曰『獸不得豭』。或從艸。」《後漢書‧馬融傳》《廣成頌》：「獸不得豭，禽不得瞥。」李賢注：「豭，走也，音丑戀反。」俗字亦作逐、踐，《集韻》：「踐、逐，寵戀切，行也，或從辵。」轉語則作遯、遁（遯從豚

〔註42〕韓兆琦《史記箋證》，江西人民出版社，2009 年版，第 6298 頁。

〔註43〕朱駿聲《說文通訓定聲》，武漢市古籍書店，1983 年版，第 826 頁。劉光蕡《史記‧貨殖列傳》注，收入《二十五史三編》第 2 冊，嶽麓書社，1994 年版，第 773 頁。潘吟閣《史記‧貨殖傳》新詮，商務印書館，1931 年版，第 26 頁。

〔註44〕「獸走草」指獸奔走而趨向水草。《漢語大字典》解作「獸發情」，大誤。《大字典》又舉證《易林‧大有之姤》「牝豭無豭，鰥無室家」，解作獸名，則不知「豭」是誤字。士禮居叢書本《大有之姤》作「牝豭無豭」，道藏本、學津討原本、津逮秘書本、百子全書本作「牝豕無豭」，學津討原本校記云：「豕，宋校本作『豭』，疑『獳』字之譌。」「豭」、「獳」無緣致譌，此「豭」當是「豨」形誤，同「豚」。豚亦豕也，豬也。「豭」是「豭」俗字，牡豕也，公豬也。《師之屯》、《革之蒙》同句作「牝牛牡豭」，雖作「牛」不同，但可證此字必是名詞。《漢語大字典》（第二版），崇文書局、四川辭書出版社，2010 年版，第 1460 頁。

得聲，豚從彖省聲），《說文》：「遯，逃也。」又「遁，一曰逃也。」《玄應音義》卷1：「遁，今作遯、遂二形，徒頓反。遁逃也。」《集韻》：「遯，《說文》：『逃也。』或作遂，古作遯，通作遁。」《易・遯卦》「遯尾，厲」，馬王堆帛書本「遯」作「掾」，阜陽漢簡本作「椽」，此其相通之確證。「奔走」之義引申則為「奔逃」，經傳專以「遁（遯）」字為之。章太炎指出「彖」與「逃」是「寒、宵旁轉」〔註45〕。《文選》卷18馬融《長笛賦》：「濞瀑噴沫，犇遯碭突。」五臣本作「奔遁」。呂向注：「濞瀑噴沫，水之勇急，噴蹴生沫，奔走碭突於山石之間。遁，走也。」此「遁」則是常義「奔走」。

3.國圖藏宋刻本《文選》卷17王褒《洞簫賦》：「密漠泊以獥猭。」校記云：「獥，五臣作『獥』。勒鱗切。猭，勒緣反。」李善注：「獥猭，相連延之貌。」呂向注：「獥猭，密而相連貌。」宋尤刻本作「獥猭」，李善注：「獥猭，相連延之貌。《字書》：『獥猭，獸逃走也。』獥，勒陳切。猭，勒員切。」宋明州本作「獥猭」，校記云：「獥，勒鱗切。善本作『獥』。猭，勒緣切。」宋陳八郎刊本亦作「獥猭」，校記云：「獥，勒鱗〔反〕。猭，勒緣反。」各家說云：

（1）姚範曰：密漠泊以獥猭，按即《史記》「陽（楊）、平楊陳掾其間，故能得所欲」。又王逸（引者按：王延壽）《王孫賦》及《方言》俱有之，字殊義同也〔註46〕。

（2）許巽行曰：「獥」當作「獥」，字本作「陳」。《西京賦》「麏兔聯猭」，《吳都賦》「獥猭枇栖」。注「獥猭，獸逃走也。」《史記》「陳掾其閒」。禽獸之逃，商賈之經營，皆奔走馳逐也〔註47〕。

（3）俞正燮曰：「案《史記・貨殖列傳》云『楊、平陽陳掾其間，得所欲』，注云：『經營馳逐也。』『陳掾』即『獥猭』。」〔註48〕

（4）朱駿聲曰：獥，此字當從犬，軟聲。誤作「欶」。「獥猭」亦疊韻

〔註45〕章太炎《國故論衡》卷上《成均圖》（校定本），收入《章太炎全集》，上海人民出版社，2017年版，第177頁。

〔註46〕姚範《援鶉堂筆記》卷37，收入《續修四庫全書》第1149冊，上海古籍出版社，2002年版，第41頁。

「王逸」當作「王延壽」。姚氏又謂《方言》有此字，未檢得。

〔註47〕許巽行《文選筆記》卷3，收入《清代文選學名著集成》第18冊，廣陵書社，2013年版，第256頁。

〔註48〕俞正燮《癸巳類稿》卷12，收入《叢書集成初編》第363冊，中華書局，1985年影印，第355～356頁。

連語。本無正字也〔註49〕。

（5）胡紹煐曰：獥猭猶蟬聯，蓋字本作「獙」，省作「獙」，五臣作「獙」，誤字也。《類篇》作「獙」，又「獙」之省。「獙」音丑人切，與「猭」為雙聲〔註50〕。

（6）胡吉宣曰：「獙」蓋「獜」譌，聲隨形變。《切韻》真韻亦收「獜」，丑珍切，云：「犬走草狀。」案：本當為「聯豩」。豩者，疾走也。言獸相連逃竄也〔註51〕。

按：許巽行說是，其餘五家說皆未得其字。《文選》當從明州本、陳八郎刊本作「獙猭」（宋刻本注文不誤），「獙」、「獙」均是「獙」形誤，「獙」是「獙」形誤，「獙」同「獙」。「陳」或作「陳」、「陣」、「敕」、「較」，涉下字「猭」類化，因而改從犬旁作「獙」或「獙」。《類篇》作「獙」亦非誤字，「陳」從申得聲，古字亦作「阤」、「迤」〔註52〕。《集韻》：「獙，獙猭，連延皃。」其釋義從李善說雖未得，而字形卻不誤。「獙（獙）猭」即是此文「陳掾」，當取《字書》說訓獸逃走。「獙猭」雙聲疊韻連語，定、透旁紐雙聲，真、元旁轉疊韻。

4.《文選》卷 2 張衡《西京賦》：「麎兔聯猭，陵巒超壑。」敦煌寫卷 P.2528 同，五臣本作「聯遂」。各家說云：

（1）薛綜注：聯猭，走也。

（2）李善注：猭，勅緣切〔註53〕。

（3）許巽行曰：「聯」當為「獜」。《吳都賦》云「獜猭杞柟」，注：「《埤蒼》曰：『獜猭，逃也。』獜，丑珍切。」然此「聯」亦當作「獜」。《史記索隱》云云，「獜猭」之義，殆亦如此（互詳《洞簫賦》）〔註54〕。

（4）胡紹煐曰：聯猭，《吳都賦》作「獜猭」。劉注引《埤蒼》：「獜猭，逃也。」馬融《廣成頌》「獸不得猭」，注：「猭，走也。」《玉篇》：「獜猭，

〔註49〕朱駿聲《說文通訓定聲》，武漢市古籍書店，1983 年版，第 846 頁。

〔註50〕胡紹煐《文選箋證》卷 19，黃山書社，2007 年版，第 462 頁。

〔註51〕胡吉宣《玉篇校釋》，上海古籍出版社，1989 年版，第 4587 頁。

〔註52〕「阤」字見《說文》，「迤」字見《石鼓文》及上博楚簡等出土文獻，不具徵引。

〔註53〕敦煌寫卷 P.2528 李善注音作「勒倫反」。《法藏敦煌西域文獻》第 15 冊，上海古籍出版社，2001 年版，第 149 頁。

〔註54〕許巽行《文選筆記》卷 1，收入《清代文選學名著集成》第 18 冊，廣陵書社，2013 年版，第 53 頁。

兔走貌。」本此〔註 55〕。

按：《文選·吳都賦》呂向注：「獠猭，奔走也。」《集韻》：「獠，犬走艸謂之獠。獠猭，猿狄緣木皃。」又「獠，獠猭，獸走貌。」倒言則作「猭獠」，《集韻》：「猭，猭獠，兔奔。」「陳」古音田，又音轉作「連」，定母、來母旁紐雙聲，真、元旁轉疊韻。「連」、「聯」音同，「陳掾」轉語則作「聯猭」、「聯逐」、「獠（獠）猭」。

5. 《莊子·外物》：「有甚憂兩陷而無所逃，蛩蝡不得成，心若縣於天地之間。」各家說云：

（1）郭象注：矜之愈重，則所在為難。莫知所守，故不得成。

（2）成玄英疏：蛩蝡，猶忧惕也。不能忘情，忘（妄）懷矜惜，故雖勞形忧慮，而卒無所成。

（3）《釋文》：「蛩，郭音陳，又楮允反，徐敕盡反。蝡，郭音惇，又柱允反，徐敕轉反，李餘準反。司馬云：『蛩蝡，讀曰仲融，言怖畏之氣，仲融兩溢，不安定也。』」

（4）《集韻》：「蛩，蛩蝡，蟲行。一曰不安定意。」又「蟫、蝡，蛩蟫，蟲行。隸作蝡。」

（5）《六書故》卷 20：「蛩蝡，蟲行貌。司馬氏曰：『讀若沖融，怖畏之氣。』此說不然。」

（6）劉辰翁曰：蛩蝡，有重滯忿懟意。

（7）羅勉道曰：蛩蝡，蟲起蟄而未甦貌〔註 56〕。

（8）岳元聲曰：舉事少警敏曰蛩蝡（音陳敦）〔註 57〕。

（9）胡文英曰：蛩蝡，反覆不安寧之意〔註 58〕。

（10）郭嵩燾曰：「蛩」當作「崠」。蛩蝡，猶言虹蜺〔註 59〕。

（11）章太炎曰：蛩蝡，猶言征伀〔註 60〕。

〔註 55〕 胡紹煐《文選箋證》卷 2，黃山書社，2007 年版，第 66 頁。《埤蒼》是李善注引，非劉淵林注引，「劉注」當作「李注」。

〔註 56〕 羅勉道《南華真經循本》卷 25，收入《續修四庫全書》第 956 冊，上海古籍出版社，2002 年版，第 268 頁。

〔註 57〕 岳元聲《方言據》卷上，收入《續修四庫全書》第 193 冊，上海古籍出版社，2002 年版，第 391 頁。

〔註 58〕 胡文英《莊子獨見》卷 26，乾隆十六年三多齋刊本，本卷第 1 頁。

〔註 59〕 郭嵩燾說轉引自郭慶藩《莊子集釋》，中華書局，1961 年版，第 922 頁。

〔註 60〕 章太炎《新方言》卷 2，收入《章太炎全集（7）》，上海人民出版社，1999

（12）馬敘倫曰：此二字《說文》所無，以義求之，疑為「惲惇」也，今通作「渾沌」，或作「混沌」。或「蟄蟘」真類疊韻連綿詞，蟄借為榾，《說文》：「榾，完木未析也。」〔註61〕

（13）鍾泰曰：蟄讀如忡，蟘讀如惇。其字從蟲者，如蟲之蠢蠢不安寧也〔註62〕。

陳景元（碧虛子）、朱駿聲從司馬彪說〔註63〕，林希逸、王先謙、馬其昶、王叔岷從成玄英說〔註64〕，林雲銘、陸樹芝從羅勉道說〔註65〕，阮毓崧、羅翽雲從章太炎說〔註66〕。

按：諸說紛紜，余謂「蟘」郭象又音柱允反，徐邈音敕轉反，皆是也，讀音與「猭」相近。《集韻》說「蟘」字是「蠦」隸變，至確，其右旁「享」乃「臺」字隸變，非「言」字隸變，故有柱允反、敕轉反二音。李頤音餘準反，亦其音轉。「蟄蟘」即「陳掾」，奔逃也。「不得成」承上句「無所逃」，謂不能夠奔逃也。

（附記：本文曾承孟蓬生教授審讀過，並提出修改意見，謹致謝忱！）

《史記》「文無害」解詁

1.《史記‧蕭相國世家》：「蕭相國何者，沛豐人也，以文無害為沛主吏掾。」《漢書‧蕭何傳》作「文毋害」。諸家說云：

（1）《集解》：「《漢書音義》曰：『文無害，有文無所枉害也。律有無害都吏，如今言公平吏。』一曰：無害者，如言『無比』，陳留間語也。」

（2）《索隱》：「裴注已列數家，今更引二說。應劭云：『雖為文吏，而

年版，第 80 頁。
〔註61〕馬敘倫《莊子義證》卷 26，收入《民國叢書》第 5 編，（上海）商務印書館，1930 年版，本卷第 2 頁。
〔註62〕鍾泰《莊子發微》，上海古籍出版社，2002 年版，第 619 頁。
〔註63〕朱駿聲《說文通訓定聲》，武漢市古籍書店，1983 年版，第 816、846 頁。
〔註64〕王先謙《莊子集解》，中華書局，1987 年版，第 237 頁。馬其昶《莊子故》，黃山書社，1989 年版，第 191～192 頁。王叔岷《莊子校詮》，中華書局，2007 年版，第 1045 頁。
〔註65〕林雲銘《莊子因》卷 5，乾隆間重刊本，本卷第 46 頁。陸樹芝《莊子雪》第 5 冊，嘉慶四年儒雅堂刊本，無頁碼。
〔註66〕阮毓崧《莊子集註》，廣文書局，1972 年初版，第 432 頁。羅翽雲《客方言》卷 2，古亭書屋影本，本卷第 35 頁。

不刻害。』韋昭云：『為有文理，無傷害也。』」

（3）《漢書·蕭何傳》顏師古注：「服虔曰：『為人解通，無嫉害也。』應劭曰：『雖為文吏，而不刻害。』蘇林曰：『毋害，若言無比也。一曰：害，勝也。無能勝害之者。』晉灼曰：『《酷吏傳》：「趙禹為丞相亞夫吏，府中皆稱其廉，然亞夫不任，曰：極知禹無害，然文深，不可以居大府。」蘇說是也。』師古曰：害，傷也，無人能傷害之者。蘇、晉兩說皆得其意，服、應非也。」

（4）《漢書·蕭何傳》劉奉世注：「持法者或以己意私怨陷人謂之害，故貴於文毋害。毋害者，取其為人毋害於行，則可以為吏矣。文毋害者，蓋其時擇吏之二事也。亞夫所以稱禹無害，廉其一節也。故韓信又云『無行，不得推擇為吏』，餘說太汎。」

（5）《漢書·張湯傳》「以湯為無害，言大府」，顏師古注：「無害，言其最勝也。」

（6）《後漢書·百官志》「遣無害吏案訊諸囚」，劉昭注：「案律有無害都吏，如今言公平吏。」又引《漢書音義》：「文無所枉害，蕭何以文無害為沛主吏掾。」

（7）王觀國曰：「文無害者，謂不侮文，則不害法也。不侮文，不害法，則公私平允而稱為能吏矣。」〔註67〕

（8）王世貞曰：「文無害，言無比也。一曰：害，勝也。無能傷害之也。後說近似，然吾以為無咎無罪之類乃當耳。」〔註68〕

（9）洪頤煊曰：「深通律文而又無所枉害，因謂之文無害。」〔註69〕

（10）沈欽韓曰：「墨翟《號令篇》：『請擇吏之忠信者、無害可任事者。』按此『文毋害』，言不舞文為害，與墨翟義同，當如服、應之說。又《論衡·程材篇》論文吏云：『巧習無害，文高德少。』此則周亞夫謂趙禹『極知其無害』，又是一義。」〔註70〕

〔註67〕王觀國《學林》卷3，收入《叢書集成初編》第301冊，中華書局，1985年影印，第81頁。

〔註68〕王世貞《弇州四部稿》卷169《宛委餘編》卷14，明萬曆刊本，本卷第4頁；又收入景印文淵閣《四庫全書》第1281冊，臺灣商務印書館，1986年初版，第680頁。

〔註69〕洪頤煊《讀書叢錄》卷18，收入《續修四庫全書》第1157冊，上海古籍出版社，2002年版，第718頁。

〔註70〕沈欽韓《漢書疏證》卷27，收入《續修四庫全書》第266冊，上海古籍出

（11）何若瑤曰：「《張湯傳》以湯為無害，張湯、趙禹皆酷吏，如服、應說固非，蘇、顏亦無據。《文帝紀》『都吏』注：『如淳曰：「閑惠曉事，即為文無害都吏。」』是也。」〔註71〕

（12）徐鼏曰：「『害』與『蓋』通，音近相叚借之字。此之『文無害』，《酷吏傳》之『極知禹無害』，《張湯傳》之『以湯為無害』，皆言人無能掩蓋之。」〔註72〕

（13）周壽昌曰：「『文』與『無害』自是兩層，《趙禹傳》云：『周亞夫弗任禹，曰：「極知禹無害，然文深，不可以居大府。」』顏注云：『無害，言無人能勝之者。』即『無比』，意較豁，《續百官志》云：『秋冬遣無害吏案訊諸囚。』」〔註73〕

（14）郭嵩燾曰：「無害，謂無所侵牟漁奪，秦、漢間語廉者為無害也。『文』與『無害』二事。《淮陰侯傳》：『無行，不得推擇為吏。』文者，才能也。無害，即行也。」〔註74〕

（15）王先謙曰：「文者，循禮用法之謂。《漢書音義》云：『無害者，如言無比，陳留間語也。』此『無害』之確詁。文毋害猶言文吏之最能者耳。」〔註75〕

（16）沈家本曰：「以周亞夫語審之，王〔先謙〕說是。蘇林之『害，勝也，言無人能勝之也』，當時方言，其意亦當如是，原注多一『害』字，便支離。」〔註76〕

（17）孫詒讓曰：「通校諸文，當以《漢書音義》『公平吏』之義為是，《續漢書》劉注說亦同。」〔註77〕

（18）馬敘倫曰：「害借為蓋。無蓋，言無出其上，故曰『如言無比』。

版社，2002 年版，第 765 頁。

〔註71〕何若瑤《前漢書注考證》，收入《二十四史訂補》第 2 冊，書目文獻出版社，1996 年版，第 555 頁。

〔註72〕徐鼏《讀書雜釋》卷 12，中華書局，1997 年版，第 195 頁。

〔註73〕周壽昌《漢書注校補》卷 32，收入《二十四史訂補》第 2 冊，書目文獻出版社，1996 年版，第 804 頁。

〔註74〕郭嵩燾《史記札記》卷 4，商務印書館，1957 年版，第 213 頁。

〔註75〕王先謙《漢書補注》卷 39，中華書局，1983 年版，第 978 頁。

〔註76〕沈家本《歷代刑法考》之《漢律摭遺》卷 19，收入《續修四庫全書》第 877 冊，上海古籍出版社，2002 年版，第 735 頁。

〔註77〕孫詒讓《墨子閒詁》卷 15，中華書局，2001 年版，第 607 頁。

《論衡‧射短篇》:『夫儒生能說一經,自謂通大道,以驕文吏;文吏曉簿書,自謂文無害,以戲儒生。』此漢人讀『無害』為『無蓋』之證。《漢書‧酷吏傳》『極知禹無害』,言無人能勝之者,亦讀害為蓋。」〔註78〕

（19）黃侃曰:「文無害,猶今人言筆下不錯。」〔註79〕

（20）楊樹達曰:「『文毋害』是一事,蓋言能為文書無疵病。」〔註80〕

（21）吳國泰曰:「害者黑字之借。黑謂汙點也。文謂文學也。言何既有文學又無汙點也。」〔註81〕

（22）瀧川資言曰:「文無害,言能通曉法令,無所凝滯也。周亞夫稱禹云:『極知禹無害,然文深,不可以居大府。』言禹通曉法令而用文深刻也。《續志》云:『郡國秋科遣無害吏,案訊囚,平其辠法。』言遣吏通曉法令者以訊諸囚也。《論衡‧程材篇》云:『巧習無害,文高德少。』《射短篇》云:『儒生能說一經,自謂通大道以驕文吏;文吏曉簿書,自謂文無害以戲儒生。』『無害』之義皆同。」〔註82〕

（23）黃暉曰:「無害,無傷害人,言公平也。」〔註83〕

（24）劉盼遂曰:「『無害』為兩漢考吏等級之名。《漢書‧蕭何傳》注引蘇林曰:『無害,猶言無比也。』《史記索隱》（引者按:當是《集解》）引《漢書音義》云:『無害者,如言無比,陳留間語也。』則『無害』殆為上考之名類。」〔註84〕

（25）金少英曰:「『文』指主辦人員所作官文書的文辭……毋害之『文』則指草擬的稿件……『無害』應是狀『文』之詞。楊樹達云云,可稱確詁。此『猶今人言筆下不錯』（黃侃說）,措詞恰當,無可指摘而已。非『謂精通律令文而不深刻害人』也。」〔註85〕

〔註78〕馬敘倫《讀書續記》卷5,中國書店,1985年版,本卷第23頁。

〔註79〕黃侃《己巳上章先生書》,《制言》第58期,1939年版,本文第2頁。

〔註80〕楊樹達《漢書窺管》卷4,收入《楊樹達文集》之十,上海古籍出版社,1984年版,第310頁。

〔註81〕吳國泰《史記解詁》第2冊,1933年成都居易簃叢著本,本冊第79頁。

〔註82〕瀧川資言《史記會注考證》卷53,又卷122說略同,文學古籍刊印社,1955年版,第3040、4921頁。

〔註83〕黃暉《論衡校釋》,中華書局,1990年版,第540頁。

〔註84〕劉盼遂《論衡集解》,附於黃暉《論衡校釋》,中華書局,1990年版,第541頁。

〔註85〕金少英《漢簡臆談》,《西北師範大學學報》1963年第3期,第50～51頁。

（26）陳直曰：「『文』指律令文而言，謂精通律令文而不深刻害人者。」〔註86〕

（27）王叔岷曰：「害訓勝，則讀為蓋。無蓋，言無能蓋過之者。亦即無能勝之者，與『無比』之義亦符。槃庵兄云：『昔徐鼏氏亦有此說。』案此解亦佳。《漢書·文帝紀》：『遣都吏循行。』顏注引如淳曰：『律說，都吏，今督郵是也，閑惠（慧）曉事，即為文毋害都吏。』桓譚《新論》：『作健曉惠，文史無害，縣廷之吏。』（《意林》卷3引）《論衡·射短篇》云云。是漢人說『文毋害』，本有閑慧通曉之義，與《漢書音義》之所謂『無比』者合。楊樹達云云，案文吏『閑惠曉事』，則文自無疵病矣。若曰閑惠曉事止於文無疵病，斯謬矣。文無疵病，豈得謂之『無比』？謂之『作健曉惠』者邪？楊氏此解，蓋所謂徒得其半者也。」〔註87〕

（28）郭在貽曰：「考《論衡·射短篇》云云，『文無害』與『通大道』相對應，而又與『曉簿書』相承接，則『文無害』當為精通律文無人能比之意，從而知舊說中之蘇林一說為近是。又考桓譚《新論》云：『賢有五品……作健曉惠，文史無害，縣延（廷）之士也。』文史無害蓋亦言文史無比也。」〔註88〕

（29）裘錫圭曰：「𧻚無丂，𧻚當讀為豐或勉。丂似當讀為害。頗疑漢代成語『文無害』就是由『𧻚無丂』演變而來。」〔註89〕

（30）徐復徵引蘇林、楊樹達、黃侃說，並指出蘇說之「勝害」「謂勝蓋，今謂蓋過」〔註90〕。

（31）徐仁甫曰：「『害』借為『蓋』。無蓋者，言無出其上，猶言無比。」〔註91〕

〔註86〕陳直《漢書新證》，天津人民出版社，1979年版，第259頁；其說又見陳直《史記新證》，天津人民出版社，1979年版，第188頁。

〔註87〕王叔岷《史記斠證》，中華書局，2007年版，第1875～1876頁。

〔註88〕郭在貽《訓詁叢稿·漢書札記》，收入《郭在貽文集》卷1，中華書局，2002年版，第42～43頁。郭氏引「廷」誤作「延」。

〔註89〕裘錫圭《史牆盤銘解釋》，《文物》1978年第3期，第27頁。後來裘先生將論文收入論文集時，已刪去「頗疑」一句，是裘先生後來已放棄此說。裘錫圭《古文字論集》，中華書局，1992年版，第375頁。《裘錫圭學術文集》第3冊，復旦大學出版社，2012年版，第12頁。

〔註90〕徐復《訄書詳注》，上海古籍出版社，2000年版，第575頁。

〔註91〕徐仁甫《史記注解辨正》，四川大學出版社，1993年版，第95頁。

（32）王繼如曰：「『文』應指法律條文。『害』有『遏』義，二字可以通用，遏止之義。『文無害』就是於法律條文無所阻遏滯礙，也就是精通法律的意思。釋『毋害』為『無比』、『無能勝害』、『最勝』、『最能』等，是比較正確的。」〔註92〕

（33）王雲路曰：「『害』乃『遏』之假借字，《爾雅》：『遏，逮也。』『無遏』即無逮、無比也。」〔註93〕

（34）孫雍長曰：「『害』假為『蓋』。『蓋』與『過』義相近也。」〔註94〕

（35）于振波歸納文例，指出：「『無害』是指官吏熟悉自己的本職工作，處理公文及辦理公務時處事幹練，認真負責，不出差錯。」〔註95〕

（36）沈培贊同裘錫圭說「文無害」即「鬠無丏」，云：「『天子鬠無丏』應當讀為『天子彌無害』。『彌』應當是『一直、長久』的意思。『無害』就是『無災害』之意。說某人『無災害』，可能就含有此人『無過錯』、『不害人』的意思，說的應該是人的品德上的事情。『文無害』就是『彌無害』，它跟《史牆盤》銘『鬠無丏』一脈相承。『無害』前面加上『彌』無非是強調是一直無害、從未有害的意思。因此，同樣說官吏選拔時對候選人品德上的要求，有時可以不加『文』而只說『無害』。」〔註96〕

（37）楊琳認為「害」是「出眾」、「優秀」的意思，「害」借為「介（界）」，「無害」的本義為無界、無限度，引申為「無比」〔註97〕。

清佚名《漢書疏證》卷14贊同劉奉世說〔註98〕，陳槃贊同徐鼎、王

〔註92〕王繼如《釋「文毋害」》，《中華文史論叢》1985年第4輯（總第36輯），第39～44頁。

〔註93〕王雲路《「無害」作「無比」解的原因》，收入《疑難字詞辨析集》，上海辭書出版社，1986年版，第274頁。

〔註94〕孫雍長《「文無害」探源》，《文史》第30輯，中華書局，1988年版，第72頁。

〔註95〕于振波《秦漢時期的「文法吏」》，《中國社會科學院研究生院學報》1999年第2期，第67頁。

〔註96〕沈培《釋甲骨文、金文與傳世典籍中跟「眉壽」的「眉」相關的字詞》，提交「出土文獻與傳世典籍的詮釋——紀念譚朴森先生逝世兩周年國際學術研討會」，復旦大學2009年6月13～14日；《論文集》由上海古籍出版社，2010年出版，第37～41頁。沈文承孟蓬生教授檢示，謹致謝忱！

〔註97〕楊琳《訓詁方法新探》，商務印書館，2011年版，第207～211頁。

〔註98〕清佚名《漢書疏證》卷14，收入《續修四庫全書》第265冊，上海古籍出

叔岷說〔註99〕。施之勉《漢書集釋》集而不釋，而所集諸家說也不完備〔註100〕。蔣波贊成蘇林等「無害」是「無比」說，並指出「害」是本字，「蓋」是借字，又謂服虔、應劭之說也有一定道理〔註101〕；其說持二端，且說「害」是本字，亦是不合訓詁。肖代龍說「文無害」是「深明文法而不刻害」〔註102〕，其文雖未引陳直說，但明顯與陳說相合。

2.劉奉世、王觀國、洪頤煊、周壽昌、王先謙、郭嵩燾、陳直謂「文無害」是二事，是也，但所釋則非。《文選·永明十一年策秀才文》：「文而無害，嚴而不殘。」李善注取《漢書音義》「文無所枉害」說。劉良注：「賢吏雖守文法，不害於人也。」胡紹煐曰：「此云『文而無害』，合下『嚴而不殘』句觀之，則『文』當為『深文刻覈』之文，無害乃不枉法之謂，故《音義》又云：『律有無害都吏，如今言公平吏。』此為近之。《酷吏傳》：『趙禹為丞相亞夫吏，亞夫曰：極知禹無害，然文深不可居政（大）府。』是亦以文為深文矣。言雖深文而尚公平不枉法也。《學林》以『文』為不侮文，恐非。」〔註103〕三氏皆未得「無害」確詁。

3.「文」指文法、律令，劉良、洪頤煊、瀧川資言、陳直、郭在貽、王繼如說是也，《漢書·蕭望之傳》：「之官，其於為民除害，安元元而已，亡拘於小文。」又《嚴延年傳》：「其治務在摧折豪彊，扶助貧弱。貧弱雖陷法，曲文以出之；其豪桀侵小民者，以文內之。」「文」亦此義。

4.服虔解「害」為「嫉害」，是也。「害」有「嫉妒」義。《文選·馬汧督誄》李善注引《廣雅》曰：「妒，害也。」今本《廣雅》作「妎，妒也」

版社，2002年版，第516～517頁。第201頁題記引邵位西（邵懿辰）《簡明目錄》眉端語，疑沈欽韓所作。余疑是杭世駿所作，待考。《續修四庫全書》第264冊收清佚名《史記疏證》，第1頁舊鈔卷首題記引邵位西《簡明目錄》眉端語，亦疑是沈欽韓所著，據今人考證是杭世駿所作。

〔註99〕陳槃《漢晉遺簡偶述》「文毌害」條，收入《漢晉遺簡識小七種》，中央研究院歷史語言研究所專刊之六十三，1975年版，第20頁。

〔註100〕施之勉《漢書集釋》，（臺北）三民書局股份有限公司，2003年版，第5119～5121頁。

〔註101〕蔣波《秦漢簡「文毌害」一詞小考》，《史學月刊》2012年第5期，第123～124頁。

〔註102〕肖代龍《時代語境與古籍詁正——〈史記〉〈漢書〉詁正三則》，《古籍整理研究學刊》2016年第6期，第91頁。

〔註103〕胡紹煐《文選箋證》卷26，黃山書社，2007年版，第705頁。

〔註104〕，「害」即「妒」借字（詳下文），亦妬（俗妒字）也〔註105〕。《戰國策・魏策四》：「夫齊不以無魏者以害有魏者。」《韓子・說林下》「害」作「怨」。《楚辭・離騷》王逸注：「害賢為嫉，害色為妬。」「害」與「嫉」、「妬」同義，而不是「傷害」義。馬王堆帛書《二三子問》：「用賢弗害也。」《呂氏春秋・慎行》：「荊平王有臣曰費無極，害太子建，欲去之。」又《士容》：「執固橫敢而不可辱害。」《新序・雜事五》：「君實賢，唯群臣不肖，共害賢。」石光瑛曰：「謂忮害其賢也。」〔註106〕《史記・田敬仲完世家》：「田常心害監止。」又《韓非列傳》：「李斯、姚賈害之，毀之曰。」又《屈原列傳》：「上官大夫與之同列，爭寵而心害其能。」又《賈生列傳》：「絳、灌、東陽侯、馮敬之屬盡害之，乃短賈生曰。」又《齊世家》：「景公害孔子相魯。」《吳起列傳》：「公叔為相，尚魏公主而害吳起。」《史記》六「害」字，王叔岷並曰：「害猶妬也。」〔註107〕王氏得其誼矣，而尚隔一間，不知「害」即「妒」借字。桂馥引「心害其能」以證《說文》「害，傷也」之義〔註108〕，非是。《高祖本紀》「項羽妒賢嫉能，有功者害之，賢者疑之」，「害」正妒嫉之誼，王氏未及。又《司馬穰苴列傳》「已而大夫鮑氏、高、國之屬害之，譖於景公」，又《張儀列傳》「犀首聞張儀復相秦，害之」，《漢書・翟方進傳》「（胡）常為先進，名譽出方進下，心害其能，論議不右方進」，亦同。「妒害」、「忌害」是後漢六朝習語，同義連文。敦煌寫卷 P.3906《碎金》：「妒妬：妒害。」P.2058、P.2717、S.619V、S.6204《碎金》同。S.214《燕子賦》：「鳳凰云：『者賊無賴，眼惱蠱害。』」「蠱害」即「妒妬」，黃征等已指出「害」本字為「妒」〔註109〕。《說文》：「妒，妬也。」蔣斧印本《唐韻殘卷》：「妒，胡計反，

〔註104〕 王念孫認為今本《廣雅》「害也」條脫「妒」字字頭，與「妒，妬也」是二條，亦有此種可能。王念孫《廣雅疏證》，收入徐復主編《廣雅詁林》，江蘇古籍出版社，1992 年版，第 241 頁。

〔註105〕 另參見蕭旭《〈慧琳音義〉「讒譖」正詁》，提交「第八屆漢文佛典語言學國際學術研討會」，南京師範大學 2014 年 11 月 1～3 日；發表於《中國語學研究・開篇》第 35 卷，2017 年 5 月日本好文出版，第 289～296 頁。

〔註106〕 石光瑛《新序校釋》，中華書局，2001 年版，第 737 頁。

〔註107〕 王叔岷《史記斠證》，中華書局，2007 年版，第 1696、2056、2511、2538 頁。

〔註108〕 桂馥《說文解字義證》，齊魯書社，1987 年版，第 635 頁。

〔註109〕 黃征、張涌泉《敦煌變文校注》，中華書局，1997 年版，第 392 頁。

心不了，又音害。」《廣韻》：「妎，疾妬也。」「疾」為「嫉（恝）」省，亦妒也。《說文》：「恝，妎也，一曰毒也。嫉，恝或從女。」是妎亦嫉也。俗字亦作妜，《玉篇》：「妎，《說文》：『妒也。』又音害。」又「妜，與『妎』同。」

服虔釋文「嫉害」是二漢六朝人習語，同義連文。《史記·孟嘗君列傳》：「呂禮嫉害於孟嘗君。」王叔岷曰：「害亦嫉也。」〔註110〕《漢書·敘傳上》：「而劾閎空造不祥，釋絕嘉應，嫉害聖政，皆不道。」《御覽》卷137引《續漢書》：「後宮妊孕，若產皇子，後輒隨嫉害，少有得全育者。」《易·旅》王弼注：「以旅而處於上極，眾之所嫉也。以不親之身而當嫉害之地，必凶之道也。」皆其例。也作「疾害」，《史記·淮南衡山列傳》：「今淮南王孫建，材能高，淮南王王后荼、荼子太子遷常疾害建。」《書·秦誓》孔傳：「見人之有技藝，蔽冒疾害以惡之。」《詩·雄雉》鄭箋：「我君子之行，不疾害，不求備於一人。」《後漢書·五行志》：「是時梁皇后兄冀秉政，疾害忠直，威權震主，後遂誅滅。」《御覽》卷59引《續漢書》作「嫉害」。也作「疾妎」、「嫉妎」，《廣韻》「妎」字條引《字林》：「疾妎，妬也。」《爾雅》「苛，妎也」郭璞注：「煩苛者多嫉妎。」

5. 「文無（毋）害」是先秦法律術語，沈欽韓已引《墨子·號令》：「請擇吏之忠信者，無害可任事者。」睡虎地秦簡《置吏律》：「官嗇夫節（即）不存，令君子毋（無）害者，若令史守官，毋令官佐、史守。」張家山漢簡《二年律令·興律》：「二千石官令毋（無）害都吏復案。」張家山漢簡《奏讞書》：「舉關毋（無）害，謙（廉）絜（潔）敦愨（愨），守吏也。」此上四例，僅言「毋害」一條標準。《居延漢簡》110.22A：「尉史張尋，文毋（無）害，可補☐。」此例則亦言「文」與「毋害」二條標準。秦簡《置吏律》「令君子毋害者」可以與《詩》鄭箋「我君子之行，不疾害」比觀，「毋害」即「不疾害」，可知「害」是「疾害」義，正足證服虔「嫉害」說是也。

漢承秦律，「文無（毋）害」指官吏精通法律條文，無嫉妒之行，這是選擇官吏的二條標準。無嫉妒之行，故《漢書音義》引「今言公平吏」解之。《史記·酷吏傳》說趙禹「府中稱其廉平……無害，然文深」，《集解》引《漢書音義》解「文深」為「禹持文法深刻」，《漢書·酷吏傳》顏

〔註110〕王叔岷《史記斠證》，中華書局，2007年版，第2346頁。